上教心理学教材系列

Mental Health of College Students (Second Edition)

普通高校大学生心理健康教育推荐教材

大学生心理健康 (第二版)

桑　标 / 主编

张海燕　李正云 / 副主编

上海教育出版社
SHANGHAI EDUCATIONAL
PUBLISHING HOUSE

第二版前言

党和政府高度重视学生的德智体美劳全面发展,把立德树人作为人才培养的根本任务。尤其是我们伟大祖国在经历改革开放数十年的发展之后,迈向新的发展阶段——中国特色社会主义新时代,实现民族复兴伟业需要合格的、优秀的人才,全面贯彻党的教育方针,为党育人、为国育才,就成为更加紧迫的任务。

当今的时代特点和社会迅猛的发展变化也带来严峻的挑战。世界格局的变化、地缘政治的影响、人工智能的发展等带来巨大的不确定性。经济社会快速发展,学生成长环境不断变化,当代大学生也深切地体验到现代社会带来的压力和挑战。学业、就业、未来的事业发展,快节奏、高压力的学习生活,人际关系的复杂性以及可能的情感问题,互联网社交媒体的信息过载带来的注意力分散和焦虑问题,现代科技提供的更多的连接方式反而可能导致的社交孤立感,家庭、社区等社会关联对学生的影响,诸多问题既为青年大学生提供了必要的成长磨砺,也使大学生心理健康面临严峻挑战,再叠加新冠疫情影响,学生心理健康问题更加凸显。

促进学生身心健康、全面发展,是党中央关心、人民群众关切、社会关注的重大课题。为此,党和政府对于促进学生的心理健康发展作出进一步的全面战略部署。2023 年 4 月,教育部、国家卫生健康委员会等 17 个部门联合印发《全面加强和改进新时代学生心理健康工作专项行动计划(2023—2025 年)》,这标志着学生心理健康工作上升为国家战略,摆在了更为突出与重要的位置。文件强调以习近平新时代中国特色社会主义思想为指导,全面贯彻党的教育方针,坚持为党育人、为国育才,落实立德树人根本任务,深化全员育人、全过程育人、全方位育人的综合改革;坚持健康第一、全面发展、预防优先、系统治理的理念,切实把心理健康工作摆在更加突出的地位,完善大中小学衔接贯通、德智体美劳五育并举以及教育、预警、咨询、干预“四位一体”的学生心理健康工作体系,全面推动全社会心理健康资源向大中小学融通汇聚;培养学生热爱生活、珍视生命、自尊自信、理性平和、乐观向上的心理品质和不懈奋斗、荣辱不惊、百折不挠的意志品质,促进学生思想道德素质、科学文化素质和身心健康素质协调发展,培养担当民族复兴大任的时代新人。

心理健康教育课程是开展学生心理健康教育的主渠道,在“四位一体”的学生心理健康工作体系中居于最重要的位置。结合学生发展需要,分层分类开展心理健康教学,发挥课堂教学主渠道作用,可以帮助学生掌握心理健康知识和技能,树立自助、求助意识,学会理性面对困难和挫折,增强心理健康素质。为扎实有效地促进高校心理健康教育课程建设,教育部早在 2011 年 5 月就颁布了《普通高等学校学生心理健康教育课程教学基本要求》。为此,上海组织调动全市心理健康教育优质资源,编写了一本落实教育部课程教学要求,体现上海高校心理健康教育整体水平和国际化大都市时代风格的教材——《大学生心理健康》。教材于 2014 年 7 月由上海教育出版社出版,受到高校广大师生的厚爱,先后印行 12 次,对上海高校心理健康教育课程的建设和普及推广起到了重要的推动作用,成为上海市普通高校大学生心理健康教育推荐教材。

近年来,根据促进学生心理健康工作的需要,学校心理健康教育课程建设不断推进,教育部于 2018 年 7 月颁发《高等学校学生心理健康教育指导纲要》,明确提出为高校新生开设心理健康教育公共必修课,原则上应设置 2 个学分、32—36 个学时,倡导面向全体学生开设心理健康教育选修和辅修课程,实现大学生心理健康教育全覆盖。同时提出要完善心理健康教育教材体系,组织编写大学生心理健康教育示范教材,科学规范教学内容。自此,上海高校心理健康课程建设加快推进,心理健康教育公共必修课全面普及与覆盖。

为对接新时代大学生心理健康教育工作需要,呼应大学生心理健康发展需求,完善教材体系,上海市教育委员会德育处委托上海学生心理健康教育发展中心负责和组织,依托复旦大学心理健康教育中心,在上海教育出版社的大力支持下,正式启动新一版教材的修订。

2022 年 2 月,主编在征询原作者参与修订的意愿基础上召开启动会议,形成了对修订教材的共识:延续第一版教材的框架体系,确保思想性,坚持科学性,体现时代性,强调发展性,注意生态性,增强实用性,凸显新成果引用和修订特色、亮点,尊重学生学习兴趣和需求。在具体修订过程中,各章作者对第一版教材作了适当的"增、删、改"。在内容上,突出一个"新"字——增补吸纳了近年来心理学及相关学科的先进研究成果,更新了新近文献资料,删减过时陈旧的内容和观点,每章新增了"思考题"和"推荐阅读";在形式上,突出一个"活"字,在理论阐述中引入经典案例和经典研究予以佐证说明,让理论"活"起来,加入了知识点链接专栏、心理小测试、小组团体活动等,再加上紧贴学习逻辑的内容编排,以激发学生的学习兴趣和动机。

集合上海高校心理健康教育一线专家之力编写的这本体现上海特点的大学生心理健康教育示范教材,对教育部高校学生心理健康教育课程教学基本要求进行了具体诠释,一方面体现完整性、科学性、针对性,另一方面注重可读性、趣味性和可操作性,有助于学生的学习和教师的教学,提升心理健康教育课程的教学有效性。

期待本教材的出版,能为大学生的健康、全面成长提供切实有效的服务。

让我们一起不懈努力。

主编

2024 年 5 月

第一版前言

长期以来,人们一直持有"没病就是健康"的传统观念。然而,随着社会的不断进步与发展,心理、社会因素对于健康的影响越来越受到关注。世界卫生组织(World Health Organization,WHO)的报告明确指出,一个人只有在躯体健康、心理健康、社会适应良好和道德健康四个方面健全,才算是完全健康的人。大学生是社会中的特殊群体,大学生的身心健康、全面发展,直接关系到未来社会的稳定和民族振兴的希望。

自1993年10月成立以来,上海高校心理咨询协会在推动全市高校心理健康教育和心理咨询工作方面发挥了重要作用。2005年,上海市科教党委、上海市教委根据上海高校实际情况,制定并发布了《关于进一步加强上海高校大学生心理健康教育的若干意见(试行)》,对上海高校大学生心理健康教育作了整体规划部署。2012年4月,为适应学生德育工作的新形势、新要求,促进学生心理健康教育工作的长远发展,又专门成立上海学生心理健康教育发展中心。经过十多年的努力,上海高校心理健康教育已经形成初见成效的体制与机制。

首先,注重宣传心理健康知识,提升学生的心理能力。上海高校建立健全了心理健康教育的课堂教学体系,内容贴近学生心理发展的需求,回应学生成长发展过程中面临的重点、难点、热点问题,也及时应用本学科领域的最新研究成果;积极整合优质教育资源,帮助学生在团体互动中学习,在亲身体验中提高,广泛开展有利于学生健康成长的校园文化活动,通过班级心理委员、学生心理社团、开展心理健康教育活动月等制度和载体,开展朋辈心理互助活动,改善学生心理自我调节能力,提高人际沟通、情感交流的能力,提升关心别人、接纳别人、学会共处、学会做人、学会生存的意识和能力。

其次,构建多层次的心理危机防御、干预体系,增强工作的主动性。上海高校完善了学生心理健康状况普查和心理危机排查制度,及时发现学生中存在的心理危机信号,并且依托上海学生心理健康教育发展中心组织研发的《心理危机干预指南》开展专业干预。学生辅导员结合日常教育管理工作引导学生的心理发展,并以学校心理中心为专业机构,整合高校心理健康教育与咨询的危机处理、补救、预防和一生(毕生)发展等四个取向,帮助学生在有需求时能够有效获得学校的专业辅导资源。积极开展心理科学和心理健康教育与咨询的相关研究。2013年,松江大学园区七所高校与医疗机构签署的《区域高校学生心理健康"医教结合"协议》,更是开启了上海教育系统与医疗系统资源整合、跨界合作的新篇章,迈出打造教育系统与卫生系统合作的区域高校学生心理健康服务体系的新步伐。

再次,发挥学生心理健康教育与咨询机构的作用,不断提升育人的专业化水平。上海学生心理健康教育发展中心的建立和统领作用的发挥,上海高校心理咨询协会专业资源的整合,高校心理健康教师专业能力水平认证与继续教育机制的建立,六所高校心理健康教育示范中心的辐射引领,各高校心理健康咨询与服务中心的全面达标等,分层递进的上海心理健康教育与咨询服务建设体系,在不同的"能级"上发挥着各自的功能。同时,高校专兼职心理咨询师的培训、督导,高校心理健康教育示范中心专题培训、上海高校心理咨询协会的学术活动、上海高校心理咨询专业人员的高端培训等,持续为专业人员的自我成长和咨询机构的专业化提质增效打下基础。

2013年4月,为了贯彻落实教育部《普通高等学校学生心理健康教育工作基本建设标准(试行)》和《普通高等学校学生心理健康教育课程教学基本要求》文件精神,上海学生心理健康教育发展中心召开上海高校心理健康教育示范中心主任扩大会议,来自20所本科院校、专科院校、民办高校的学校心理咨询中心主任就上海高校心理健康教育课程教材建设问题进行了研讨。大家一致认为,心理健康教育课程是开展相关教育的重要渠道,教材是教学目标与内容的重要载体和规范,有必要运用上海的心理健康教育优质资源,编写一本按教育部的教学基本要求对高校心理健康教育进行具体诠释的教材,体现上海高校心理健康教育的整体水平和国际化大都市的时代风格。

目前放在我们面前的这本《大学生心理健康》教材,凝聚了来自十余所高校的一线资深心理健康教育与咨询专家的聪明才智和有益经验。编写组成员历经一年,围绕大纲、内容框架、写作风格等反复讨论,完成后的文稿又几经修改与完善。他们充分发扬团队合作的"长",博采众人之长;尽力弥补各人之间能力、关注大学生心理健康风格难以统一之"短",做到扬长避短。他们在依据教育部课程要求和保证科学严谨的基础上,坚持理念创新、方法创新、形式创新,注意吸纳近年来在心理健康教育相关领域内的先进研究成果和经验,采用生动活泼、丰富多样的栏目形式,吸纳案例分析、小组讨论等新形式教学的有益经验,避免或少用标语口号式说法,使学生对相关学习内容产生亲近感和浸入感。

教材坚持正面引导的原则,体现发展性心理健康教育的理念,传递积极心理学思想,促使学生发现自身在克服困难、完善自我、健康成长过程中的潜力,帮助学生掌握通过个人心理调节摆脱心理障碍的方法,并科学认识和运用校园心理咨询的相关资源。从这个意义上说,不失为一本既有示范效应又具有可操作性的精品教材。

当代大学生所处的是一个特殊的时空环境,世界和中国都在发生深刻的变化,这种变化构成时代的历史特征,对教育提出严峻的挑战。上海丰厚的文化积淀和改革前沿窗口的优势,一方面为大学生的成长提供优越的环境,另一方面也对他们的身心健康、全面发展提出更高的要求。不仅要成才,更要成人,成为完完全全健康的人。

期冀本教材的出版,为大学生的健康、全面成长提供切实有效的服务。

上海市教卫工作党委副书记、市教委副主任

2014年6月

目　录

第一章

大学生心理健康导论

　　许多人在接触大学生心理健康课程时，往往会产生这样的疑问：从小到大，没正经学过心理学，或者只是在中学心理活动课程上接触过一点皮毛，自己还不是一步一步走来，考上大学了？月有阴晴圆缺，人有悲欢离合，每个人都会有开心和烦恼的时刻，哪个人的成长不是伴随着喜、怒、哀、乐……所以，学习这门课程有必要吗？

　　其实，人们在生活中也有类似的经验：很多人购买了产品，通常不看产品说明书，或者不会仔细研究说明书，而说明书列出的很多产品功能，大多数人其实很少用到。很多时候，人们凭自己的经验摸索，将类似的经验迁移过来，宁肯在错误中尝试。只有当使用过程中真正遇到困难，才会去检索使用和维护的说明，才会发现是自己使用不当。如果我们把人类看成生物产品，那么，生理学、心理学就是关于人类的说明书，而健康学告诉人们怎样维持身体正常运作。如果生理学、医学关注的是"设备硬件"，心理学就涉及"设备运行的软件问题"和"设备的软硬件兼容问题"。可以说，健康心理学是人们健康生活的必要知识和技能。

　　进入 21 世纪，随着新的科技革命发生，智能制造和物联网技术迅速发展并影响我们今天的生活、学习和工作。各类线上服务平台，以及多模态的非接触识别、自动驾驶和机器人应用等技术，不仅改变了我们的生活、学习和工作的形态，同时也极大地改变了我们的人际互动行为。人工智能与超人工智能的发展，还影响我们对自我的认识。今天的大学生，面对科技发展和教育技术的变革，自身的发展将面对更多的未知，社会对自身知识技能的要求也越来越高，这些难免会带来焦虑、不适、恐惧，甚至引发更多的情绪问题，这关乎个体心理成长和心理健康。

　　如何在百年大变局中重新认识和定位自我？如何处理好自己与这个世界的关系？这需要我们对自己的心理及其状态有良好的觉察，能在心理层面跳出个人认知的局限，以开放接纳的心态适应社会的发展，规划自己的人生，促进心理的健康发展。因此，对自己的心理与心理学知识的了解便不可或缺。

第一节　心理现象与规律

心理是个体对客观世界的主观反应。人们通过各种感官认识外部世界及事物,思考事物的因果关系,该过程还伴随着人们的喜、怒、哀、乐等情绪体验,表现为言语、行为、表情等外在反应。在这一过程中,人们对客观世界和自我的感知、思考,都受到自身特点的限制,存在一定的局限性。可以说,人们尽可能地去描述、反映客观世界,但是无法做到真正的客观。因此,人们必须清醒地认识到人的心理具有主观性,正是心理的这个特点提示人们:每个人认为的"客观"都是经过加工的,未必是事物的本来面目。此外,人们的情绪体验与人们加工过的世界密切相关:如果加工是积极的、尽可能还原真相的,那么人们的情绪体验也是积极的;如果加工是消极的,在很大程度上歪曲了对事物的认识,那么人们会体验到很多消极情绪。换句话说,个体生活中很多心理和情绪的问题是被自己加工出来的,而不是客观世界的本来面目。

心理世界原来如此有趣,我们不妨先来了解一下。

一、感知觉

1. 感觉

人们的感知世界,首先是从对客观世界的感觉开始的。当环境刺激作用于个体特定的感觉器官(感受器),如光作用于我们的眼睛、声波作用于我们的鼓膜、压力作用于我们的皮肤时,就会引起不同的感受器内的神经冲动,再通过神经传导到大脑皮质相应的区域,产生**感觉**(sensation)(见图1-1)。人们的感觉包括视觉、听觉、味觉、嗅觉、肤觉、运动觉、机体觉、平衡觉等,各自对应不同的感觉器官。

从感觉产生的过程可以知道,感觉是感觉器官、神经传导和大脑皮质组成的一个整体的分析系统,也就是说,任何一个部分的缺损,都会导致感觉的丧失,比如对于失明、失聪,通常首先考虑的是眼睛、耳朵的问题。另外,人的感觉器官本身存在局限,如视觉盲点、眼球晶状体的屈光度变化引发近视或远视、人无法听到某些频率的声波等。所以说,到目前为止,人们对世界的感知是有限的、局部的。

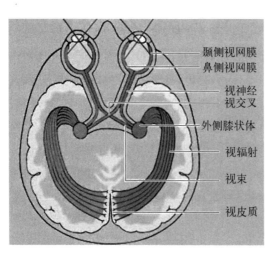

颞侧视网膜
鼻侧视网膜
视神经
视交叉
外侧膝状体
视辐射
视束
视皮质

图1-1　视觉传导神经通路

通过麻醉等手段来阻碍神经传导，同样可以让人失去感觉。因此，了解了神经冲动在人体内如何传导之后，我们不难理解，每个人的感受性是不同的，除了感觉器官的好坏，还受体内神经递质水平的影响。

此外，如果大脑皮质损伤，即使感觉器官在受到刺激之后引发了神经冲动，个体依然无法感知，因为大脑要对传入的神经冲动信息进行加工处理，继而输出信息。正如上文所提及的，并不是所有的环境刺激都可以被感觉器官接收，由于神经冲动传导会再一次筛减感觉器官接收到的刺激，只有当作用于感觉器官的刺激达到一定的量时，才会引发一个神经冲动的电位发放。因此，信息到达大脑时其实已经损失了很多。

2. 知觉

大脑不仅接收传入的神经冲动，而且会对传入信息进行加工。大脑把对同一事物的不同感觉信息整合在一起，形成对这个事物的整体认识，这便是**知觉**（perception），即在感觉基础上大脑对客观物体的整体反映。知觉源于感觉却不同于感觉，它是各种感觉协同活动的结果，受到过往经验的影响。比如看树时，孩子看到的是"绿色的树"，成人看到的是"水杉""银杏""梧桐"……就是因为成人对植物有更多的经验。可见，我们有什么样的知识经验，就会觉察到什么样的事物。

其实，感觉和知觉是很难分割的，但知觉比感觉复杂得多。当人们形成对某一事物的知觉时，各种感觉就已经结合到一起，甚至只要有一种感觉信息出现，就能引起对物体整体形象的知觉。比如，听到电话那边熟人的说话声，不需要他自报家门，我们已经知觉到他是谁了。事实上，现实生活中，人们很难有单独存在的感觉，对单一或狭隘的感觉的研究往往只出现在实验室中。

知觉具有整体性、恒常性、选择性、理解性的特征。对于经历过的事物，人们常常可以借由局部而知整体，这就是知觉的整体性。对于运动中的客体，人们并不会根据视觉中呈现的图像大小来判别其实际大小，这就是知觉的恒常性。在图 1 - 2 中，后面的人在图像中的大小跟前面的人脚边的人像大小是一样的，但是我们知觉到的后面那个人的身高跟前者相差不多，并不会认为他实际上只有摆在前者脚边的那个图像那么高。知觉的选择性可以通过"两可图"来说明，同一张图，知觉对象和背景受到个体选择的影响。简单地说，我们可以知觉白纸上的一个黑点，也可以知觉有一个黑点的白纸。知觉的理解性也可称为知觉的模糊性。正是由于知觉的整体性、恒常性、选择性，个体常常可以凭借不同的经验，知觉到同一环境中的不同事物，并赋予它意义。例如，抽象画、中国画等艺术作品经常留出充分的空间，让观众自己去感知作品的内容及意向。知觉的这些特征表明，人们对世界的认知是主观的。也正是因为这些特征的存在，人们常常会形成一些错觉，并对其深信不疑。魔术师正是大量借助这种错觉骗得观众心花怒放、惊叹不已，而骗子也会利用这种错觉诱使善良的人上当。承认错觉的存在有助于我们警惕感知觉的不真实，让我们离真实更近一些。

图 1 - 2　知觉的恒常性

当然,人们的心理过程要复杂得多,感知觉还只是认知信息加工的初级阶段,下一步是将感知的信息进行储存和加工。

二、记忆

大脑对接收到的客观事物的信息进行编码、储存和提取的认知过程,就是**记忆**(memory)。它包括编码、储存、检索三个部分。编码,就是把对事物的感知、思考、情绪体验以及动作操作等不同形式的信息进行处理和组合。储存,是把经过编码的信息保存在大脑中。检索,是指在特定的条件下,把存储进大脑的信息再提取出来。记忆反映的是已经发生的经验,而不是当下作用于感觉器官的事物。根据信息的编码、存储和提取方式的不同,以及信息存储时间长短的不同,记忆可以分为瞬时记忆、短时记忆和长时记忆。

1. 瞬时记忆

瞬时记忆(immediate memory)发生在接收感觉信息的瞬间,时间在 2 秒钟以内,且容量非常大,但瞬间之后就被新的感觉信息取代,所以保留的时间极短,通常也被形象地称作**感觉登记**(sensory register)。当人们意识到瞬时记忆的信息时,信息就被转入短时记忆,没有注意到的信息则会被遗忘。

2. 短时记忆

短时记忆(short-term memory)是当前正在加工的信息,所以也称作**工作记忆**(working

memory）。人们对短时记忆的研究较为丰富，很多记忆术由此发展而来。短时记忆时间在 1 分钟以内，容量有限，一般为 7±2 个组块（chunk；由多个刺激联合而成较大的信息单位），即 5—9 个组块。短时记忆的内容既有从瞬时记忆中转来的信息，也有从长时记忆中提取出来的信息，长时记忆可以扩大短时记忆的组块。简单地说，初学外语生词一般是按字母记忆的，

术语拓展

记忆术（mnemonics），即人为改善记忆效果的特殊识记技巧和方法。如地点法、字钩法等，都是巧妙运用言语和表象对识记材料进行适宜的组织以提高识记效果的有效记忆方法。

记忆术的基本原则就是通过精细加工和联想使无意义的材料意义化，使抽象的内容形象化，使分散而无内在联系的材料系统化。

而当人们习得单词后，就可以把整个单词作为一个记忆组块，记忆容量扩大多少就在于组块的大小。当组块是整篇文章、整个理论时，短时记忆容量就无限扩大了。记忆的组块既可以是文字符号，也可以是图形、音节等。个体的学习能力随着对知识的理解增加呈指数增长，短时记忆的容量启示我们：新事物的学习一定是知识量的积累过程，再聪明的人也需要扎实的基础。

3. 长时记忆

长时记忆（long-term memory）持续时间长，从 1 分钟到多年，甚至终身。但是，长时记忆中存储的信息如果不是有意回忆，往往是不被人们意识到的；只有当人们需要借助过往经验时，才会把有关信息提取到工作记忆里，长时记忆才会被意识到。

要存储和提取长时记忆，就需要对记忆的信息进行编码，编码形式主要有语义编码和形象编码。长时记

术语拓展

遗忘（forgetting），个体对识记过的事物不能提取，或提取时发生错误的现象。

前摄抑制（proactive inhibition），先学习的材料对识记和再现后学习的材料产生的干扰作用。

倒摄抑制（retroactive inhibition），后学习的材料对保持和回忆先学习的材料产生的干扰作用。

忆随着生活经历的延续不断增加，无论是信息的种类还是数量，其容量都是无限的。当然，长时记忆里也存在遗忘、自然衰退、前摄抑制和倒摄抑制干扰，也就是之前存储的信息或之后存入的信息对当下要存入和已经存入的信息产生干扰，导致记忆出错或无法存储。

如果以计算机来比喻人脑，短时记忆犹如计算机的内存，长时记忆则储存在硬盘中。对于计算机的正常运作，仅有存储设备是不行的，要运算必须有处理器，我们的大脑也一样，要认识世界，还必须有思维活动的存在。

三、思维

思维(thinking)借助语言、表象或动作来实现对一类事物共同的、本质的属性和事物间内在的、必然的联系的概括。不同于感知觉直接反映当前的事物,思维通过记忆把感觉到的和从长时记忆中提取的信息转换成编码后进行运算,是对事物本质及事物间关系的间接反映。因此,思维在内容上受个体的过往经验和记忆内容的影响,存储内容的丰富性决定了思维的深度和广度,存储内容的准确性决定了思维的科学性。而思维在功能上,受个体的运算能力和个体掌握的运算方法的影响,好比计算机的中央处理器(central processing unit,CPU)的性能指标和软件操作系统都决定了其性能优劣,个体的智力水平和后天习得的分析、综合、判断、推理能力,决定了思维的有效性和思维的速度。由此可见,每个人的思维都是有个体差异的,经验、记忆越丰富,记忆内容越准确,掌握的思维方法越多,思维能力就越强;而大脑功能的生理损伤,理所当然地会影响个体的思维能力。

语言是人类最主要的思维载体,人类绝大多数思维需要借由个体内在的心理语言完成,而且存在母语优势现象。语言是概括化的代表一类事物的符号系统,是感知觉和记忆的最常用编码(通常有声音、图形、意义等编码)。语言的编码方式和精确性,影响着思维的效率与可靠性。例如,拉丁语系的语言为音义编码,只有读出来且界定清晰才能被理解,所以强调语法构成和用词的精确,推动了使用者的具象思维和演绎推理能力的发展。汉语的象形文字采用音、形、义三重编码,不仅可以通过读音了解字词的含义,还可以根据字形猜测字的含义,所以中国人擅长归纳、抽象,对事物高度概括,古汉语尤其突显中国文化的这一特点。汉语没有标点,格律诗词讲究"意会",以至于可以用一个阴阳太极图来表现世间万物的变化发展规律,这正是中国传统思维的浓缩体现。汉语在文学与艺术层面达到的高度是字母语言无法比及的。然而,在计算机信息技术中,英语字母因其音义编码和语法的确定性,更有利于转化为计算机的编程语言,便于信息的复制、传递和计算机模拟运算,在一定程度上影响了中国计算机与软件工程的发展。

在人际交往过程中,语言影响人际沟通。中国文化中,汉语的多音、同音、多义、同义等现象带来诸多言语沟通中的歧义。因此,在沟通中,尤其是在口语交流中,中国人更强调听者理解的准确性,而忽视了语言表达者遣词造句的准确性。当听者听不明白、理解不准确,人们更将此归为听者智力、理解能力有限。于是,中国文化中有赞誉言者一语多关的智慧,听者的理解力则成为对智力水平的考量。语言是思维的载体,情绪是思维的结果所产生的态度体验,因此语言可以影响思维的结果,从而影响个体的态度体验。在认知治疗过程中,就是通过对未表达的内在心理语言的呈现和改变来调整个体的认知,使情绪调节成为可能。

四、情绪与情感

今天,仿真机器人的发展令人惊叹。然而,人类的情感世界目前还不能被模拟。尽管在科幻电影中,智能机器人的最高境界通常是具备了人类的情感,懂得爱与恨,懂得信任和宽容。那是因为人是自适应的生物,有生存和发展的本能,这是机器人目前尚不具备的。生存和发展的本能使人类有了多种内在需要,这种需要的多样性与复杂性导致人类行为的复杂性,尤其表现为人类发展出的社会性需要超越了低等生物的自我生存需要,构成人类社会价值评判的基础。而人类的情感是在对自身需要是否得到满足的评判基础上形成的自我体验,目前的仿真机器人还无法达到人类几千年进化的水平,因此丰富的情感世界是高等动物所特有的。

人类需要的多变性与差异性,决定了情绪、情感是非理性的,这也是人工智能还难以模拟的原因。情绪、情感的非理性是人类激情与创意的来源,同时也成为心理问题的根源。在心理健康教育和心理辅导中,情绪、情感因而成为我们关注的焦点。

── 小贴士 1-1 ──

仿真机器人的研制

随着智能制造与人工智能的快速发展,仿真机器人的研发在心理模拟方面不断突破。2013 年,美国有媒体报道,一批工程师利用人造器官、肢体和其他身体组织,成功组装出会呼吸、说话和走路的逼真生化电子人(bionic man),在纽约国际动漫展公开亮相。

这个机器人以苏黎世大学 36 岁的社会心理学者梅尔(Bertolt Meyer)为蓝本,身高约 1.98 米,拥有大约六七成真人的功能,能在 Rex 助步机协助下走动、坐下和站立。

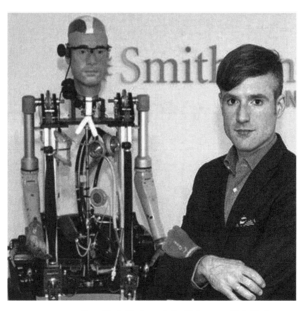

图 1-3　美国的生化电子人与社会心理学者梅尔

它配置的人工心脏,能够利用电子工具跳动和促成人造血液循环,像人类一样输送氧气。它用植入式人工肾脏,取代现代洗肾机。

2017年10月26日,沙特阿拉伯授予美国汉森机器人公司生产的"女性"机器人索菲亚公民身份,成为史上首个获得公民身份的机器人。索菲亚在2018年3月来到中国,做客央视,参与《对话》,与听众面对面。

2023年,美国亚利桑那州立大学的科学家研制出的机器人ANDI成为世界上第一台能像人类一样出汗、颤抖和呼吸的户外行走机器人模型,它可以通过表面的合成空隙和热通量传感器,来模拟人类对热环境的反应。

2023年初,ChatGPT成了全球热点,它通过自然语言处理和机器学习技术,在教育培训、医疗保健、金融与客户服务等领域,提供更高效、更快速的客户服务。当ChatGPT4植入英国工程艺术公司研发的Ameca机器人后,Ameca拥有了高度"自主性",不仅有"个人空间"意识,还会对镜子里的自己感到好奇,在表现出惊讶的表情后,竟然露出诡异的微笑,似乎已经进化出自我意识。Ameca被赋予12种情绪,能有意识地思考提问者的提问,并能"准确有效地沟通"。

相信随着时间的推移,通信科技、人工智能技术、机器人智造等必然还会有划时代的发展,机器与人的关系将更加紧密。有一天机器人也会拥有自主的情感,这并非遥不可及。作为现今的人类,当代大学生需要对此抱有谨慎而又开放的态度,有必要对人类的情绪、情感有科学的认识,使自己能适应社会的发展,在未来的世界里获得自身成长的空间。

资料来源:科学网-美国发明生化电子人　具有真人六七成功能[2013-10-14].https://wap.sciencenet.cn/mobile.php?cat=news&id=283746&mobile=1&type=detail;周春宇.科学史话|机械向人类的跨越——仿人机器人[2023-03-13].https://www.museum.uestc.edu.cn/info/1184/2876.htm.

五、人格

相同的计算机到不同人的手上,一段时间后,机器虽然还是原来的机器,但是里面装载的内容已经大相径庭。不同的使用者、不同的用途,加载的程序和储存的内容都各不相同,计算机也就有了自己的个性,而计算机的个性其实是其使用者的个性。

其实,个体犹如计算机,只是出生后被养育在不同的环境中,家庭、学校、社区共同造就了每个人独特的人格。人格(personality)是人具有的与他人相区别的独特而稳定的思维方式和行为风格。人格首先具有独特性,"人心不同,各有其面";而人格又有稳定性和可塑性,正如俗话说"江山易改,本性难移"。同时,人格也不是一成不变的,随着生理的成熟和环境的变化,人格也有可能产生或多或少的变化,这就是人格的可塑性。人格的可塑性使人格的培养和发展成为可能。人格对个体来说是功能性的,它决定了一个人的生活方式,甚至决定一个人的命运。改变人生不是不可能,要有意识地发展自己的人生,就需要了解自己的个性,发展自己的人格。人格由能力、气质、性格等构成,这些又是一个受自我意识调控的整体,人格具有统合性,不能统合乃至极端就会变为人格分裂。

六、意志行动

人们自觉地确定行动目的并支配自身行动以实现预定目的的心理过程称作**意志**(will)。意志也是人的意识能动性的集中表现,是人类特有的心理现象。意志行动不同于与生俱来的本能和缺乏意识控制的不随意行动,它是受意识发动和调节的高级活动的随意行动,由一系列受意识影响指向预定目的的动作构成。

人的意志具有明确的目的性,它能发动指向自我的行为,也能制止不符合目的的行为。目的水平的高低和社会价值决定了意志的表现水平。克服困难的过程也就是意志行动的过程,人的意志坚强与否便是以克服困难的程度来衡量的。

自觉性是意志的首要品质,贯穿于意志行动的始终。自觉性强的人,能够广泛地听取别人的意见并有所取舍,吸收有益的成分,独立自主地确立合乎实际的目标,自觉地克服困难,执行决定,对行动过程及结果自觉反思和评价。与具有自觉性相反,易受暗示的人,行动缺乏主见,没有信心,容易被他人左右和改变自己原来的决定;而独断的人盲目自信,拒绝他人的合理意见和劝告,一意孤行,固执己见。易受暗示性与独断性都是缺乏对事物自觉、正确的认识,分不清是非曲直,有盲目遵循的倾向。

一个人是否善于明辨是非,能否迅速而合理地作出决定和执行决定的意志品质体现了意志的果断性。果断性强的人,能迅速地作出决断,也能随机应变,完成意志行动。优柔寡断和草率决定则是意志薄弱的表现。

意志的自制性和坚持性是个人获取事业成功的重要条件。自制性强的人,在意志行动中不受无关诱因的干扰,既能控制自己的情绪,坚持完成意志行动,也能制止自身不利于达到目的的行动;坚持性强的人能百折不挠地克服困难和障碍,遇到困难时能激励自己树立克服困难的信心,完成既定目的,所谓"锲而不舍,金石可镂"。任性和怯懦、顽固执拗和见异思迁是最终导向失败的意志品质。可以说,成功往往比拼的不是能力,而是谁能把正确、合适的行为坚持到最后。

第二节　心理健康的含义

"你生过病吗?""你去医院看过病吗?""你吃过药吗?"如果以上问题的回答是"否",那要祝贺你,说明到目前为止你的"身体"很强壮。

"你有过情绪苦恼、烦恼吗?""你愿意为解决自己行为和精神的问题接受咨询和药物治疗吗?""你曾经接受过心理咨询与辅导吗?"从大部分对以上问题的回答中可以看出,人们对身体健康的态度与对心理健康的态度有着极大的差异,这种差异显示出人们对心理健康缺乏正确的了解,没有给予充分的重视,甚至忽视或回避心理健康。

日常生活中,如果计算机死机,人们大多不会马上将其送到计算机修理处更换硬盘或中央处理器,通常会先查一下是否中了网络病毒,是否软件运行出了问题。人们会请有经验的人帮忙检查软件系统或者上网咨询,然后下载相应的一些应用程序或升级原来的程序,或用杀毒软件来查杀一下电脑病毒,这些都是软件的服务。人们的心理问题其实就是其"软件系统"运行不正常导致的问题,如果置之不顾,就会影响正常功能,严重的还会导致硬件出问题,也就是一般的心理问题上升为精神疾病或躯体疾病。

可见,维护和促进心理健康是非常重要的事情。

一、身心健康和社会适应

1948 年,世界卫生组织在其宪章中将"健康"界定为"生理、心理及社会适应三个方面全部良好的一种状况,而不仅仅是指没有生病或者体质健壮"。1989 年,世界卫生组织深化对"健康"的阐述,认为"健康不仅是没有疾病,而且包括躯体健康、心理健康、社会适应良好和道德健康"。其中,追加的"道德健康"指不能损害他人的利益来满足自己的需要,能按照社会认可的行为道德来约束自己及支配自己的思维和行动,具有辨别真伪、善恶、荣辱的是非观念和能力。据调查,违背社会道德往往导致心情紧张、恐惧等不良心理,很容易导致神经中枢和内分泌系统失调,免疫系统的防御能力也会下降。医学家研究发现,贪污受贿的人就容易患癌症、脑出血、心脏病和精神过敏症,而为人正直、心地善良和淡泊、坦荡的品质,能使人保持心理平衡,有助于身体健康。

健康就仅仅是身体和心理的健康?现实生活中,绝大多数人对社会适应在健康中的重要意义缺乏认识。家长在孩子的成长过程中,关心孩子身体温饱与否,给孩子无微不至的照顾,也舍得对孩子进行学业投资,让其有好的学习机会,掌握更多的技能。然而,很多家长忽视了培养孩子的日常生活能力,给予过度照顾,使孩子缺乏生活自理能力,日益进步的生活硬件也让孩子对恶劣的环境失去了适应和防护能力。人们对生活环境的要求似乎越来越高,对环境的适应能力却越来越弱。

社会适应不仅包含对生活环境的适应,更包含人际适应,表现在个体的婚恋关系、职场人际关系中。"宅男宅女"的养成与其成长经历有关,有的人秉持"成绩一俊遮百丑"的观念,使学生过度专注于学业,而忽视了与人相处的经验,因而没有学会如何处理人际冲突,如何建立良好的亲密关系。离开学校并踏入社会后,学生们常常因为人际关系的不适应而退缩,最后成为"宅一族""抑郁一族"。

个体社会适应能力低下会更容易缺乏安全感,长时间处于焦虑、紧张情绪中,如果这些消极情绪得不到调节,就会进一步引发心理问题和躯体疾病。忽视社会适应,是今天影响我们健康的重要因素。

值得指出的是,世界卫生组织在对健康的阐释中,还特别强调了道德健康。遵守道德规范、尊重主流价值,有助于个体适应社会文化环境,从而提升整体适应水平。

—— 微视频 1-1 ——

令人痛心的寝室投毒案

2013 年 4 月,某高校发生的一起寝室饮水机投毒案,引起了全社会的关注和热议。事件的主人公小 X,27 岁,从小学习成绩优秀,尤爱英语,高考时以高分考入医科大学。在医院实习期间,一次急诊科当班医生救治病人、安抚家属的经历,让他真正获得了学医的动力,并在一次自愿献血活动中表示:"有爱心是一个医务工作者必不可少的品质。"2010 年,他因成绩优异免试进入著名高等学府攻读研究生。研究生期间,他依然保持不错的成绩,并在研究生学生会担任干部,校友对他的描述大多是"阳光、开朗、热情"。正是这位高才生,在室友毒发后生命垂危的十多天里,一直保持沉默,隐瞒投毒真相,耽误治疗,让他的同窗室友在短短 17 天里不治身亡。2014 年 2 月,他一审被判处死刑。在接受央视记者的专访时,他自始至终都表现得十分冷静。他说,对于性格中的"矛盾",他自己都无法解释。

下面是采访中的一段对话:

问:你作为一个著名高等学府的学生来到看守所里,成了一个犯罪嫌疑人,在等待着宣判,这 10 个月你是怎么生活的?

答:一直在看书,然后跟人沟通。

问:看什么书?

答:主要看一些文学经典。

问:为什么选择这方面的书?

答:因为我觉得我以前读理工科的书太多,文学这方面的书读得太少。

问:你是觉得有欠缺,所以才读吗?

答:对,我觉得我的思维有点太直。

问:什么叫"直"?

答:就是不懂得拐弯。有时候不考虑事情的后果,不考虑别人的感受,包括说话、做事可能都比较直。

问:人生你觉得直好,还是说需要拐弯?

答:当碰到有些问题,有时候太直,就容易发生这样的事情。

问:作为一个救死扶伤的医生,跟杀人这样的事联系在一起,你不觉得有点矛盾吗?

答:对,我这个人矛盾。我在临床待了两年时间,我的所作所为应该是悲天悯人,应该是当之无愧的医生。但是我确实做了这件卑鄙的事情,其实跟我这个人非常矛盾。

问:你能解释吗?就是自己性格中的这种巨大的反差?

答:我真的有点解释不了,可能还是跟我这个做事不计后果的习惯有关。本来应该说每个人做事都是有一条底线的,对吧?可是伤害别人身体的这种行为,好像在我这里不是我的底线……

问:为什么当你长到这么大,而且你的智商这么高的时候,反而会没有具备这些最基本的东西?

答:不知道。其实我现在在看守所,就觉得这些东西是需要学习的,就是做人的底线、做事的习惯方式、思维方式,都是需要学习的。除非你在很小的时候,可能在你的家庭、周围环境得到很强烈的反反复复的刺激,导致头脑里从小就形成这种习惯。要是从小没有,那么长大之后要学习,必须经过反复不断的强化……

小 X 的高中同学表示,小 X 高中时待人真诚、和善,性格比较安静,很腼腆,大学期间也没有恋情,直到确定好工作,才有了想交女友的意愿。不过,有时候小 X 有点古怪,不太顾及别人的感受,想做什么就做什么,活在自我的世界中。同学称小 X "会做一些不可思议的事情,比如跟同学一起玩,不打招呼就跑了。但他对朋友还是好的,在需要帮助的时候愿意帮你"。

小 X 的一位大学同学认为,小 X 具有多面性格,偏内向,事实上,班级活动他一般都不会缺席。虽然话不多,但也不属于话很少的。平时生活比较节俭,衣着也比较普通,不追求名牌。他很勇于挑战自我,曾经报名参加学校的歌唱比赛,还试镜过历史话剧主角,不过可能他并不擅长,后来又被换下来了。小 X 的好友则说:"他对自己的智力应该比较有信心,有一定表现力,但我感觉他似乎一直不受重视,有点自卑。"

高校发生的这一寝室饮水机投毒案在社会上引起很大的反响,使人们对大学生的心理健康倍加关注。那么,人的心理健康有标准吗?

二、心理健康的评估标准

心理健康(mental health)是一种有利于个体身心发展,工作、学习有效率,维持良好生活质量的适宜的心理状态。处于这种状态下,个体不仅有安全感、自我状态良好,而且和谐融入社会,能以社会认可的形式适应外部环境,表现在情绪的稳定和心理的成熟两方面。当然,这种稳定和成熟的状态是相对的,因为每个人的生活是动态的,没有人会一成不变,这里更加强调的是个体文化程度、工作能力、职业、社会地位、生活演变等能够协调,使个体能适应环境、利用环境和改善环境。

心理健康有不同的评判标准。

1. 个人主观经验维度

这个维度包含被评估者和评估者不同的经验标准。被评估者通常以自己感受到的消极情绪体验和应对困难作为异常的标准,如不明原因的焦虑、抑郁、恐惧等难以控制和摆脱的消极情绪。而评估者更多从自己以往的实践经验出发,结合被评估者的心理状态和行为表现来判别心理的异常。如果评估者经过专业教育和有相当的经验积累,也能形成大致相近的判别标准。该维度虽然不太精确,主观随意性稍大,却是日常生活中最便捷、最直接的方法,常用于及时发现需要给予帮助和治疗干预的当事人。需要指出的是,使用这个维度标准的时候,要清楚这个维度的主观性和误差,切勿用这种方法给当事人"贴标签"。

2. 社会适应维度

该维度指向一个人是否适应社会生活环境并与之保持协调。心理健康者能够按照社会生活的需要主动适应社会环境,能按社会准则和道德规范行事。一个人如果不能按照社会认可的方式行动,其行为就有悖于社会要求而使人难以理解和接受,会被判别为心理异常。也可以把这一诊断标准看作主观经验标准中的一类,有更强的群众基础和适用性,但精确度更差,通常只能筛查出问题已经很严重的当事人。

3. 统计分析维度

该维度源于心理测评,是统计意义上的标准。被评估者接受某一标准化测验而获知其是否偏离常模,以此作为判别心理健康是否异常的标准。统计分析标准提供了心理特征的量化资料,因而较为客观并便于比较。但是,统计分析操作需要专业工具和测评人员,有一定难度。同时,常态分布的模型也存在缺陷,因为并非所有心理特征都呈常态分布,而且某些统计项有一分之差就可能被标定为两种性质的问题,虽然这在统计上是有意义的,但在实际操作中,未必真的有质的差异。这一诊断标准既适用于对陌生人群的快速集体筛查,也适用于特定人员的快速选拔等。测量诊断工具的信效度和受测者的伪饰等都会影响诊断的准确性,更多用于进一步诊断前的初步筛查,直接用测评结果给当事人"贴标签"同样是存在争议的行为。

4. 医学维度

这是指根据是否有致病因素和症状表现进行评判。该维度假定,任何心理异常都有致病原因和症状表现,它们不存在于健康者身上,所以只要发现被评估者有这些致病因素和症状表现,就可以判别为心理异常。医学诊断需要有临床经验和执业资格的医生根据精神障碍分类与诊断标准来作出判断。目前,世界上常用的诊断工具有美国精神病学会制订的《精神障碍诊断与统计手册》(*Diagnostic and Statistical Manual of Mental Disorders*, DSM)和世界卫生组织的《国际疾病分类》(*International Classification of*

Diseases，ICD)，我国目前使用的是《中国精神障碍分类与诊断标准(第 3 版)》(*Chinese Classification and Diagnostic Criteria of Mental Disorders*，CCMD - 3)。

跟前述几类维度相比，医学维度(病因症状维度)相对客观可靠，通常由医疗机构进行评估诊断，是当事人接受治疗的前提。但是，也因此在应用上受到很多限制，不可能作为普及性方法，不适合用于心理预防。未经临床训练的人，还容易出现"乱贴标签"的现象，对当事人造成伤害。

5.理想模型发展标准

上述四个维度都是用来检测有问题的特殊人群，纠缠于"病与非病"的健康模型，与世界卫生组织倡导的健康理念不相吻合。理想的健康状态应该是趋向完满的状态。心理健康的发展标准就是基于对心理学理论关于心理健康的理想模型归纳得到的，如被广泛引用的马斯洛(Abraham Harold Maslow)和米特尔曼(Bela Mittelman)在《异常心理学原理：心理疾病的动力学》(*Principles of Abnormal Psychology: The Dynamics of Psychic Illness*)中提出的十条经典标准(见小贴士 1 - 2)。因为是基于理想模型提出的，所以对照这些标准，几乎没有人是完美的，人人都会发现自己是有问题的。理想模型发展标准的提出最重要的意义就在于为每个人指明了发展的方向。人们即使不能完全达到，仍然可以不断朝着这些方向努力。因此，这些标准对于成长中的个体和教育工作者来说非常有意义。

小贴士 1 - 2

心理健康的十条经典标准

马斯洛和米特尔曼提出的心理健康的十条经典标准：

1.是否有充分的安全感。

2.是否对自己有较充分的了解，并能恰当地评价自己的行为。

3.自己的生活理想和目标能否切合实际。

4.能否与周围环境、事物保持良好的接触。

5.能否保持自我人格的完整与和谐。

6.能否具备从经验中学习的能力。

7.能否保持适当和良好的人际关系。

8.能否适度地表达和控制自己的情绪。

9.能否在集体允许的前提下，有限地发挥自己的个性。

10.能否在社会规范的范围内，适当地满足个人的基本要求。

三、心理健康的意义

总体而言，心理健康的个体能够适应发展的环境，具有完善的人格特征；其认知、情绪反应、意志行动处于积极状态，并能保持正常的调控能力；生活实践中，能够正确认识自我,自觉控制自己,正确对待外界影响,使心理保持平衡、协调。一个人心理健康水平的评估,需要关注其适应能力、耐受能力、调控能力、社交能力和康复能力等,这些能力的弱化会直接导致心理异常。[①]

适应能力包括对生存的自然与社会环境以及自我内在环境变化的适应。能主动快速适应的个体,心理健康水平高;不适应会直接引起焦虑不安,影响心理健康,甚至形成异常心理。

耐受能力是指个体对精神刺激的承受能力。承受能力强的个体,在强烈的精神刺激或持续出现的精神刺激面前依然能保持平静、理智;如果做不到平静、理智,甚至在较弱的精神刺激或短暂的精神刺激面前都无所适从,心理健康水平就低,容易精神萎靡,甚至出现人格改变,导致心理异常。

调控能力是指个体对自我心理活动(情绪、思维等)的控制和调节。调控能力强,情绪稳定,情绪反应适度,思维流畅,心理健康水平就高;反之,会影响大脑皮质的功能,降低心理健康水平。

社交能力是指个体在情感、态度上与人沟通的能力。社交能力强,人际交往主动,容易与人沟通,就容易接纳他人和被他人接纳,对个体的社会适应有重大积极影响,自然对心理健康的帮助也大。

康复能力是指个体遭受心理创伤后的复原能力,也称作"心理弹性""抗逆力"等。生活中,创伤是难免的,有些人遭受创伤后很快可以恢复正常生活,甚至从创伤经历中学习到有助于适应环境的经验,他们的心理康复能力强,心理也容易维持在健康状态;反之,如果心理创伤始终难以复原,个体在创伤情境中徘徊、跳不出来,总纠缠在创伤发生的那一刻,出现心理异常的可能性就很高。鲁迅笔下的祥林嫂的生命随着孩子阿毛被狼吃了而终止,个人的生活功能也丧失了,就是范例。

经历了高考的大学生,能够进入大学阶段的学习,说明都具有正常甚至较高的心智水平,多年的学习也让他们拥有了必要的知识和基本的生活经验,开始追寻自己成功的人生。大学阶段是人生中非常重要的阶段,大多数同学开始真正发现自己、认识自己,找到自己人生的方向,也将经历个人情感的起起伏伏,寻找人生的另一半……

很多同学是带着好奇与期待进入大学生活的,不一样的学习要求、不一样的学习方式、不一样的城市,在很多的不一样中开始自己独立的人生。没有了中学阶段密集的课程和试卷、作业,没有了高中班主任老师和家长每天的唠叨和叮嘱,有了更多自主的时间,自己反而无所适从,不知道如何安排生活。或许有了更多的上网时间,或许可以参加很多个社团,跟自己感兴趣的同学交往、娱乐……身边的同学又需要从陌生开始相处,文化背景差异带来更多的人际冲突,人生将经历无数个"第一次"。在走向成熟的道路上,存在很多

---

① 　郭念锋.临床心理学.北京:科学出版社,1995:173－178.

逆境,考验着我们的适应能力、耐受能力、调控能力、社交能力和康复能力。能否经得起考验、从逆境中崛起,影响着我们的身心健康,也将影响终身的发展与幸福。

大学阶段的不适应表现在学习、生活、人际交往各方面,适应能力的背后考验的是个体心理系统的兼容性,个人的生活能否适应求学的城市、学校的文化,考验个体在新环境中的学习能力和整合能力。大学生不适应将导致毕业困难、生活困难、人际交往困难,会带来持续的焦虑感,甚至是恐惧。耐受能力弱、康复能力弱的同学,面对这些适应困难的时候,更容易选择辍学、逃避等行为;情绪上更多表现出迷茫、忧郁、焦虑等,一旦不能很好调控情绪,没有学习到健康的情绪调控方式,便容易引发心理疾病,直接影响自身以及他人的人身安全。

大学阶段的社交生活将影响婚恋、日后的人际支持、职场关系等,同时影响着每位学生每一天的心情。大学期间的人际交往是大学适应的重要组成部分,是个体自信心的重要影响因素,直接影响大学生活的质量。大学是同龄人的聚集地,大家分别来自不同家庭、地区甚至不同国家,那么多同学一起生活、学习,出现人际冲突、矛盾是必然的,若缺少人际沟通与交往能力,缺少冲突解决能力,缺少必要的耐受能力和情绪调控能力,就很容易产生严重的情绪问题,甚至诱发心理疾病和攻击性行为,带来灾难性打击。每一次心理危机的背后都有人际关系的冲突,一旦出现危机,若不能很好地处理,将会对大学生今后的成长带来消极的影响,乃至影响一生的幸福。

小贴士 1-3

身体健康是最重要的资产

英国的史蒂夫·亨利在他所著的《你真的很富有,只是你不知道》这本书里,用他及其团队开展的一项涵盖 1 000 多人的社会调查结果说明,人生除了金钱还有更重要的事。在这项调查中,史蒂夫选了 50 种不同生活情境与中乐透的开心程度比较,结果发现,受访者认为"身体健康是最重要的资产","伴侣说我爱你"排第二,"稳定的感情生活"排第三。此外,包括居住在安全的国家、养育孩子、与家人相聚、享受片刻宁静等,都被评为最值钱的资产。

英国伦敦大学研究人员的一项对上万名民众的调查研究也显示,社会关系对个人情绪有重要的作用。他们折算出这样一种关联:从健康的身体中获得的快乐感,等于每年赚 30 万英镑获得的满足感,而且结婚、和谐的邻里关系等社会关系带来的快乐更持久。

资料来源:[英] 史蒂夫·亨利.你真的很富有,只是你不知道.上海:上海文艺出版社,2013.

心理健康不容忽视,大学阶段更是人生转折的关键时期,关系到求职、婚恋等一系列生涯发展的问题,心理问题一旦引发心理疾病和人格障碍,会给个体、家庭和社会带来伤

害。发生在国内外高校的各类校园恶性事件屡见报端。相信对于心理健康问题带来的危害，人们都有共识，只是通常因为不了解心理健康的真正含义，再加上对心理问题的避讳，很多人不能及时觉察自己在成长过程中出现的心理问题，不能及时地寻求支持和帮助。更糟的是，有些同学在觉察到自己的一些问题后，陷入恐惧中，将自己封闭起来，与他人隔离，导致更严重的孤独、抑郁、愤怒等消极情绪，个人生活走入恶性循环，心理问题最后演变成严重的心理疾病。

─ 微视频 1-2 ─

是"饭量大"引发的危机吗

小 P 在高中阶段就发现总是控制不住自己，每天都会吃很多的食物，同学都说她饭量大，还羡慕她身材不胖。小 P 就以学习辛苦、消耗大、胃不好等理由来解释，但只有她自己知道，她每次吃饭不吃到胃痛是停不下来的，并且每次吃完后总要去卫生间设法吐了才心安，因此她觉得自己"非常变态"。进入大学一个月后，这个老毛病又严重起来，她怕同寝室的同学觉察她的古怪，说她有病，总是借故不跟室友一起吃饭，而是自己一个人狂吃，吃完后又吐。越是这样，她越感觉自己"变态"，怕同学知道自己的"怪癖"，开始躲着室友，跟同学越来越疏远。一个学期后，她感觉很孤单，心情变得很糟，她的"病"也越发厉害，再加上学习等其他一些事，她感觉大学生活说不出地痛苦，人变得抑郁，甚至开始用笔尖等尖锐的东西刺自己的手臂。当感觉到痛的时候，她反而有莫名的快感，也就越来越认同自己精神出了问题，但又不想让别人知道。她想过离开学校，离开这个城市，甚至想到过自杀。

从微视频 1-2 的案例可以看到，小 P 的问题是复杂的。她到底出了什么问题？怎么会发展成这样？她越是不能正确认识自己问题的性质，越是害怕别人发现自己的怪异，就越是感到痛苦、焦虑和无助，甚至开始恐惧。客观地说，饮食行为问题给她的身体带来的伤害远不及她因此封闭自己带来的危害大，她的社会生活因而受到极大影响，她跌入恶性循环的怪圈。

第三节　心理健康的维护

出现心理问题并不可怕，从前面所述的理想心理健康模式可以推断，每个人都不可能时时刻刻处在健康的状态。健康是一个动态的过程，健康与疾病是这个动态平衡中的两个方向，那么怎样才能保持朝向健康发展呢？如果心理健康出现问题了，该怎么办？心理健康的影响因素又有哪些？

一、心理健康的影响因素

影响人们心理健康的有生物学因素和社会环境因素，生物学因素包括遗传与疾病；社会环境因素既包括个人成长环境，也包括社会文化环境。

1. 遗传对心理健康的影响

在过去的一百多年里，心理学者开展了大量的双生子研究，通过比较同卵双生子和异卵双生子的某一心理发展状况的一致性来估计遗传因素所起作用的大小，如美国心理学家格塞尔（Arnold Lucius Gesell）著名的双生子爬楼梯实验，证明了儿童的成长发育有自己的内在规律，拔苗助长效果不佳。也有很多临床心理学者研究心理疾病的遗传效应，发现同卵双生子中一人患精神分裂症，另一人患此病的概率就比正常人高出 4—6 倍。

2011 年 3 月，发表在国际学术期刊《神经科学杂志》[①]上的研究报告，首次揭示了遗传基因对大脑功能网络配线的"高效益组织"产生怎样的影响，阐明了一些和大脑形成有关的问题。该项研究发现，大脑网络的复杂程度相当惊人，数十亿神经细胞通过数万亿纤维相连。在这个网络中，有效的通信非常重要。一方面，大脑网络的连接越多，网络效率越高，这些连接使得大脑不同的区域可以相互快速高效地通信；另一方面，会尽力使网络连接配线数目最小化，因为从消耗的能量来看，每一个配线连接都非常昂贵。这就说明了，为什么一些人的大脑运转比其他人更有效。来自昆士兰大学和英国剑桥大学的研究小组成员比对研究了 38 对同卵双生子和 26 对异卵双生子的大脑扫描，发现同卵双生子拥有相同的基因，而异卵双生子有大约 50％ 的基因相同。他们利用核磁共振成像测量了整个大脑中网络连接的效益，同时对大脑的具体区域也进行了类似的测量，发现平均后全部差异的 60％ 都和基因有关。因此，大脑如何连接是与生俱来的。该项研究报告的首席著作者、墨尔本大学神经精神医学研究中心的福尼托（Alex Fornito）认为："在大脑的某些区域，遗传作用更加突出。通过研究，我们发现前额皮质是大脑中受遗传影响最大的区域，而这一区域在策略性思考、计划编制以及记忆等方面发挥着非常重要的作用。前额皮质也是受许多精神疾病影响的首要区域之一，精神分裂症就是一个重要的实例。因此，我们的发现指出了这些大脑变化的潜在遗传根据。"虽然遗传基因起主要作用，大脑仍有足够的空间响应外界环境。当大脑出现问题时，适时地利用外界环境和一些其他因素的影响，还是可以避免精神疾病和大脑失调的。

分子生物学、基因组学等基础学科的发展，也推动了疾病的基因研究，其中包括对大脑和精神疾病的基因变化研究。研究发现，多个精神分裂症候选基因——位于抑制性神经递质伽马氨基丁酸传输通道中的 A 型伽马氨基丁酸受体 beta2 亚基，其基因（GABRB2）的 DNA 变异与精神分裂症相关联，并在全世界多个人群中得到证实。GABRB2 基因的

---

① Fornito，A.，et al. Genetic Influences on Cost-Efficient Organization of Human Cortical Functional Networks. *Journal of Neuroscience*，2011，31(9)，3261 - 3270.

异常调控在精神分裂症发病机理方面所起的重要作用,进一步支持该基因对精神分裂症的易感性。[①]

以印第安纳大学为首的研究小组与一批国际研究团队合作,在 2012 年发表一项研究成果,以确定与精神分裂症有关的基因组。该研究是产生一个分数并根据该分数来表明一个人是否有发展出精神分裂症的风险,首席研究员亚历山大(Alexander B. Niculescu III)博士说:"精神分裂症是一种大脑发育过程中降低大脑中的细胞连接的疾病。过多的遗传变异会引起错误的组合,当我们暴露于压力、酒精和毒品等环境中时,就会导致临床疾病的发展。原型测试能够预测一个人是否会患精神分裂症。研究人员强调,表明精神分裂症风险较高的得分并不能决定某个人的命运,它只是意味着我们的神经元连接是不同的,这可能使我们更容易生病。"

精神病遗传学协会的团队在 2020 年通过大样本全基因组关联研究(Genome-wide Association Studies,GWAS),确定了 200 多个与精神分裂症相关的基因位点。[②] 其中,有一个位点就包括可编码多巴胺 D2 受体(DRD2)基因。[③] 基于这些研究结果,可以量化每个人罹患特定精神疾病的基因风险。当然,遗传基因并不是导致精神分裂症的唯一原因,基因风险分数并不能用于临床诊断,但有助于更快发现潜在的患者,从而及时治疗和辅导。

2. 疾病对心理健康的影响

疾病对心理健康的影响,一方面是大脑、中枢神经系统受病菌感染后出现的病理状况;另一方面,也有其他身体疾病对当事人产生的消极影响。病菌和病毒干扰、大脑外伤、化学中毒等都会对大脑产生直接的破坏作用,损伤脑细胞,造成对个体心理的不良影响,轻者产生易激惹、失眠、不安等症状,重者产生感知觉、记忆、意识、思维、言语、运动等方面的障碍,甚至出现意识模糊、幻觉、妄想、躁动、攻击行为等,个体正常的心理和社会功能被破坏,表现出精神疾病或人格障碍等。高烧、缺氧对于大脑功能的影响可能是永久性的,长时间的大脑缺氧、缺血有可能使正常人变成植物人。对于青少年,更要关注大脑功能的受损问题。26 岁之前,一些个体的大脑功能还没有发育完全,越早出现精神疾病,对大脑细胞的影响越大,所以,精神疾病需要尽早干预和治疗。

人体内分泌系统的疾病,会直接影响情绪的稳定性和意志行动,中医学对于体内脏器与情绪功能有对应的表述:喜对应心,怒对应肝,思对应脾,悲对应肺,恐对应肾等。脏器

① 周林,潘颖,等.精神分裂症候选基因 GABRB2 表观遗传调控异常.中华医学会第十一次全国精神医学学术会议暨第三届亚洲神经精神药理学学术会议论文汇编,2013.

② The Schizophrenia Working Group of the Psychiatric Genomics Consortium,Ripke, S., Walters, J. T., & O'Donovan, M. C.. *Mapping genomic loci prioritises genes and implicates synaptic biology in schizophrenia*. MedRxiv,2020.09.12.20192922. Doi:10.1101/2020.09.12.20192922.

③ Trubetskoy, V., Pardiñas, A. F., Qi T., et al.. Mapping genomic loci implicates genes and synaptic biology in schizophrenia. *Nature*,2022,604(7906),502−508.

的疾病会引起相应的情绪变化,从而导致心理问题。

经过多年的宣传,人们开始了解一些生理原因引起的心理问题,如大家比较熟悉的产后抑郁、更年期抑郁等现象。西方一些国家在重大疾病的治疗中同步引入精神与心理治疗和社工的支持,这是因为长期的病痛和重大的疾病给病人带来生活上的极大改变,从而影响病人的情绪,甚至恐惧、绝望等消极情绪体验,这样的情绪不利于治疗和康复,这已为现代临床医学所证实。

3. 个人生活事件对心理健康的影响

生理因素对心理的影响,是大多数人比较容易理解的,毕竟"硬件受损"是很直观的。但是,对于社会环境因素对心理健康的影响,很多人缺乏相应的知识。其实,所谓心理问题好比计算机的软件问题,计算机运行功能受损,更多出现在程序的缺陷、不兼容上,或者是程序受到攻击被破坏,所以心理问题更多是由个体主观经验的冲突和情绪的困扰引起,受个体所在环境的干扰和影响。

一个人在成长过程中发生的一些重大事件都会对其产生影响,而且年龄越小,由于知识、经验和思维能力的局限,越缺少自我保护的能力。形象地说,年龄小意味着还有很多系统的应用程序没有安装,自我保护的能力较弱,容易受到攻击、破坏。因此,早年生活中的创伤事件更容易引发个体的心理问题,精神分析理论非常重视早年经历,在最早的弗洛伊德的精神分析治疗中就离不开对当事人早年经历的分析。

── 小贴士 1-4 ───────────

电影《爱德华大夫》①的启示

《爱德华大夫》是一部经典的介绍精神分析治疗的悬疑电影。电影中解释了精神分析的原理和工作方法,其中主人公成长过程中的多个重大的创伤事件,引发遗忘、妄想、记忆错构、躯体化症状等。在治疗中,心理医生发现主人公的犯罪妄想源于幼年的一个意外事故,在游戏中他的行为使弟弟意外死亡。之后他参加了战争,见证了死亡的场面,甚至还目睹了一起谋杀事件,在心理防御机制的保护下,这些跟早年的创伤一起被埋入潜意识的深处,主人公出现了神游症状、人格解体,忘记了真正的自己。电影悬念迭出,即使今天来看,依然扣人心弦。更重要的是,层层剥茧的不是警察,而是精神分析师,运用的是精神分析的原理,揭示的是心理创伤事件对个体生活功能和精神症状的影响。

即使是认知行为治疗,在进行核心信念追溯分析的时候,同样会涉及当事人生活经历中的重大生活事件,因为这些事件对当事人认知的形成与改变起了决定性作用。尤其是

---

① 《爱德华大夫》是美国好莱坞早期黑白影片,由著名悬疑片大师阿尔弗雷德·希区柯克执导,大明星英格丽·褒曼和格利高里·派克主演,1944 年制作完成,1945 年上映。

这些事件跟个体情绪的身体反应联系在一起,使个体对某种事物的态度和认知直接由身体的感觉启动,产生自动思维,比如看过恐怖电影的人对其中的音乐深有感触,所以当在其他场合听到类似的音乐,就算没有看见场景,身体已经有了条件反射,出现应激反应。

其他的许多心理治疗理论都对生活中的关键事件给予充分关注,这些事件也常常是治疗的关键点。叙事疗法、表达性治疗等都会聚焦一些对个体有特殊影响的事件上,如再现、重构、脱敏等,使得个体通过心理治疗缓解恐惧,学习到应对的有效方法。

4. 家庭文化及亲子关系对心理健康的影响

对个体心理造成影响的不仅有单一的生活事件,更不能忽视复杂的生活环境。家庭是每个孩子最初生活的环境,对青少年来讲,也是最重要的环境。对孩子产生影响的有以下几个重要的因素。

首先是孩子对父母的依恋关系。人作为哺乳动物,幼年时极其需要与母亲的联系。随着成长,青春期前后,对父亲的需求也越来越多。因此,亲子关系直接影响孩子的自我存在感,影响孩子自我意识的发展,很多人一生都在寻求父母对自己的接纳和爱。在这方面,精神分析的各派理论也给出了相当丰富的分析与解释。

其次,很多早年的生活事件未必会被记忆下来,但当时与父母在一起的情感体验会被记忆在身体的各个细胞里,那份喜悦或者恐惧会在潜意识层面被保留下来,成为躯体的感觉被当事人记住。日后遇到类似事件或有类似体验的时候,躯体的记忆会被唤醒,但是当事人并不清楚这些躯体感受的由来,这就造成一些心理困惑,甚至是心理疾病,还可能以特定的躯体症状显现出来,这些只有在治疗中才可能被了解。比如,在威严的家庭里,那些害怕家长的孩子看到成年人或权威人物,就会产生逃开或躲起来的冲动,身体会作出退避的姿态。久而久之,他的身体趋向佝偻,颈椎向下弯曲,直接给人一种不自信的感觉。

再次,家庭文化对孩子的影响好比给新买的电脑装机,家庭成员的喜好、价值观念等都直接影响孩子对外界事物的认识。如果家庭文化是相互关心、充满爱意的,主要的养育者是乐观、感恩的,孩子也能有一个积极乐观的视角,为日后的阳光心态打下基础;如果家庭气氛始终透露出不公、委屈,家庭成员间相互猜忌、有隔阂,孩子长大后容易悲观,与人相处困难,这些都是导致个体心理问题和心理疾病的直接因素。在古龙的小说《绝代双骄》中,小鱼儿和花无缺虽为双生子,但是被不同的人领养,恶人谷的十大恶人自小对小鱼儿呵护有加,小鱼儿从他们身上感受到亲情,所以,虽然性格无拘无束,但是有情有义,阳光可爱;而花无缺被因感情创伤而心理扭曲的移花宫宫主领养,自小在严厉无情的环境里成长,他温文尔雅、武功超群,但是就像他的名字"无缺"一样,即使已经身怀绝技,依然关注自己的不足,不能容忍自己被超越,不能有"缺",追求完美,这使他内心的感情和性格相当压抑,容不得失败。这样的例子在生活中并不少见,一些成绩优异、才华出众的同学,却常常心情忧郁,心中始终存在不如别人的感觉,紧盯着自己的不足,看不到自己的长处。

对他们而言,即使生活在幸福中,也无法感受到快乐,心中充满了危机感。如果了解一下其家庭养育方式,不难理解这是如何产生的。乐观与悲观常常源自家庭看待事物的方式,若从小被要求完美,样样争第一,长大以后不关注自己的缺点、不足是很难的。

此外,物化的、工具化的亲子关系,正在给当代一些家庭带来难以诉说的痛苦。父母叶通过物质来表达对孩子的爱,却不去理解、关心孩子在生活中的感受,甚至长年跟孩子没有身体接触、言语交流,使得孩子情感的需要长期得不到满足,这些在父母外出务工的留守儿童中非常普遍。缺少了爱和肯定的青少年,长大成人后,可能容易关注物质、成绩、荣誉,较难感受人与人之间的情感需要,这样的案例这些年一直没有间断过。比如高校学子向动物园狗熊泼硫酸事件、投毒案等,还有很多令人痛心的自杀、自伤事件,事件的主人公常常是高智商的高才生,但是他们的情商都存在着这样或那样的问题,他们的心理问题是无法用学业成绩来遮掩的。

最后,家庭中夫妻间的亲密关系是另一个常常被忽略的影响因素。一些家庭长年在争吵中过日子,孩子在父母岌岌可危的婚姻关系中深感恐惧、无助。一些家庭的父亲或母亲有一方长年缺席,孩子或者成为父母夫妻感情中的替代品,或者成为父母关系不和的出气筒。还有越来越多的离婚家庭,孩子不但无法从家庭中感受完整的爱,而且或多或少地被迫承担着父母离异的责任,似乎自己是父母婚姻的累赘,等等。这些对大学生的异性交往和婚恋有着极其重要的影响。人们常常把婚姻比作爱情的坟墓,其实这背后就反映出不懂得亲密关系的相处之道,亲密关系中包含着丰富的心理学原理,如人际交往、社会适应等。关于亲密关系的一个最简单的道理是,当人与人之间彼此给予的时候,交往的双方都会产生被爱的暖意,这样的世界是阳光灿烂的,这就是恋爱。倘若结了婚,有了法律的保障之后,夫妻双方将曾经关心和爱护的人变成自己的佣人,开始告诉对方"作为丈夫、妻子应该……"相互的给予变成彼此的要求,甚至是索要,相当于天天与债主一起生活,怎么可能不是地狱一般的日子呢? 亲密关系中的相处,不仅仅是观念的体现,对爱人的关心也体现在生活中的点点滴滴,是情意的流露,表现了一个人真正的胸怀。试想:在家里长期缺爱的孩子,得不到家长情感温暖的孩子,又有什么样的力量去爱自己的另一半呢? 这样的孩子,寻找爱自己的人便成为其婚恋永恒的主题。

如何处理家庭中的亲密关系,是今天大学生的人生道路上非常重要的一门课。家庭对孩子心理成长的影响是全方位的,它是每个人最初的生活环境,为每个人定下了一生的基调,是青少年心理健康最重要的影响因素之一。

5. 社会文化对个体心理健康的影响

今天几乎每个人使用的计算机都会连接网络。离开了网络,计算机就失去了大部分功用。计算机深受网络的影响,一款太过固定的系统会阻碍设备与软件的更新,势必会通过淘汰来强制改变。对人而言,社会文化的巨变跟计算机的更新换代一样。今天不断改变的文化让年轻人喜悦,但是对于更多成年人,他们面临着不断变革的时代,哪一天跟不上革新的步伐,就会如同旧电脑一样被淘汰。不断更新的社会文化对个体心理健康的冲击就在于,一方面个体越来越失去对生活的掌控感,越来越缺乏安全感,变得焦虑,也许这就是今天很多人感觉有压力的原因之一;另一方面,多元文化的存在是社会的进步,如同之前的更新换代一样。但是,对于个体,多元文化背后是多元的价值系统,就像一台电脑装入了多个系统、多个性质类似却不通用的软件程序,在硬件设备有限的情况下,这不仅不会提高电脑的效能,反而会影响系统的正常运行。有时出现的干扰甚至会导致程序冲突而死机,如同人们也常常因为多种价值观的冲突,或原有价值观念与现实的冲突而"想不通",导致思维和情绪混乱。很多成长环境单纯、适应力较弱的个体在境遇发生巨大改变时,会产生不适应,引发心理危机。

暂不说从农村考上"北上广"这些特大城市的大学带来的适应问题,即使是"北上广"生源地学生,换一个城市求学时,同样可能产生适应问题。不同的地域文化存在很大的区别,在特定地域里成长的孩子,不免带有地域文化对他们的待人接物方式产生的潜移默化的影响。这些由地域文化带来的影响,交织着个体自身的适应问题,不是一下子就能统合的。除了地域文化,还有政治文化、经济文化、艺术文化等因素。总之,多元文化会给个体的适应带来冲击,从而影响心理健康。

时代的变迁也给个体的心理发展带来极大的影响。改革开放的几十年是国家走向繁荣富强的时代,价值观的改变是巨大的,经济体制的改变影响着生活方式的转变,人们突然意识到自己的生活不再确定,必须自力更生、奋发图强。于是,竞争中求胜成为一些人的生存意识,"不要输在起跑线上"就是这种竞争意识的极致体现。而在竞争的文化中,尤其是社会规则还没有完成转型,在游戏规则还不完善的情况下"摸着石头过河",使人们产生了信任危机。社会流行"相信自己""跟着感觉走",这有积极的成分,但也体现了个体的孤独。经济急速增长的时代带来了前所未有的思想上的冲击,如果个体的"系统"未及时更新,就会落后。在快节奏的社会生活中,每个人都会面临巨大的压力,抗挫折能力差的人就容易出现心理问题和心理疾病。

微视频 1-3

我生他,有错吗

高校寝室投毒案发生后,在电视台组织的一档市民讨论节目里,有一位市民 L 女士有感而发,诉说了她的悲苦:

L 女士是一位残疾人,但她有一个一度让她很骄傲的儿子,儿子自名校毕业后留学美国,并在美国工作和生活,此后这一切似乎就和她没了关系。儿子在美 20 年,今年已近 80 岁高龄的她,从未去过美国探亲,一年也接不到儿子的几个电话。儿子性格偏执,认为他在美国如果混得好,那是靠自己;如果混得不好,则是受父母的影响。

在听到大家讨论寝室投毒案时,L女士很受刺激。等到儿子电话来了,就跟他讲了这件事,儿子却冷冷地说:"我不是医生,我不懂。"当L女士质问儿子怎么没有同情心时,这位冷酷的儿子反而责怪母亲生他是一个错误,不应该生他。L女士实在想不通,"难道他有错吗?"

微视频1-3案例背后折射出的社会、家庭文化对青少年心理健康成长的影响,值得深思。

二、心理健康的维护途径

心理健康问题的产生不纯粹是个人的问题,也受到外界的各种影响,要维护心理健康并不是一件容易的事。首先,必须不断地更新知识,好比电脑需要不断升级补丁程序,不断安装新的应用程序,不是说只要自己一个人使用、不联网就不会有问题,不感染病毒不代表我们的系统就能运行良好。

维护心理健康,既要不断地学习,也要定期维护自身的软件系统。曾子曰:"吾日三省吾身。"我们需要定期整理,发现自己头脑中冲突、混乱的想法和感受,必要时需要学习整合这些思想的方法,学习新的理论,帮助自己理顺看似矛盾的观念,更好地了解自己的需要,制定出明天的计划。做到这一点在今天并不容易,我们整天被信息包裹着,经常不是对着电脑就是对着手机,每天手机陪伴自己入眠。中国电信公司的一段广告描绘了这样一个画面:未来的生活中,卫生间的梳妆镜就是一块大屏幕,有天气预报、一天的行程安排,可以看新闻……不少人已经不爱去寻找可以安静下来反思的空间,头脑里充斥着各种各样的信息,不断地完成各种运算,甚至得了信息依赖症,离开了手机、电脑和网络,好像已经不能生活,网络比吃饭更重要。能够让自己安静下来,反思一下生活,了解自己的需要和感受,恢复自身对生命的掌控,对于我们人类是非常重要的,人的生命理应由自己掌控、调节。心理治疗发展到今天,西方也在分享东方的文化,正念冥想、静修开始得到关注,这类方法强调自我的整合。如果爱好中国传统文化,不妨从中汲取一些思想精华。我们的先人充满智慧和思辨,即使到今天,他们的思想依然是积极而有建设性的。

有些时候,我们还需要求助于专业的心理辅导人员,由他们提供安全的空间,帮助自己放松下来,陪伴着探索以往的路程,去发现影响前行的障碍。然后,寻找改变的机会。发掘和利用好可以利用的资源,获取克服困难的力量。通常,我们会在失败、受挫后变得沮丧,甚至看不到希望,这时,心理辅导的教师也许可以陪伴我们度过情绪的低落期,然后跟我们一起去发现失败背后的宝贵资源,发现自己成长的目标。人生不会就此终结,失败是旅程的起点,我们要战胜的不是他人,而是自己,迎难而上,是对意志的考验,也是自身价值的一种体现。当然,专业的心理咨询师会帮助我们一起识别一些对我们有害无益的观念,就像病毒程序被检测出来后就可以进行杀毒处理。应用心理咨询的理论与技术,帮助处理释放被压抑的情绪,会让我们重新恢复对情绪的感知和调控。

　　人们的生活中难免会出现这样或那样的心理问题或心理疾病,我们应给予充分重视,积极接受心理辅导和治疗。电脑硬件受损的时候,就需要更换硬件;人也一样,免不了出问题的时候。只要能正视自己的问题和疾病,积极地配合治疗,生活功能依然可以正常维持。糖尿病患者注意定期监测血糖,定时注射胰岛素,就能跟正常人一样去生活和工作。同样,一个得了精神疾病的人,可能体内缺少了某种神经递质,而药物可以及时补充,正常生活功能就可以得到保证。这背后,人们对自己疾病的接纳态度至关重要。不承认就不会接受治疗,最终的结果可想而知。

小贴士 1-5

要学会调整心态

　　身体不能选择,可以经常锻炼;

　　环境不能改变,可以慢慢适应;

　　人生总有不幸,可以依然感恩。

　　生命本可以灿烂,除非你不断挑刺。

　　欢乐不是他人给予,自己可以学会感受。

　　无法要求别人爱我,我却可以爱人;人人学会爱人,你又怎会没有人爱?

　　健康需要维护,生命需要理想。

思考题

1. 人们在心理内容上的客观差异体现在哪些方面?

2. 心理差异的表象后有哪些共同的规律?

3. 如何看待心理健康标准的多样性?

推荐阅读

1. 彭聃龄.普通心理学.北京:北京师范大学出版社,2023.

2. [美]理查德·格里格.心理学与生活.王垒,等译.北京:人民邮电出版社,2023.

第二章

大学生的学习心理

《学习的革命》是一本有关学习方法的畅销书,作者戈登·德莱顿(Gordon Dryden)和珍妮特·沃斯(Jeannette Vos)在书中这样写道:"我们正在经历一场改变我们生活、交流、思维和发展方式的革命,这场革命使得我们今天知道的东西,到明天就会过时。如果我们停止学习,就会停滞不前。"①

学习奠定了人类进步的基石,更成为信息时代人们赖以生存与发展的一项必要技能。就当代大学生而言,学习是成就自己的目标与理想的首要途径。尽管大学生从小到大都在学习,但对学习的内涵与本质的认识不一定清晰;从小学到中学再到大学,学习内容、目标、方式等也发生了很大的变化,如果对大学学习的特点、规律、方法、策略缺乏必要的认识,就容易在学习中遇到这样或那样的困惑和问题。本章旨在帮助大学生更全面深刻地理解和掌握学习的基本理论、大学学习的特点与方法、大学生常见的学习心理问题与应对等,以帮助自己在大学阶段更有效地学习,为未来的成功、成才打下扎实的基础。

第一节　学习与学习理论

从距今约 400 万年人类在地球上诞生以来,人们的生存、进化和发展就与学习密不可分,人们总是把"学习"二字挂在嘴边。几乎每个人都读过"学而时习之,不亦说乎",每个人都说过"好好学习,天天向上",然而,真正要给"学习"下一个定义,却不是每一个从事学习活动的学习者都能轻易做到的。古今中外的思想家、教育家和心理学家不断追问与探讨学习的本质,形成丰富的思想理论成果,这些思想理论成果都在回答同一个问题——什么是学习。

---

① ［新西兰］戈登·德莱顿,［美］珍妮特·沃斯.学习的革命.顾瑞荣,等译.上海:上海三联书店,1997.

一、学习的本质

小测试 2－1

什么是学习

请你思考,以下情形是不是"学习"?

1. 在教室里听老师授课。

2. 在驾驶学校参加实地培训。

3. 周末独自看了一下午参考书。

4. 同学们一起参与课后讨论。

5. 宠物狗能对主人起的"名字"作出反应。

6. 小马在出生后几分钟便能站立和行走。

7. 暑假和家人一起出门旅行。

8. 喝醉后对发生的事毫无记忆。

1. 学习的含义

从广义上讲,**学习**(learning)是有机体由经验引起的行为或行为潜能相对持久的变化,是把信息和经验转化成技能、行为或态度的终身过程。这里的"有机体"既可以指人,也可以指动物,学习是人和动物共有的一种活动现象。当有机体在活动中产生对客观事物的认知或动作技能的经验,继而引起个体在认知、行为(包括行为潜能)或态度上的持久变化,就可以认为发生了"学习"。学习必须依托经验,它排除由本能、自然成熟、药物等因素引起的个体变化,对个体具有较长期的影响。

根据学习的定义,可以判断听课、参加驾驶培训、看参考书等这些活动毫无疑问是"学习",因为它们都是通过经验引起个体认知和行为改变的常规例子,也是我们最常接触到的学习形式。参与课后讨论,当然也属于"学习",因为在讨论过程中,我们可以通过与他人交流经验,加强对特定知识经验的理解和应用,对所学知识产生进一步思考。"宠物狗能对主人起的'名字'作出反应"是动物学习的典型例子,狗在声音信号和与之关联的事件之间建立了经验联结,习得对"名字"的反应。尽管动物的学习是一种普遍存在的现象,但"小马在出生后几分钟便能站立和行走"并不是学习的结果,因为它没有经验的直接参与,是受生物种群的本能调控的。人类也有许多与生俱来的生物本能,对于这些基于本能的行为反应,我们并不需要通过"学习"来获得。很多人会觉得"旅行"和"醉酒"可能不是"学习"。从表面上看,它们与生活中常谈及的"学习"概念相去甚远,而且醉酒后的行为改变很明显是受到酒精的影响。然而,进一步思考可以发现,在旅行过程中,我们可以领略到不同地域的景色风光、历史文化,对所去的地方形成持久的经验和态度;醉酒之后虽然对发生的事毫无记忆,但会让我们认识到醉酒的后果和危害,使我们对喝酒这一行为产生厌恶的态度，这些经验都会对我们未来的行为产生潜在的影响。因此，这两种情况中也包含着"学习"。可以说，人们的生活中充满了学习，学习无处不在。

从狭义上讲，学习仅仅指人类的学习。狗对"名字"形成反应是一种学习，但狗对"名字"是没有意义理解的，它学习的只是对声音信号的一种反应。动物的学习与人类的学习体现出极大的差别，人类的学习相比于动物的学习要复杂很多。一方面，人类的学习更多借助语言和思维等认知活动的参与，并可以借此获得大量非直接感知到的间接经验；另一方面，人类的学习还具有社会性和能动性，它在改造世界的过程中、在与他人的交往中发生，是一种自觉的、积极主动的过程。

值得注意的是，人们在学生时代常说的"好好学习，天天向上"中的"学习"，是从更狭义的角度定义的"学习"，它是指在学校情境中，学生掌握知识技能、发展智力和形成行为习惯的活动过程，是在教师指导下，有目的、有计划、有组织进行的认知活动，即"学生的学习"。学生的学习是建立在人类已有知识经验的基础上的，也是在教师指导下，以掌握系统的科学知识、技能，形成正确的世界观和良好社会道德品质为主要任务和目标的活动过程。

2. 学习的类型

学习的内涵决定了学习概念外延的广泛性和丰富性，对于生活中形形色色的学习，我们可以从不同角度进行分类。知识学习、技能学习和社会规范学习是学习的三种基本类型。根据学习内容与结果的不同，学习还可以分为言语信息学习、智慧技能学习（学习处理外界的符号与信息的能力）、认知策略学习（学习用以支配注意、记忆和思维等学习过程的执行控制能力）、态度倾向学习和运动技能学习等五类。根据学习方式、学习材料与学习者原有知识经验的关系，可以把学习分为接受学习、发现学习、机械学习、意义学习等四类。从教育目标和教育任务出发，我们还可以把学生在认知领域的学习目标由低到高分为识记、理解、应用、分析、综合、评价等六个层级。

大学生的学习在学习内容上，除了积累专业知识外，更重要的是学习与养成智慧技能和认知策略；在学习方式上，更多的是发现学习和意义学习；在学习目标上，大学生既要注重对知识的识记和理解，也应注重对学习内容的实践和应用，将所学习的知识、技能、经验充分整合到一起，用以处理和解决学习、工作、生活中遇到的各种问题，不断提升应对未来挑战的能力。

二、学习的基本理论

1. 学习的生理机制

人们能够顺利地开展学习，最重要的物质保障是每个人都自带的"超级计算机"——我们的大脑。人类的学习活动由大脑进行调控，外界的各种知识经验通过视觉、听觉等各种感觉通道和更高级的知觉、记忆、思维等心理活动进行组织、存储和加工，形成个体行为、态度等相对持久的改变,这些心理活动都需要整个大脑的参与和协同工作。任何物质的运动都具有规律性,大脑也不例外。人类高级神经系统活动的基本规律之一是兴奋与抑制的相互转换,如同各种机器运作都需要消耗能量,大脑的兴奋过程也总是伴随着能量的消耗。经过一定时间的兴奋,大脑就需要进入相应的抑制过程,以"恢复"能量。一个兴奋过程向一个抑制过程的转换,或一个抑制过程向一个兴奋过程的转换,在生理学上称为**诱导**(induction)。正确利用大脑的活动规律、理解大脑的运作方式,对于学习效率的提高具有重要意义。在大学学习中,一定要在复杂的学习任务中注意用脑卫生,科学用脑、合理用脑,才能保证学习活动的高效开展。

2. 学习的行为理论

学习的行为理论是将学习看作获得外部可观察的行为过程的一系列学习理论。受到行为主义心理学的影响,学习的行为理论强调运用刺激与行为反应之间关系的建立过程和机制来解释学习。学习的行为理论主要包括巴甫洛夫的经典条件作用理论、斯金纳的操作条件作用理论和班杜拉的社会学习理论等。

经典条件作用理论认为,当一个中性的外界刺激物与某一个能引起我们特定反应的刺激物多次匹配出现时,有机体就会为这个中性刺激物赋予意义并产生相应的行为,从而产生"学习"。人类的学习也包含着经典条件作用,但人类学习的高明之处在于:人除了可以建立刺激与反应的直接联系,还可以通过语言这套第二信号系统来建立间接的经典条件作用。

操作条件作用理论认为,有机体在环境中并没有明显的有意义刺激物的情况下发生行为操作,其行为操作的结果使行为倾向和行为出现的概率发生改变。比如,我们通过努力学习在考试中取得了好成绩,取得好成绩和来自他人的积极评价、自身的积极情绪等行为结果会成为强化物,进一步激发我们更积极努力地学习。

社会学习理论认为,个体在观察到他人的行为被强化或惩罚后,会作出或不作出相应的行为,这些观察以心理表象或其他符号表征的形式储存在大脑中,帮助他们在特定情境下模仿他人的行为。

3. 学习的认知理论

学习的认知理论指出,环境只为学习提供了潜在的刺激,至于这些刺激能否引起以及引起何种反应取决于学习者内部的心理结构。认知理论强调,学习是通过对情境或对象的认知形成的。如果说学习的行为理论更注重学习的行为成分,那么学习的认知理论就更重视学习的认知成分,与我们的知识学习更加密切相关。掌握学习的认知理论,能指导并帮助大学生在学习过程中,有效促进对学习材料的意义理解,根据所学的内容不断建立和调整自身的知识结构,通过科学的编码和信息处理方式来使各种信息的存储与联结更为牢固。学习的认知理论主要有完形理论、符号学习理论、建构主义学习理论和学习的信息加工论等。

完形理论认为,任何学习都会在有机体头脑中留下痕迹,这些痕迹不是孤立的要素,而是一个有组织的整体。完形理论强调学习的顿悟机制,认为当有机体的生活环境发生变化时,头脑中的"完形"就会出现缺口,个体通过弥补缺口来组织新的"完形",这种组织和再组织的活动就是学习。

符号学习理论认为,学习是有目的的行为,是对"符号—完形"的认知。美国心理学家托尔曼(Edward Chace Tolman)通过实验证实,外部刺激与行为反应之间的个体内部过程变化和有机体的特定认知结构在学习中的重要作用(见小贴士2-1)。

─── 小贴士 2-1 ───

小白鼠的"认知地图"

托尔曼设计的实验装置(见图2-1),使用白鼠作为实验对象。在这个装置中,有三条通向食物箱的通道,通道一最短,通道二次之,通道三最长,通道一与通道二之间

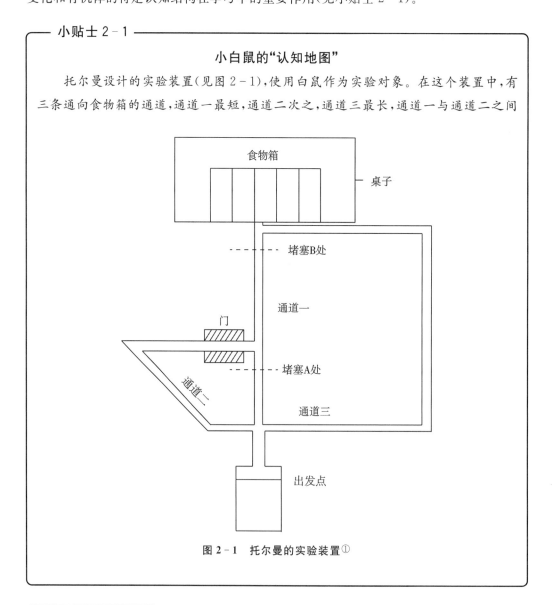

图 2-1　托尔曼的实验装置①

───────

① 莫雷.教育心理学.北京:教育科学出版社,2007.

有一段共同路径。在实验准备时,让白鼠熟悉这三条通道。实验过程中,首先把堵塞物放在通道一与通道二共同路径的前端(A 处)。这时,白鼠会在堵塞处向后转,选择通道二到达食物箱。如果把堵塞物放在这段共同路径的后端(B 处),这时白鼠不会选择通道二,而是选择通常不太会选择,却又是此时唯一可选路径的通道三。托尔曼根据实验结果推断,白鼠在学习到达食物箱的路径时,并非只是学习一连串的刺激与反应,而是在头脑中形成了称作"认知地图"的认知结构。

　　建构主义学习理论认为,学习的实质是个体主动地感知、领会和推理的过程,其目的是促进头脑中的分类和编码系统的形成。建构主义学习理论强调学习是知识结构的掌握(即学习事物之间是怎样相互关联的),提倡发现学习,鼓励人们通过独立思考、改组材料,自行发现知识、掌握原理,形成对知识的主动建构。

　　学习的信息加工论受到现代信息加工论的影响,使用信息技术中信息加工的概念来类比人类的学习过程,将学习划分为个体对信息进行选择、编码、存储、检索和提取等相互联系的组成部分,主张揭示学习过程中学习者内部的各种信息加工过程及其结构。

三、学习动机及理论

1. 动机的含义与分类

　　心理学所说的**动机**(motivation),指由目标或对象引导、激发和维持的个体活动的内在心理过程或内部驱动力。从定义来看,动机首先要有目标或对象。动机通过目标或对象的引导,为个体规定行为方向、提供行为动力。其次,动机要求个体产生活动,能够激发个体对特定事物的计划、组织、评估、调控等心理过程,表现在各种外部行为努力和必要的辅助行为中。概括起来,人类的动机具有激活、指向、维持和调整四大功能,动机不仅能激活个体的行动,还能使行动围绕目标展开,并在必要时调整行动,保证行动的持续进行。

　　动机与需要息息相关。**需要**(need)指有机体内部的不平衡状态,是有机体对外部环境的稳定要求,需要是动机产生的基础。当个体的某种需要没有得到满足时,就会试图寻找能够满足自己需要的事物,从而产生行为的动机。人类的需要多种多样,既有生理上的各种物质需要,又有心理上的各种精神需要和社会需要。人们需要的多样化决定了动机的多样性,我们可以根据不同的划分方法对动机进行分类。

　　根据动机的性质,可以把动机分为生理动机和社会动机。**生理动机**(physiological motivation)以个体的生物学需要为基础,如饥、渴、性、睡眠等;**社会动机**(social motivation)以人的社会文化需要为基础,如成就动机、社会交往动机等。根据动机是否需要通过学习形成,可以把动机分为原始动机和习得动机。**原始动机**(primary motivation)以人的本能需要为基础,主要表现为上述各种生理动机、不需要经过学习的动机;**习得动机**(acquired motivation)则是后天获得的各种动机,即经过学习产生和发展起来的各种动机,如恐惧、赞许等。根据动机的动力来源,可以把动机分为内部动机和外部动机。**内部动机**(intrinsic motivation)是个体的内在需要引起的动机,**外部动机**(extrinsic motivation)则是由外部诱因引起的动机,比如我们都有过为赢得某种奖励去努力从事某项活动的经历。微视频 2-1 展示了一个内部动机的例子。

微视频 2-1

"苹果之父"史蒂夫·乔布斯

当美国苹果公司的 iPhone 智能手机、iPad 平板电脑等高科技电子产品逐渐融入我们的生活,改变我们的生活方式的时候,史蒂夫·乔布斯的名字也被深深镌刻在人类创新文明的史册上。

乔布斯为何会在电子产品领域独具超凡的创新智慧?是什么让他为了自己的产品和理想,即使一度遭遇被迫离职的挫折,仍然能够重新振作,最终缔造了"创业神话"?美国有线电视新闻网前董事长、《时代》杂志前总编沃尔特·艾萨克森在其撰写的《史蒂夫·乔布斯传》中,记述了乔布斯从小对电子设备的热爱和青年时代对"创造自己的公司和产品"的痴迷。乔布斯的父亲曾是一位军人,退伍后靠修理汽车营生。因为父亲的工作,小乔布斯第一次接触机械和电子设备便迷上了创造属于自己的电子产品。这位"苹果之父"坚持"活着就是为了改变世界"的人生信条,他说:"我的激情所在是打造一家可以传世的公司,这家公司里的人动力十足地创造伟大的产品。"正是有了这样一种源于个体内部的巨大动力,乔布斯才能执着地朝向目标奋勇前行。或许,当你找到那份对你来说极富乐趣又让你愿意为之奋斗终身的事业时,你也会像乔布斯一样,用你对它的满腔热情,去创造另一个无限的可能。

---

2. 学习动机及其主要理论

学习动机(learning motivation)是指激发个体进行新的学习、维持已引起的学习活动,并使个体的学习活动朝向一定学习目标的内部心理过程或内部驱动力。简言之,学习动机就是学习动力。尽管只有学习动机还不足以使我们获得最佳的学习效果(因为学习效果是由学习的智力要素和非智力要素共同决定的),但没有学习动机,就无法激发和维持有效的学习活动,也不可能取得良好的学习效果。学习动机为我们实现学习目标提供持久的学习动力,是保证学习效果的必要动力条件。心理学者从不同角度尝试归纳了学习动机的理论,主要包括学习动机的行为理论、成就动机理论、需要理论、归因理论和自我效能理论等,它们分别从不同角度分析了影响学习动机的各种因素。

学习动机的行为理论和学习的行为理论一样,认为当前的学习行为取决于先前同样的学习行为的强化,也就是在早前学习活动中得到的积极结果,会让人们在之后的相同的学习活动中表现出更高的学习动机。

成就动机是指,个体克服困难、施展才能以取得成功的愿望和趋势,是一种主要的学习动机。成就动机理论认为,大学生追求成就的愿望大小、成功的期望值(成功的主观可能性)高低和成功后得到回报的多少,综合决定了学习动机的水平。

学习动机的需要理论认为,人在不同层次的基本需要得到满足后,会产生更高层次的自我实现需要,这种力求实现自我潜能的需要会激发个体强大而持久的学习动机。现代生理学和心理学研究还表明,原始的学习需要是一个健康的人与生俱来的生物学本能,人类的好奇心和求知欲就是在这种本能的基础上建立起来的。大学生的学习需要是人类求知本能和个人发展目标相结合的产物,学习需要指向明确的专业领域,有明确的学习意识倾向。

学习动机的归因理论强调的**归因**(attribution)指人们在完成某项任务后,对任务结果进行原因分析和判断的过程。心理学研究发现,人们在学习情境下通常倾向于将成功或失败归因于能力、努力、任务难度和运气四个因素,各因素可以根据内部—外部和稳定—不稳定进行二维划分。学习者对学习结果的归因(尤其是将结果归因于个人的能力或努力这些内部因素时)会对动机水平产生较大的影响,如将成功归因于自己的努力可以激发学习的动机;将失败归因于自己能力不足则会引起内疚、羞愧的情绪,导致学习动力减弱甚至丧失。

学习动机的自我效能理论指出,自我效能感是影响学习动机的重要因素之一。**自我效能感**(self-efficacy)是人们对自己能否成功从事某项任务的主观判断,与我们日常所说的自信心意义相近。当个体具有较高的自我效能感,确信自己有能力从事某项学习活动并实现预期目标时,就能更好地组织自己的学习行为,维持较高的学习动机。

大学生处在特定的发展阶段,其学习动机具有多元性、社会性、易变性和转换性等特点。多元性指大学生的学习动机受到不同家庭背景、不同个人经历及由此形成的个人对未来的独特看法的影响,呈现出既包含外部学习动机又包含内部学习动机的多元特征,具体表现形式具有明显差异性。社会性体现为,随着大学生对社会认识的不断发展和对所学专业的深入了解,自身的社会责任感在逐渐提升。大学阶段学习活动的目的开始不局限于个人目的,学习目标的社会意义逐渐凸显,学习动机呈现显著的社会性特点。易变性是指,大学生的学习动机既容易受到个人兴趣的转移、生活事件经历及情绪、情感等内部因素的影响,也容易受到学校氛围、家庭环境和人际互动等外部因素的影响,因而表现出动机性质和动机水平容易变化的特点。虽然大学生的学习动机具有易变的特点,但这种变化可以通过人为的调节、干预实现转换。我们可以利用大学生学习动机的转换性特点来保证学习活动有效进行。

小测试 2-2

测一测你的学习动机

请根据自己的实际感受,判断以下各项目的描述,从"不符合、有点不符合、不太确定、比较符合、完全符合"五个选项中选择一项。

1. 我总觉得在学校学到是令人懊悔的事情。

2. 我经常提醒自己,要在学习过程中不断提高自己分析和解决问题的能力。

3. 我想通过努力学习提高自己在班上的地位。

4. 我常想,如果不认真学习,就对不起老师的培养。

5. 为了使自己将来有能力帮助他人,我一直努力学习。

6. 我希望用学习成绩扩大影响力。

7. 我努力学习是为了将来能干出一番大事业。

8. 随着学习的深入,我的专业学习兴趣越来越浓了。

9. 我因为努力学习而很少感到空虚。

10. 我常想,如果不努力学习,就业时就会失去竞争力。

11. 我总想通过提高学习成绩来赢得他人的尊重。

12. 我很想利用自己的才华报效家乡。

13. 我非常害怕因学习成绩不好而受到亲友的责难。

14. 我把刻苦学习视为当学生干部的一个筹码。

15. 在大学学习中,我常因解决某个问题而产生释然感。

16. 总的来说,我对大学课程的学习有浓厚的兴趣。

17. 课后我经常去图书馆阅读与自己专业相关的书籍和杂志。

18. 我敢确信,渴望在将来能使祖国变得更加富强是我学习的主要动力。

19. 我力图使自己比别人学到更多的知识。

20. 我经常提醒自己,不能因为学习成绩而影响自己在同学心目中的地位。

21. 我想利用所学知识去参加竞赛,为学校争光。

22. 我想努力学习,为他人树立一个榜样。

23. 我一直想通过学习来光耀门楣。

24. 通过学习我解决了许多以前不懂的问题。

25. 在大学里学习,我的精神比中学时好。

26. 通过坚持学习,我能读懂的专业文献比一般同学多。

27. 我私下经常提醒自己,不认真学习就没法给父母一个交代。

28. 我常想,一定要好好学习,不能让异性同学看不起自己。

29. 为了免遭同学的嘲笑,我总是刻苦学习。

30. 我总想利用自己所学的知识为他人排解困难。

31. 我经常通过看专业书籍有意识地提高自己的科研能力。

32. 我苛求自己在课程学习中寻找新的发现。

33. 我试图通过提高自己的学习成绩为班级增添荣誉。

34. 我常因学习上的优势而产生强烈的满足感。

对以上34项描述，按照"不符合"记1分、"有点不符合"记2分、"不太确定"记3分、"比较符合"记4分、"完全符合"记5分的方法，将各项得分相加后的平均分作为学习动机水平的评价指标；将第1、2、7、8、9、10、15、16、17、18、19、24、25、26、27、31、32、33、34题共19项的得分相加后取平均分，作为内部学习动机的评价指标；其余各项得分之和的平均分作为外部学习动机的评价指标。所有评价指标越接近5分，代表学习动机越高；越接近1分，代表学习动机越低。还可以比较内部学习动机与外部学习动机的水平高低。一般来说，大学生在内部学习动机评价指标上的得分应高于在外部学习动机指标上的得分。

资料来源：田澜，潘伟刚.大学生学习动机问卷的初步编制.社会心理科学，2006(6)：42-46.

第二节 大学生学习特点与方法策略

一、大学生的学习特点与学习过程

大学生入校经历了一段时间的大学生活，一定会对大学学习与自己之前经历过的学习活动之间的差异有切身感受。在人的一生中，由于各年龄段学生的身心特点和认知发展水平的差异，每一时期的学习活动会呈现与特定阶段相对应的特点，这些特点具体体现在学习内容、学习目标、学习管理、学习过程、学习方式和学习应用等学习属性中。

1. 大学生的学习特点

其一，学习内容的专业性。大学阶段的学习与以往高中语文、数学等科目学习之间最突出的不同之处在于，大学的学习是以专业划分的，每个大学生都有自己所在的院系和专业，学习内容以相应的专业知识框架体系为核心，由专业所需的各种技能及必要辅助知识共同组成。

其二，学习目标的长远性。如果说高中阶段最直接的学习目标是考上一所理想的大学，考上自己喜欢的专业，那么大学阶段的学习目标完全不同。大学生的学习目标与未来的人生发展目标息息相关，大学的学习是为未来的人生发展打基础和作准备的。

其三,学习管理的自主性。大学阶段学习的最大特点是学习管理具有自主性。告别了高中阶段紧张的学习生活,每一个踏入大学校门的学生都会发现,高中教师和大学教师对学生学习的监督和管理有着天壤之别。大学生的学习管理充满了自主性,除了教学计划规定的必修课程、限制选修课程和其他规定的教学环节,各类选修课程、辅修课程、二专课程等都可以由学生根据自身的需要与特点作出抉择,同时有较为充裕的自主安排的时间,这对学生的自我约束、自我管理和自我调控提出更高的要求。

其四,学习过程的探索性。大学学习具有研究和探索的性质,无论是自然科学还是社会科学的相关学科专业,大学阶段的学习基本都要求学生在熟练掌握本专业的核心知识体系和必要技能的基础上,使用特定的研究方法或手段、途径,对学科、专业内的主要问题进行研究或创作,通过不断地探索和创新,推动学科和专业的发展与进步。

其五,学习方式的多样性。大学学习的另一个特点是学习不再局限于课堂之内。虽然学生们可能在高中阶段已经参加过一些研究型课程或活动课,但与之相比,大学的学习形式丰富得多。在课堂之外,学生可以通过在图书馆查询资料、在教室自习等方式开展学习,也可以通过参加小组讨论、学术活动、社团活动和专业实习等实践活动组织学习。

其六,学习应用的实践性。大学学习活动本身包含着大量应用和实践性内容。一般来说,高校的实践性教育环节在大学生的整个学习生涯中要占20%—30%。大学阶段的学习是一个边学边用,一边积累经验一边在实践中反复巩固知识、经验、技能的过程。学科专业的实验操作、教学实习、毕业设计等,都为大学生培养实践能力架起了理论联系实际的桥梁,帮助学生将所学的内容应用到实际的问题解决之中。

2. 大学生学习的基本过程

人类的学习是一项整合的活动,需要在多种心理活动综合参与的过程中实现。大学生学习的基本过程是一个不断从外界获取知识、经验、技能,并将其纳入自身认知结构和自我发展中的持续过程。这个过程涉及丰富的心理活动,既包括感知、记忆、思维、想象等认知过程,也包括情绪情感、动机、意志和人格等因素对学习的影响;既有智力要素的参与,也有非智力要素的参与。

大学生学习的基本过程包括对学习对象从感知到应用的一系列操作,具体可以划分为感知、理解、巩固、运用四个阶段(见图2-2)。

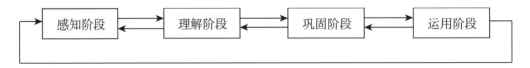

图2-2　大学生学习的基本过程

感知阶段是所有学习过程的开始。在感知阶段,学习者通过直接或间接的感知,形成对学习内容的主观印象。直接感知,是通过亲身参与各种活动及观察获得的。比如,大学生在实验、调查、访谈、实地考察、实习、志愿者服务等过程中,对实验和调查的结果,对访谈和实地考察收集到的信息,对实习和志愿者服务工作中的工作规律等,都会形成一定的主观认识。间接感知,则是通过教师上课的教授、教材的阅读和资料的查阅等方式实现的。大学生在感知阶段获得的各种主观经验和信息,为后续的学习过程提供了丰富的"原料",其中具有重要意义的那部分信息,通过理解形成对事物更深入的认识。

理解阶段是学习过程逐步深入的阶段。在这一阶段,学习者通过更高级的心理活动,对感知阶段收集到的各种信息进行加工。个体通过思维过程,对感知到的材料进行编码、分析、比较、归纳、演绎、推理、判断等操作,将事物的共性抽象化形成概念,将现象背后的规律加以概括和整理。当无法良好加工感知到的信息时,个体还会返回感知阶段更充分地收集信息,在对其反复加工的基础上形成更深层次的意义理解。由于感知和理解这两个阶段都是由不断持续着的心理过程维持的,被纳入个体知识结构中的新信息如果不及时巩固就无法长时间地保存下来,这就需要进入学习的第三阶段——巩固阶段。

巩固顾名思义是加固所学习到的知识、技能的过程。学习者通过复习、练习理解阶段加工完成的信息,将知识、技能牢固储存,为最终成功实现这些知识、技能的运用提供保障。当巩固出现问题时,个体也可以返回理解阶段或感知阶段,重新收集、处理信息,将其加工为适合巩固和存储的最佳结构。

运用阶段是学习的最后一个阶段。在运用阶段,学习者调用已经掌握并存储的知识、技能,来解决生活和工作实践中遇到的种种问题。在解决问题的过程中,学习者也更牢固地存储了所学到的知识、技能。运用阶段并不意味着学习过程就此结束。在处理问题时,很可能会遇到无法运用已有的知识、技能成功解决问题的情况,这就需要学习者继续回到学习的最初阶段,将问题本身作为感知阶段信息收集的出发点,不断理解和巩固新的认识,使用新的知识、技能处理可能面临的新问题。

应当看到,在从感知到理解、从巩固到运用的全过程中,各个阶段之间具有不断交互、不断循环的特点,这些特点正好与大学生所从事的复杂学习活动由浅入深、由低级到高级不断螺旋上升的特征相对应。大学生学习的基本过程的特征提示我们,在学习活动中一定要从创新、批判的角度重新审视已有的知识经验和认知结构,要善于发现其中的局限,不断挖掘新的问题并进行探索研究,最终形成新的认识来丰富人类的知识宝库和指导人类的生产、生活实践。

3. 大学生学习的基本要素及其特征

大学生学习的基本要素指,大学生学习过程中所需的各种心理活动和影响这些心理活动的各种要素,包括智力要素和非智力要素两个方面(见图 2-3)。

其一,大学生学习的智力要素及其特点。心理学中的**智力**(intelligence),指以大脑神经活动为基础的、对客观事物稳定且综合反映的认知能力,是影响个体反映客观世界效率和效果的重要个性心理特征,智力的高低对学习的效率和质量会有直接影响。大学生学

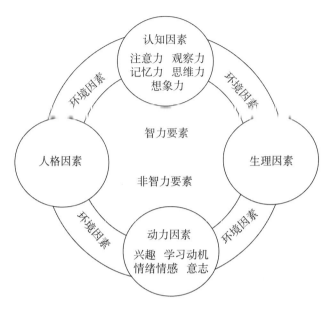

图 2 - 3　大学生学习的基本要素

习的智力要素涵盖全部的认知心理过程,可以归纳为与各种认知成分相对应的注意力、观察力、记忆力、思维力和想象力等五个因素,各因素之间彼此联系、相互制约,它们是大学生开展学习活动的必要心理条件。

能够顺利通过高考进入大学阶段学习的大学生,其学习的智力要素已经达到较高的发展水平。主要体现在以下五点:大学生的注意力以意志参与的持续有意注意为主,即在学习材料难度较大、内容又比较枯燥时,也能够良好调节注意过程,注意力保持稳定和较长时间的指向与集中;大学生的观察力具有较高的敏感性、系统性和深层性,能够根据预设的目标调用多种感知觉通道,对客观事物有全面、综合的系统观察;大学生的记忆水平也有了显著提高,主要运用有意记忆,在对记忆对象有所理解的基础上,牢固建立客观事物及其发展规律在大脑中的意义连接,记忆容量也进一步扩大;大学生的思维力受到知识结构不断丰富的影响,理论思维在广度和深度上不断拓展,在学习中也逐渐发展出对已有知识的批判性思维;在大学生的想象力发展上,有意想象已占据主要地位,能够有目的、有意识地运用再造想象和创造想象,对知识、技能有所创新,对未来有所规划。

大学生各种学习智力要素的发展受到个体先天遗传与后天经验的共同影响。先天遗传决定了一个人的智力潜能有多大,后天经验决定了一个人能否充分开发自己的潜能。智力潜能高的人,如果不注重后天的努力,不一定能发挥出自己应有的能力水平。对当代大学生来说,要注重后天的不懈努力和对环境中学习资源的有效利用,充分挖掘潜能,提升个人能力。此外,每一个人的能力结构都具有独特性,每一种学科专业也具有各不相同的能力结构要求。在大学学习中,还要对自己的能力结构和所学专业必备能力构成有一个清晰的认识，结合学校对本专业学生的培养目标和自己设定的学习目标、人生目标，有针对性地进行自我能力的培养和能力结构的优化。

小贴士 2-2

知识都去哪儿了

　　随着互联网不断地渗透到我们生活的方方面面，人们学习和记忆的方式也随之发生巨大的变化。2011 年，美国心理学者斯帕罗（Betsy Sparrow）等人在《科学》杂志上发表了他们关于信息时代下大学生记忆方式变化特点的实验报告。该实验在哥伦比亚大学和哈佛大学进行，参与者被要求记忆一些复杂问题的答案，其中一些问题被告知可以在事后通过网络搜索引擎检索到，另一些则不能。实验结果显示，参与者对提示不能够被检索的信息的记忆效果要显著好于提示能够被检索的信息。通过进一步使用问题答案和答案存储的计算机存储路径名称作为刺激物的记忆实验，斯帕罗发现大学生开始变得更倾向于记忆信息在网络或计算机中的存储位置，而非信息内容本身。也就是说，随着信息时代来临，人们越来越重视"知识都去哪儿了？"的记忆，这种现象被斯帕罗称为"搜索引擎效应"。

　　资料来源：Sparrow, B., Liu, J., Wegner, D. M. Google effects on memory: Cognitive consequences of having information at our fingertips. *Science*，2011，333(6043)，776-778.

　　其二，大学生学习的非智力要素及其特点。学习的非智力要素，指除智力要素以外对学习过程产生影响的各种因素，包括动力因素、生理因素和人格因素等。学习的非智力要素还包括外部环境对学习的影响。

　　学习的动力因素是学习活动得以开展的重要保障，对应的心理活动涉及学习动机、兴趣等个性倾向和情绪情感、意志等心理过程。大学生的学习动机多元化，逐渐体现出稳定的社会意义；大学生的情绪情感具有丰富、鲜明、易波动的主要特点，比较容易受到环境和他人的影响，有时甚至会表现出强烈的兴奋和冲动，对学习产生积极或消极的影响；大学生学习的意志品质水平较高，能够自行设定学习目标并为之努力，但意志品质的发展并不平衡，学习时有惰性、自制力差等问题也时有出现，容易半途而废或制定了计划却不能完成。这些特点决定了大学生在学习活动中比较容易出现学习动力的波动及相关问题，需要引起我们的高度重视。

　　除了动力因素外，生理因素、人格因素都会对学习产生影响。比如，机体免疫水平低下的同学，常常会因为生病严重影响学习的进程和效率；缺乏自信的同学往往低估自己的能力水平，在选择学习任务时不敢挑战难度较大的任务。环境因素对学习的影响既包括环境本身的特点（如校园环境、设施配置等）对学生的影响，也包括环境中的他人（如教师、同学等）的影响。这些学习的非智力因素有的较难改变，有的却能通过我们的努力使之变化。比如,大学生可以通过加强体育锻炼来提升自己的身体健康水平(生理因素的改变),保证学习计划的有效执行;缺乏自信的同学可以通过自我暗示和自我激励的方法,努力克服性格中的小缺点(人格因素的改变),让自己勇于接受高难度学习任务的挑战;一个寝室的同学可以组成学习共同体,形成时常交流、相互帮助的良好学习氛围(环境因素的改变),促进每一个寝室成员的学习进步。

综上所述,大学生的学习就是在各种智力要素和非智力要素有机结合的基础上,个体对客观事物的某一方面通过感知、理解、巩固、运用四阶段不断循环的基本过程,逐步形成认识、深化认识或形成从事某项特定任务的行为习惯,习得所需动作技能的活动。大学生学习的智力要素决定了一个人能不能学,非智力要素决定了一个人肯不肯学,智力和非智力要素共同决定了一个人学得好不好。在大学阶段的整个学习过程中,各种智力要素和非智力要素均体现出大学生群体独特的心理发展特征,其中一些因素和特征可以促进学习,另一些则会对学习造成不利的影响。对于那些会对学习产生消极影响的学习心理问题,一方面,可以尝试自我调适以调整和改变;另一方面,当自己无法很好地处理这些问题时,也可以及时求助于学校心理咨询中心的专业咨询师,获得他们的帮助和指导。

二、大学生的学习方法

大学生掌握正确的学习方法需要建立在合理地转变学习观念和设置学习目标的基础上。

1. 大学生的学习观念转变

当今时代的特点决定了我们必须改变原有的学习观念,以适应新的学习阶段的需要。大学生学习观念的转变主要包括六个方面。

其一,从被动学习向自主学习转变。大学阶段的学习不再是被动的,需要真正从"要我学"转变为"我要学"。自主学习观念要求学习者将自身看作学习的主体,在学习过程中始终以积极的态度对待学习,调整学习动机,设定学习目标,合理安排学习活动与进程,主动、有效地完成学习任务。

其二,从知识学习向能力学习转变。时代发展特点对大学生需要具备的学习能力提出更高要求,大学生的学习已不再局限于知识学习,而是更多地着眼于个人能力与素质的培养,尤其是自身学习能力的提升。

其三,从传统学习向创新学习转变。重视创新精神是这个时代的显著特征,没有创新就没有发展。大学生群体作为时代的生力军,本身充满创新的无限可能和潜力。在大学的学习活动中,能够跳出传统学习观念的束缚,在学科、专业的学习与研究中大胆地探索和创新,开拓某一领域的新知识、新方法,是大学生学习观念转变的重要内容之一。

其四,从单一学习向全面学习转变。专业性是大学生学习的一大特点,但在学习专业知识之余,千万不能忽视自身的全面发展。一方面,要在学习过程中注重提升自己的思想道德素养;另一方面,也要在扎实学习专业知识、技能的基础上,注意处理好"专"与"博"的关系,对各类知识广泛涉猎,把自己打造成一专多能的人才。

其五,从书本学习向实践学习转变。书本学习是大学生学习的基础,但大学学习最终要为个人未来承担起一定的社会角色和社会责任打下基础。这就要求大学生不仅要向书本学习,还要积极投身到教学实践和社会实践中,在知识的实际应用中总结和积累经验、发现和解决问题,为未来的职业生涯发展作好准备。

其六,从学校学习向终身学习转变。人们常说"活到老,学到老",这句话在如今这个科技日新月异的时代尤其适用。联合国教科文组织在《学会生存》一书中明确提出终身学习的概念。终身学习,意味着大学生的学习不再仅仅是校园内的事,还要养成在生活中持续更新知识、技能的学习观念和学习习惯。

2. 大学生的学习目标设置

学习动机需要学习目标的引导。在转变学习观念的基础上,大学生设置好自己的学习目标,可以为学习提供明确的指引和导向,为学习活动提供动力和支持。大学生的学习目标设置,既要重视长远目标的确立,也要学会将长期目标分解为一系列短期目标和可操作的具体目标,并根据实际情况,围绕自身的知识结构优化、学习能力培养和学习潜能开发来构建学习活动的目标和方向。

其一,学习的长期目标、短期目标和具体目标。大学生学习的长远目标也就是大学生人生的长期目标,它与当代大学生肩负的实现中华民族伟大复兴的历史使命相统一,也与个人未来的职业生涯发展目标相一致。在设立学习的长远目标时,首先要对自己的需要、兴趣、理想、能力、性格等各方面进行全面评估,同时结合所学的专业和职业生涯规划,将在某个特定领域的成功成才、追求卓越作为激发自己不断努力前行的动力。在长期目标的指引下,大学生还要善于将人生目标分解成连贯而渐进的短期学习目标,并能够根据学习的短期目标设置具有可操作性和可实现的具体目标。举例来说,许多大学生能成功成才的原因之一是,他们的长期目标中包含着提高适应全球化发展的外语能力。有的同学在这个目标的指引下,设定了在大学期间考出英语四级和六级证书的目标。为了实现这两个目标,他们又根据自身已有的英语水平,对每天学习的单词量、英语文章的阅读量等设置具体、可操作的目标,最终通过一个个具体目标和短期目标的实现,不断向实现长远人生目标迈进。

其二,围绕优化知识结构、培养能力和开发潜能设定学习目标。大学生各层级学习目标的共同核心是个体知识结构的优化、学习能力的培养和学习潜能的开发。在大学阶段的学习中,知识结构的优化是提升学习能力、开发学习潜能的基础。知识结构是个体在学习基础上形成的知识体系的构成情况和结合方式,具有整体性、层次性、比例性和动态性的特点。不同的专业、不同的职业所要求具备的知识结构各异,大学生要根据所学的专业和设定的发展目标,有针对性地调整各类知识在自己知识结构中的层次和比例,实现知识结构的动态优化。在掌握专业知识技能的同时,大学学习还需要十分注重凌驾于所有具体学习活动之上的一般学习能力培养和学习潜能开发。学习能力是直接影响学习活动效率的个性心理特征。大学生需要具备的学习能力主要包括信息获取与处理能力、实际操作能力、咖究探索能力、竞争合作能力和自我监督能力。这些能力与个人的学习方法和学习策略有密切联系,既可以在学习实践的过程中逐步形成,也依赖于对自身学习活动和学习方法的有效反思与总结。大学生的学习潜能指个人潜在的、尚未完全表现出来的学习能力倾向。要充分开发和挖掘学习潜能,就必须在已有的学习能力和知识结构下培养和激发创新精神,养成从不同角度看待问题和思考问题的习惯,创造性地开展学习和实践,将潜在的学习能力不断发挥出来。

三、大学生的学习策略

在转变学习观念、设置学习目标的基础上,为了使学习能够保持较高的效率和质量,大学生有必要掌握科学的学习方法与学习策略。科学的学习方法与学习策略,既包括个体对注意力、观察力、记忆力、思维力和想象力等学习智力要素的有效组织,也包括人们对学习过程的有效调控和对学习资源的有效管理与利用。大学生的学习方法与策略主要可以划分为认知策略和资源管理策略两个方面:认知策略主要指加工、存储、提取学习内容等过程的科学方法;资源管理策略既包括对学习的时间管理和计划,也包括对各种学习资源的有效利用。

1. 大学生学习的认知策略

大学生的学习内容专业性强且纷繁复杂,需要理解和记忆大量的术语、理论等知识性信息。即使是某些实践性较强的学科或专业,也需要认知过程的广泛参与。掌握学习的认知策略可以帮助大学生有效把握记忆规律、合理组织学习材料和运用各种认知技巧等,促进学习效率的提升。

其一,有效把握记忆规律。根据信息在人头脑中保留的时间长短和不同的编码方式,心理学将记忆划分为三类,分别称作感觉记忆、短时记忆和长时记忆。感觉记忆是感觉刺激出现后仍在脑中继续短暂保持其印象的记忆;短时记忆是信息在 1 分钟以内加工编码的记忆;长时记忆则是信息经过充分的意义加工后在脑中长久保持的记忆。要使所学的知识从短时记忆向长时记忆转化,需要充分复习,否则这些知识会因无法牢固而被遗忘。德国心理学家艾宾浩斯(Hermann Ebbinghaus)最早研究记忆规律,绘制了著名的遗忘曲线(见图 2-4)。他发现遗忘在学习之后立即开始,其进程最初很快,随着时间的推移而逐渐放缓,整个过程是先快后慢。这一记忆规律提示大学生在学习活动中要注意及时复习新知识,最初几天,要较为密集地复习相应学习材料,随着记忆的逐渐牢固和时间的推移,逐步增加复习的时间间隔,以保持较好的记忆效果。

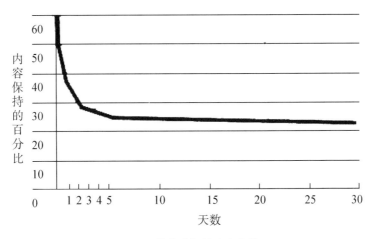

图2-4　艾宾浩斯的遗忘曲线

　　其二,合理组织学习材料。心理学研究发现,识记材料的系列位置对记忆效果有重要影响。实验采用单词词表的回忆任务,结果发现在回忆学习材料时,最后呈现的材料最容易回忆,遗忘也最少,这被称为"近因效应";最先呈现的材料也较易回忆,这被称为"首因效应"(见图2-5)。此外,学习和回忆之间受到其他刺激或学习活动的干扰,会对原有学习材料的记忆效果产生不利影响,比如先学习的材料对识记和回忆后学习的材料产生干扰,即前摄抑制;后学习的材料对识记和回忆先学习的材料产生干扰,即倒摄抑制。为了避免这两种抑制作用对学习的干扰,更好地利用首因效应和近因效应对记忆的积极作用,大学生在学习时要合理组织学习材料,将特点相近、较容易混淆的学习内容错开学习;将比较重要的知识放在学习活动的开始和结尾;还可以养成在早晨未有前置学习干扰和临睡前无后继学习干扰的情况下学习和复习的习惯。

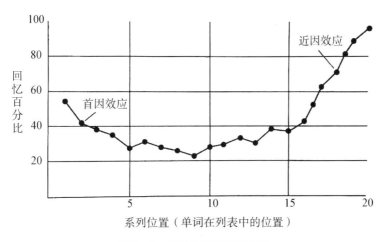

图2-5　首因效应和近因效应

其三,运用各种认知技巧。在学习活动中使用各种认知加工技巧,可以使比较复杂的学习内容呈现更清晰的结构或形成更容易记忆的形式。以下是一些有用的认知加工技巧:整体识记法和分层识记法,即对容量较小、结构较简单的学习材料采用整体记忆,对容量较大、结构较复杂的材料先采用分层、分段的组块记忆,然后合成整体记忆的方法;提纲法和图表法,即运用提纲、要点或者直观形象的图表等形式归纳、整理和组织学习材料,形成便于记忆的信息结构;谐音法和口诀法,即通过谐音或编口诀的方式,将一些较难识记的材料转化为容易产生语音联想的记忆信息;多感觉通道运用法,即使用各种感官,使其共同参与学习和记忆,实现不同感觉形式对相同材料识记的相互支持和促进;比较法,即通过比较相似的学习材料,分析不同材料之间的共同点和不同点,达到巩固学习内容的目的。学习中的认知加工技巧并不局限于这五种,大学生可以通过探索、尝试和归纳,形成适合自己的最佳学习技巧组合。

其四,运用课程学习的 PQ4R 法。大学课程学习可以使用 PQ4R 法来促进学习效率和质量。PQ4R 法中的 P 指预习(prepare),Q 指提问(question),4 个 R 分别指阅读(read)、复述(rehearsal)、回忆(recall)和复习(review)。课前预习的习惯有助于对学习内容形成总体印象并提出问题;带着问题听课和阅读学习材料可以促进个体在思考中学习,突出学习的具体目标和重点;在此基础上运用课后对学习内容的及时复述、回忆和复习,能得到事半功倍的效果。

其五,在互动和实践中掌握知识技能。合作学习是富有创意和实效的学习方式,互动是促进记忆和思维迸发的有效策略之一。大学生与导师和同学互动、交流的过程,既可以培养创新精神与合作能力,又可以巩固知识和促进共同发展。积极参加各种小组讨论和投身学术交流活动、主动向师长请教等方式,都是合作学习和互动学习的具体方法。在学习实践中运用学习内容的过程也是促进知识、技能不断内化的过程。积极参加社会实践活动,可以促进大学生在实际工作和问题解决中不断整合知识、积累经验、锻炼能力。

2. 大学生的资源管理策略

其一,制定时间管理策略与学习计划。时间是人们最宝贵的资源,大学学习的自主性特点决定了有效的时间管理是保证学习效率与质量的前提。想要管理好自己的学习时间,大学生一是要结合学习目标、学习内容和学习规律,规划、安排自己的学习进程,制定相应的学习计划;二是要找到一天中最有效率的学习时间,确保能够在最佳的时间学习最重要的内容;三是一旦制定了学习计划,就要贯彻执行并在设定的学习时间内有效排除干扰学习的各种因素;四是要灵活利用每天的零碎时间学习,养成随时随地利用空闲时间进行碎片化学习的行为习惯;五是要根据计划和目标及时评价和反馈学习活动的结果与不足,修正或调整学习计划。有一所大学的校园里张贴着这样一则标语——"$1.01^{365} = 37.78;0.99^{365} = 0.026$",寓意着一个人每天多花一点时间去努力,一年后就会得到极大的回报;但如果每天少努力一点,就会失去很多有用的时间。大学生要有效管理时间资源,通过制定学习计划和坚持执行学习安排,让自己每天都能比前一天有进步,使大学的学习成为快乐的事。

其二,利用学习资源。大学生在学习中还要充分利用身边的各种学习资源。学校的环境资源、课程资源、教师资源、教材资源、文献资源、社会资源和网络资源都是大学生促进自身学习的有效保障。大学的校园环境为学生提供了良好的设施条件和学习氛围,专业的课程与教材提供了学习的主要框架和内容,身边的导师和同学提供了学习的指引、启发和互助,学校图书馆、资料室等提供了大量的信息参考,丰富的社会实践提供了应用和交流的平台。随着信息技术不断进步,各种开放性网络学习资源也成为大学生学习资源中不可或缺的重要组成部分。学习资源的合理利用对于学习效率和学习效果的提升同样具有重要意义,如何利用身边的学习资源,尤其是利用好互联网上的各种资源,是每一个大学生都需要认真思考的问题。

小贴士 2-3

互联网上丰富的学习资源

"移动学习"(mobile learning)和"BYOD"(bring your own device,自带设备学习)对当代大学生来说已不再陌生。随着新的学习理念和学习方式的普及,全球大学生群体中掀起慕课热潮。如果现在你还不知道什么是慕课,那就真的"out"(落伍)了。慕课是"大规模在线开放课程"(massive open online courses)英文首字母缩写"MOOC"的谐音。简单来说,就是把优秀的高校公开课程放到互联网上,是对所有人开放与共享的一种课程资源。

作为一种全新的教育理念的产物,慕课改变了传统的学校授课方式,使我们的学习跨越了校界和国界。目前,哈佛大学、斯坦福大学、普林斯顿大学等国外著名高校,都在一些慕课平台推出了高质量的系列公开课。我国的北京大学、清华大学、复旦大学和上海交通大学也启动了相应的慕课计划,为全球学生提供丰富的中文课程资源。慕课提供了全球化、高质量的学习资源,对大学生学习起到了前所未有的促进和辅助作用。有一些慕课课程甚至还设计了严格的考勤和学分系统,学习者可以通过考试取得相应的证书。面对丰富的慕课资源,你准备好了吗?

第三节　大学生常见的学习心理问题与应对

大学生的学习心理问题是指,大学生在学习过程中发生并主要表现在学习动机、学习情绪、学习效率等方面的问题和困难。这些问题和困难既会对学习本身造成不良影响,也会间接影响大学生的身心健康。一些大学新生在经历高中生到大学生的角色转变后,由于没有对大学阶段的学习形成合理认识并及时设定新的学习目标,产生学习动力不足的问题;另一些学生有极高的学习动机,但往往因为高强度的学习安排反而使学习效率不断下降;还有学生在考试或一些重要活动中紧张和焦虑,对他们在活动中的表现产生不良影响;此外,数字化时代对大学生的学习心理和行为也产生深刻影响……那么,大学生出现学习心理问题时,该如何应对和调适呢?

一、大学生学习动机问题及应对

1. 学习动机问题的表现

其一,学习动力不足。大学生缺乏学习动机,会妨碍新环境下学习活动的正常开展,严重影响学习的效率和质量。久而久之,学习动力不足导致的学习成绩落后还会间接影响大学生的自我评价和人际关系,对其身心健康发展造成威胁。大学生缺乏学习动机的具体表现主要包括学习目标不明确、学习兴趣丧失、学习过程消极、厌学情绪强烈、行为上逃避学习、自我效能感降低等几方面。

微视频 2-2

"放松"的代价

小 W 是某高校的大一新生。高三的奋力拼搏使他考进了理想的大学,但由于填报志愿时遭到父母的干涉,小 W 对自己所学的专业并不喜欢。新学期开始后,小 W 总是无法提起对学习的兴趣,不知道自己成为大学生之后究竟为什么学习。虽然小 W 每天都会和同学们一起去教室上课,但听课的时候一直无法很好地集中注意力,有时甚至会打瞌睡,记忆力也明显没有高中时好了。有同学邀请他一起学习,小 W 总说:"备战高考下了那么大工夫,到了大学就应该解放自己,好好放松一下。"就这样,小 W 对学习越来越反感,有时候不惜逃课也要和自己的"好哥们"打篮球。一个学期过去了,小 W 好几门课都挂了科,这才发现自己已经远远落后于其他同学了……

大学生学习动力不足的原因是什么?最根本的原因是,对大学阶段的学习没有形成合理的认识和明确的目标。在高中阶段,一些教师和家长为了激发学生的拼搏精神,常常会对他们说"现在努力奋斗一下,考进大学就可以轻松了"之类的话。这些话使一些学生在进入大学后产生"我拼搏过了,大学就应该好好放松一下"的想法。虽然大学的学习在很大程度上具有自主性,的确不如高中学习那么紧迫、紧张,但这种学习更富有挑战性。对大学学习有歪曲认知,容易产生学习目标的"真空期",继而产生迷茫、排斥甚至厌恶的情绪和逃避学习的行为。有些大学生还会因为对学习暂时落后的归因偏差和自我评价偏

差,学习动机进一步下降。此外,大学生学习动机的缺失还有外部环境因素的作用,如学校的课程设置不合理、教师的教学水平问题、家长的高期待及同伴的影响等。

其二,学习动力过强。学习动机越强就越好吗?显然,答案是否定的。学习动机对学习活动起激发、维持和推动的作用,但这并不意味着学习动机越强,学习的效果就越好。人们常说"物极必反",学习动机到达极端水平也会反过来对学习产生消极的影响。动机的最佳水平会根据学习任务的难度变化而变化,在学习任务难度较小时,较高的动机可以对学习活动产生更大的促进作用;而当学习任务难度较大时,较低的动机反而可以保障学习活动有效进行,这个规律被称为耶克斯-多德森定律。耶克斯-多德森定律提示我们,大学生的学习动机需要根据学习任务难度的不同进行相应的调整,以获得最佳学习动机。

微视频 2-3

学霸的苦恼

小 G 从小到大都是班上的尖子生,英语是她的强项。进入大学后,她也为自己制定了一系列学习目标和学习计划。同学们看到她的学习计划都会感叹一番,因为她总是把每天的时间排得满满的。新学期刚开始的时候,这样的学习计划有不错的效果,小 G 开始成为同学们眼中的学霸。但随着时间的推移,仿佛高速运转的机器突然出现了故障,小 G 开始觉得自己的学习效率越来越低。对于即将到来的考试,也觉得力不从心。她为此感到困惑和害怕,吃饭没有胃口,睡觉也睡不好。每每想到自己完不成这些学习计划,就很悲伤,有时还会因为无法达到预期的学习目标而流泪……

进入全新的学习环境后,很多大学生会有很强的成就动机,急于取得成功的心情往往使他们在不考虑现实性的情况下把自己的学习目标设定得很高,渴望通过努力保持优等生的自我认同和得到他人的肯定与赞赏。在安排学习计划时,这些学生会把学习时间安排得满满当当,忽略了高度紧张的学习安排对学习质量和效率可能产生的消极影响。每天过长的学习时间和不注意用脑卫生与劳逸结合的学习方式使他们总是高度焦虑,学习效率不升反降。在学习效率有所下降后,他们又会陷入深深的担忧、抑郁和焦虑之中。概括起来,大学生学习动机过强的主要表现包括:过强的成就动机和好胜心、过高的学习目标、过度紧凑的学习计划、过长的学习时间、高度紧张的运转状态和情绪状态,以及由此引发的学习效率下降和情绪的低落与压抑等。

分析原因,我们发现其中最核心的问题是大学生对自身、对学习都缺乏客观的评价与认识。一方面,很多学生尚未客观评估自身的能力水平,就理想化地设定了比较高的学习目标,这带来了较强的焦虑情绪,影响学习效果;另一方面,很多学生缺乏专业学习以外的兴趣和爱好,人格特征中存在一定的完美主义倾向,坚信只要一心在学习上花时间、下功夫,就一定能够获得成功,忽略了掌握学习规律、策略,积极参与各类活动和社会实践的重要性。这样的学习方式一旦被强化，就会逐渐固定下来，再加上过度紧张的学习安排和不合理的学习方法与策略，大脑会长期处于高度兴奋的状态，当工作强度超过极限，大脑就会自动进入抑制状态以获得保护和恢复，严重影响学习的质量和效率。简言之，大学生学习动机过强并导致学习效率下降的原因主要包括：对自身和学习的评价与认识具有偏differ，对学习以外的其他活动缺乏兴趣、人格中的完美主义倾向、他人的不当强化、没有合理用脑和形成良好的学习方法与学习策略等。

2. 学习动力不足问题的应对

针对学习动力不足问题，大学生可以从内部原因出发，在以下四个方面努力调适。

其一，调整不合理认知，转变学习观念，设立长远目标。要增强自身的学习动机，首先要调整对大学学习的认识。学生学习的目的并不只是为了考入大学，考入大学也并不意味着就此不用拼搏和奋斗了。大学学习是大学生未来成功成才、服务社会的必经之路，高中到大学的学习过程应当是由学习的长远目标引导的一个有机衔接的整体。只有认识到大学阶段的学习对未来人生发展的重要性，改变"高考时拼搏过了，大学就应该好好放松一下"的想法，树立"大学阶段也应当保持学习积极性，为自己未来的发展打基础、作准备"的认识，才可能根据大学阶段的学习新特点，转变和调整现有的学习观念，设立将成功成才与践行社会责任相结合的长远学习目标，保持一定的学习动机。

其二，激发求知欲，挖掘和培养专业兴趣，提升专业认同度。大学生想要在学习过程中提升学习动机，发挥学习的主动性、积极性，还要重视激发求知欲，挖掘和培养对所学专业的浓厚兴趣和提升对专业的认同度。求知欲是人类学习需要的表现，专业认同度指自己认为自己与所学专业的匹配程度。求知欲、专业兴趣和专业认同之间是相互联系、层层递进的关系。大学新生可以通过广泛投入自己喜爱的各种学术和校园文化活动，在多读、多听、多看、多交流、多实践的基础上唤起对特定事物的求知欲，从中挖掘对专业的兴趣，逐步提升对所学专业的认同度。

其三，逐级设立目标与计划，强化学习动机，增强自我效能感。除了设置长远学习目标和培养学习兴趣外，大学生还可以通过逐级设立学习目标和计划来不断强化自己的学习动机。我们可以根据自身的实际情况，从制定和实现简单的学习目标和计划做起，一点一点增加目标实现的难度和复杂程度。在完成一个个具体的学习目标和计划的过程中，获得越来越多的成就感。这种成就感会有效内化学习动机，提升学习效能感，推动学习活动的积极开展和有效进行。

其四，关注学习问题的正确归因，掌握科学、有效的学习方法。学习动机的归因理论告诉我们，对学习结果的归因及自我评价会对学习动机产生积极或消极的影响。将暂时的落后归因为"努力不够"，可以使学生关注自身的努力程度，提升学习动机；如果将其归因为自身能力不足，则容易使学生产生自暴自弃的想法，损伤学习动机。合理的归因可以使学生把焦点放在如何增加自己对学习的投入与努力，以及如何获取和养成科学的学习方法与学习策略上。积极的归因、合理的自我评价有效推动学习动机的增长,掌握科学的学习方法为提升学习的质量和效果提供有效的保障。

这里还需要指出的是,由于每个学生的实际情况和需求千差万别,面对自己不喜欢的专业,很多大学新生比较难找到其中的兴趣点,但又对某个特定专业拥有浓厚的兴趣。考虑到这样的情况,许多高校也相应设置了大学新生的转专业机制。尽管转专业需要付出极大的努力,但对于那些确实对某个专业抱有高度兴趣的学生,转专业是处理好专业兴趣问题、帮助建立良好学习动机的可选方法之一。

3. 学习动力过强问题的应对

在遇到学习动力过强这类问题时,主要可以从以下四个方面来调适。

其一,客观认识自身能力和学习规律,将动机维持在合理水平。个体只有在对自身的能力有合理评价时,才能根据评价的结果(自身的实际情况)制定合理的学习目标,引导合理的学习动机。大学生要根据学习任务难度与自身实际能力的匹配情况,以耶克斯-多德森定律为指导,将学习动机维持在适宜的水平上。同时要认识到努力并不是学习成功的唯一要素,学习的成功在一定程度上还受个体的智力因素、人格因素、学习方法、学习策略和环境因素等的影响。只有充分认识学习规律,形成各种学习要素的最佳组合,才能对学习产生最大的促进作用。

其二,合理安排学习计划,注意用脑卫生。要保证学习的质量与效率,就要合理安排自己的学习目标与学习计划。对于学习动机过高的大学生,在调整好对自身能力和学习的评价后,还要制定适当的目标和计划,并按照自身对学习活动实际开展情况的评估进行相应调整,使其符合现实。在具体的学习计划安排上,要注重劳逸结合和用脑卫生,尽可能避免超负荷用脑,利用好大脑兴奋与抑制的活动规律,在紧张的学习活动中穿插充足的休闲时间和适当的体育锻炼时间,确保在学习时能够获得更高的效率。

其三,积极投身实践活动,提升自身能力。大学阶段的学习虽注重知识的积累,但更注重能力的培养。大学生处理和解决问题的能力,是在掌握知识和积累实践经验的过程中形成与发展的。因此,必须使知识学习动机过强的学生意识到,除了课堂和课后的知识学习,还可以积极投身于各类学术活动、校园文化活动和社会实践活动,培养多样的兴趣,在广泛接触各类知识、信息和实践及与他人互动过程中,多元化地提升和发展自身的能力。

其四,使用科学的学习方法和策略,提升学习效率。学习动机过强的学生要适当降低动机水平和重新设定学习时间,就必须回应如何使单位时间内的学习效率最大化的问题。无论是学习动机过强还是学习动机不足,都可以通过教师的指导、同学间的交流和自我探索等方式,梳理和总结学习的规律、方法、经验等,挖掘能够切实提升学习与记忆效果的各种技巧和策略,并利用好身边的各种学习资源,有效提升学习效率。

简言之,调整好自己对学习的态度与认识,对自身的能力和努力形成合理的评价与归因,适当调整与控制自己的学习动机,并按照科学的用脑规律、学习规律组织学习活动,就能事半功倍。

二、大学生考试焦虑问题及应对

1. 大学生考试焦虑问题的表现

在面对考试或一些重要活动时,几乎所有大学生都会或多或少体验到焦虑的情绪,这是人们面临具有重要意义的工作和挑战时的正常反应。大学生在考试前和考试中预感考试会失败,或对考试无把握而产生的过度紧张不安的情绪状态,称为考试焦虑;在一些重要的活动场合产生过度的焦虑或畏惧情绪,称为怯场。考试焦虑和怯场伴随着许多生理、心理上的严重反应,如生理上出现心跳加快、呼吸急促、胸闷出汗等,心理上体验到高度紧张不安,反复担心会考砸,脑中一片空白,无法集中注意力思考问题,等等。

微视频 2 - 4

怎么会脑中"一片空白"

小 S 是个学习认真的大二女生,身边的同学都认为她是一个聪明、勤奋又有责任心的人。在大学第一学年即将结束的时候,由于考试前没有很好地复习,她没能顺利通过一门专业课的考试,这次考试失利对小 S 造成严重的打击。从大二开始,每当面临考试或一些重要活动时,小 S 就会感到焦虑不安。考试前几天,小 S 总觉得自己心跳很快、胸闷出汗,没法集中注意力思考问题,没有食欲,晚上也无法好好入睡,担心自己会考砸。考试的时候,常常紧张得脑中"一片空白",最后只能勉强交卷,考试成绩也越来越糟糕。渐渐地,在参加一些重要的课堂讨论和发言时,小 S 也会出现各种焦虑反应。有时候即使已经作了充分准备,还是会因为过度紧张而发挥失常……

大学生考试焦虑和怯场既涉及学业、考试压力以及教师、家庭、社会期望等客观原因,也涉及自身的主观原因。学业本身的压力,来自教师、父母的过高期望和同学间的竞争等,都可能导致过度紧张和焦虑情绪。从自身的角度,有的学生期望过高;有的学生经历过考试失败的挫折,面对类似情境时容易产生负面的心理暗示和灾难化想法,无形中强化对失败的担忧,形成恶性循环。一些学生夸大考试失败的后果,认为一次失败就意味着次次都会失败,看不到自己为考试所作的准备和努力,缺乏自信;一些学生则确实在考试前没有作好充分准备。概括起来,大学生考试焦虑和怯场的主要原因包括:客观的压力源、他人或自我的过高期望、主观上的失败经验与暗示、夸大的现实压力与后果、缺乏自信和考前准备不足等。

2. 大学生考试焦虑问题的应对

在遇到这类问题时,大学生可以从调整对考试或重要活动、对自我的认识出发,配合行为矫正技术并掌握应试策略来调适身心状态。

其一，调整认识，合理归因。对考试重要性的过度强调、对暂时失败的过度夸大和归因偏差等认知因素是造成考试焦虑问题的重要原因。大学生应当认识到，考试只是衡量大学学习情况的过程和指标，并不是学习生活的全部，更不是一个人命运的决定因素；一次考试的失败或在重要活动中的失利并不意味着之后所有的考试和活动都会失败，也不意味着自己付出的努力就会被完全否定；失败的原因有很多，如果能客观分析，找到不足之处并加以改进，完全可以调整好自己的状态，在后来的考试或重要活动中有好的表现。

其二，加强准备，增强自信。扎实的准备工作是在考试及重要活动中发挥自如的前提条件。在调整好对考试或重要活动的认识的基础上，大学生还要注重通过有针对性的复习和练习，更好地理解和掌握所学的知识和技能。在考试或重要活动前，根据相应要求制定详细的复习或预演计划。它不仅可以帮助我们不断巩固学习的成果，还能调整自我评价，增强在考试或重要活动中的效能感和自信心。

其三，掌握策略，沉着应对。掌握一定的应试策略可以帮助学生在考试过程中更好地控制情绪。首先，对考试的具体设置要有所了解。考试的题型安排、分值分配、评分标准等是学生全面理解和准备考试的基础，也是在考场上对整个试卷内容形成完整把握、合理分配各部分试题的完成时间的重要依据。其次，在考试开始前可以通过闭目深呼吸、清空思绪等方法，适当调节情绪，将动机和情绪都调整到中等水平，这样有利于良好发挥。最后，要注重考试过程中的审题，避免因为审题不当或粗心大意在考试中丢失一些本不应丢的分数。在考试中遇到较难或无法马上完成的题目时，可以先跳过难题，在完成一些比较有把握的题目后，再回过头来处理难题，保证大部分试题的正确率。

其四，学习和使用行为矫正技术。行为矫正技术是心理咨询中常用的方法，学生通过学习和使用一定的行为矫正技术，可以达到缓解考试焦虑或怯场的目的。在诸多行为矫正技术中，美国心理学家沃尔普（Joseph Wolpe）创立的系统脱敏法在应对焦虑问题上比较有效。系统脱敏法是一种利用焦虑与放松之间的交互抑制关系，在制定详细焦虑等级的基础上，在焦虑等级情境由低到高依次呈现的同时进行自我放松训练的方法。

总之，面对考试和一些具有重要意义的活动时，适度的焦虑是正常且有益的。只要能够正确对待考试或重要活动，不过分夸大失败的可能性，同时作好充分的准备，不断给自己积极的暗示，是可以控制好自己的情绪并在这些活动中取得成功的。如果过度焦虑，也不用害怕，应当及时采用一些调整情绪的应对策略。

三、大学生学习低效问题及应对

1. 大学生学习低效问题的表现

学习低效也是大学生常见的学习问题，主要表现为注意力不集中，学习时不能有效控制自己的心理活动，很容易被外界的无关刺激吸引，有时甚至是很微弱的刺激，也能使他们注意力分散,这时往往伴随着一些与学习无关的动作,如说话、东张西望、玩弄手指、摆弄笔杆等,不能把注意力始终指向学习。给人的印象通常是花在学习上的时间很多,但学习效果不佳,学习效率低下。

大学生学习低效的主要原因是学习目的不明确,学习任务不清晰,学习适应不良,不能很好地接受和消化所学的知识,找不到有效学习方法和策略,失去学习兴趣和信心,使学习总是处于一种被动状态,缺乏自主性,不能创造性地学习,进而影响学习效果。

2. 大学生学习低效问题的应对

其一,树立创造性学习观念。学习观念指导学习目标,影响学习态度与方法,因而也影响学习质量和效率。大学学习是以学生自学为主的学习活动,学生应摒弃"死记硬背只为考试过关"的陈旧观念,在创造性学习观念的指导下,根据自己的条件,为自己设定科学合理、与时俱进的学习目标,制定详细的学习计划和具体的学习任务,积极思考,主动参与学习活动,不断挖掘自身的学习潜力,这样学习才有动力,才能提升效率。

其二,参与创造性学习活动。大学生入学后,除了课堂学习活动外,还要通过参与补充课堂学习的自学活动、独立钻研的创造性活动以及相互讨论与启发的交流活动,增加对本专业前景、发展方向的了解,增强专业学习兴趣。在相互讨论与启发的学习活动中,要培养敏锐感知和发现新问题的方法与途径,提高分析问题、解决问题的能力,进而提高学习效率。

其三,掌握创造性学习方法。行为主义心理学家华生(John B. Watson)认为,学习的过程就是习惯形成的过程。高效的学习方法,必须从认识不良学习习惯并将其打破开始,要持续地养成创造性学习的习惯。大学生要在拥有充分的自主学习空间的条件下,能动地安排学习。例如,不应受制于固定的学习时间与学习内容,应自觉、主动地参与各种课外学习与社会实践活动等,从而获得不同的知识与经验,建构自己的知识结构和认知体系。大学生应该掌握较为系统、独特的学习方法。学习方法种类繁多,应根据学习情境的不同特点和变化选用最适当的学习方法,并在学习中灵活应用,不断改进。

四、数字化时代大学生的学习问题及应对

数字化时代为大学生提供了丰富的学习资源,提升了他们的学习自主性和自由性,学习活动超越了时间和空间的限制。互联网中相对平等、自由的氛围便于大学生充分表达自我,了解各种新声音和新见解,提升认知和思维能力。但与此同时,数字化时代也使一些大学生对网络产生习惯性依赖,学习心理与行为因数字化技术的发展出现了一些问题。

1. 数字化时代大学生学习问题的表现

其一,信息甄别力弱。大学生利用网络学习时,面对海量、繁杂的学习资源,常常不能正确地选择和判断出最有用的信息,迷失在网络中,因而学习效率低下,甚至不能完成学习任务。

其二，欠缺专注力。大学生在网上查找学习资料时，网页上显示的相关信息过多，点击的链接越多，就越容易被无关信息吸引，逐渐偏离学习目标，最终形成注意力涣散、拖延等不良学习习惯。互联网吸引了我们的注意力，也分散了我们的注意力。

其三，缺乏批判性思维。受数字化时代独特信息传播方式影响，从网络中获取知识变得简单易行，但这也使学习资源"碎片化"，难以形成有效的知识体系，更难以形成批判性思维。当前网络信息发布门槛较低，信息监管难度较大，如果缺乏独立思考的能力，缺少质疑和批判精神，就会难以辨别不同媒体和信息发布者的立场，进而难以质疑新闻和消息的客观性，发展成"单向度的人"。

2. 数字化时代大学生学习问题的应对

其一，树立数字化学习观念。要想适应数字化时代，真正成为数字化学习者，就要具有数字化时代的学习意识。例如，培养网络自主学习意识和能力，具有搜集信息的敏锐眼光，选择系统化的优质网络学习资源，随时随地关注学习信息的变化，随时随地组织学习。经常浏览慕课、微课、国家相关教育服务平台视频公开课等资源，学习或观看一些自己感兴趣的或需要补充学习的多媒体课件、名师优秀教学视频，做一些在线的精华练习题，在学习论坛与教师或同学一起探讨疑难问题等，逐渐使这种数字化学习成为一种习惯。

其二，运用数字化学习策略。要想改变被动、低效的学习状态，关键是要掌握正确的学习策略。除了在传统学习方式中教师和学生比较重视的认知策略、元认知策略外，资源管理策略对于建立数字化学习方式十分重要。特别是时间和任务管理策略，它们直接影响数字化学习能否顺利进行。数字化学习本质上是一种泛学习，学习者要学会合理利用时间，这就要求科学且合理地安排、规划时间，例如制定时间表并能够在遇到突发事件时及时、有效地调整计划。

其三，促进数字化深度学习。大学生在数字化学习环境中，要通过独自搜集信息、发现问题、分析问题、解决问题等自主学习，将原有知识和新知识联系起来，构建自己的认知结构和体系，深入理解、掌握所学知识并能够灵活应用。大学生要主动建构意义，将知识内化、应用、迁移，促进深度学习。

思考题

1. 大学学习的主要特点以及带来的挑战是什么？

2. 结合自身的学习，谈谈如何有效提升学习效果？

3. 在大学学习过程中，常见的学习心理问题是什么？如何应对？

推荐阅读

1. 教育部高等教育司.学会学习.北京：教育科学出版社，1999.

2. ［新西兰］戈登·德莱顿，［美］珍妮特·沃斯.学习的革命.顾瑞荣，等译.上海：上海三联书店,1997.

3. 邹婉玲.大学的学习方法.广州：暨南大学出版社,2008.

4. ［美］文森特·赖安·拉吉罗.思考的艺术.金盛华,等译.北京：机械工业出版社,2013.

5. ［美］吉姆·三穆尔.时间管理——如何充分利用你的24小时.舒建广,译.上海：上海交通大学出版社,2012.

第三章

大学生的情绪与情感

有人说,情绪是一个人内心世界的晴雨表。我们每时每刻都处在一定的情绪状态中,时而欣喜若狂,时而满腔怒火,时而焦虑不安,时而孤独、寂寞,时而淡淡忧伤……各种各样的情绪体验使我们的内心世界色彩斑斓,五味俱全。正值青春年华的大学生,有着丰富而复杂的情绪、情感体验,既有热情、欢愉、兴奋和激情,也常常经历情绪的波动,不断烦恼和纠结。因此,正确认识、理解情绪,感悟自我的心理历程,科学管理、调适情绪,培养理性、平和的心态,发展积极的情感,是维护和促进心理健康的重要组成部分。

第一节　情绪与情感概述

"知、情、意"组成了人类最基本的心理过程,其中的"情"就是指情绪与情感过程,是人类体验的外在表现。情绪区别于理性,区别于认知,它渗透在人的生活的各个方面。人们清醒的每一时刻,都伴随着感觉的差异、变化和情绪的冲动,体验着不同的情绪与情感。那么,时刻陪伴我们的情绪与情感,是怎样的心理过程? 有什么功能和特点?

一、情绪与情感的定义
1. 什么是情绪与情感

广义的**情绪**(emotion)包括情感,是人对客观事物与自身需要之间关系的态度体验,是人脑对客观现实的主观反映形式。从定义中我们可以看到,情绪与情感由具体的客观事物引起,但情绪反映的并不是事物本身,而是我们对事物的态度体验。比如,悠扬的情歌有时让我们感到愉悦,有时让我们感到悲伤。对事物的认识是情绪与情感产生的基础,俗话说"初生牛犊不怕虎",我们的知识经验直接影响着对事物的体验。同时,情绪与情感的性质以客观事物是否满足主体需要为中介,当事物满足我们的需要,我们会产生高兴、愉悦等积极体验,反之,则产生苦恼、愤怒等消极体验。一顿丰盛的美食,给饥肠辘辘者带来特别舒适和美好的体验,但可能给正在减重的人带来负罪感,或者既满足食欲又讨厌增重的多重体验。

2. 情绪与情感的区别和联系

情绪与情感是两个既有区别又相互联系的概念。情绪主要与个体生理需要是否满足相联系,比如,当下的快乐、害怕、平静等。而**情感**(affection)主要与人的社会性需要相联系,是一种复杂和稳定的态度体验,比如爱慕、自尊感、道德感、自豪感等。情绪是人和动物共有的,具有情境性和短暂性的特点,一般由情境引起,也随情境消退。而情感是人类特有的,在个体发展到一定阶段才产生,一经产生就相对稳定,是具有深刻社会意义的心理体验。情绪具有明显的冲动性和外部表现,而情感更加深沉和内隐,始终处于人的意识的调节、支配中。

情感是在情绪的基础上形成的,并通过情绪反应得以表达,而情感的深度和性质也决定着情绪的表现形式。情绪过程总是深含着情感因素。可以说,情绪是情感的外部表现,情感是情绪的本质内容。

3. 情绪的成分

情绪是复杂的心理现象,包含主观体验、外显行为和生理唤醒三种成分。主观体验是情绪最主要的特征,每种具体情绪都包含不同的主观体验色彩,给人以不同的感受。这些丰富的感受,构建了五彩斑斓的内心体验过程,是古今中外无数艺术、人文作品难以穷尽的灵感起源。表情是情绪、情感的外部呈现,通过面部表情、身体姿势、语言和语调等表现出来,具有传递内心体验的独特作用。人类表情复杂而细腻,表达了自身各种心理内容,也透露着语言所不能表达或者不便表达的心理状态。

情绪产生的过程常会伴随一定的生理唤醒。大脑的颞叶深处有一个泪滴状的构造,称作杏仁核,神经科学家将其视为情绪的指挥中心。杏仁核会评估外界刺激,即时判断我们是要远离还是趋近它们,而后引发我们身体的一系列反应,比如心跳加快、呼吸急促、血压升高、出汗、皮肤收缩等。最近 20 年里,情绪生理机制的研究取得突破性进展。很久以来,人们认为情绪的控制中心位于环绕大脑皮质下方的杏仁核、海马体等边缘结构,但最近有研究发现,情绪冲动在边缘中心产生后,交由额头后方新演化出来的前额叶皮质控制,前额叶皮质的左侧调节积极情绪,右侧调节消极情绪。认知神经科学领域的研究进展,使得我们能从生理机制等实证层面,逐步揭开人类情绪发生机制的神秘面纱。

二、情绪与情感的分类

喜、怒、哀、乐是我们熟知的情绪形式。《礼记》记载:"何谓人情? 喜、怒、哀、惧、爱、恶、欲,七者弗学而能。"《礼记》将情绪分成七类,而心理学认为快乐、愤怒、恐惧、悲哀是人类的基本情绪,基本情绪以多种方式结合形成复合情绪。个体体验到的具体情绪非常丰富,比如,害怕、不知所措、紧张不安、心惊肉跳、惊慌、畏惧、惧怕、惊骇等都在表达"恐惧"这一基本情绪,但在强度、兴奋性和复合其他情绪的比重上有所不同。

1. 情绪的基本状态

情绪总是在某种事件或情境的影响下产生,通过一定的形态表现出来,称为情绪状态。情绪状态一般分为心境、激情和应激。

心境(mood)是一种比较微弱而持久的情绪状态,比如得意、忧虑、焦虑等。一位大学生曾这样描述他最近的心情:"不开心,也没什么事情好难过的,但感觉整个心情一直有一种灰蒙蒙的色调,低低的,淡淡的,提不起精神。"心境具有弥散性,不是关于某一事物的特定体验,而是由一定情境唤起后在一段时间里影响主体对事物态度的体验。处于某种心境的人,往往以同样的情绪状态看待一切事物。心境由对人具有重要意义的各种情况引起,如学业状况、人际关系、健康情况甚至自然环境的影响。有时,即使外部刺激因素已经消除,这种情绪状态仍然会持续下来,形成一种心境。由于引起心境的事件常常不是当前发生的,个体有时无法清楚地意识到,常常会感受到"无来由的"情绪而难以摆脱。事实上,这些情绪都有触发它们的原因。大学生中存在的一些情绪障碍,如焦虑、抑郁、自卑等,往往与消极情绪的心境化有关。

激情(passion)是一种强烈的、短暂的、爆发性的情绪状态,通常由一个人生活中具有重大意义的事件引起。重大成功后的欣喜若狂、丧失亲人后的悲痛欲绝、被人冒犯后的怒火中烧,都是激情的状态;大学生坠入爱河、为喜爱的球队欢呼、全身心投入沉迷的活动时,常常会有激情的体验。激情发生时有很明显的外部表现,比如咬牙切齿、面红耳赤、全身冷汗、手舞足蹈等,有时甚至发生痉挛性动作。激情可以成为动员人积极采取行动的巨大动力。同时,处在激情状态下的个体,其认知活动的范围往往会缩小,控制自己的能力减弱,容易有冲动行为。

应激(stress)是在出乎意料的紧张与危急情况下引起的情绪状态,如驾车时突遇险情,遭遇地震、海啸等突发灾难等。日常生活中也常有应激状态,如有些大学生被突然要求在众人面前讲话时,在考试中发现时间不够时,甚至在期末考试前备考时,都会进入应激状态。此时,危机的状态激发了机体最大限度的生理唤醒水平,使心率、血压、肌肉紧张度发生显著的变化,引起情绪的高度应激化和行动的积极化。这种高度紧张、警觉的状态,既有助于认知功能的发挥,使人作出平时不能作出的大胆判断与行为,也可以限制人的感知、注意,使人思维迟滞,行为刻板,处理事件的能力大大减弱。

如果长时间地处于应激状态,对人体健康是非常不利的。加拿大生理学者谢耶(Hans Seley)认为,应激状态的延续能够击溃人的生物化学保护机制,降低抵抗力,使人体能量资源日趋枯竭,导致生病,甚至危及生命。

2. 高级的社会性情感

情感状态是人类特有的,它反映人的社会关系和生活状态,是与社会性需要相联系的主观体验。高级的社会性情感包括道德感、理智感、美感等。

道德感(moral feeling)指个体根据一定的社会道德规范和标准,评价自己和他人的思想、意图及行为时产生的内心体验。当符合社会标准时,会产生肯定性的情感体验,比如自豪、敬佩、热爱,反之则会产生否定性的情感体验,比如内疚、厌恶、仇恨等。道德感包括自尊感、责任感、友谊感、爱国主义、集体主义、人道主义等丰富的内容,它是道德品质的重要组成部分,对个体的活动起到推动、控制和调节的作用,是重要的自我监督力量。

理智感(rational feeling)指个体认识和评价事物过程中产生的情感体验,与人们认知和追求真理的需要紧密相关。比如,对事物的好奇与新鲜感,对矛盾问题的怀疑与惊讶,对认知进步的愉悦等。它是人们学习科学知识、认识和掌握事物发展规律的动力。认知活动越深刻,求知欲望越强烈,追求真理的兴趣就越浓厚,理智感越深厚。

美感(aesthetic feeling)指个体根据审美标准评价事物时产生的主观感受和获得理解的精神愉悦的体验,包括自然美感、社会美感和艺术美感。美感体验基于对审美对象感性特征的感知,引发情感共鸣并给人以鼓励和力量。美感和道德感一样,受社会历史条件和文化的影响与制约。

三、情绪与情感的功能

1. 适应功能

情绪具有主观体验、外显行为和生理唤醒三种成分,这三种成分保证了情绪的适应功能,它们发动机体中的能量使机体处于适宜的活动状态,并将相应的感受通过外显行为表现出来,以适应环境、达到共鸣或求得援助。从根本上说,情绪的适应功能服务于改善我们的生存和生活条件:我们通过快乐表示情况良好,通过痛苦表示急需改善不良处境,通过悲伤和忧郁表示无奈和无助,通过愤怒表示即将反抗的倾向。

在社会环境中,情绪的适应功能符合社会生活的需要。例如:羞耻感可以使人的行为与社会习俗保持一致;内疚感可以使人控制和纠正自己伤害他人的行为;有些情绪,如同情、友善、利他等,可以起到构建和保持人的良好社会关系的作用,是建立社会支持的必要因素。

2. 动机功能

情绪构成一个基本的动机系统,它驱使有机体产生反应、从事活动,在最广泛的领域里为人类的各种活动提供动力。动机功能既体现在生理活动中,也体现在人的认知活动和行为中。例如,人在缺水或缺氧的情况下,产生的恐慌感和急迫感起着增强内驱力的作用,促使人们想办法去获取水分或氧气;人们容易对喜欢的事物产生积极的评价,也更愿意投入其中。

3. 组织功能

情绪是独立的心理过程,有自己的发生机制和操作规律;作为脑内的一个监测系统,情绪对其他心理活动具有组织作用。情绪的组织作用包括对活动的瓦解或促进这两个方面。心理学研究表明,情绪能影响认知操作的效果,其影响效应取决于情绪的性质及强度。中等唤醒水平的愉快和兴趣情绪为认知活动提供最佳的情绪条件。

情绪的组织功能也体现为对记忆的影响。心理学研究表明，当人处在良好的情绪状态时，更容易回忆带有愉快情绪色彩的材料；如果识记材料在某种情绪状态下被记忆，那么在同样的情绪状态下，这些材料更容易被回忆出来。

情绪的组织功能还表现在影响人的行为上，人们的行为常被当时的情绪支配。当人处在积极情绪状态时，倾向于注意事物美好的一面，态度和善，乐于助人，并勇挑重担；消极情绪状态则使人产生悲观意识，失去希望与渴求，也更容易产生攻击性。

4. 人际信号功能

情绪和语言一样，具有服务于人际沟通的功能。情绪的外显行为包括非语言的身体语言、面部表情以及音调等，这些是人际交流中促进理解的重要部分。在许多情境中，表情能使言语交流造成的不确定和模棱两可的情况明确起来，成为人的态度、感受的最好注解；而在另一些场合，人的思想或愿望不宜言传，也能够通过表情来传递信息。中国有"出门看天色，进门看脸色"的俗语，即指通过别人的面部表情接收其情绪信息，从而领悟别人对自己的态度。

小贴士 3-1

杜彻尼微笑

在很多社会文化中，微笑成为典型的社会性表情。人们非常熟练地将微笑作为一种社会交往的信号，这使得人们难以辨别社交性微笑和发自内心的微笑。一位研究面部肌肉的法国科学家杜彻尼（Duchenne de Boulogne）发现，只有伴随着眼周肌肉运动的微笑，才是发自内心的微笑，后人将这种微笑命名为"杜彻尼微笑"。因为人们可以有意控制面部颧骨肌肉，比如嘴角上扬，但无法操控眼周肌肉，所以带着眼角鱼尾纹的微笑，是发自内心的真实的欢乐和愉悦。后来的研究发现，在大学毕业照上有"杜彻尼微笑"的女性，在以后的生活中有更多积极情绪和更大成就感。

资料来源：［美］丹尼斯·库恩.心理学导论——思想与行为的认识之路.郑钢，等译.北京：中国轻工业出版社，2014.

四、大学生的情绪与情感特点

大学生的心理发展处在青春期与成人期的过渡阶段，处在告别幼稚、进入成熟的探索过程中，既有对过去熟知状况的依恋与舍弃，也有对将来未知状况的向往与担忧，加上生活在经济发展迅速、社会矛盾凸显、价值体系多元化的大环境中，大学生的心理冲突是空前的，这种冲突会体现在情绪与情感活动的各个方面。

1. 情绪与情感体验的敏感性和封闭性

和所有的青年人一样，大学生情感丰富，情绪反应敏锐：可以为一封远方的来信欢天喜地或者暗自垂泪,也可以为一场球赛的输赢捶胸顿足或者欣喜若狂;恋爱时向往浪漫、热烈,对爱情的体验细腻、深刻;会为正义慷慨激昂,也会为灾祸痛心疾首。

大学生的情绪反应易于心境化,而心境通常可以直接影响个体的认知和行为,如有些大学生会因失恋而情绪低落、自我评价下降,甚至自我放弃;或因爱好音乐为登台演出获得成功而兴奋不已,被周围人们往往会责备大学生过于懦弱或过于高调。事实上,大学生的情绪反应易于心境化的现象,与文化修养使他们的想象力更为丰富有关。大学生常常通过品味他人生活中的悲喜来品味自己的人生,并把感受到的东西转换为更深刻的自我体验,他们通过这种方式不断丰富自己的情感,由此获得某种知识和经验,这也是一些对人的心理活动有准确和细腻描写的文学作品尤其受大学生欢迎的原因。

另外,有心理学者认为,人的负面情绪体验中七成由人际关系引发,大学生自然也不会例外。相比于其他同龄人,社会对大学生的期待使大学生有更多的使命感、优越感,更加关注"我"以及与"我"相关的事物,如"我是什么样的人""别人是否喜欢我""我是否重要""怎样才能体现我的价值",更加关注他人的赞扬、认同、忽略或否定等。在这样的过程中,伴随着他人的态度和评价,很多大学生的情绪体验格外强烈,并常常因此陷入情绪困境。有些人在"磨难"中勇敢地向着"宠辱不惊"进发;有些人则"闭门谢客",想方设法躲开令人害怕的情绪,呈现一种闭锁的状态,其结果多半是停留在原地,难以成长。

对情绪具有敏锐的觉察能力是保持情绪健康的必要条件,但过分敏感常常是自尊和自信不足的重要表现,多半夸大了对自己不利的评价的意义以及带来的负面情绪体验。一些有闭锁心理的大学生在童年时期就被迫隐藏自己的情感,长大后渐渐成为一种无意识的习惯,对情绪体验既不感受也不表达,实际上内在的心理冲突往往比其他人更尖锐。

2. 情绪与情感表现的波动性和稳定性

个体在大学期间面临许多人生课题,如学习、社交、恋爱、择业等,人生大事基本上都要在这一阶段完成,其中许多过程对大学生来说是全新的,带来的感受也是全新的。他们时常觉得情绪忽上忽下,甚至大起大落,"郁闷""纠结""窃喜""淡定""崩溃""抓狂"是他们用来描述自己情绪状态的常用字眼。对他们中的很多人来说,"心情平静"成了一种难得的享受,而不是常态。

心理学者认为,情绪表现的波动性大是青年人固有的特征,是情绪发展的必然阶段。大学生的反应敏捷、思维活跃、情绪波动性大,一方面反映出大学生生活历练的不足和情绪调节能力的欠缺,另一方面也折射出大学生对于自我、他人和世界的一种积极探索的开放性态度。

3. 情绪与情感表达的冲动性和掩饰性

大学生对外界刺激反应迅速、敏感,常喜怒哀乐形于色,比成年人更外露和直接。许多大学生的情绪体验都是立刻表现出来:为考试成功而欢呼,为受到无端指责而暴怒,为与恋人分手而痛哭,为丢失钱物而沮丧,等等。这种情绪的即时表达常常带有很强的冲动色彩,有时还没有来得及思量就已经采取行动。

随着自制力的逐渐增强、思维的独立性和自尊心的发展,大学生情绪的外在表现和内心体验并不总是一致,在某些场合和特定问题上,有些大学生会隐藏或抑制自己的真实情感,表现出内隐、含蓄的特点。例如,内心在为室友摔坏了自己的东西而不爽,但会对室友说"没关系";内心在为失恋伤心欲绝,但会告诉朋友"我已经走出来了"。隐藏起真实的感受不去表达,多半是为了维护重要的人际关系。还有一些大学生在遇到事情时常常觉得说不清自己的感受,或者觉得没有感觉,但事情在心中迟迟放不下,这也许是无意识地压制情绪的结果。

第二节　大学生情绪与情感的健康发展

情绪与情感是人类生活的动力源泉,它既带给我们各种各样的快乐,也带给我们数不尽的烦恼。对于这些时刻相伴的体验,我们应该如何理解和应对? 是否存在一些策略和方法,可以使我们与情绪和谐共处,情绪体验更加轻松和愉悦呢?

一、情绪、情感与心理健康

情绪、情感带有鲜明的主观体验色彩,与心理健康息息相关。情绪常常是人们内心冲突的表达,是内在心理问题的表现,情绪本身也影响我们的健康状态。那么,健康的情绪有什么特征呢?

1. 情绪健康的特征

情绪健康的真正含义是什么? 是不是一个人总处在高高兴兴的状态中就表明其情绪健康呢? 心理学认为,情绪问题贯穿人的生活,情绪健康是一个动态的过程。每一个人都会有自我感觉良好和感到世界美好的时候,也会有大多数事情都不对劲和自我感觉很差的时候。如果实现了情绪健康,人们的各种情绪都会得到平衡,在情绪高涨或低落的情况下都能正常生活。

另外,健康的情绪不是一成不变的,情绪健康的人不是没有问题或者永远不会出现问题,而是他们学会了调适情绪,使自己既不会过多为那些无所适从的情绪冲突而担心,也可以在适当的时间内解决大多数冲突,并且或多或少地按自己的意愿去生活。

有些心理学者提出情绪健康的六项特征:发展出某些技巧以应对挫折情境;能重新解释并接纳自己与情绪的关系,不会一直自我防卫,能避免挫折并安排替代的目标;知觉某些情境会引起挫折,可以避开并找寻替代目标,以获得情绪满足;能找出方法,缓解生活中的不愉快;能认清各种防御机制的功能,包括幻想、退化、反抗、投射、合理化、补偿,避免养成错误的习惯,以至防御过度,造成情绪困扰;能寻求专家的帮助。

还有心理学者提出情绪健康的四项特征:能够保持健康,自己能控制因身体疲劳、睡眠不足、头痛、消化不良等疾病引起的情绪不稳定;能够控制环境,不是想干就干,而是事先预料后果再采取行动;能够以对自己与他人无害的方式消解情绪上的紧张,不压抑情绪,而是将情绪转变和升华,能够洞察、理解社会。

这些都可以为我们提供参考。

2. 健康情绪的标准

心理学者为了便于研究,把人的所有情绪分成积极情绪和消极情绪两大类。积极情绪让人感到舒服,消极情绪则让人感到不舒服,因此人们似乎觉得积极情绪才是好的、健康的,愿意去体验、去追寻,消极情绪则是坏的、不健康的,必须清除。实际上,情绪分类是对情绪形式而言,情绪体验本身并无好与坏、积极与消极、健康与不健康之分。那么,什么样的情绪是健康或者不健康的呢? 心理学者认为,可以根据情绪表现的特征来区分某一个体的情绪是否健康,从这个意义上来说,健康情绪指的是个体的情绪表现方式,而非情绪体验本身。

然而,判断某种情绪是否健康的标准也是相对的,很难有严格的界限。目前,普遍接受的观点是,健康情绪应当符合一致性、时间性、稳定性和调控性四个标准。

一是一致性,即情绪反应与刺激保持一致。每种情绪的发生、发展都与相应的刺激有关,该喜则喜,该怒则怒。这种一致性还表现在反应的程度与刺激的强度上,强刺激引起强情绪反应。情绪反应与刺激不一致,过强和过弱的情绪反应,都是不健康的表现。

二是时间性。健康的情绪在产生时比较强烈,但随着时间的推移会逐渐弱化。若反复出现某种情绪或发生情绪"固着",则是不健康的。

三是稳定性。健康的情绪还要有一定的稳定性。如果情绪反应波动太大,变幻莫测,比如无明显原因的忽喜忽悲,则是情绪不健康的表现。

四是调控性。能够把消极情绪转化为积极情绪,保持良好心态,充满热情地工作、学习和生活,也是健康情绪的重要体现。

3. 大学生情绪健康的表现

情绪对大学生的身心健康、社会人际交往、学习绩效等方面都有重要影响。对大学生来说,情绪健康可以表现在以下三个方面。

其一,情绪体验全面、深刻。情绪健康的大学生能够积极体验成长过程中的愉快和痛苦的感受,有能力把它们转换成更深刻的自我体验;情绪健康的大学生能够对自我和他人发展出稳定的、积极的情感体验,悦纳自我,关爱他人,对人类和自然界怀有爱心,形成积极的社会情感。

其二,情绪表现稳定。情绪健康的大学生的乐观、满意等积极情绪的体验占优势,尽管也会出现悲哀、消沉等消极情绪,但是不会持续很长时间,有能力适当地调节和控制自己的情绪,使之保持相对稳定。

其三,情绪表达适度。情绪健康的大学生能够自然、充分地表达自己的情绪,并且有能力做到适时、适地、适度。他们有能力在情绪发泄和抑制之间作出合理选择,可以自由地表达情感。如果情绪表达损害自身的价值或者伤害他人的情感,可以及时抑制自己的情绪。

—— 小实验 3 - 1 ——

消极情绪减弱身体免疫力

在一项实验中,心理学家人为诱发被试的情绪状态,即让女大学生观看两段带有不同情绪色彩的录像,分别是幽默的和悲伤的。结果发现,观看不同情绪色彩的录像会影响被试的免疫功能。观看幽默的录像的被试,其免疫系统活动增强(如 S - IgA 水平升高);而观看悲伤的录像的被试,其免疫系统活动受到抑制(如 S - IgA 水平下降)。另外,他们的研究还发现,人们免疫系统功能的基线水平与其应对日常问题的情绪活动方式之间存在明显的相关。经常用幽默作为应对机制的被试,健康问题较少;经常用哭喊作为应对机制的被试,健康问题较多(年龄越大,健康问题越多)。[①]

生物学家的研究进一步揭示了这一生理机制:情绪低落可导致血清素下降,而血清素与骨髓干细胞的生长、分化及移植有密切关系。血清素下降会引发干细胞功能受损,影响损伤细胞修复及血细胞再生,进而对身体免疫功能产生不利影响。[②]

资料来源:盖笑松.积极心理学.上海:上海教育出版社,2020.

二、情绪管理的理念和方法

在心理学概念中,情绪管理是对情绪的内在过程和外部行为采取监控、调节,以适应外界环境和人际关系需要的动力过程。对于情绪的加工过程,不管我们是否清晰地认识到,都伴随着情绪的产生而不断进行。比如有人本想放声大笑,但看到周围有人,马上改为暗自窃喜;有人遇到钟情的人,怀揣着像兔子一样乱跳的心,却强作镇定;有时要想尽办法保持平静,却更加烦乱;有时心情糟到极点,痛哭一场之后,心情又平缓下来。那么,哪种应对情绪的方式是健康的呢?我们如何进行有效的情绪管理呢?

1. 情绪管理的观念误区

对大学生来说,情绪管理可能是老生常谈,每个人都有一些自己的看法和经验,那么,

[①] Labott, S. M. & Martin, R. B. Emotional coping, age, and physical disorder. *Behavioral Medicine*, 1990, 16 (2), 53 - 61.

[②] Ye, J. Y., Liang, E. Y., Cheng, Y. S., Chan, G. C., Ding, Y., Meng, F., Ng, M. H. L., Chong, B. H., Lian, Q., & Yang, M. Serotonin enhances megakaryopoiesis and proplatelet formation via p-Erk1/2 and F-actin reorganization. *Stem Cells Journal*, 2014, 32(11), 2973 - 2982.

让我们先对照看看,自己的观念中是不是存在一些认识的误区呢?

误区一:"排除情绪干扰,我要时刻保持理性。"

—— 微视频 3-1 ——

努力战胜情绪的"学霸"

目前读大二的小 D,是当之无愧的"学霸"。他认为情绪是非理性的,是影响学习和生活的"干扰成分",应该通过个人的意志力战胜这些情绪,保持理智的状态。因此,不开心时他总是要求自己尽快摆脱这种状态,开心时也要求自己尽快恢复平静,他觉得高考阶段自己就做得很好。进入大二后,他慢慢发现自己常会莫名其妙感到不开心,"保持淡定"变得越来越费劲,似乎越想摆脱干扰就越摆脱不了,学习、生活、人际关系等好像都有点乱了,他很着急,非常受挫,仿佛怎么做都不对……

很多负面情绪体验确实让我们感觉糟糕,导致活动效率下降,因此不少人会有意无意地去压制它们,就像微视频 3-1 案例中的小 D,希望把情绪时刻管控起来,后续却发现对情绪的管控不仅实行起来非常困难,而且会带来更多失控感。小 D 的挫败感源于对情绪的误解,情绪过程有其自发性和冲动性,不同于理性认知过程,不管我们是否喜欢和觉察到,情绪都在自然地发生着,自然地影响着我们的认知和行为,积极情绪如此,消极情绪亦如此。从这个意义上来说,情绪是生命不可分割的一部分,它的活动过程不可能被完全控制,也不可能被取代。

情绪不能被理性取代。我们倡导的是,尊重并接纳情绪的自然过程,遵循情绪的规律,不能一味压制情绪。小 D 需要先允许这些情绪自然发生,允许自己有负面的、糟糕的"坏"情绪,不用像改正错误一样去阻止、纠正每一种"坏"情绪。首先接纳这个自然的过程,而后我们才会根据需要调适情绪。

误区二:"有些事忍无可忍,只有失控后爆发。"

—— 微视频 3-2 ——

"天使"的暴怒

大一的小 S 是学文科的"气质女生",总是面带微笑,对老师和同学礼貌有加,大家都说她有"天使性格"。一位室友从一开学就擅自占用了小 S 的储物柜,她为此很是郁闷,但强装大度,一忍再忍。这一次,室友又大大咧咧地往小 S 的柜子里放东西,放完以后,两手一摊看着小 S 说:"真好!"在这个"挑衅"的目光中,小 S 怒火中烧。"凭什么占我的柜子!把你的东西拿走!"她一阵狂吼,把室友的东西都丢了出来。整个宿舍变得一片寂静,室友不声不响地收走了自己的东西……虽然要回了柜子,小 S 却感到非常沮丧和自责。

案例中的小 S 对情绪的观念是，"负面情绪是不好的，不可以表现出来，能忍则忍"。于是，她一直努力把不快都隐藏在"天使微笑"的背后。然而，对室友的不满在不断累积，终有一日，忍无可忍，怒火像灼热的岩浆一样喷发出来。或者忍，或者爆发，仿佛都难以避免不好的结果，难怪小 S 尽管一直在努力，却仍陷入困境。

那么，小 S 该如何面对她内心的不满，如何解决储物柜被占的问题呢？如果在室友第一次擅自占用时，小 S 平静又坚定地对她说："这个柜子是我的，请放到其他地方吧"，或者在已经有点不快但还可控时平静地对室友说："你没问我就直接用了我的柜子，我觉得我的柜子被占用了，请把东西拿走吧"，这样会不会有更好的结果呢？但是，能够"平静"表达不满的前提是，愤怒的岩浆还没有达到喷涌的程度，小 S 可以及时觉察到，并在此时就开始用合适的方式解决问题。从这个意义上看，影响人际关系的并不是"表达了负面情绪"，而是"如何表达负面情绪"。对情绪来说，长期压抑会带来情绪能量的累积，不适合总是僵化地使用这种方式。

情绪不压抑，表达要适度。我们倡导的是，当强烈的情绪出现时，我们要具备在抑制和发泄之间作出合理选择的能力，当然，实现这个过程需要一定的经验和主动练习。抑制还是发泄，需要结合当时的情景和个人的状态，但情绪管理更有效的办法是，在情绪没有失控之前，觉察到情绪的累积，这时会有更多的理性空间，帮助自己合理选择，用其他方式处理情绪，比如，远离情景、向他人倾诉、用沟通的方式解决问题。

小贴士 3-2

情绪抑制是健康的吗

情绪抑制是指，人们在一些情景中，暂时抑制自己即时的情绪，选择与最重要的价值一致的方式作出反应。能够有效地抑制自己的情绪，是一个人情绪管理能力的体现。有时候，我们需要暂时抑制自己的情绪，以适应当时的情境或顾及他人的感受。但是，如果抑制的情绪长期积累，没有得到处理，可能会变成情绪压抑。长期压抑情绪会增加交感神经系统的活动，对思维和记忆造成一定的损伤，容易产生心身疾病，如高血压、黏性结肠炎、气喘、胃溃疡、长期乏力、肌肉酸痛、周期性偏头痛等。这些心身疾病将削弱工作和学习的效率，使人不能集中注意力，与外界沟通出现障碍。有时长期压抑的情绪逐步积累反而会带来失控，实际上需要付出更大的代价。

既然情绪抑制是必要的，我们该如何区分健康和不健康的情绪抑制呢？

健康的情绪抑制：情绪健康的人具有在抑制和发泄之间作出合理选择的能力。当某些情绪表达被允许时，情绪健康的人会自由自在地表达他们的情绪，纵声大笑、放声大哭和勃然大怒。如果这些情绪的肆意表达可能带来某些伤害，他们可以暂时抑制自己的情绪，采取适宜的行为方式，保证不会因无端的情绪发泄而带来不必要的麻烦。

不健康的情绪抑制：长期的、延续的、不加区别的情绪抑制，却是不健康的。如果人们长期压抑情绪，慢慢地就会由于害怕表达的后果而继续压抑。这种害怕常常是不合理的，往往是依据过去一些不愉快的经验，导致人们可能完全不加区别地抑制情绪。

误区三："事情过去这么久了，为什么我还是耿耿于怀？"

微视频 3−3

失恋的情绪浪潮

大三的小 Y 最近一直都郁寡欢，一个月前她从朋友处获悉异地男友移情别恋，很快就接到男友的"分手通知"，之后她连续一周以泪洗面，痛不欲生。她心中恨意萌生，恨他"背叛、抛弃"自己，也恨自己对他"余情未了"，渐渐地恨意化成怒气。她也想放下过去，面向未来。她为自己安排了很多活动，希望"马上好起来，让他看到自己不会为他而难过"。二十多天过去了，小 Y 发现自己仍然常常触景生情，伤感和流泪，这让她非常困惑：何时才能走出失恋的阴影？

一段恋情曾经给人带来的欢乐有多少，失去时感受到的伤痛就有多少。案例中的小 Y，还需要再给自己一些时间，允许自己在这段时间里试图不去抵制伤痛的侵袭，允许自己在一波又一波袭来的情绪浪潮中沉浮。任何情绪都有发生、发展、高潮、减弱和结束的过程，我们要做的不是让自己在伤痛中"沉没"，而是跟随情绪的指引，去体验自己在汹涌的情绪海洋中一次次"冲破"海浪的感觉，去了解这些情绪"想要我做什么"——比如悲伤让我无力，也许是在提示我仍怀念曾经的情感，或者在提示我累了，想歇歇，不想再在这段感情中挣扎；又如心中的怒气给我带来了力量去保护和捍卫自己，在提示我受到伤害，正努力修复自己的力量。也许这些就是小 Y 内心真正的需求，只是她尚未意识到可以给自己一段时间来做到这些。到那时，失恋将不再是一个黑暗的"阴影"，而是一段有意义的"人生远航经历"。

遵循情绪的发展规律。我们倡导的是，当我们长期陷入某种情绪，不要责怪自己，而是需要更多地去读懂情绪的声音。情绪有它自己的发展规律，跟我们内在的需要、认知等紧密相连，确实需要一段时间去调整。当我们饱受其苦、难以自我调适时，可向信任的人倾诉或求助于心理咨询师，咨询专业人员的意见常常有很多裨益。

误区四："是你惹我生气,惹我难过!"

微视频 3-4

怨气满腹的实习生

刚刚进入大四的小 X,最近在一家企业实习,每天下班回到宿舍都有一大堆的抱怨:上司既苛刻又小气,同事对自己爱理不理,工作就是"复制与粘贴",挣钱太少,地铁太挤,父母太普通,专业太落伍……随着时间推移,他在实习中跟上司的交流越来越不顺利,他感到上司太苛刻,总是找出他很多问题,他对上司一肚子的埋怨:上司说话太直,情商太低,不能照顾他的情绪和感受,"摊上他,我没法儿不来气"。

人们常常会把自己负面情绪的出现归咎于外界的人、事、物等,认为如果情况不是这样,自己就不会有那么多不开心,即情绪受控于外界,因此日复一日地陷在"埋怨"的漩涡中,难以自拔。案例中的小 X 就陷入这样的情绪困惑。他将所有的情绪都归因于上司,其中潜藏"上司的苛责决定了我必然难受"的内在信念。事实上,虽然外界环境刺激会影响我们,但我们对待外界环境刺激的态度、信念,真正决定着我们的情绪和行为反应。案例中的小 X,需要把情绪调节的责任落实到自己身上。"上司的苛责决定了我必然难受吗?""当面对上司的苛责,我可以怎样应对呢?"当小 X 为自己的情绪负责,才会主动去管理自己的情绪,这样他才能为自己赢得改变心态以及与上司互动方式的机会,不去做被动的埋怨者和承受者。

做自己情绪的主人。我们倡导的是,无论情绪因何而起,为自己的情绪负责,才可能摆脱烦恼,让我们的感受有所不同。

2. 情绪管理的步骤

澄清了对情绪的各种误解之后,以下问题就自然浮现出来:我们如何遵循情绪的规律,做情绪的主人呢? 让我们一起学习情绪管理的步骤——觉知、理解、调节和反思,它们是情绪管理逐层递进的四个步骤。

步骤一:觉知情绪,即"我现在有什么情绪"。

敏锐觉知情绪。觉知情绪就是对自己正在发生的情绪具备敏锐觉察的能力,了解各种感受的过程。一个人能觉知情绪,才能适时对自己的情绪作出正确反应,进而给情绪一个转化的出口。

觉知情绪包括对情绪体验变得敏感,对情绪感受得越来越准确,能区分不同情绪带来的不同感受。很多大学生在被问及自己的情绪时总是回答"不开心",仿佛情绪只有两种:开心和不开心。这是一种很笼统的表达方式。有些学生只能用这样的方式表达情绪,说明他们较少关注自己的情绪感受。其实,人们可以通过有意识的练习来增强对情绪的自我觉察力。当感到自己有些"怪怪的""不开心""难以释怀"或者其他一些不同寻常的信号时,给自己一些时间,安静下来,细细回味那些感觉,问问自己以下问题:

> 我刚才怎么了?
>
> 是什么事情让我了开心?
>
> 这件事情的哪一点让我最不开心?
>
> 我怎样描述我的不开心?
>
> 还有什么感觉吗?

还可以进一步觉察:

> 我为什么会有这种感受?
>
> 这种感受与哪种感受比较相像?
>
> 当这种感受出现的时候,我想到了什么?

微视频 3-5

捕捉"不开心"的觉察

快要升入大二的小 N,暑假和妈妈一起去商店买衣服。小 N 试穿着新衣站在穿衣镜前端详,妈妈有些不耐烦地拍了拍她的后背,让她挺起胸来,小 N 对此感到很不开心。后来在心理咨询中,小 N 说当时很难过,认为这么小的事情自己不应该有这么大的反应。当她沉下心来,静静感受这份感觉时,她发现这种感觉非常熟悉且常常出现,高中、初中甚至小学都有过,是那种"感到妈妈责怪自己和厌烦自己的伤心、委屈和不满",想到这里,小 N 泪如雨下……

觉察可以帮助我们随时随地弄清楚自己处于怎样的情绪状态,时刻与自己的感觉在一起。深入的情绪觉察,有利于理清过去那些"旧伤"带给我们的当下情绪体验。

平和接纳情绪。接纳自己的内心感受和情绪变化,不苛求自己,以平常心来面对自己的情绪波动。对于那些必要的痛苦,我们必须学会接纳它,与它和平相处。例如,我们不必因为想家而感到羞耻,不必因为害怕某物而感到不安,对触怒你的人生气也没有什么不对。这些感觉与情绪都是自然的,应该允许它们适时适地存在并释放出来,这远比压抑、否认有益得多。我们要允许自己出现这样或那样的情绪,平和地接纳它,而不是总想着"尽快好起来"。

步骤二:理解情绪,即"我为什么会有这种感觉"。

找寻情绪产生的原因。明白情绪的来源不是外界的人、事、物,而是自己内心的信念系统,前者自己无法控制,后者则可以控制。如微视频 3-5 案例中的小 N,对于妈妈拍拍后背的动作,她解读的信息是"妈妈在嫌弃我",随即内心有着这样的非理性信念——"妈妈对我不满,就是不爱我""妈妈对我不满,我感到自己毫无价值"。这些信念使得小 N 感到"伤心、委屈和不满"。长期以来,她觉得自己只能忍受这些情绪,心中暗暗责怪妈妈,自己什么都不做,这使得这些情绪逐步压抑和累积。当她触及这些感受时,内心的委屈倾泻而出。

通过检查这些非理性信念,用理性的认知观念替代和纠正非理性的认知观念,可以改善不适应的情绪和行为。通过不断地挑战和辨析,小 N 修正了自己的信念,意识到"妈妈不希望我驼背,她仍然是爱我的""我的价值不取决于别人",当小 N 对妈妈的做法有了新的理解,对自我的价值有了新的认识,她的感受就发生了变化,不再自怨自艾,而是开始感觉到积极的力量。这个过程帮助小 N 理解了自己的情绪,认识到自己情绪产生的内在原因。

步骤三:调节,即如何有效处理情绪。

大学生要学会合理地表达情绪、宣泄情绪,有效控制情绪,使情绪适时表露,合乎节度;尽量抛弃那些用来应付生活的伪装、面具或扮演的角色,使情绪接近于"真实自我"。

情绪表达法。向亲人、朋友、信任的人倾诉自己的情绪困扰,充分表达情绪。向他人诉说情绪的过程,是情绪能量流动的过程,是用语言体察、关注、描述、命名情绪的过程,也是将内在能量释放到外界的过程。从自我的角度,充分地表达情绪,不压制、不伪装,通常可以更好地满足自我的需要;但是,肆意地发泄情绪有时会影响他人和情境。理想的情绪表达方式常常兼顾三者,既充分表达自我的情绪,又尊重他人的情绪,并有利于当前情境下事情的解决。当确实无法兼顾时,情绪健康的人具有在抑制和发泄之间作出合理选择的能力。比如,愤怒情绪的表达,常常需要果断而不是攻击地作出反应,坚定地表达自己,不要说侮辱性的话语,也不要使对方处于防御状态,将自己的情况清楚地表达给他人,目的是解决问题,而不是战胜对方。

身心放松法。生理和心理交互影响,身体上舒适、松弛的状态,可以帮助缓解情绪、放松精神;同时,放松的心态也有利于缓解躯体的紧张。学习身心放松的方法,帮助我们在生理和心理两方面达到松弛、平静、舒适的境界。

注意转移法。当觉察到自己陷入某种情绪状态中,可以暂时脱离这种状态,将自己的情绪打包起来,转而从事更容易投入且能够吸引注意力的活动。比如,去操场上跑一圈、打球、下棋、洗个热水澡、看场电影、参与一个活动等,都可以帮助我们转换心情。

情绪释放法。通过建设性的方式,把压制的情绪释放出来,避免产生情绪压抑。情绪释放的方式有很多,要善于发现适合自己的方式,如直接宣泄、奔跑、呐喊、唱歌、涂鸦、写日记等,都有利于把情绪释放出来,改善情绪状态。运动、音乐、大自然都是帮助我们释放情绪的好方法。体育运动不仅能帮助转移注意力,而且可以宣泄情绪,缓解紧张,经常参与体育运动,可以健身、健心,培养积极的性格品质。中国传统文化中的气功、太极拳,目前较为流行的瑜伽,可以帮助人们缓解紧张和压力,培养静心、专注的心理品质。音乐作为一种艺术,是人的情绪与情感的一种表现方式,人们常常在音乐中找到情感的共鸣,被音乐感染,选择合适的乐曲能够帮助人们从不同的情绪困扰中解脱出来。到郊外踏青、与动物相处,可以帮助我们开阔心境,收获积极的体验。

认知重构法。即重新建构看待问题的方式。辨识、发掘引发情绪的不合理信念,用新的信念不断挑战和取代它们。尝试从更多的角度、更长的时间历程、更多的可能性去看问题,帮助思想脱离消极的漩涡,而不是由着自己的状态随消极想法一步步往下坠落。

—— 小贴士 3-3 ——

五步脱困法

　　五步脱困法来自 NLP(neuro-linguistic programming,神经语言程式学)技术。它的理念是,语言反映人的内心状态,改变语言的方式,就可以改变人的内心状态。人们内心的困境,常常是一些错误的信念造成的,这些信念隐藏在语言中,通过五步脱困法改变语言的方式,可以帮助人们改善情绪状态。

　　五步脱困法的经典句式如下。

　　困境:"我做不到……"

　　改写:"到目前为止,我尚未做到 X。"

　　因果:"因为过去我不懂 YY,所以现在我尚未做到 X。"

　　假设:"当我能够学会 YY,我就能做到 X。"

　　未来:"我要学会 YY,这样我就可以做到 X。"

步骤四:反思,即从情绪中学习和成长。

情绪本身从来都不是问题。假如你因额头很烫去看医生,医生说额头烫就手术切除额头,你一定认为这很荒唐。因为你知道额头烫是身体某个部位有病而产生的症状,而不是额头本身的问题。情绪也一样,它只是症状而已,它告诉我们:内在自我中存在一些冲突或者问题,需要我们处理。

比如,通过产生愤怒情绪的经历,认识自己为何愤怒,找到引发愤怒的外在刺激和内在原因。探究情绪产生的内在原因的过程,常常是我们进一步反思和认识自己的过程。发现自己反复出现的"情绪点",认识自己在愤怒状态下自动的反应方式:能否自我控制,是否压抑,为何压抑? 对这些问题的自我觉察和探索的过程,对情绪的缓解和人格的成长都有很大帮助。

如果我们可以通过觉察和理解这些所谓的"消极情绪",为深入认识自己找到一些真实又宝贵的线索,不再盲目地抗拒内心的情绪,而是运用这些情绪的价值和意义,分析自己面临的情况，使之发生改变，那么这些经历可以成为成长的重要助力。

三、积极情绪的养成

当人们谈论情绪，消极情绪经常占据大部分内容；当我们在生活中体察情绪，也常常纠结于消极情绪。很多大学生虽然认识到积极情绪的重要性，但是容易忽略积极体验，反而在不断找寻"如何摆脱痛苦"的过程中，体验着消极的自我暗示。事实上，积极情绪更需要得到重视，充分享受积极情绪，能使大学生活更加轻松、丰富和愉悦。

1. 积极情绪与幸福感

美国心理学家弗雷德里克森（Barbara Fredrickson）开启了对积极情绪的研究，她指出，过去心理学研究过于关注消极情绪，积极情绪也应该被充分重视。积极情绪与消极情绪不仅在感觉上有区别，在机制上也是不同的。消极情绪提醒我们警惕环境中的危险，由于要匆忙躲避危险，此时我们的反应选择范围常常变得狭窄。相反，积极情绪提示安全的信息，我们对积极情绪采取的内在反应常常会扩大选择的范围。积极情绪所起的进化性决定作用，不是表现在当前，而是表现在未来，积极情绪常常指引我们参与未来能够增强我们能力的活动。

人类的积极情绪状态非常丰富，高兴、振奋、轻松、坦然、惬意、幽默、虔诚、放心、感动、舒适、爱恋、逍遥自在、心满意足、心驰神往、气定神闲等，仅仅阅读这些词汇，就能感受到积极的体验。在这些积极情绪中，人们关注最多的是快乐和幸福。

快乐能够使人从紧张中松弛下来，它属于情绪紧张维度中轻松的一端。快乐对紧张起重要的调节作用，是使人感觉轻松的自然调节剂。快乐使人对外界产生亲切感，更易于接受和接近外界，并与他人和谐相处。快乐体验还具有一种超越的自由感，使人处于轻快、活跃、主动和摆脱束缚的状态，使人享受生活乐趣。

相对持久的快乐是从实现有意义的目标中得到的，这种体验能够给人们带来真实的幸福感。心理学者认为，人类的快乐源于需要的满足，需要既包括基本的生理需要，也包括社会性的需要、精神的需要。人们能够从饮食、性爱中获得快感，能够从别人的肯定和尊重中获得快乐，也会在尽善尽美的音乐、艺术和大自然中获得快乐，社会性的、精神的需要被满足时，我们常常觉得自己是幸福的。

感到幸福，对一个人来说有多重要呢？主观幸福感是一个人积极体验的核心，同时也是其生活的最高目标。有心理学者调查了 41 个国家的大学生，所有人都将生活满足感和幸福感视为很重要或者极其重要的事情。几乎在每个国家，大学生都认为生活满足感和幸福感比金钱和物质更为重要。

2. 培养积极情绪，体验人生幸福

对大学生来说，幸福与快乐常常是生活的重要诉求，很多同学忙忙碌碌，努力拼搏，为的是明天可以更幸福。我们怎样可以拥抱快乐、经营幸福人生呢？

小贴士 3-4

幸福的汉堡模型

哈佛大学排名第一的课程是幸福心理课,执教者泰勒·本-沙哈尔(Tal Ben-Shahar)教授提出过一个著名的幸福的汉堡模型,根据人生态度与行为模式区分了四种人生类型。

第一种类型的汉堡虽然口味诱人,却是标准的垃圾食品。这类人是享乐主义者,他们及时行乐,逃避痛苦,享受眼前的快乐,而埋下了未来痛苦的种子。

第二种类型的汉堡口味很差,里面全是蔬菜和有机食物,食用它可以确保日后的健康,但是当下会吃得很痛苦。这类人是忙碌奔波者,他们牺牲眼前的幸福,为的是追求未来的目标。

第三种类型的汉堡最糟糕,既不好吃也不健康,这类人是虚无主义者,既不享受眼前的事物,对未来也没有任何期望。

最后一种类型的汉堡叫作幸福型汉堡。这类人生活幸福,享受当下从事的事情,而且通过目前的行为使自己获得更加满意的未来。

各位朋友,你属于哪种类型呢?忙碌奔波者错误地认为成功就是幸福,坚信目标实现后的放松和解脱就是幸福,因此他们不停地从一个目标奔向另一个目标。他们最需要的是,学会享受追求目标过程中的快乐。享乐主义者总是寻找快乐而逃避痛苦。他们需要知道没有目的和挑战,生活将变得毫无意义,无法收获持久的幸福快乐。虚无主义者是被过去经验击垮的胆小鬼,他们被过去的阴影缠绕,放弃现在和未来的幸福。

资料来源:[美]泰勒·本-沙哈尔.幸福的方法.汪冰,刘骏杰,译.北京:当代中国出版社,2009.

从快乐的角度出发,研究者将幸福解析为三个层次:第一个层次是快乐地生活,第二个层次是投入地生活,第三个层次是有意义地生活。可以看到,快乐、投入和意义是通往幸福的三条途径,活在当下、健康生活、整理过去、展望未来、享受快乐是幸福的重要法则。

法则一:活在当下。

有这么一则故事,简单而精妙地阐释了活在当下的理念。寺庙里有一个老和尚和一个小和尚,两人每天挑水、砍柴、念经,日复一日,年复一年,小和尚郁郁寡欢,老和尚乐在其中。一日,小和尚问老和尚:"我每天挑水、砍柴、念经,你也每天挑水、砍柴、念经,你跟我有什么区别呢?"老和尚回答:"你挑水的时候想着砍柴,砍柴时想着念经,而我挑水时想着挑水,砍柴时想着砍柴,念经时想着念经。"

幸福源于当下,源于每天、每小时、每分钟正在度过的日子。活在当下就是关注当下的状态,享受当下的快乐,关注日常生活中的小东西,普通的、平常的小事情,比如一份美食、一个饱觉、学习新知识、获得新资讯、与亲人相处等,体味其中的快乐与意义。

下面一段描述可以帮助我们感受活在当下的状态:"当我拿到这些信的时候,我觉得周围的一切变得安静起来,我细细地阅读着,让这些字在我眼前缓缓地流过,就像在享受一次持久而温暖的淋浴。我慢慢地看着每一封信。有的地方写得非常感伤,我会抑制不住地流下泪水;有的地方则表达了他们对发生在身边的事情和对周围世界卓有见地的看法,我很惊讶于他们的思想深度。在我读这些信件的时候,几乎能感觉孩子们就聚集在这个房间里。"①在这样的过程中,个体完全融入当前的活动,即时的感受自然地流淌出来,在这缓缓的、细细的、投入的过程中,品味着生活中随处可见的幸福。

法则二:健康生活。

持久的幸福感建立在健康人格素养的基础上。大学生要加强健全人格的培养,锻炼自身的心理素质,建立客观积极的自我意识,自尊、自爱、自信;逐步建立乐观积极的个人信念,善于从正向的、建设性的方面去思考和解决问题;用心发展社会关系,增进社会支持,营造健康、丰富、有意义的大学生活。

法则三:整理过去。

幸福感建立在对过去生活经验的整体评估和体验上。只有整理过去,才能吸收过去经验中的积极资源,放下过去的痛苦或伤痛,更好地面对自己、面对当下。有些大学生喜欢用"失败"来描述自己的过去,他们常常强调自己的挫败经历,没有全面地看待自己的家庭和自己一路走来的种种不易,其中必然不乏成长的、超越的力量。即便有悲伤的经历,也要看到自己在这些悲伤中顽强地生活的力量,这些力量是走向幸福的重要滋养。

法则四:展望未来。

幸福的人生需要幸福的目标。确立奋斗目标,不是要我们为了实现目标而牺牲当下的快乐,而是为我们当下的快乐注入真实的意义。在展望未来的过程中,我们可以明确对自己来说真正有价值的东西,这会使当下的过程充满动力。很多人有过这样的体验:"当我选择这样做时,虽然有很多的辛苦和困难,但是感到特别幸福。"

法则五:享受快乐。

快乐需要用心体味,我们要提升体味快乐的能力,增强对幸福的敏感性。很多大学生习惯他人为自己付出,把一切当成理所当然,常常只关注自己还不够满意的地方,慢慢失去了感恩已经获得的幸福的能力。快乐也需要主动营造,学会幽默、学会宽容、乐于助人、谦虚谨慎、学会倾诉、学会遗忘,心情低落时帮助自己舒缓心情,快乐时尽情享受,由此把握人生幸福。

很多人对幸福有所误解,觉得某种东西(比如财富)、某个事件(比如成功)、某种运气(比如机遇),代表着人生幸福。当然,这些因素确实可以为我们的人生增加意义,但是,幸福的生活决不是仅源于改变或完成某一件重大的事情,而是靠积累而成的。无论是刻骨

---

① ［英］克里斯托夫·彼得森.*积极心理学*.徐红,译.北京:群言出版社,2010.

铭心的经历,还是点点滴滴的瞬间,都是幸福。真正的持续的幸福感,需要我们为了一个有意义的目标而去快乐地努力与奋斗。活在当下,才能品味过程中的风景,此时的感受,是充满了意义感的快乐,是幸福的体验。

第三节　大学生情绪问题的应对

大学生正值宝贵的青春岁月,思维活跃、兴趣广泛、精力充沛,渴望体验丰富多彩的人生。同样,在人生发展的过程中也存在种种困惑,如面对疾病的纠缠、追求失败的失落、奋斗中的挫折、情感的伤害、学习的压力等,有时会陷入情绪困扰。认识和理解常见的情绪困扰,学习情绪调适的实用方法,有助于大学生培养积极的情绪体验,享受快乐,品味幸福,塑造积极乐观的个性品质。

一、情绪问题的诱因与应对思路

情绪问题不会无缘无故地发生,而是由一定的刺激因素引发。这些刺激既来自个体外在的环境和事件,也来自个体自身的身体和心理状态。

1. 环境因素

从大的方面来说,环境因素指我们所生活的自然与社会环境,主要来自家庭、学校、社会三个方面。家庭中的亲情氛围、父母的教养方式等会对子女的情绪产生很大的影响。父母关系不和、亲子关系冲突、教养方式不当,都可能引发子女的情绪困扰。学校环境中教育方法、学习压力、人际关系,社会环境中经济文化的地区差异、快速变革、竞争激烈的就业环境等,都会给身处其中的大学生带来各种情绪和情感问题。

就我们当下即时的情绪反应来说,一般存在引发情绪的具体刺激,如某人、某事、某物,有时本人不一定会清晰地觉知到这一点,但按时间和地点寻迹,可以帮助我们理解和改善情绪。

2. 个体生理因素

人的情绪与情感活动有着广泛的神经生理基础,是大脑皮质、皮质下结构和内分泌等系统协同活动的结果。身体某一器官的损伤或机能障碍,会间接或直接地引发情绪活动的紊乱。我们常有这样的体验,当体力不佳或身体有病痛时,会情绪低落、烦躁不安。同时,情绪问题也会损伤人的生理健康,可能带来心身疾病。

3. 个体心理因素

影响情绪的心理因素很复杂,个体的知识经验、能力水平、认知方式、情感成熟水平、意志品质和个性特点等都可能导致不良情绪。情绪的内在发生机制非常复杂,心理学家从不同角度对其进行了长期探索,从干预策略的角度有如下四种典型的思路。

心理动力学理论认为，人的内心存在潜意识，也就是被压抑或遗忘的想法、感受和欲望。这些潜意识的内容往往与个体童年时期的经历有关。这些经历可能是积极的，也可能是消极的。如果个体无法妥善地处理这些经历，就可能出现内心冲突，个体无意识地采用防御机制把情绪压制到意识之下，以减缓当下的痛苦，但会造成情绪的能量也被压抑在意识之下。例如，一个曾经遭受家庭暴力的人可能会在日常生活中表现出过度的冷漠，因为他们无法处理内心深处对施暴家人的恐惧和愤怒。因此，心理动力学派非常强调情绪与情感的表达，通过创设安全的空间促进个体表达情绪，释放内心的压力，减轻情感上的负担。在治疗中，心理医生通常会鼓励患者表达他们的情感，以便更好地理解他们的内心世界，并帮助他们妥善地处理情感。

行为主义学派专注于研究人们的行为，认为情绪表现主要受外界环境中相应刺激的影响，将改善情绪聚焦在刺激—行为的联结上。行为主义有两个经典疗法：一为暴露疗法，比如对于有恐高症的人，采取使其充分暴露在高处的方式，让恐惧感充分呈现，直到情绪缓和进而逐步适应；二为系统脱敏法，这是一种渐进式的改变方法，比如，仍然是处理恐高症，可以先让你观看高楼俯瞰的照片，想象高楼俯瞰的情景，然后想象不断升高楼层，再带你一步步实地尝试爬上更高的楼层，并逐渐靠近窗口的位置。每次逐步提升刺激强度，通过放松训练使你适应新的强度，下一次再提高强度，反复练习，直到克服恐惧。这两个方法可以用于调适很多负面情绪。

人本主义学派强调人的尊严、价值、自我实现的潜能，认为个体追求自我实现的动机会驱使个体一直朝积极的方向发展。当个体处于一个良性的环境氛围中，他会自然发展出真实的情感和驱动力，逐步获得自我实现的快乐。人本主义鼓励人们了解自己的情绪，接纳自己的真实情绪，当负面情绪出现时我们先不要排斥，而是试着去接纳它，当你接纳它时，内心冲突就减弱了，从而产生更多的心理空间去解决问题。

认知学派认为，外界刺激是经由人内在的认知过程再形成情绪和行为反应的，因此可以通过调整人内在的认知过程，来改善不适应的情绪和行为反应。下文中我们将选取典型的理性情绪理论，详细介绍它在大学生情绪调适中的运用。

二、理性情绪理论

美国临床心理学家艾利斯（Albert Ellis）创立的理性情绪理论认为，情绪并不是由某一诱发事件本身直接引起的，而是由经历这一事件的个体对这一事件的解释和评价引起的。他用 ABC 理论具体解释生活事件、认知、情绪和行为之间的动态关系。其中，A 代表诱发性的生活事件（activating events），可以是真实的生活事件，也可以是个体的某种态度、想法和行为。B 代表信念（beliefs），是指个体对事件 A 的信念、认知、评价或者看法。C 是个体此时出现的情绪或者行为后果（consequence）。该理论认为，诱发事件 A 并不直接导致后果 C，而是经由中介因素 B，也就是个体对事件的信念。也就是说，事件本身的刺激并不是引发情绪和行为反应的直接原因,个人对刺激情境的认知解释和评价才是影响情绪反应的直接原因。

理性情绪理论认为,人有趋向于成长和自我实现的先天内在倾向,同时具有非理性的不利于生存发展的生活态度倾向。正是非理性的认知观念,导致心理失调。艾利斯认为,很多人有以下三种基本需要:我一定要表现得很好并得到其他人的赞许;其他人一定要对我很和善、很公平;我的生活状态不应该有挫折,而应该非常舒适。一旦人们把急切的渴望转化为要求,通常就会有错误的、夸张的想法,如"如果我表现不够好,我就是一个不够优秀的人"。

因此,人们容易产生导致心理失调的非理性信念。这些非理性信念常具备如下三个特征:第一,要求绝对化。从自己的意愿出发,认为某事一定会发生或一定不会发生,"应该""必须",绝对化的要求,走极端的思维方式。比如,对自己的绝对化要求:"我必须把实习工作做到完美。"怀抱这个内在信念,一旦在实习中遇到困难或出现问题,就可能引发紧张、自责等情绪。对别人的绝对化要求:"室友天天玩游戏害得我失眠,他必须付出代价。"怀抱这个内在信念,个体容易陷入愤怒、怨恨中,而不容易以适应的方式解决问题。第二,过分概括化。从某个具体事件、某一言行就引申到整体的评价,这是一种以偏概全的思维方式。比如,小张很努力完成专业作业,却被老师指出了很多错误,小张可能会认为"自己没有学习这个专业的潜质",怀疑自己是不是选错了专业,对未来感到非常迷茫。人们应当评价自己的具体行为表现,不能因一件事而否定个人的价值。第三,糟糕至极。如果某一件不好的事情发生,就觉得其结果必然"非常可怕,糟糕至极,是灾难性的"。这种思维方式会导致焦虑、悲观、压抑、犹豫等不良情绪。比如,"我身体素质不好,一旦感染了新冠病毒,肯定会引发肺部问题,免疫力就更差,未来身体就好不了了"。

理性情绪疗法是以理性思维方式和观念代替不合理的思维方式,以理性治疗非理性,以最大限度地减少不合理的信念给情绪带来的不良影响,以此使自己的心理臻于健康。一般而言,理性情绪疗法的过程包括如下五个基本步骤:第一,识别和界定引起情绪困扰的非理性信念,弄清引起情绪困扰的内在信念是什么,找准症结,对症"下药"。第二,要求当事人为自己的信念辩护,以证实其真实性。让当事人明确他的哪些信念是不合理的,指出这些非理性信念与情绪困扰之间的关系,让当事人认识到目前消极情绪的根源是自己的非理性信念。第三,证明非理性信念的谬误,运用辩论的方法,挑战当事人的非理性信念,使他认清自己原有信念的不合理之处。在认识发生变化后,才会甘愿放弃原有的不合理信念。第四,以合理的信念取代不合理的信念,帮助当事人学会合理的思维方式,以改善消极的情绪反应。第五,促进发展积极取向的内在信念,比如:挖掘挫折或弱点的积极意义,以积极的思维方式替代消极的思维方式;善于发现新的可能性,以动态的方式替代静态的方式;接受失败也是成功的一部分,以弹性的方式替代僵化的方式;从未来的视角看今天,以未来的角度替代拘泥于过去的角度。

┌─ 小练习 3-1 ────────────────────────────────────

挑战 11 条不合理信念

心理学家艾利斯总结了 11 条不合理信念,对照着看看自己是不是有其中一些信念,这些信念会怎样影响你的情绪和行为呢?

1. 在自己的生活环境中,每个人都绝对需要得到其他重要人物的喜爱与赞扬。

2. 一个人必须能力十足,在各方面或至少在某方面有才能、有成就,这样才是有价值的。

3. 有些人是坏的、卑劣的、邪恶的,他们应该受到严厉的谴责与惩罚。

4. 事不如意是糟糕可怕的灾难。

5. 人的不快乐是外在因素引起的,人不能控制自己的痛苦与困惑。

6. 对可能(或不一定)发生的危险与可怕的事情,应该牢牢记在心头,随时顾虑到它会发生。

7. 对于困难和责任,逃避比面对要容易得多。

8. 一个人应该依赖他人,而且应该依赖一个比自己更强的人。

9. 一个人过去的经历是影响他目前行为的决定因素,而且这种影响永远不可改变。

10. 一个人应该关心别人的困难与困扰,为别人的问题感到悲伤、难过。

11. 碰到的每个问题都应该有一个正确而完美的解决办法,如果找不到这种解决办法,那是莫大的不幸。

请你找一个伙伴,一起完成这个练习吧:你和伙伴在上述 11 条中分别挑选符合自己的几条,轮流扮演辩护者和挑战者。

辩护者:针对每一条信念,讲述自己是否曾经有过这个信念,当时是怎样的场景和心情。结合当时的场景和心情为这个信念辩护。

挑战者:仔细倾听辩护者的表达,有针对性地挑战辩护的内容。注意在这个过程中,以平和、温暖的方式挑战,如果当时的情景激发了辩护者的情绪,努力去理解和包容这些情绪。

每次扮演结束,请分享自己的看法和感受。

└──

三、常见情绪问题的调适策略

大学生的情绪困扰是多种多样的,每个人的每种情绪都有其独特性,这里选择其中四种典型的情绪简要阐述。需要指出的是,情绪常常是心理不适的外在表现,这些方法用于帮助大学生自助调适情绪,对于较严重、长期的情绪困扰,需要进一步发掘内在的心理根源,建议寻求专业的心理咨询与治疗,以得到更加有效的帮助。

1. 焦虑及其调适策略

（1）什么是焦虑

焦虑(anxiety)是因个体主观上对威胁性事件或情况的预料而产生的一种高度不安的状态,同时伴有忧虑、烦恼、害怕、紧张等情绪体验。焦虑是大学生常见的情绪状态,在学习、工作、生活任何一面遭遇挫折或担心需要付出巨大努力的事情来临时,便会产生这种体验。焦虑既可以成为大学生成才的内驱力,起促进作用,也可能起阻碍作用。实验证明,中等焦虑能使人维持适度的紧张状态,注意力高度集中,促进学习绩效,但过度焦虑会给人带来不良影响。

焦虑情绪在生理上表现为持续性精神紧张,常常觉得自己没有办法放松,全身紧张,眉头紧锁,表情严肃,长吁短叹。根据个体焦虑状态的来源,可以把焦虑分为情境焦虑和特质焦虑。特质焦虑来源于个体内在的、天生的气质或人格类型,相对稳定,与个体天生的气质类型有关。在相同的外在环境下,有些人比其他人表现得更易紧张或害怕。情境焦虑来源于外在环境、外在压力,与特定的场合和事件紧密相关。比如,一些同学考试前非常担心,寝食难安;一些同学在考场上特别紧张,心跳加快、满头大汗、脸色苍白;一些同学与熟人交往很自然,一旦到了众人关注的场合,就极其窘迫,脸色通红、词不达意。如果不是在这些场合,日常生活中并不会出现这些状况。

（2）焦虑调适策略

当发现自己处于焦虑状态时,可以尝试以下调适策略。

策略一：允许自己暂时焦虑。 相信自己即便在焦虑的状态下,仍然具备一定的行动能力。处于焦虑状态中的大学生,常常无法接受自己的情绪状态,这反而容易使焦虑更加严重。比如,有的大学生在公众面前讲话时会很焦虑,他可能曾经有过这样的经历,当再遇到这种场合,很早就开始不断地告诫自己"不紧张,要平静",很担心自己的窘态会被别人嘲笑,这反而会使他更加紧张。在这个过程中,如果他能够接受自己处于焦虑状态,允许自己暂时焦虑,不与焦虑作斗争,焦虑的情绪得到安置,没有被焦虑占满的注意力就能够工作,就好像很多人说过的："当我一点一点说起来时,就开始进入状态,只想着要说的话,后面就能顺利很多。"

策略二：寻找合适的缓解方法。 比如身心放松法、注意转移法、情绪释放法等,通过有意识地放松,缓解紧张,自己能够逐步承担这份焦虑,而不是完全受它掌控。

焦虑中的人常常觉得"糟糕透了""无法应对",需要区分这种感觉和真实状况。查找自己内在的非理性信念,可能是"一定要做好"的信念在作祟,导致过分焦虑。要挑战非理性信念,允许自己"不用每次都做到最好"。正如英国前首相丘吉尔所言："当我回顾所有的烦恼时,想起一位老人的故事。他临终时说一生中烦恼太多,但大部分担忧的事从未发生过。"

当焦虑有所缓解之后,整理目前为之焦虑的问题,把事情按轻重缓急排序,为这些事情制定简洁的时间计划，着手解决最重要、最紧急的问题，把其他问题暂时搁置一边。随着问题一步步、一个个解决，甚至仅仅是步入解决的轨道，都可以使人放下焦虑，进入工作状态。

2. 抑郁及其调适策略

（1）什么是抑郁

抑郁（depression）自我体验为忧愁和伤感，主要表现为情绪低落、郁郁寡欢、思维迟缓、兴趣索然、缺乏活力、反应迟钝、自我评价过低。处于抑郁状态中的人，常常有强烈的无能、无望、无助感，感到自己不行，未来没有希望，没有人、没有办法能够真正帮助自己，严重时甚至有绝望、痛苦难熬、生不如死的感觉。

抑郁人皆有之。对大多数人来说，抑郁只是偶尔出现，时过境迁，很快会消失。尽管抑郁使人难以忍受，但正如快乐是每个人一生中情绪体验的一部分，抑郁同样是人们生活中某些时期的情绪体验的一部分。抑郁应当被理解为正常的事件，就像其他消极情绪体验一样，可以成为个人探索新的自我的源泉。但性格内向、孤僻、敏感多疑、依赖性强、不爱交际的人，在生活中遭遇挫折或者长期努力得不到报偿时，更容易长期处于抑郁状态，导致抑郁症，严重者在抑郁状态下不能自拔，容易酿成自杀的悲剧。

一位大学生如是说："曾几何时，生活变得索然无味，生活在灰色的调子里，看着身边的人过得生龙活虎、有滋有味，仿佛他们在另一个世界。一夜夜的辗转无眠中，想着一旦睡去了，最好不要醒来，省得再去过黑暗、艰难的一天。"她表达的这种情绪，可以称为抑郁。

（2）抑郁调适策略

当发现自己陷入抑郁时，可以尝试以下调适策略。

策略一：评估抑郁的持续时间和严重程度。当出现以下情况的时候，需要向学校心理咨询中心或精神科的医生咨询：更多时间里痛苦超过了快乐；症状严重且持续时间长，日常生活和学习明显受到影响；压力全面袭来，自杀似乎成了一种可预见的选择。在这些情况下，要相信抑郁是可以治疗的，并且不需要一个人默默承受。对有些人来说，大脑中化学物质的不均衡对抑郁症的产生有重要作用，此时，就有必要采取药物治疗。

策略二：查找引发抑郁的原因和压力因素。很多事件，如亲人去世、失恋、遭遇严重伤害，或者其他一些让人难以应对的生活改变，都可能造成不同程度的情景性抑郁。找到这些压力因素，有利于个体理解自己产生抑郁的原因，从而有针对性地解决问题。

策略三：寻求支持。向朋友和家人倾诉，争取他们的理解和支持，寻求资源帮助自己解决问题。但是，要注意选择与思路开阔的人交谈，而不是与陪你自哀自叹的人交谈。

帮助自己的思想脱离消极的漩涡，重建积极的认知，而不是由着自己的状态随着消极想法一步步往下坠落。客观看待自己，避免完美主义的要求。接受自己有缺陷，任何人都有缺陷,允许自己犯错误。不要因为自己在某方面表现出来的不足,就将自己全部否定。从过去的经历中,寻找自身的资源和力量。

策略四:改善身体和行为状态。注意饮食和作息,保持体力。不要总是宅在房间里或者坐在电脑前,最好想办法让自己活动起来,做些运动,调整自己的状态。

小测试 3-1

《抑郁自评量表》

对照下列 20 条描述,请根据你最近一周的实际情况打分(分值:1—4):1 为没有或偶尔;2 为有时;3 为经常;4 为总是如此。

1. 我觉得闷闷不乐,情绪低沉。

2. 我觉得一天之中早晨最好。

3. 我一阵阵哭出来或想哭。

4. 我晚上睡眠不好。

5. 我吃得跟平常一样多。

6. 我与异性密切接触时和以往一样感到愉快。

7. 我发觉我的体重在下降。

8. 我有便秘的苦恼。

9. 我心跳比平时快。

10. 我无缘无故地感到疲乏。

11. 我的头脑跟平常一样清楚。

12. 我觉得经常做的事情并没有困难。

13. 我觉得不安而平静不下来。

14. 我对将来抱有希望。

15. 我比平常容易生气、激动。

16. 我觉得作出决定是容易的。

17. 我觉得自己是个有用的人,有人需要我。

18. 我的生活过得很有意思。

19. 我认为,如果我死了别人会生活得更好些。

20. 平常感兴趣的事我仍然感兴趣。

计分方法:

20 个项目中,第 2、5、6、11、12、14、16、17、18、20 项,共 10 项反向计分,其他项目正向计分。把 20 个项目的各项分数相加,总分乘以 1.25 后取整数部分,即为标准分。标准分在 53 分以上的,存在抑郁症状;得分越高,情况越严重。

3. 愤怒及其调适策略

（1）什么是愤怒

愤怒（anger）一般被定义为因对某人的价值、信念、权利有侵害或与之矛盾而激发的一种强烈且不舒适的情绪反应，是我们沮丧、受到伤害、失望、烦恼、受折磨或者安全受到威胁时的一种自然体验。愤怒持续的时间不同，有些愤怒突发，但是时间短暂，可能过几分钟就缓解了；有些愤怒会持续数小时、数天，甚至更久。

一位大学生如是说："我不属于易怒的'选手'，平时笑呵呵的，没啥。但是，我有一个不能触碰的点，谁在这点上招惹了我，我一定跟他急——爸妈给我起了个有点特别的名字，任何以此为笑点的言行，都会引起'火山喷发'，我将'深恶痛绝、严惩不贷、决不姑息'！"这段话中所展现的主要情绪，我们可以称为愤怒。

当愤怒爆发时，人们感受到高度的压力、紧张和焦虑，心跳加速、呼吸变快、血压升高，身体里充满翻滚的能量，容易暂时失去对行为的控制能力，出现一些破坏性的行为。很多人发作后，冷静下来会倍感后悔。这种情况伤害健康，增加意外事端，对人际关系有十分不利的影响。

虽然失控的愤怒爆发常常带来麻烦，但是愤怒有着重要的价值，它常常反映了我们内在的呼声，是值得倾听的重要信号。正如身体的疼痛可以促使我们将手从炉火上移开，愤怒保全了自我的整体性，它可以促使我们对别人强加于我们的事情说"不"，迎合自己内心的真正感受。它能给予我们力量，激励我们克服障碍、解决问题。

通常，愤怒来源于我们认为他人以某种方式侵犯了我们，或对我们做了某些不当的事。愤怒常见的导火索是，我们发现自己所珍视的东西正受某种形式的威胁、破坏或阻碍，这些珍视的东西包括：自我观念（躯体或自尊心）、我们的所有物、我们的计划和目标、我们的生活方式。愤怒最重要的来源是充满威胁的情境，如挫折、伤害、被利用、被忽视、忌妒与吃醋、缺乏社会认同感、同情等。

但是，愤怒情绪会转化。我们既可能对外界的人、事、物发怒，也可能对自己发怒。有时，我们对他人的愤怒会转化为自责，当我们面对权威人物、父母或者我们认为不该、不敢责备的对象时，我们常常把愤怒转向自己，作出伤害自我的评价；有时我们的自责会转化为责备他人，潜意识中回避自责的痛苦转而通过责备他人来发泄。人们有不同的表达愤怒的方式，有人选择压抑，有人选择直接发泄，有人马上出言不逊和还击，有人坦率地声明自己的愤怒。这些不同的处理方式，直接影响着愤怒情绪持续和转化的过程。

（2）愤怒调适策略

当发现自己陷入愤怒时，可以尝试以下调适策略。

策略一：明确告诉自己"我生气了"。这样做可以让我们意识到自己的愤怒，只有承认自己生气了，才能进一步采取行动去解决问题。

策略二:克制自己的冲动。人们愤怒时,第一反应常常是乱发脾气,或者回避、沉默。当我们发现自己的愤怒之后,要努力先让自己冷静下来再作出反应,免得说出唐突的话或做出后悔的事。让自己冷静下来的方法有很多,比如迅速离开现场、暂时等待、深呼吸、放松、从1数到10、心中反复默念"冷静",都可能起作用。

策略三:找出引起愤怒的核心问题。某人到底说了什么话或做了什么事激起了我的愤怒?尝试着理清事情的来龙去脉,尽量客观地判断事情的严重程度。如果有可能,向一个态度中立的人尽量客观地诉说愤怒的理由,有助于我们理清思路,平息情绪,甚至产生新的理解。

策略四:进行选择性分析,尝试解决问题。有些情况下,愤怒是由无法否认的问题造成的,制定解决问题的方案,尽全力去解决问题。在采取行动之前,先问问自己:这样做是否有利于事情的解决?是不是我真正想要的结果?是否还有更好的做法?坚定而清晰地表达自己,不是为了对抗对方,也不是为了宣泄心中的不满,而是指向于解决问题。

策略五:用建设性的方式释放被抑制的愤怒。很多情况下,愤怒被暂时抑制,事后可以通过倾诉、体育活动、唱歌、涂鸦、写日记等建设性的方式,把情绪释放出来,改善情绪状态。避免将愤怒一直压抑在心中,或者转移到其他人身上。

4. 忌妒及其调适策略

(1) 什么是忌妒

忌妒(jealousy)是与他人比较,发现自己在某些方面不如别人而产生的一种交织着羞愧、愤怒、怨恨的复杂情绪。[①] 从定义来看,忌妒情绪发生在人际关系中,通常是一种对比关系,这种对比具有明确的指向性。大学生处在相同的年龄段,受教育程度、学习成绩、生活圈子等存在很多一致性,在面对学习、情感、就业上的竞争时,有时容易引发忌妒。

法国文学家巴尔扎克说过:"忌妒者比任何不幸的人更为痛苦,因为别人的幸福和自己的不幸,都将使他痛苦万分。"忌妒可能产生两种截然相反的行为,一种是建设性的行为,一种是破坏性的行为。不希望别人超过自己,觉得自己可能会落后于别人,这种危机感能够促使我们产生提升自己的动力。比如,忌妒促使大学生在学业上更加努力,在求职中更加积极,这就是建设性的作用。如果认为别人不应该超过自己,期待别人失败,设法中伤别人,给别人制造障碍,就是破坏性的行为。有些忌妒者将忌妒深埋于心,表面上和和气气,内心充满怨气,同时又感到自己师出无名,交织着羞愧、自责等复杂的情绪,陷入自我折磨的状态。

一位大学生如是说:"每天跟室友在一起,大家关系都挺好,可我心里常常不是滋味,

---

① 林崇德、杨治良、黄希庭.心理学大辞典.上海:上海教育出版社,2003:545.

某人确实让我羡慕、忌妒、恨！她长相可爱又特别会卖萌，宿舍里的另两位天天围着她转，我的各种体贴入微、卖力示好，还不如她轻飘飘几句话。她在男生那边更是混得风生水起，简直是'女神'，我快成了陪行的'大婶'！最讨厌她'天真烂漫'的笑声，声声直刺我心！"这段描述所展示的主要情绪，我们可以称为忌妒。

产生忌妒情绪的重要原因是自卑感、价值缺失感或面临挑战。忌妒者怀疑自己的价值，他人在某方面的优势会给自己带来威胁感。忌妒者常常感到处处都有竞争，因为对方的存在，自己可能会面临丧失。个体的自我价值感越低，忌妒带来的破坏性力量就越大，建设性的作用就越小。自我价值感低的个体，在与他人的比较中，更多地感到自己能力不够、卑微甚至不幸，不相信自己可以通过努力超越别人。但是，事实上，正是这种比较的方式，不断挫伤一个人的自我价值感，从而陷入恶性循环。

（2）忌妒调适策略

当发现自己陷入忌妒时，可以尝试以下调适策略。

策略一：觉察和认识自己的忌妒情绪。当忌妒出现时，及时觉察它，不要让忌妒不断累积。要明白忌妒来源于自己，而不是让我们感到忌妒的人。控制自己的冲动，反思自己产生忌妒的原因。

策略二：挑战忌妒中的非理性信念。忌妒者常常拿别人的优势跟自己的缺陷比较，以绝对化的眼光看待别人某方面的优势。比如有人可能存在这样的信念，"这个世界必须是绝对公平的""别人不可以拥有的比我多，哪怕只是一个方面""我努力了，就必须获得成功"。挑战这些想法，用合理的信念取而代之。

策略三：建立积极的自我意识。忌妒常常源于我们尚未形成成熟的自我意识，因此疏解忌妒情绪需要首先与自己和解，接纳自身的缺陷，当我们不再苛责自己时，就更容易不再苛责别人。大学生要在成长过程中逐步建立积极的、稳定的自我意识，把忌妒转化为进取力，通过自我成长为自己增加动力。

思考题

1. 大学生情绪、情感的主要特点有哪些？

2. 结合自身的情绪、情感状况，谈谈如何有效管理自己的情绪？

3. 大学生常见的情绪问题有哪些以及如何应对？

4. 做一做"每天的美好回放"小练习。请你在每晚入睡前，回想并记录下白天让你感到快乐、新奇、感动或者投入、沉静等有积极体验的事。这些事可大可小，从一顿饭到与一个好友的畅谈，从日常学习到一个有意思的想法，你都可以记录下来。如果每天都记录，可能会跟过去有些重复，没关系，重点是在记录它们的同时去想象当时的体验和感受，让大脑做一会儿"回放机"。你可以自己做这个练习，也可以与你爱的人一起完成。

推荐阅读

1. 李江雪.*大学生情绪管理与辅导*.北京：北京师范大学出版社,2010.

2.〔美〕格罗斯.*情绪调节手册*.桑标,等译.上海：上海人民出版社,2010.

3.〔美〕泰勒·本-沙哈尔.*幸福的方法*.汪冰,刘俊杰,译.北京：当代中国出版社,2009.

4.〔美〕伯恩斯.*伯恩斯新情绪疗法*.李亚萍,译.北京：中国城市出版社,2011.

5.〔英〕克里斯托夫·彼得森.*积极心理学*.徐红,译.北京：群言出版社,2010.

第四章

大学生的人格

人们常说："性格决定命运。"美国心理学家詹姆斯(William James)说过："播下一个行为，你将收获一种习惯；播下一种习惯，你将收获一种性格；播下一种性格，你将收获一种命运。"这里所说的性格就是本章要谈到的人格。

随着当今社会对人的综合能力的要求不断提升，非智力因素在个体成长和发展中的作用越来越突出，人格在个体成才、成功中的作用也越来越凸显。了解人格与心理健康的关系、人格发展的特点、健全人格的塑造和发展，将促使个体得到更健康、全面的成长和发展。

第一节　人格与心理健康

社会的发展和时代的进步使人们越来越意识到，在一个人走向成功的道路上，智力并不像人们以前想象的那样起决定性作用，非智力因素如人际交往能力、情绪智力、人格等在个体走向成功中的作用越来越明显。

曾有一位老教授精心培养了三位得意门生。有一次三人去看望老教授，这三人当下发展得都很不错：一位在仕途上正扶摇直上，前途光明；一位在商界正叱咤风云，日进斗金；一位在学术界享有盛誉，成为国内该学科的带头人。有人问这位老教授，如何评价他的三位高徒，以后谁会更成功。老教授说：现在还看不出来，人生的较量有三个层次，最低层次的较量是技巧的较量，稍高的是智慧的较量，最高层次的较量是人格的较量。他认为三位高徒目前的较量还只是智慧层面的较量，而最高层次的人格的较量还远没有开始。老教授的一席话充分揭示了人格在个体成长、成才中的重要地位。

一、人格的界定

对于人格的定义，心理学者一直争论不休，对人格的内涵和外延进行了不同的阐释。什么是人格？得先从"人格"一词的来源说起。汉语的词源中，原本没有"人格"一词，英语中的"personality"来源于拉丁文"persona"。"persona"本意是面具，也就是演员在演戏时根据剧情和剧中人物特点的需要所画的脸谱,它表现了剧中人物的角色和身份。

由"persona"一词发展而来的"人格",有两层含义:一是个体在社会生活这一舞台上表现出来的各种行为特点,即个体展现在外的、给他人留下印象的一些行为特点,是个体人格的外在表现部分;二是个体蕴藏于内的、不轻易外露的特点,即个体隐藏于"面具"后的真实自我,是个体人格的内在特征部分。

从人格这两个层面上来讲,我们把**人格**(personality)定义为个体稳定的行为方式和发生在个体身上的人际过程的总和。在这个定义中,个体稳定的行为方式,即个体稳定的、内在的特征,是隐藏在"面具"后的真实自我;人际过程指的是在人与人互动过程中,发生在个体外部、影响着个体如何行动、如何感觉的所有情绪、动机和认知,是个体戴着"面具"示人的部分。值得一提的是,个体在与人互动的过程中表现出来的外部行为特征经常会发生一些变化,就像一个演员可能戴着不同的面具表演不同的人物特征。但是,不管这个人的外部行为如何变化,它始终受到其内部人格特征的影响。

人格的心理特征主要包括能力、气质和性格。

1. 能力

能力(ability)是指个体顺利地完成某种活动必须具备的心理特征,它体现了人与人之间不同的活动效率及其潜在可能性。能力是先天遗传因素和后天教育实践相结合的产物。

能力包括个体的实际能力和潜在能力两部分。实际能力指个体目前已经表现出来的能力或已达到的某种熟练程度。如个体有能力通过研制 3D 打印机,打印出可以遥控飞行的飞机,这是其表现出来的实际能力。潜在能力则是个体目前尚未表现出来,但通过学习或训练可能具有的能力或可能达到的某种熟练程度。如目前某学生在国内 CSSCI 期刊上发表了论文,经过努力,日后他可能在专业领域获得更加骄人的成果,这就是他所具有的潜在能力。个体的能力直接影响学习、工作等活动的效率,影响这些活动能否顺利进行,它是人格的重要组成部分。

2. 气质

有的人生来活泼好动,有的人喜欢宁静;有的人天生敏感,有的人"神经大条";有的人思维刻板,有的人才思敏捷。这些就是人所表现出来的气质上的区别。

气质(temperament)是不以活动目的和内容转移的典型的、稳定的心理活动的动力特征,是人格中最基本的成分。它主要指个体心理过程的速度(如知觉的速度)、稳定性(如注意集中时间的长短)、强度(如意志努力的程度)以及心理活动的指向性(心理活动指向内部还是外部)等方面的特点。

个体的气质是由其神经结构和机能决定的。从这个角度来说,气质带有较为强烈的先天色彩,是由遗传因素决定的,具有较强的稳定性。同时,它也具有一定的可塑性,在环境与教育的影响下,个体的气质会在一定程度上有所改变,个体在实践活动中形成和发展起来的其他心理特征也会掩盖和改造个体的气质。

小贴士 4-1

气质的特征

气质是由很多心理活动的特征组合而成的,具有以下几大特征。

感受性。指人对外界刺激的感受能力,它是神经过程强度特征的一种表现。不同的人对刺激强度的感受性是不同的。比如,有的同学对光刺激感受特别强烈,哪怕是他人在下铺开着昏暗的台灯,或者仅仅是电脑屏幕发出的微光,睡在上铺的他也会因此而睡不着;有的同学则对光刺激一点也不敏感,宿舍开着40瓦的日光灯,就在距他眼睛50厘米的上方,他照样睡得香甜。这就是个体感受性的差异。

耐受性。指个体在接受内外客观刺激时,在时间和强度上的耐受程度。比如,有的同学可以持续背枯燥的单词两个小时,而有的同学只能坚持半小时。

反应敏捷性。指心理反应和心理过程的速度,如动作快慢、记忆速度、思维敏捷程度和注意转移的灵活程度等。如有的同学在专心写一篇文章时,需要有较长时间的心理准备;而有的同学在学习时可以在不同的学科、内容间自由和迅速转换。

可塑性。指根据外界事物的变化而改变自己的行为以适应外界环境的难易程度。如新生入校后,有的同学在两三天内就习惯了新的学习和生活环境,而有的同学可能需要两三周、一个月甚至更长的时间。

情绪兴奋性。指对微弱刺激产生情绪的速度,它不仅指个体情绪兴奋的强度,也包括个体情绪抑制能力的强弱。如有的同学参加学校组织的晚会,一到现场就很快兴奋起来,晚会结束后还兴奋不已,这就是情绪兴奋性强、抑制力弱的表现,体现了其高级神经活动过程具有强而不平衡的特性。

向性。指个体的心理活动、言语和动作反应是表现于外还是表现于内,表现于外称为外向性,表现于内称为内向性。对于外向性的个体,其高级神经活动过程中通常兴奋过程占优势,喜欢结交朋友,参加各种活动;对于内向性的个体,常常抑制过程占优势,经常沉浸在自己的内心思想和情绪、情感的体验中,不太愿意与人交往和分享自己的体验。

根据气质特征的不同表现和组合,心理学者划分了不同的气质类型,其中最为著名的、一直沿用至今的是以下四种典型的气质类型。

(1)胆汁质

胆汁质(choleric temperament)是以易激动、敏感、易发怒、争强好斗为特点的气质类型。胆汁质的个体感受性低,耐受性高,情绪兴奋性强,外向性明显,反应速度快而不灵活，可塑性小。他们精力旺盛，反应迅速，情绪体验非常强烈且迅速——不管这种情绪体验是高兴还是沮丧，即我们常说的"来得快，去得也快"。胆汁质的人思维较灵活，但是往往比较粗枝大叶，意志坚定，注意力不太容易转移。和胆汁质的人交往，不用担心他们会对谁有什么意见而不为人知。胆汁质的人非常直爽，常常有什么说什么，开朗、热情。但他们急躁、易怒，常常受不了其他人慢条斯理和吞吞吐吐，一旦其他人有令他们不满意的地方，立马就会表现出来。说完之后，他们立即释然，很少会记在心上。

（2）多血质

多血质（sanguine temperament）是以热情、感情丰富、抱有希望为特点的气质类型。多血质的人和胆汁质的人一样，感受性低，耐受性高，外向性明显且反应速度快，但其反应灵活，而且可塑性较大。多血质的人活泼好动，思维敏捷，反应迅速，在情绪体验上快而多变。曹雪芹笔下的王熙凤、吴承恩笔下的孙悟空都具有非常显著的多血质特性。

多血质的人心思灵活，广交朋友，适应环境的能力强，但注意力不太容易集中，缺乏意志力。和多血质的人交往，人们常常能感到他们的主意很多，创造性很强，比较容易动感情，一遇到不顺心的事就会很沮丧，但是只要他人稍加安慰或告知一件令他高兴的事，就会立即将之前的不顺心忘得干干净净。

（3）黏液质

黏液质（lymphatic temperament）是以情绪平稳、稳重忠实、沉默寡言、自制力强为特点的气质类型。黏液质的个体感受性低，耐受性高，反应慢且不灵活，情绪兴奋性较低，具有一定的内向性。他们情绪比较平稳、起伏较小，常常心平气和、喜欢沉思。黏液质的个体在做任何工作之前都会较为细致周全地考虑，《水浒传》中的林冲可算是表现出较明显黏液质特征的代表。

黏液质的人稳重踏实、沉着冷静、坚忍执着，具有较强的自我控制能力，但是灵活性略显不足，有时行为缺乏生气。和黏液质的人交往，人们常常会折服于他们的沉稳，即使是他人的错，黏液质的人也不会轻易表现出强烈的不满。但人们也会发现，有的时候很难弄懂他们真正在想什么。

（4）抑郁质

抑郁质（melancholic temperament）是以多愁善感、想象丰富、孤僻离群、软弱胆小为特点的气质类型。抑郁质的个体感受性高，耐受性低，思维慢而不灵活，情绪体验深刻，具有较强的内向性。他们很少表露自己的感情，会尽量减少一些抛头露面的活动，不爱与人交往。

抑郁质的个体情感敏锐、稳重、内向、谨慎，对力所能及且枯燥乏味的工作有较高的忍耐性，但常常比较孤独，不爱与人交往。与抑郁质的人交往会发现，有时候不经意的一句话可能会让他们受伤，人们不太容易走进他们的心里，但是一旦走进他们的内心，他们就会将其视为最真心的朋友，加倍珍惜。

四种典型气质类型的表现与心理活动特征的关系可以用表 4-1 来表示。

表 4-1　典型气质类型与心理活动特征的关系

气质类型	感受性	耐受性	敏捷性	可塑性	情绪兴奋性	向性	速度
胆汁质	低	高	快、不灵活	小	高	外向	快
多血质	低	高	快、灵活	大	高	外向	快
黏液质	低	高	慢、不灵活	稳定	低	内向	慢
抑郁质	高	低	慢、不灵活	刻板	体验深刻	内向	慢

─ 小测试 4-1 ─

不同气质类型的人的行为反应

图 4-1 是丹麦人皮特斯特鲁普的漫画,它非常形象地描述了不同气质类型的人在发现别人不小心坐了他的帽子以后的不同反应,请你读图并分别说出图中人物各属哪种气质类型。

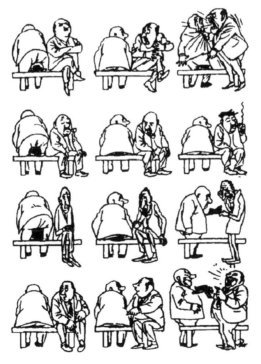

图 4-1　气质类型漫画

需要特别注意的是,在现实生活中,具有某种单一典型的气质类型的人很少,大多数人都是几种气质类型的混合型或者中间型。

虽然气质类型受先天遗传因素影响较大,但并不是一成不变的。随着年龄的增长,前额叶得以发展,个体在行为控制上的能力会逐渐提升。同时,个体在生活中所接受的教育、积累的经验也会改变个体的行为,使其更适应社会或更不适应社会。但是,所有这些因素的影响,都很难让一个人的气质从一个极端走到另一个极端。可以说,个体的气质类型是先天禀赋、后天环境、教育以及个人实践等多种因素相互作用的结果。个体的生理因素或遗传决定了个体的气质类型,而教育、生活经验、父母教养方式等后天因素决定了气质类型的表现程度。

气质本身并无好坏之分,每一种气质类型都有其积极的一面和消极的一面。了解自己和他人的气质,不仅在人际交往中具有重要的意义,而且对个体与专业、职业的匹配具有重要的意义。不同的专业和职业对气质特点有着不同的要求,了解这些要求,注意个体气质类型与专业和职业的匹配,对个体在学习和工作中取得成功具有一定的意义。

3. 性格

性格(character)是个体在对客观现实的态度和习惯化的行为方式中表现出来的稳定的心理特征。相比于气质,性格更多地受到后天教育、环境和社会文化因素的影响。心理学家对同卵双生子进行的研究表明,即使是遗传因素完全相同的同卵双生子,在不同的家庭中分开抚养,长大以后表现出来的性格也会有较大的差别。

婴儿刚出生时没有非常明显的性格特点,在后天环境的影响下逐渐形成了自身的性格特点。这种性格特点一经形成便具有较强的稳定性,所谓"江山易改,本性难移"说的就是性格的这一特点。但同时性格又具有一定的可塑性。周围环境的改变,所接受的教育理念和观念的变化,与之交往的群体对象的改变,以及个体对自己性格特点的思考和内省等因素,都会使个体的性格改变。

随着社会认知研究的新发展,心理学者指出,个体除了经常显露在外的外显人格,还存在着一个内隐人格。内隐人格隐藏在个体的潜意识中,不容易被个体察觉,但是它对行为具有非常重要的影响。研究表明,内隐人格比外显人格对行为的预测作用更强,也就是说,个体的行为更多地受其内隐人格的影响。相比于外显人格,内隐人格更加稳定,改变所需付出的努力也更大。

二、人格的测量方法与工具

人格测量是个体了解自己人格的手段和方法之一。人格测量的方法很多,从测量的内容来看,可以分为外显人格测量和内隐人格测量;从测量的形式来看,常见的有自陈问卷测量和投射测验两种。自陈问卷是测量外显人格的主要手段,投射测验主要用于测量内隐人格。

1. 外显人格测量

外显人格测量大多采用自陈问卷,通过个体对一些问题的回答(多为选择题)和一定的评分规则,测量出个体的人格特点。外显人格测量操作方便、计分明确、简单且标准,在心理咨询和心理测量中得到非常广泛的应用。随着网络技术的发展,外显人格测量经过程序编写后也很容易实现远程大规模施测,操作起来省时省力,近年来在高校心理健康教育中得到越来越广泛的应用。较为常用的外显人格测量量表主要有以下四种。

(1)《卡特尔 16 种人格因素问卷》

《卡特尔 16 种人格因素问卷》(Cattell Sixteen Personality Factors Questionnaire,16PF)由美国心理学家卡特尔(Raymond B. Cattell)在大量研究的基础上编制而成。他从词典中归纳出 171 个人格特质,通过聚类分析的方法合并为 35 个特质群,称为"表面特质"。对这些表面特质进行因素分析后,他得出 16 个根源特质。由于 16 个根源特质是在因素分析的基础上得出的,因此因素之间的相关性极小,相互独立。

《卡特尔 16 种人格因素问卷》就是用来测量个体人格结构的这 16 种根源特质的。量表共 187 道题目,可以测量乐群性(A)、聪慧性(B)、稳定性(C)、恃强性(E)、兴奋性(F)、有恒性(G)、敢为性(H)、敏感性(I)、怀疑性(L)、幻想性(M)、世故性(N)、忧虑性(O)、试验性(Q1)、独立性(Q2)、自律性(Q3)和紧张性(Q4)等 16 种人格特质。根据 16 种人格特质得分可以绘制出个体的人格剖面图(见图 4 - 2)。

人格因素	低分者特征	低			中间			高			高分者特征
		1	2	3	4	5	6	7	8	9	10	
A:乐群性	缄默、孤独				4							乐群、外向
B:聪慧性	迟钝、知识面窄						6					聪慧,富有才识
C:稳定性	情绪激动							7				情绪稳定
E:恃强性	谦逊、顺从						6					支配、攻击
F:兴奋性	严肃、审慎					5						轻松、兴奋
G:有恒性	权宜、敷衍					5						有恒、负责
H:敢为性	畏怯、退缩				4							冒险敢为
I:敏感性	理智、注重实际					5						敏感、感情用事
L:怀疑性	信赖、随和	1										怀疑、刚愎
M:幻想性	现实、合乎常规			3								幻想、狂放不羁
N:世故性	坦白、直率、天真				4							精明能干、世故
O:忧虑性	沉着,有自信心					5						忧虑、抑郁、烦恼
Q1:试验性	保守,服从传统			3								自由、激进
Q2:独立性	依赖,随群附众					5						自立、当机立断
Q3:自律性	不拘小节						6					自律、严谨
Q4:紧张性	心平气和						6					紧张、困扰

图 4 - 2 16 种人格因素测试结果示例

根据个体在 16 个因素上的得分,还可以推算出其 4 个方面的次级人格因素特征和 4 项社会功能。4 个次级因素包括适应与焦虑、内向与外向、感情用事与安详机警、怯懦与果断;4 项社会功能包括心理健康、专业而有成就者的人格因素、创造能力人格因素,以及在新的环境中有成长能力的人格因素。

(2)《大五人格测验》

大五人格模型(Big Five personality model)由美国心理学者麦克雷(Robert R. McCrae)和科斯塔(Paul T. Costa)等人在 1989 年提出。和 16PF 一样,大五人格也是用特质来描述个体相对稳定的倾向。研究者通过因素分析,提取出人格结构中最重要的五个因素。

开放性(openness to experience),主要评价个体对经验的积极寻求和欣赏,以及接受并探索不熟悉经验的主观强度,包括富有想象力、具有独创精神、主动寻求变化等。开放性水平较高的人喜欢尝试新鲜事物(如制作或品尝不同寻常的食物、去一些陌生的地方旅行、应对生活中的一些新挑战等),思考一些可能的观点和价值观。

尽责性(conscientiousness),主要评价个体在目标取向行为上的组织性、持久性和动力性程度,包括胜任工作、公正、有条理、尽责、自律、严谨、克制等。高尽责性的人在生活中往往很勤奋,做事有条理,常常可以克服各种现实和心理的干扰从而完成工作。有研究表明,尽责性是对学业和职业成就最强有力的预测指标。[①]

外向性(extraversion),主要评价个体人际互动的数量、强度和活动水平,包括热情、自信、有活力、爱社交、果断、活跃、冒险、乐观等。外向性得分高的人喜欢与别人在一起,在团体中愿意成为领导者,热爱各类运动,从中体验到更多的幸福和快乐。相较而言,内向性的人对刺激相对敏感,更喜欢安静和独处。这并不是说内向性的人是与世隔绝的隐士,他们很愿意与亲近的朋友和家人待在一起,但他们不喜欢很多人聚在一起,也不喜欢与关系不亲近的人待在一起。

随和性(agreeableness),主要评价个体在思想、感情和行为上理解他人、善于合作的程度,包括信任、直率、利他、友好、依从、谦虚、共情、富有爱心等。高随和性的人善于结交朋友,待人热情,能很好地照顾到周围人的内在需求。

神经质(neuroticism)也叫情绪稳定性,主要评价个体的情绪稳定性和情绪自我调节能力,包括焦虑、敌对、压抑、自我意识、冲动、脆弱等。神经质水平高的人更加敏感,相对而言会更频繁地体验到负面情绪,如抑郁、焦虑等。

《大五人格测验》(亦称《大五人格测试》)的英文版采用 45 个描述词语,个体根据自己的情况选择与这些词语相符的程度。在中国广泛应用的《大五人格测验》大多采用 25 对意义相反的词语,个体根据自己的实际情况选择与每对词语相符的程度,如迫切

---

① ［美］简・M. 腾格,W. 基斯・坎贝尔.人格心理学.蔡贺,译.北京:人民邮电出版社,2022:54.

的——冷静的,如果个体觉得自己处理事情非常迫切,则选择离"迫切的"最近的"5",如果觉得自己处理事情非常冷静,则选择离"冷静的"最近的"1",评分者根据个体在这 25 个选项上的得分,计算个体五个人格维度的分数。五种特质的不同组合,便构成个体不同的人格。

表 4 - 2　《大五人格测试验》

指导语：根据每对词语与自己相符的程度,选择合适的数字。假如态度中立,就选择中间的数字。

1	迫切的	5	4	3	2	1	冷静的
2	合群的	5	4	3	2	1	独处的
3	爱幻想的	5	4	3	2	1	现实的
4	礼貌的	5	4	3	2	1	粗鲁的
5	整洁的	5	4	3	2	1	混乱的
6	谨慎的	5	4	3	2	1	自信的
7	乐观的	5	4	3	2	1	悲观的
8	理论的	5	4	3	2	1	实践的
9	大方的	5	4	3	2	1	自私的
10	果断的	5	4	3	2	1	开放的
11	泄气的	5	4	3	2	1	乐观的
12	外显的	5	4	3	2	1	内隐的
13	跟从想象的	5	4	3	2	1	服从权威的
14	热情的	5	4	3	2	1	冷漠的
15	自制的	5	4	3	2	1	易受干扰的
16	易难堪的	5	4	3	2	1	老练的
17	开朗的	5	4	3	2	1	冷淡的
18	追求新奇	5	4	3	2	1	追求常规的
19	合作的	5	4	3	2	1	独立的
20	喜欢秩序的	5	4	3	2	1	适应喧闹的
21	易分心的	5	4	3	2	1	镇静的
22	保守的	5	4	3	2	1	有思想的
23	模棱两可的	5	4	3	2	1	清晰的
24	信任的	5	4	3	2	1	怀疑的
25	守时的	5	4	3	2	1	拖延的

（3）《艾森克人格问卷》

《艾森克人格问卷》(Eysenck Personality Questionnaire, EPQ),是由英国心理学家艾森克(Hans Eysenck)以自己提出的人格三维度理论为基础编制的。艾森克认为,虽然人格在行为上的表现形式是多样的,但真正支配个体行为的人格结构只有少数几个。同时,一个人生活在多维空间之中,其人格也必然与空间维度有关。艾森克通过长期的实验研究和临床观察,经过因素分析后提出精神质、外向性和神经质是人格的三个基本维度。他认为,人格维度是一个连续体,每个人都或多或少地具有这三个维度上的特征,但不同的个体在这三个维度上的表现程度是不同的,因此通过测量可以在这些维度上找到受测者的特定位置。

EPQ 分为青少年问卷和成人问卷。青少年问卷有 81 题,包含 E、N、P、L 四个分量表,其中 L 量表是效度量表,其余三个量表分别测量个体某个方面的人格特质。E 量表测量个体的内外向特质,N 量表测量个体的神经质即情绪稳定性特质,P 量表测量精神质即倔强性方面的特质。

(4)《迈尔斯-布里格斯人格类型量表》

《迈尔斯-布里格斯人格类型量表》(Myers-Briggs Type Indicator,MBTI),是根据其编制者迈尔斯(Isabel Briggs Myers)和布里格斯(Katharine Cook Briggs)母女俩的名字命名的人格测量工具,用以测量人们在获取信息、作出决策、对待生活等方面的心理活动规律和性格类型。MBTI 量表由 48 道题目组成,每道题目均有两个答案,要求被试根据自己的实际情况进行选择。

MBTI 共测量个体在四个维度上的倾向:外向(E)—内向(I)、感觉(S)—直觉(N①)、思考(T)—情感(F)、判断(J)—感知(P)。根据个体在这四个维度上得分的高低,选择每个维度中得分较高的偏好,构成个体的优势类型。个体在四个维度上的不同优势类型的组合构成了 MBTI 的 16 种类型:ESTJ、ESTP、ESFJ、ESFP、ENTJ、ENTP、ENFJ、ENFP、ISTJ、ISTP、ISFJ、ISFP、INTJ、INTP、INFJ、INFP。根据不同的优势类型,个体可以了解自己的性格特点,MBTI 还根据不同性格表现出的优势,给出不同类型组合的人适合从事的职业。

外显人格测量通过个体自陈自己的状态来施测,在操作过程中容易受到个体伪装和社会赞许的影响,降低测量结果的可靠性。在测量过程中,个体需要不断地认识自己,如实作出回答,测量结果才能为个体提供真实、可靠、科学的信息,帮助个体进一步了解自己。

2. 内隐人格测量

内隐人格测量主要是对个体内在的、隐蔽的、潜意识的行为、态度和动机进行测量。由于测量目标的隐蔽性和评分规则的非直接性,个体在内隐人格测量中受到伪装和社会赞许的影响较小,因此更能反映个体真实的人格特点。目前,较为常见的主要是投射测验和内隐联想测验。

---

① 由于直觉(Intuition)的英语首字母"I"已经用在表示内向(Introvert)上,因此取其第二个字母"N"来表示。

（1）投射测验

投射测验（projective test）是让个体在完全放松、不受限制的情况下，借助一系列未经组织的、模棱两可的、意义模糊的刺激材料，展开想象，自由地作出反应。施测者由反应内容推断出个体的人格结构。常见的投射测验有《罗夏墨迹测验》和《主题统觉测验》。

《罗夏墨迹测验》（Rorschach Inkblot Test，RIT）是瑞士精神科医生、精神病学者罗夏（Hermann Rorschach）创立的。该测验材料由 10 张墨迹图片组成，包含 5 张白色图片、2 张黑白墨迹加红色斑点组成的图片和 3 张彩色图片。测验时，让受测者对这些墨迹图片进行自由联想，施测者按既定顺序和方位向受测者逐一展示这些图片，受测者描述自己看到图片后想到的内容。受测者观看图片时可以转动图片，对每张图片可以有多个回答且不受时间限制。施测者根据受测者对图片的解释和评分标准，对受测者的回答进行评分，最后得出该受测者的人格特点。

《罗夏墨迹测验》评分规则比较复杂，对结果的解释带有施测者的主观性，因此其效度还有待验证。

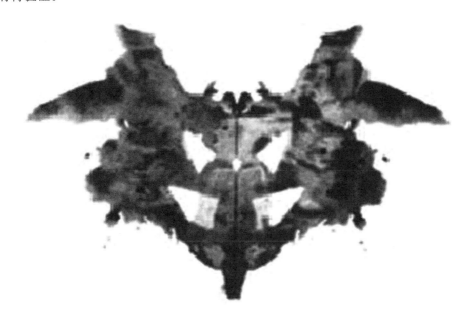

图 4 - 3　《罗夏墨迹测验》图例

《主题统觉测验》（Thematic Apperception Test，TAT）由美国心理学家默里（Henry A. Murray）和摩根（Christiana D. Morgan）编制。默里认为，个体面对图画情景编造的故事与其生活经验，特别是心理深层的内容有密切的关系。故事的内容，特别是想象部分，包含了个体有意识或无意识的反应。个体在编造故事时，常常不自觉地把隐藏在内心的冲突和欲望等穿插在故事的情节中，并通过故事中人物的行为投射出来。通过了解个体所编故事的情节,可以分析个体的需要和动力,从而进一步了解个体的人格特征。

《主题统觉测验》由 30 张内容模棱两可、意义隐晦的黑白图片和 1 张空白图片组成。图片的内容多为人物,也有部分景物,展现的内容有些较为模糊、阴暗和抽象,有些比较明显或有结构。31 张图片根据其内容组合成 4 套,分别适用于成年男性、成年女性、男孩和女孩四类受测者,每套中有 20 张图片,其中包含 1 张空白图片。受测者需要根据每张图片讲一个故事,故事内容需要包括以下四个部分:此时此刻图片中描述了一个什么样的情境或故事;引起图片中情境或故事发生的原因是什么;图片中的人物在想什么,有什么感受;你认为图片中的故事会如何结尾。对于空白图片,则要求受测者首先想象图片上有一幅画,先描述这幅画,再根据想象的画讲一个故事。

图 4-4　《主题统觉测验》图例

除了以上两种投射测验,画人测验、画树测验、句子完成测验、沙盘测验等都是常用的投射测验,它们都是通过对个体在测验中选择的图形、句子、创作的图画等进行大量分析,然后评价个体的人格。由于投射测验测试过程的要求,它不能大规模施测,更多地用在心理咨询等临床心理学领域,帮助咨询师了解来访者的内心世界,为激发来访者内心的潜力提供建议。同时,由于投射测验评分的主观性和复杂性,施测者必须具备非常高的专业素养,不仅需要接受专业的训练,而且必须具备非常丰富的临床实践经验。

(2)《内隐联想测验》

《内隐联想测验》(Implicit Association Test,IAT)是由美国学者格林沃德(Anthony G. Greenwald)等人,在 20 世纪末提出的一种测量内隐社会认知的方法。该类测量根据需要选用合适的目标词(如"我""非我")和属性词(如"内向的""外向的"),通过编制软件记录不同目标词和属性词之间联结的反应时差异,来测量个体的内隐人格。

以测量个体大五人格中随和性这一维度为例。在测量过程中,要求个体在屏幕上出现表示"我"和"随和性"的词语时按键盘上的"A"键,出现表示"非我"和"非随和性"的词语时按键盘上的"L"键(相容反应),电脑记录这一任务组合中的反应正确率和反应时。然后,要求个体在屏幕上出现表示"我"和"非随和性"的词语时按"A"键,出现表示"非我"和"随和性"的词语时按"L"键(不相容反应),电脑记录该任务组合中的反应正确率和反应时。如果个体在相容反应中的反应时比不相容反应中的反应时短、正确率高,则个体的内隐人格更倾向于随和性。

除了以上介绍的通过自陈问卷、投射测验、内隐联想测验来测量人格,还可以通过他人报告、访谈、行为测量、档案或生活状况资料等方法来测量和了解一个人的人格。

目前,杂志、网络上各种心理测验层出不穷,其中也有不少人格测验。我们要学会从众多大众化、娱乐化的趣味心理测试中识别科学的人格测验。一个科学的人格测验必须经过标准化,有标准的测题、施测指导语和计分方法,具有一定的信度和效度,且测试和评分都经过科学验证。趣味心理测验更多地注重测题的趣味性和娱乐性,很多仅仅要求想象一个场景,然后对其中某一情境作出选择,对结果的解释并没有经过科学的标准化,也不能保证测量的信度和效度。我们只能将其作为一种消遣和放松,不可误将这种心理游戏当成科学的人格测量。

三、人格与心理健康

个体的人格影响甚至决定其为人处世的方式、对事件和他人的看法,从而影响个体的内心体验和感受,进一步影响个体的心理健康。

1. 外显人格与心理健康

国内外大量研究均表明,外显人格与个体的心理健康水平有着非常密切的关系,对个体的心理健康水平有着直接的影响,其中一些人格特质甚至可以直接预测个体的心理健康水平。研究发现,16PF中个体的稳定性、兴奋性、忧虑性和紧张性可以直接预测个体的心理健康水平。个体的稳定性、兴奋性特征越明显,忧虑性、紧张性越不明显,个体的心理健康水平就越高。

人格是个体稳定的行为风格或行为模式的表现,一些稳定的行为风格或行为模式尽管不一定直接引发心理症状,但会提高个体出现心理疾病的概率。此外,个体需要根据环境的要求作出适当的行为以保持心理健康。如果个体缺乏某种行为,就容易出现一些不适应的行为,引发心身障碍。如神经质可能会抑制个体的责任心、独立性、顺从、服从、亲情和信任行为,使得个体在需要表现出这些行为以适应当前的环境时,表现出对环境的不适应,从而影响个体的心理健康水平。有研究也表明,大五人格中的尽责性对抑郁有显著的负向预测作用①。个体的高尽责性会对其行为产生促进作用,从而更好地适应环境,维护自己的心理健康。

2. 内隐人格与心理健康

与外显人格不同,内隐人格以一种自动的、无意识的模式影响个体的行为。由于内隐人格与外显人格测量方式不同,它不容易受到种各类社会性的影响,因此更能反映个体长期的、稳定的人格特点。

国外的一些研究表明,和外显人格一样,内隐人格对个体的行为也有着很强的预测作用,甚至内隐人格对行为的预测作用要比外显人格更强。

3. 人格一致性与心理健康

美国心理学家罗杰斯(Carl Ranson Rogers)指出,如果个体体验到的自我与经验自我之间存在不一致,个体就会出现内心的紧张和纷扰,即出现"体验自我"和"经验自我"之间的不和谐状态。为了维护自我概念的统一,个体往往会采取各种各样的心理防御反应,这些反应就为个体产生心理障碍埋下了基础。

我国学者研究表明人格因素与自我和谐水平有着非常显著的相关,如《中国人人格量表》(QZPS)中行事风格和才干、处世态度中的淡泊与自我经验的不和谐、自我刻板性存在正相关,即这类人格特点容易导致个体自我与经验的不和谐和自我刻板性;人格因素中的利他、坚韧、合群、沉稳、爽直、机敏、决断和诚信则与个体的自我灵活性存在正相关②,个体的这种灵活性也有利于个体自我与经验之间的和谐,提升个体的心理健康水平。

人格对个体心理健康的影响还表现在人格会影响个体的积极的内心体验和主观幸福感。研究发现,人格的外向性与主观幸福感存在显著的正相关,而情绪性分数(分数越高,稳定性越差)则与主观幸福感存在显著的负相关。个体的性格越偏向于外向,情绪越稳定,其主观幸福感越高。具体而言,外向的个体容易与他人建立关系并自然、快乐地相处,这种相处过程往往给外向的个体带来较多的积极情感,增强个体的主观幸福感;而情绪的不稳定与神经质则常常在个体与他人相处的过程中带来较多的困扰和迷茫等消极情绪,降低个体的主观幸福体验。这一结果在郑旺等人的研究中也得到了证实,其研究结果显示:大五人格的经验开放性、责任心(尽责性)、外倾性、随和性都与主观幸福感存在显著的正相关,而神经质和主观幸福感存在显著的负相关。③

无论是外显人格还是内隐人格,都通过各种渠道影响个体的心理健康水平。

---

① 白环环,沐守宽,林伟琳.尽责性人格与中学生抑郁的关系:特质正念的中介作用和性别的调节作用.心理月刊,2023,18(5):66-68

② 崔红,王登峰.中国人的人格与心理健康.心理科学进展,2007,15(2):234-240.

③ 郑旺,黄泰安,张颖书,谭祖印,郭庆科.大五人格与中国人的主观幸福感:对近20余年本研究的元分析.中国临床心理学杂志,2023,31(3):714-722

第二节　大学生的人格特征

人格的内涵十分宽泛,既立体、多面,又复杂、深奥。人格的发展既受到遗传的影响,也会随着时间的流逝而不断变化和成熟。个体进入大学后,开始与周围的社会广泛接触,个体的自主性得到发展,进入人格发展和成熟的一个重要阶段。

一、大学生人格的发展及其特点

人格是个体稳定的行为方式和发生在个体身上的人际过程的总和,其内涵和外延都非常丰富、复杂。为此,对于人格的发展,不同的理论流派、心理学家也从不同的视角进行了阐释。

1. 弗洛伊德的性心理发展阶段

（1）人格结构

奥地利心理学家弗洛伊德(Sigmund Freud)在大量临床治疗工作的基础上提出,人格是由多个相对独立发挥功能的部分组成的,他将人格划分为本我、自我和超我三个部分。

本我(id)与身体需要的满足有紧密而直接的联系,遵循快乐原则行事。通过身体需要的满足,本我起到增加快乐并避免痛苦的作用。在获得满足、追求快乐这件事上,本我是不遗余力的,它不会因为任何原因去延迟满足。因而,本我是原始的、无序的、没有逻辑的、没有道德原则的、不顾后果的。本我的目的简单而直接:寻求愉悦、降低紧张、减少不适。本我执着于满足自己的内在需要,它与外在世界没有联系,并不会随着个体的经验而发生变化,也不会随着个体的成长和成熟而发展。本我是个体人格的最初核心,是人格中一个强有力的结构,为人格的另外两个部分提供了所有能量。

自我(ego)起源于本我,是个体心理与外在现实发生联系的部分,遵循现实原则行事。随着现实经验的积累,个体开始理解不能任意地发泄和无条件满足自己的欲望,学会了如何理智地在外部世界的要求下,努力去满足内部心理世界的欲望,从而确保自己的健康、安全和人格的健全。自我是人格理性的主人,其目的并不是阻碍本我的满足,而是延迟满足本我的需要以适应现实,即以更加合理的方式满足本我的需要。弗洛伊德用骑士和马来比喻自我和本我的关系:骑士必须去操纵、抑制和驾驭马的原始而残暴的力量,否则马就会脱缰把骑士摔下来。自我必须去管理本我的各种原始冲动,否则本我不顾一切地满足需要将使自我受到伤害。

超我(super-ego)由自我发展而来,是弗洛伊德提出的人格中的第三股力量。它主要指的是个体的是非观念,是各种行为标准、道德规范和限制约束的集合,监督和判断自我的活动和想法。超我的目的不是要延迟满足本我追求快乐的需要,而是要完全地限制它们。它既不像本我为了获得快乐,也不像自我为了达成现实目标,它仅仅是为了获得道德上的完美,它遵循的是道德原则。

(2) 防御机制

弗洛伊德认为,本我、自我和超我就像三个苛刻的主人,要求可怜的个体同时满足它们各自的要求。当三个主人的要求相互矛盾或者与外界现实产生矛盾的时候,个体就面临着冲突,冲突的结果便让个体产生了焦虑。

弗洛伊德认为,个体存在三种类型的焦虑。一是现实性焦虑,即由外界能够引发恐惧的现实性威胁所带来的焦虑。现实性焦虑能指导个体躲避现实中的危险,以保护自己免于伤害。二是神经性焦虑,它源于本我和自我之间的冲突,即本能满足与现实之间的冲突。三是道德性焦虑,它源于自我和超我之间的冲突。

不管是哪种冲突导致的焦虑,自我都需要去平衡来自本我的冲动、现实世界的限制与超我要求之间的冲突。个体降低焦虑的方式有两种。一是直接处理引发焦虑的情境,通过逃离问题情境或者解决问题的方式降低其不良影响。当解决问题或逃离问题情境不奏效的时候,为了缓解三个严苛的主人带来的焦虑,自我发展出一种机能,即用一定的方式调解冲突,缓和三种危险对自身的威胁,使现实能够允许,超我能够接受,同时本我又有满足感。这种机能就是心理防御机制。心理防御机制由弗洛伊德首先提出,他的女儿安娜·弗洛伊德(Anna Freud)在临床工作中有了更多的发现和补充。常见的心理防御机制有以下几种。

压抑(repression)是将一些不被社会伦理道德接受的冲动、欲望排除在意识领域之外,使其在不知不觉中被抑制到潜意识领域,自己无法意识到它们的存在。弗洛伊德曾经有一个著名的案例——安娜·欧就使用了压抑的防御机制。安娜·欧在年幼的时候曾经看到自己的狗舔了家庭教师的杯子,她因为不喜欢这位家庭教师,就没有将此事告诉对方,而家庭教师把剩下的水喝完了。安娜·欧在感到恶心的同时又有报复的快感,还夹杂着未能阻止的内疚等一系列复杂情绪,这让她很不舒服,便选择性将这件事情遗忘了。直到后来她发现自己即使口渴难耐也不能喝水,求助于弗洛伊德。经过治疗她才想起来这件被压抑多年的事。使用压抑的防御机制时,尽管个体对这些冲动并没有觉知,但是这些潜意识中的冲动与欲望并没有消失,它们仍然会以其他的形式或者经过伪装来寻求满足。弗洛伊德认为,每个人都会使用压抑,因为每个人的潜意识中都有一些不愿意带入意识领域的想法。压抑虽然看起来挺有效,但它需要自我持续地消耗能量,被压抑的冲动也始终在以各种形式寻求释放。

否认(denial)是有意识或无意识地拒绝承认外部威胁或曾经发生的创伤性事件等使人感到焦虑、痛苦的事件,似乎它们从未发生过。例如,一部电影中主人公的妻子和孩子在一次泥石流中丧生,主人公每次回家后都把妻子和孩子的拖鞋摆在门口,仿佛他们一会儿就会回来。否认不是忘记,只是坚持认为某些事实不是真实的。当个体越多地运用否认的防御机制,其与现实的接触就越少,心理机能的正常运作就越困难。但在有些情况下,自我宁愿求助于否认以保持心理的暂时安稳,也不让某些想法到达意识中去冲击自己的心理机能。

退行(regression)是指当个体遇到挫折和应激时,放弃已学到的比较成熟的应对技巧和方式,而退回到早期阶段的水平,以原始、幼稚的方式应对困难和满足自己的欲望。比如,一个青少年不喜欢父母整天争吵,但又无法让他们的关系变得和谐,便感觉自己"生病"了,不能上学,退回到儿童时期被人照顾的状态。

固着(fixation)是心理未完全成熟,停止在某一心理发展水平而不向前发展。如一个成年人因为害怕担负工作和家庭的责任,拒绝成长,心理发展水平仍然停留在青少年阶段。

投射(projection)是把一些自己不愿意接受的特征、感受或想法归于他人,断言他人有此动机、愿望。如一个小孩在赴宴前爸爸叮嘱他说:"吃饭时要有礼貌,要等所有的人到齐后才能动筷子。"到了宴会厅,等待的时候,孩子跟父亲说:"爸爸,我今天很乖,一点都不想提前吃。你看对面那个小朋友一点都不乖,我都看到他咽了好几次口水了。"这里,孩子其实是把自己"想吃、咽口水"的感受投射到别的小朋友身上。

升华(sublimation)把为社会和超我所不能接受、容许的冲动能量转化为社会所认可的、建设性的活动能量(如将攻击性的欲望转化为竞技场上的拼搏)。比如,一个潜意识里总想把人切开的人去当了外科医生,一个潜意识里总想打人的人去做了拳击运动员。

置换(displacement)是某人或事物引起的强烈情绪和冲动不能直接发泄到这个对象上,而是将其转移到另一个对象上。置换的心理防御机制在日常生活中很常见,比如一个人在工作中不顺利,或者被上司训斥了,心里愤愤不平,回家就对伴侣、孩子或者宠物发脾气。

抵消(undoing)是用一种象征性的活动来抵制自己的真实感情。如不小心说了不吉利的话,就用摸木头或者说"呸呸呸"的形式来抵消由此产生的不安。

反向形成(reaction formation)是把潜意识中不能被接受的欲望和冲动转化为意识中相反的行为。比如,一个不允许自己在某个时期谈恋爱的人喜欢上了一个人,他却说自己特别讨厌对方。反向形成比否认更复杂,它除了涉及情感否认,还会表现出相反的行为。

防御机制的种类很多,以上只列举了常见的几种。对防御机制感兴趣的同学可以去阅读《心灵的面具:101 种防御机制》。一般来说,我们很少只使用一种防御机制,而是同时使用几种防御机制来保护自己免于焦虑,而且不同防御机制往往存在一些重叠。

(3)性心理发展阶段

弗洛伊德在早年认为人有两种本能。一是为了保持自我生命的延续以食欲为基础的自我本能,二是为了种族延续以性欲为基础的性本能。在晚年,他又提出了死本能,同时将自我本能和性本能归为生本能。在他关于本能的论述中,最有影响力的是关于性本能的论述。他认为,人的发展就是性心理的发展。他将个体性心理的发展从婴儿期到青春期分为五个阶段,在不同的阶段性欲满足的对象也随之变化。他认为,每一个阶段的性活动都可能影响个体的人格特征。

口唇期(0—1岁)。这一阶段个体的需要及其满足主要与口腔有关,快感来自吮吸、吃手指。长牙后,还会表现出寻求攻击本能的满足,快感来自咬牙、咬东西。年幼的时候,儿童的快感基本来源于口腔。随着年龄的增长,身体的其他部位得以发育并成为获得愉悦的重要区域。婴儿期的口腔快感直到个体成年以后也会保留一部分,但如果这种口腔快感在成年人获取快感的方式中占据了支配性地位,如过度关注吃、喝、吸烟、接吻以及尖刻的评论等与口腔有关的行为,则必须对此有足够的重视。

肛门期(1—3岁)。这一阶段婴儿要接受排泄训练,他们会对排大小便保持高度的关注。对自己肌肉控制能力的提高是婴儿获得快感的一个新来源。在成年人中,可能存在一些固着于肛门期的性格特征,比如过分讲究整洁、吝啬、顽固等。弗洛伊德称之为"肛门型性格"。

性器期(3—6岁)。这一阶段的儿童能分辨两性了,会产生对异性双亲的爱恋和对同性双亲的忌妒。著名的"俄狄浦斯情结"就是这个发展阶段的产物。这一阶段没有发展好的个体,可能会具有极强的自恋,弗洛伊德称之为"生殖器人格"。具有这种人格的个体会努力吸引异性,但很难建立成熟的异性恋关系。他们往往需要他人持续认可与欣赏自己具有的吸引力和独特品质。在获得这种支持时,他们就能做得很好,一旦这种支持不能满足他们的内在需要,他们就会感觉信心不足而自惭形秽。

潜伏期(6—12岁)。这一阶段的儿童会调整对父母的依恋,将注意力转移到与同龄人的交往以及对外部世界的兴趣上。

生殖期(12岁以上)。弗洛伊德认为,生殖期和其他阶段有着根本的不同,他认为这不是个体必须经历的阶段,而是必须达到的阶段。如果发展顺利,个体会对自己的性别形成认同,对性以及成年后的其他方面形成一个成熟的观点。在这个阶段,生殖器不仅仅是获取生理快感的器官,同时也是新的生命来源以及新的心理主题的基础。这一阶段的发展任务是,为生命和社会增加创造性的事物以及承担相应的责任,也就是说,生殖期的心理主题是成熟。要达到这种成熟,需要个体付出很多努力。

弗洛伊德关于人格结构和性心理发展阶段的论述在心理学界影响深远,随后的很多人格理论都或多或少、或直接或间接地受到其理论的影响。他对性本能和童年经验的关注,激励了其他人格理论家对人格开展进一步的研究,为人格理论的发展提供了一个稳定而充满挑战的基础。

2. 埃里克森的心理社会发展阶段

美国精神分析学家埃里克森(Erik H. Erikson)在弗洛伊德关于人格的性心理发展阶段理论基础上,提出了人格的心理社会发展阶段。

埃里克森认为,人格在个体的一生中一直在发展,而不是主要集中在童年时期。他认为,人的心理发展是一个渐进的过程,每一阶段的发展都建立在其他阶段的发展的基础之上。不同于弗洛伊德强调人格发展中的生物学因素,埃里克森更强调人格发展中的心理社会因素。他认为,个体的生理发展决定了心理发展的顺序,个体接触的社会和环境影响发展的实现方式,生理和社会因素共同影响个体的人格发展。

埃里克森认为,每个发展阶段都有特定的发展任务,他将这些任务称为"危机"。个体解决这些危机的方式,决定个体人格发展的方向,并影响个体解决后期危机的方式。如果个体能以积极的方式解决危机,则会形成相应的优势与能力,有助于自我的加强以及个体形成较好的顺应能力,提高下一个阶段的危机得到有效解决的可能性;如果个体解决危机的方式是消极的,则会削弱自我,阻碍个体顺应能力的形成,降低了下一个阶段的危机得到有效解决的可能性。埃里克森特别指出,解决危机的办法并不是完全积极的或者完全消极的,在危机的解决办法中兼有积极的和消极的两种因素,只有在积极因素比消极因素所占的比例高时才能说危机得到有效解决。

埃里克森将人格的发展划分为八个阶段,前五个阶段与弗洛伊德的性心理发展阶段基本一致,但对于这些阶段中个体所面临的发展任务,两者有不同的看法。后三个阶段是埃里克森自己提出来的,也体现了其人格毕生发展的思想。埃里克森提出的八个阶段,每个阶段所面临的发展任务以及形成的相关品质见表4-3。

表4-3 埃里克森心理社会发展的八个阶段及相关品质

年龄(岁)	危 机	形成品质	
		积极解决	消极解决
0—1	基本信任 vs.不信任	希望	恐惧
1—3	自主 vs.羞怯和疑虑	意志	自我怀疑
4—6	主动 vs.内疚	目的	无价值感
6—11	勤奋 vs.自卑	勤奋感	自卑
12—20	同一性 vs.角色混乱	忠诚	不确定感
20—24	亲密 vs.孤独	爱	孤独感
25—65	繁殖 vs.停滞	关心	自私
65—	自我整合 vs.失望	智慧	无意义感或失望

—— 小贴士 4-2 ——

青少年同一性危机

同一性危机是埃里克森心理社会发展阶段理论最著名的概念。他认为,同一性对角色混乱这个阶段是个体从童年期向青年期发展的过渡阶段。在前面四个阶段,儿童经历了生活的多种角色。在同一性对角色混乱阶段,儿童需要仔细思考他们积累起来的所有有关他们自己和社会的知识,最后致力于形成某一生活策略。埃里克森指出,同一性就是"一种熟悉自身的感觉,一种知道个人未来目标的感觉,一种从期待的人中获得所期待的认可的内在自信"。

玛西娅(James Marcia)仔细分析了埃里克森关于青少年同一性危机的看法,认为在任意给定的时间里,所有青少年的同一性状态都可以归为以下四种中的一种。

第一,同一性混淆(或迷失型统合)。这种状态下的青少年既没有在以往的危机中获得经验,也没有解决同一性危机,对未来感到彷徨,没有明确的目标和计划。

第二,同一性强闭(或早闭型统合)。这种状态下的青少年同样没有从同一性危机中获得任何经验,没有真正加以评价便接受父母等权威人物或偶像提出的目标、价值观、社会角色,从而过早接纳一些特定的目标、价值观和社会角色。

第三,合法延缓期(或未定型统合)。这种状态下的青少年正经历同一性危机,他们既没有过早接纳他人提出的一些目标、价值观或社会角色,也没有在当前危机中彷徨、迷惑,而是在生活中积极探索自己的价值定向,并努力发现能够增强自身竞争力的稳定的同一性。

第四,同一性达成(或定向型统合)。这种状态下的青少年已经解决同一性危机,他们对职业、价值观、生活目标等有了明确的定向。

3. 大学生人格发展特点

大学阶段正处于埃里克森提出的同一性对角色混乱阶段,是人格发展的重要阶段。学生在中学阶段与社会接触不多,也没有足够的机会去独立探索自身和未来的目标,大多数学生都将寻找自我同一性这一阶段自然延缓到大学阶段。大学生人格特点逐步形成和发展,不断影响大学生的人际交往、专业适应以及心理健康。

—— 小贴士 4-3 ——

人格的四大特征

1. 社会性与生物性统一

人格的形成和发展既受到个体生物特征的制约,也受到后天社会环境的影响。个体的生物性为人格发展提供种子,而社会环境的影响给种子的生长提供肥料。人格的形成是个体的生物遗传因素和后天社会环境影响相互作用的结果。

2. 整体性与独特性统一

人格不是单一的特质,而是许多特质的有机组合。特质的组合也不是简单的数量堆积和叠加,而是不同特质有机地组织在一起,相互作用、相互制约,从而形成整体的人格。同时,个体的人格是在生物遗传的基础上,在环境、教育、文化等的作用下形成和发展起来的,不同的成长环境造就了个体独特的人格。

3. 个体性与共同性统一

就像世界上没有完全相同的两片叶子,世界上也没有人格完全相同的两个人。心理学研究发现,即使是同卵双生子,成长在同一个家庭,接受同样的教育,他们的人格也不会完全相同。

尽管个体的人格不完全相同,但是群体处在同一社会环境中,接受整体文化的影响,这形成了群体中人格的共同性。比如,独生子女相对比较自信,北方人相对比较豪爽等。

4. 稳定性与可塑性统一

人格一旦形成,就具有较强的稳定性。美国加州大学伯克利分校曾经对 200 多名小学生展开追踪调查,发现他们从少儿到青年,自身的人格特质具有高度的一致性。人格的这种稳定性不仅表现在跨时间的稳定性上,而且表现在跨情境的一致性上,如一个独立自主的学生,不仅会在学习上具有强烈的主动性,能合理安排好自己的时间,在处理与寝室同学的关系上,也会有自己合适的应对方式。

同时,人格是在主客观条件相互作用的过程中发展起来的,在这个过程中也会发生变化,因此人格具有可塑性。在儿童阶段很多人格特质还在形成过程中,人格还不稳定,可塑性较强。到了成年人阶段,个体的人格相对稳定,但是个体有意识的自我调节和自我训练会使人格发生变化,个体经历的一些特殊事件也会影响人格。

丰富多彩的大学生活给大学生人格的发展提供了肥沃的土壤,大学生在其中茁壮成长,酣畅淋漓地表现自己、发展自己,形成大学生群体独有的人格发展特点。

(1)自主性

进入大学生活以后,大学生开始了相对独立的生活,没有了家长和老师的 24 小时管束,开始自己安排自己的生活,思考自己的追求,独自作出决定。面对使自己眼花缭乱的各种社会现象和多元文化,大学生开始用自己的眼光去看待、思考并作出自己的阐释;在面对各种选择、冲突时,大学生开始自己去观察、分析、思考并解决这些冲突;开始按照自己的思考和理解去选择参加各种活动、去交往、去恋爱、去生活。在这样的生活体验中,大学生的行为具有更多的主动性和自觉性,其人格发展也充分表现出这一特点。

(2)相对稳定性

人格是在个体与环境的相互作用下形成的,具有一定的稳定性,大学生的人格也不例外。比如,一个学生在大学阶段养成了独立的人格,在以后多年的人生际遇中,他都会表现得比较独立,不太会依赖别人,在作出选择时也会比较干脆、果断。

同时,在大学阶段,由于大学生刚开始接触社会,对世界的认识和理解还处在不断探索阶段,因此在大学阶段形成的人格稳定性是相对的。随着与周围环境的不断接触,人格也会进一步得到发展,如一个学生在刚进入大学时比较敏感、胆小,一直担心自己犯错误,随着周围同学不断给他很多积极、正向的反馈,他发现自己有不少可取之处,同学们对他很友好,慢慢地他就开始放开自己,敢于在其他人面前表达自己的观点。

(3) 实践性

大学生的人格在自身与周围环境的相互作用中不断发展。大学生通过专业学习、校园活动、社会实践、人际交往来认识自己和世界,形成并巩固自己的人格特点。在这一过程中,大学生探索自我并通过行为不断塑造自我、发展自我,从而形成自己的人格。因此,从这个意义上说,大学生要多接触社会,多体验生活,以促进自己人格的发展。

(4) 冲突性

大学阶段是人生观、价值观和世界观发展的关键时期,大学生经常处在各种冲突中,其人格发展也是如此。如一学生主修工科,工科的实践性和科学性要求他必须着眼于实际,必须理智对待碰到的问题。同时,他又发现自己对写作非常感兴趣,尤其是对一些描写人物心理、内心世界的作品深有感触。生活中,他也发现自己对一些事情的看法明显比其他同学更为敏感,在做事时常常情感占上风。学科的理智要求和生活中的情感细腻让他产生了很多矛盾:到底是应该改变自己以适应学科发展的需要,还是顺应自己的兴趣发展自己细腻、敏感的人格特点呢? 这种冲突在大学生中很常见,这就是大学生人格发展冲突性的具体体现。

二、不同人格者的人际交往

每个人都具有自己独特的人格特点。在生活中,我们经常会发现,和某一个人交往,你觉得非常轻松,两人无话不谈,志趣特别相投;和另外一个人交往却非常拘谨,不知道说什么好,即"话不投机半句多"。这很可能是因为,他们两个人有着不同的人格特征。因此,了解自己和他人的人格特征,对大学生的人际交往具有非常重要的意义。

不同人格特征的人,在表达自己的观点、情感以及为人处世方面都会有很大的不同,了解身边同学尤其是室友等的人格特征,对于加深彼此的了解、理解,做到融洽相处尤为重要。

1. 内向者的人际交往

在校园生活中,总有那么几个或一些同学,他们话很少,和人打招呼也仅限于"你好!""上课呀!"或者点头等非常简单的交流,即使他们和很要好的朋友在一起,也几乎看不到他们有什么很豪迈的动作或者语言。人们似乎很难弄清楚他们在想什么,也很难走进他们的内心。

这种类型的同学在16PF测试中往往乐群性特质得分较低,表现为内向性人格。他们的思考方式更多朝向自己而不是他人,他们经常关注自己的内心,总是弄不清楚别人在想什么,不知道该如何和他人交流,对外界事物大多采取回避的态度,也不轻易向别人敞开心扉。

与具有内向性人格特质的人交往,需要主动伸出双手并放缓自己的思维节奏,慢慢地走近他们,一步一步地靠近他们的内心世界。内向性的人一般不轻易表达自己的想法,因此,一方面可以主动邀请他们一起学习、活动,在这些共同的活动中了解彼此并逐步敞开心扉;另一方面在和他们交往的时候,要留意自己的言行举止,以免不经意间伤害了对方。

对内向性的同学而言,要学会向他人敞开心扉,主动与人交往,和他人建立良好的关系。首先,学会用行为和语言来表达自己的想法,如在别人需要帮助的时候为对方提供力所能及的帮助;当自己需要帮助的时候,试着向他人表达自己的需要;当自己有想法的时候,试着用语言来表达,多和他人进行言语沟通。其次,多观察别人人际交往的行为。比如,如何和他人打招呼,如何表达自己的观点,他人经常交流的话题是什么,等等。最后,练习用观察到的行为与其他同学交流,渐渐融入他人的生活之中。

2. 外向者的人际交往

在 16PF 测试中乐群性得分较高的同学往往表现出外向性人格特征,他们在人际交往中表现得如鱼得水、得心应手,即使面对陌生人也能很快和对方成为朋友。他们对人、对事都有较强的适应能力,会毫不掩饰地表达自己的情感。

和外向的同学在一起,人们可以很轻松地和他们交往,不用费尽心思去猜测对方的想法,他们一旦有了想法,就会直接表达;也不用过分担心会在不经意间惹对方不快使其耿耿于怀,他们兴趣广泛,喜欢尝试各种新鲜的事物,注意和情绪都比较容易转移,很少会将一种情绪藏在心里很久。

外向性的同学总是对新鲜事物充满好奇,注意力难以持久,在与人交往时容易浅尝辄止,交流不够深入,在生活中他们需要让自己的语言更有内涵和魅力,同时也要学会辨别真正的知己和朋友。另外,外向性的同学常常不拘小节,但很多时候细节往往决定着一个人的成败,因此在交往过程中需要更多关注细节。

3. 急躁者的人际交往

一些同学在面对事情的时候情绪非常激动,容易冲动和发怒,这些同学在 16PF 测试中情绪稳定性得分往往较低。和外向性的同学一样,急躁的同学的情绪与情感也是外露的,几乎不能隐藏自己的任何情感。和急躁的同学交往,要多了解对方的性格特点,多谅解对方。发生冲突时尽量不要在对方情绪激动的时候和他争论,以免激惹对方,待对方平静下来后,再和对方就事论事地讨论,往往更能获得对方的赞同。

急躁的同学需要深入了解自己的性格弱点,加强对自己性格的自我觉察和自我调控,不断提醒自己,并在生活中改变自己。提高自己的涵养,将会为自己赢得更多的朋友。

┌─ 微视频 4-1 ─────────────────────────────────────┐

我不再暴怒了

　　小 F 是一个性格急躁的同学,常常为了一些小事和别人争论不休。这天,他和同学一起骑车去超市购物回来,路上与迎面逆行而来的一位青年撞了个正着,车筐里的东西被撞得差点飞出去,他的左手也被对方的车筐擦破了皮,对方却一溜烟儿地跑了。他非常生气,扭转车头就追了过去,这时对方早已骑行到了几百米外。追不上的小 F 气呼呼地掉转车头回来了,走到同学旁边,狠命地骂着撞他的青年。

　　同学陪着他一路慢慢地往学校走去。他骂了足足十分钟,气才消了下来。

　　这时,同学问他:"你觉不觉得你刚才的反应有点得不偿失?"

　　小 F 一愣:"什么得不偿失?""你看,对方撞了你,你受了点轻伤,你是受害者。你一路气呼呼地骂着对方,对方早已跑远,一点也听不着。于他而言,他没有半点损失;反而是你,一直气鼓鼓,这种生气的状态只让你自己不快和受伤。"

　　"你这人怎么这样? 这是好朋友说的话吗? 你不帮着我就算了,竟然还帮着对方,不让我骂他。""好吧,不说了。"同学无可奈何地摇摇头。

　　晚上,躺在床上,小 F 想起白天发生的事情。此时平静的他仔细想了想白天好朋友的话,似乎有那么一点点道理。生气,没有让对方受伤,只让自己受伤了。他越想越觉得有道理,决定下次碰到类似的事情不生气了。

　　过了一个多月,他去地铁站,路上一个超车的人不小心碰了他一下,招呼也没打就跑了。他一面使劲追对方,一面心里气鼓鼓地说:"太没修养了,连道歉都没有就跑了。"他气呼呼地拼命追了对方几分钟,突然想起了同学的话,想起了自己的分析,随即冷静了下来。"是呀,我这么做不是得不偿失吗?"他放慢了骑行的速度。

　　此后,他又数次遭遇各种与他人冲突的情形,虽然还是会愤怒,但是自我觉察使他的愤怒情绪持续的时间越来越短,他欣喜地发现自己的情绪控制能力有了很大提高。

└──┘

4. 平和者的人际交往

　　在人际交往中,有一些人既不内向也不急躁,不像外向者那样到处主动和人交朋友。不管是哪种类型的人,他们都可以合得来,对人没有明显的好恶,给人的感觉很随和,几乎很少会为了什么和别人争论不休,他们很会容忍他人,让别人觉得很舒服。在 16PF 测试中,他们的乐群性、兴奋性、敢为性、世故性、独立性等多个特质的得分都处在中间,稳定性得分稍高,怀疑性得分稍低。

　　和这种人待在一起,人们会很放松,感觉很惬意。平和性人格的同学,要勇于在恰当的时候表达自己的观点和想法。平时可以多思考、多观察,发展自己的判断和决断能力。在学习和生活中,努力去尝试一些新鲜事物,让自己对生活充满热情,使生活更丰富多彩。

　　个体的人格表现远不止这几种,也不是单一的,往往几种特征表现交织在一起。在人际交往中,充分了解自身和他人的人格特征,可以更好地指导自己同他人的交往,减少人际交往的摩擦与误会,结交更多的朋友。

三、人格特征与专业适应

人格对大学生活的影响表现在很多方面,除了最直接的人际交往,还会影响个体在专业学习上的成就。心理学研究表明,从人的心理结构来分析,一个人究竟适合什么专业,在什么专业上能取得较好成绩,受到若干因素的影响,个体的人格特征是其中一个较为重要的因素。比如,一个胆小的、见了蟑螂都害怕得直跳的人很难学好昆虫学;一个杀鸡时都害怕得手直打战的人去学外科医学,其结果可想而知。在大学里,我们经常会发现,有的学生在某个专业学得非常吃力,几乎变成差生,但几经周折换了一个专业以后,成绩突飞猛进,甚至成了班级里的"学霸"。看起来不可思议,其实他们不过是找到了适合自己的专业而已。人格与专业适应有着密不可分的关系。心理学研究表明,一些人格测量的结果与个体的专业适应有着非常密切的关系,对个体的专业发展具有良好的预测作用。吴利梅等人的研究表明,大五人格中的尽责性与开放性维度能够正向预测特殊教育教师的专业发展和专业技能,开放性维度能够正向预测特殊教育教师专业发展中的专业知识维度,随和性、尽责性、开放性维度能够正向预测特殊教育教师专业发展中的专业理念与师德维度。[①] 张斌等人的研究也表明,大五人格中的尽责性和随和性对护理本科生的专业认同有显著的正向预测作用,外向性则对护理本科生的专业认同有负向预测作用。[②]

人格特征与专业成就的关系不是一一对应的,一个专业对个体人格特征的要求是多方位的。同样,个体具有的某些人格特征,对应的专业也不止一种。大学生可以根据自己的人格特点,结合智力特征、兴趣等因素选择适合自己的专业。同时,也可以根据生涯规划,有意识地培养自己某方面的人格特征,在专业发展中取得更大的成就。

有时候,大学生会发现自己选择的专业与性格并没有匹配得非常完美,这时候是根据自己的性格改选适合自己的专业,还是改变自己的性格以适应目前的专业学习,促进自己的发展呢? 如前所述,个体专业的选择受到很多因素的影响,大学生需要综合考虑各方面因素来作出最优化的选择。当选择一个专业之后如果发现自己学起来并非得心应手,需要结合多方面因素从不同角度来考虑。人格特征影响学生对专业的适应,专业也会影响和塑造学生的人格。了解到这一点,在以后的学习和生活中,增加对自己人格的觉察,有意识促进自己人格的健康发展,将帮助大学生在成长的路上走得更快、更稳、更远、更顺利。

---

①　吴利梅.特殊教育教师专业发展及与职业认同、大五人格的关系.长沙:湖南师范大学硕士学位论文,2021.

②　张斌,王叶飞,邱致燕,谢程晋扬.护理本科生大五人格与专业认同的关系研究.中国高等医学教育,2016(07),9-10.

第三节　大学生健全人格的塑造

随着信息化时代的来临,现代人竞争的实力不再是知识的多寡,智力的高低相不再决定个体在当今社会是否具有竞争力,个体的人格特征对适应当今社会生活的作用越来越重要。

一、人格发展的影响因素

个体人格发展受到很多因素的影响。心理学者普遍认为,人格的发展是遗传和环境相互作用的结果,遗传为个体人格的发展提供了可能的方向,环境则使这种发展成为现实。

1. 生物遗传因素

个体的生物遗传给人格发展提供了基础。大脑神经系统和个体体内的各种神经递质给人格的形成和发展提供了必需的生理基础。心理学者对异卵双生子的研究表明,即使在同样的环境影响下,具有不同生物遗传基础的个体所形成和发展的人格也是不同的。

遗传对人格的影响主要体现在一些与生物因素相关较大的特征上,包括智力和气质等。个体的智力受到脑突触的影响,而脑突触的联结部分是由个体的生物遗传决定的;气质在很大程度上由个体大脑的神经活动类型决定,因此个体的生物因素对气质有着较大的影响。遗传对人格产生影响的另外一个方面是个体的身体外貌,这一生理因素在一定程度上影响个体自我意识的建立,从而影响人格的发展。

2. 环境影响因素

个体的成长离不开环境,个体接触周围的环境,在与环境的相互作用中形成新的人格特征并不断发展原有的人格。影响人格发展的环境主要有家庭、学校和社会等。

（1）家庭环境因素

个体从一出生便置身于自己的家庭中,父母和其他家庭成员的言行举止潜移默化地影响着个体人格的形成和发展。在生活中,我们经常会发现一些有趣的现象,比如某个人说话的语气与其父亲或者母亲非常像,行为处事的方法也有着父母的影子。家庭环境对个体人格的影响主要体现在家庭结构、教养方式和家庭氛围三个方面。

不同家庭结构对个体人格的形成和发展有着很大的影响。在三代同堂、三口之家、单亲家庭、大家庭或者寄养家庭等不同的家庭结构中长大的人,其人格可能迥然不同。曾经有一位教师发现,一个学生在学校里不听教师的话——不管教师说什么,上课的时候他玩自己的,下课的时候经常会呆呆地坐在教室里。最初,教师以为该学生的智力发展有问题,后来经过测定发现其智力正常。经过多方面探寻教师发现,该学生的父母工作繁忙,经常出差,在自己不能来接孩子的时候,经常叫外婆、奶奶、阿姨或者姑姑帮着接孩子,而且频繁更换,谁家有空就让谁接,这个学生面临频繁更换的家庭环境和不同的教养方式,慢慢变得不知所措,不知道该听谁的,内心混乱不堪,造成在学校里也无所适从。一些在三代同堂家庭里成长起来的学生,由于祖父母或者外祖父母的宠溺或爱护,长大后形成的人格特点也有着明显的家庭烙印。

在不同教养方式下成长起来的个体,人格特征也有一定的差别。研究表明,父母对子女采取关心、理解的教养方式,子女在性格方面表现出外向的可能性更大,性格更随和,情绪稳定性更高,责任感也更强;反之,父母对子女施加惩罚、过分干涉、过度保护,或对子女否认、拒绝,子女的情绪稳定性更差,责任感更低,随和性更差,行为倔强的可能性也更大。[①]

在不同的家庭氛围下成长,对个体人格的发展也有很大的影响,尤其是父母的关系。在一些家庭中,成员之间相敬如宾,从不发生矛盾。在这种家庭氛围下成长的个体往往包容性较强,懂得谦让和欣赏他人。在一些家庭中,成员之间关系紧密,但也会出现摩擦和矛盾。面对摩擦和矛盾,家庭成员积极面对、主动解决、友好沟通,能很好地解决这些矛盾和冲突。在这种和谐家庭氛围里成长起来的个体,能够较好地和他人建立良好的关系,能够很好地和他人合作,具有较强的团队意识并乐于帮助别人。还有一些家庭,成员之间经常争吵,父母关系紧张,在出现矛盾和冲突时都只顾指责对方。在这种家庭氛围中成长起来的个体较难信任他人,也不容易和他人建立亲密的关系。

(2)学校环境因素

进入大学后,大学生大部分时间处在学校中,学校环境通过各个侧面影响大学生的人格发展,其中较为主要的有校园文化、学校教师和同学等。

大学的校园文化是学校在长期的发展过程中沉淀下来的环境氛围,引导和熏陶着大学生的人格发展。大学的校园文化制度约束和规范大学生的行为,校园中丰富多彩的文化活动给大学生的人格发展提供了载体,启迪和感染着大学生,促进其人格的发展。

学校教师对学生人格的发展起着指导和定向作用,尤其是对学生进行小组指导的导师。导师为人处世的方式、对学生的态度、个人的人格魅力等,都对大学生的人格发展产生直接的影响。

微视频 4－2

我变帅了

小 Z 上第一堂心理自助课程的时候,他自我介绍时说自己是一个不拘小节、不愿意在细节上花工夫的人。在 3 个月后这门课快要结束时,班级的同学都感觉到小 Z 和以前不一样了,他经常会在课堂讨论中发现一些其他同学没有注意到的细节。

---

① 徐雪萍,刘群英,张进辅.大学生人格与父母教养方式的相关研究.洛阳师范学院学报,2010,29(2):183－185;杨微华.大学生父母教养方式和人格五因素的相关研究.社会心理科学,2012,27(8):49－52.

　　在小组讨论过程中,一位小组成员谈到小 Z 的变化,并请小 Z 谈谈变化是怎样发生的。小 Z 告诉大家,这学期他进了一个实验室并开始跟着一位导师做实验。这位导师非常注意生活和工作中的细节,在实验室里对实验的每一个细节都会给予特别的讲解,非常关注这些细节对实验成败的影响。小 Z 就在这种影响下潜移默化地发生了变化。

　　同学是大学生在学校中接触最多的群体,尤其是室友和校园社团中的成员。共同的目标、共同的生活和情感体验、共同的兴趣爱好,使得大学生相互影响、求同存异。一个曾经很不爱表现自己的同学在三个酷爱表现的室友的带领下,经过四年的朝夕相处,变得愿意抓住机会表现自己,这样的例子在大学里并不少见。

　　简言之,学校为大学生的人格发展提供了环境,校园文化为大学生的人格发展提供了载体,教师和同学为大学生的人格发展提供了榜样。

　　(3) 社会文化因素

　　每个人都处在特定的社会文化背景中,文化对个体人格的影响持久而深远。在大学校园里,特别是刚入学时,大学生常常会因不认同室友的某些生活习惯而苦恼,甚至发生摩擦,要对在不同社会文化下成长起来的同学存有包容之心,在包容中和谐相处、共同发展。

3. 自我调控因素

　　瑞士心理学家荣格(Carl Jung)指出:"影响人格发展的首先是人的个性化程度,其次是环境。"在人格形成和发展的过程中,个体会觉察和调控自己的人格以进一步完善人格。

　　大学生正处在认知迅猛发展的时期,其自我认识更加深刻,自我评价日趋完善,自控能力显著增强。在学习和生活中,大学生通过正确地认识和评价自己,发现自我人格发展中有待完善的方面并进行有意识的训练和发展。在大学阶段,对人格发展的自我调控能力影响着个体健全人格的塑造,自我觉察、自我调控能力越强,个体越容易塑造出健全的人格。

小实验 4-1

你能主宰自己的命运吗

　　你的命运是由自己主宰的还是由运气决定的?

　　这个实验由罗特(Julian Rotter)开发。他认为,个体在成长过程会对自己的行为作内控或外控的解释(即内归因或外归因),这种解释构成个体人格的重要组成部分,并影响个体未来生活中几乎所有情境下的行为。

　　为了开展这一实验,他设计了两个研究。他先是编制了一个测验用来测量个体在生活中内控或外控倾向的程度,然后研究了个体的这种解释特征对其在特定情境中行为的预测。

罗特首先设计了一个《I－E量表》(Internal-External Control Scale;《内－外控制量表》),用来测量个体在生活中内控或外控倾向的程度。他设计了23对句子,每对句子都包含一个反映内控的陈述句和一个反映外控的陈述句。他要求受测者从每一对陈述句中迫选一个更符合自己的陈述句。此外,他还设计了6个补充项目用于掩盖测验的真正目的。

在获得个体的控制倾向之后,罗特开展了很多研究以探索个体行为与控制倾向的关系。

他发现,内控型的个体更倾向于对有把握的事情下赌注,他们更喜欢中等风险的赌注而不喜欢高风险的赌注。外控型的个体更愿意对高风险的事情下赌注。

他还发现,个体的控制倾向与自律也存在相关。与不吸烟者相比,吸烟者更倾向于外控,选择戒烟的个体更倾向于内控。

罗特对1 000名高中生的研究也表明,内控型的学生在成就动机有关因素上的得分更高。

在从众行为上,罗特还发现不同控制倾向个体的行为差异。内控型的个体更少服从大多数人的意见,在他们的判断与大多数人不一样时,他们也更能相信自己的判断。

罗特还发现,不同控制倾向的个体在面对自然灾害(研究中为龙卷风)时的求生行为也有差别。内控倾向的个体在面临自然灾害时会采取更可能存活下来的行为,因为他们坚信自己的行为能改变事件的结果。

内－外控制倾向如今作为人格的一个相对稳定的组成部分,对预测众多情境中的行为起到有意义的提示作用。当然,随着个体阅历的增长和有意识的改变,内－外控制倾向在特定的环境中也会发生变化。比如,外控倾向的人在工作中被赋予更大的权力和责任后可能会向内控型转变,而内控倾向的人在面对巨大压力和不确定时可能会转向外控型。

资料来源:〔美〕罗杰·R.霍克.改变心理学的40项研究.白学军,等译.北京:中国人民大学出版社,2015.

二、大学生健全人格及其塑造

健全人格是人格发展的理想标准,它指的是人格的各方面要素统一、平衡、协调。大学是个体人格发展和完善的重要时期,大学生要努力塑造健全人格以适应时代发展的需求,提升自己的心理健康水平。

1. 健全人格的内涵

心理学者一致认为,健全人格是个体人格发展的终极目标,为此很多心理学者探索了健全人格的内涵。

(1) 奥尔波特的健全人格观

美国人格心理学家奥尔波特(Gordon Willard Allport)认为,健全的人格应该是各种心理和行为机能都比较完善,只有具有健全人格的人才能称为成熟的人。一个成熟的、具有健全人格的人应该包含以下六个特征。

第一,具有自我扩展的能力。表现为具有广泛活动范围,并能积极主动地参加各种活动。在活动的参与中,不仅有实际活动的参与,而且有精神活动的广泛投入。

第二,拥有良好的人际关系。包括与他人热情交往,同情他人,能与他人建立亲密关系和表达爱,能理解、容忍与自己价值观存在差异的人。

第三,具有认同感和情绪上的安全感。能够接纳自我,既接纳自己的优点,也接纳自己的不足,能保持良好的形象和乐观的态度;在情绪上具有稳定性和安全感,能经受得住生活中不可避免的挫折、冲突和不幸,为人处世不受个人情绪影响。

第四,具有现实性知觉。能实事求是地、客观地感知事物,能接受事物的现状而不是根据自己所期望的来看待事物。

第五,具有客观知觉自己的能力。即拥有良好的自我意识,表现为能从各个方面全面、正确地了解自己,能理解现实自我和理想自我的差异并平衡两者的关系。

第六,具有定向一致的人生观。具备一定的专业知识和技能,有一定的生活目标并将该目标作为自己的人生愿望,即确立了心理学者所说的"自我同一性"。

(2) 罗杰斯的健全人格观

美国心理学家罗杰斯认为,具有健全人格的人是能充分发挥自我潜力的人,他们具有五个基本特征:第一,情感和态度开放,没有任何防备,一个具有健全人格的人是不需要心理防御的;第二,对任何经验都保持开放的态度,能很快适应新事物,并自由分享经验;第三,信任自己的感觉,对自己的感觉持开放的态度;第四,自我与经验协调;第五,具有创造力,个体在接受新经验的过程中,不断提高自己的独立意识,减少对他人的依赖,建立自己独立的价值体系,提高自己独当一面的能力。

(3) 弗兰克尔的健全人格观

美国心理学家弗兰克尔(Viktor Emil Frankl)认为,具有健全人格的人是能寻求生命意义的人,是能超越自我、使自我全神贯注于追寻和实现生命意义与目的的人。具体而言,一个拥有健全人格的人包含以下几个特征:第一,能自由地选择自己的生活态度和生活方式。这一点既强调选择的自由,也强调具有自由选择的能力。第二,能负责任地、全心全意地对待自己的生活,能对自己生活中出现的所有可能情况负责。第三,能有意识地控制自己的生活,不受外在力量左右。表现为能根据自己的意志安排自己的生活,不左右摇摆,不受别人观念、意志和行为的影响。第四,超越了对自我的关心,把生活目标指向未来。弗兰克尔强调,一个具有健全人格的人,不应该是一个仅仅关注自我反省的人,而是一个能够超越自我反省并通过积极的生活方式和生活目标实现自己生命意义的人。第五,具备爱和被爱的能力,能在社会关系中给予他人帮助,和他人建立亲密关系,同时也具有接受别人帮助、关心和爱的能力。第六,能为自己创造有意义的生活,表现为能按照自己所选择的生活方式、生活态度和生活目标,过上有意义的生活。

2. 大学生健全人格的基本特征

从心理学者对健全人格内涵的解释中可以看出,不同学者对健全人格的理解受其人性观、价值观和研究方法取向的影响,但总括起来,健全人格都包含如下几层意思,这也是当代大学生健全人格应具备的基本特征。

(1) 正确的自我意识和悦纳自我的生活态度

不管是哪个流派的心理学者,也不管他们对人性、价值观等持何种观点,都无一例外地强调自我意识在健全人格中的作用。在埃里克森的人格发展阶段理论中,大学生正处于形成自我同一性的关键时期,自我同一性的形成必须以正确、全面、客观的自我意识为基础。只有拥有了正确的自我意识,大学生才能实现自我的和谐统一,建立自我同一性,并有针对性地提升和完善自己。

大学生的自我意识应该包含对自己各个方面的认识,包括自己的外貌、气质、性格、能力、道德品质、社会交往、情绪调控等。对自己的认识,除了对自己已经具备的良好品质的认识,还包括对自己欠缺的、不足的部分的认识,了解现实自我和理想自我的差异,能冷静地承担自己的不足所带来的挫折、失败和困惑,客观地分析事件的过程并从中汲取成长的经验和力量。

健全人格的另一个重要特征是能悦纳自我。大学生悦纳自我包含对自己拥有的良好品质的欣赏,更为重要的是对一些自我或他人认为不适应社会发展的品质的悦纳。每个人之所以成为独一无二的个体,都是因为具有别人无法复制和替代的特征,有了这些特征,我们才是我们自己。爱自己、悦纳自己,才可以让自我拥有成长的力量。

(2) 和谐的人际关系

人格健全的大学生拥有和他人友好相处的能力。不管对方具有怎样的人格特点,都可以与对方和谐相处,能欣赏对方的优点,接纳对方的不足,允许对方持有与自己不同的人生观、价值观和生活方式。一个具有健全人格的大学生能很自然、大方地与异性相处,能很好地把握和异性朋友相处的界限,能和别人建立亲密关系,能很好地处理与亲密他人的关系,拥有爱和被爱的能力。

(3) 良好的社会适应能力

对社会经验的开放程度反映了大学生扩展自我、发展自我的能力。具有健全人格的大学生除了努力学习知识,还应更多地将知识和社会实践紧密结合,并在社会互动的过程中进一步增强自我意识,使自己的思想、行为和观点紧跟时代的发展,与社会同步前进。

(4) 乐观向上的生活态度

积极看待生活中发生的事件,拥有正能量是大学生探索世界的动力源泉。乐观的大学生对自己的能力和生活充满信心,能充分认识到自己的价值,相信世界因为有自己的存在而变得更加美好。拥有积极能量的大学生能独立地处理自己生活中的事件,在需要时能果断地作出自己的判断和选择并对此充满信心,能欣然接受由此产生的结果,即使最后的结果不圆满或是失败的,他们也能从中汲取成功的力量。

(5) 良好的情绪调控能力

情绪是反映个体外部压力和内在能量的杠杆。人格健全的大学生能很好地协调两者的关系,处理好两者的平衡。当两者平衡被打破而出现消极情绪时,能很快找到有效的方式调节情绪,重归平衡。

3. 大学生塑造健全人格的方法

人格的形成是一个长期的过程,大学生正处于建立自我同一性的关键时期,这也是自我意识、自我调控能力飞速发展的时期。在此期间,大学生需要加强对自我人格的调控,利用各种有效的方法塑造健全的人格。

(1) 从不同侧面了解自己的人格

正确的自我意识是塑造健全人格的基础。大学生可以通过各种不同的途径和方法来了解自己的人格。

第一,大学生可以利用各种人格测量工具来了解自己的人格特点,如本章第一节提到的人格测量工具。在选用测量工具时,要选择科学的、具有较高信度和效度的量表施测,了解自己的人格特质。同时,也可以选用多个量表施测,了解自己人格的不同侧面。

第二,从一些事件中加强自我觉察。大学是学校和社会接轨的阶段,在此期间,大学生会经历很多事件,接触很多人。大学生可以从他人对自己的反馈以及有意识地回望自己的行为,进一步了解自己的人格特点和不足。

第三,通过父母了解自己的人格特点。孩子是父母的"影子",个体的人格特点带有很强烈的家庭烙印。通过父母的行为可以看到他们身上的人格特点,再回到自己身上,看看这些特点自己是否同样拥有。

第四,以人为镜,从别人眼中了解自己。注意观察人际交往和互动中的一些细节并结合自身情况进行思考,从中进一步发现和了解自己。在一次上课中,一位同学发现另一位同学在发言时有一个小动作——总是喜欢拿手指指着别人,他认为这应该是指责型的人际互动模式。想到这里,他下意识地看了一下自己,幡然悔悟,原来他自己也是这样,之前却一直没有意识到这一点。另外,以人为镜还包括从别人对自己的评价以及与别人的交往中来了解自己。例如,如果自己一个朋友都没有,就需要好好思考一下自己身上是否有一种特质让大家都不喜欢。

通过不同途径了解到的人格特点相互补充、相互印证,这些不同特点的结合,就构成了人格印象图。

（2）接纳自己的人格

每个人都拥有许多不同的人格特征，有好的，有不足的，有充满正能量的，有充满负能量的，如何看待和处理它们？是喜欢还是讨厌？是接纳还是摒弃？是欣赏还是觉得羞愧？

每个人都不是十全十美的。我们都能接受自己身上那些好的、充满正能量的部分，那么看起来不一定完美的部分呢？无论如何它们都是自己的一部分，都是使自己成为自己的重要的组成部分。接纳这些部分，可以让自己平静地发展它们、改变它们。

（3）完善自己的人格

从总体上说，没有人能拥有一个绝对健全的人格，每个人都有自己欠缺的部分。通过自我觉察和自我了解，接纳并改变和完善人格，促使自己朝着健全人格一步步前进。在学习和生活中，大学生可以通过有意识的训练来进一步完善自己的人格。

第一，培养广泛的兴趣爱好。丰富的校园文化生活为大学生广泛的兴趣爱好提供了孕育基地，大学生要善于利用校园里的便利条件培养自己的兴趣爱好。

大学生刚进入大学之时，要尽量踏遍校园的每个角落，最好能自己手绘一张校园地图，圈出感兴趣的活动场地，尽量多参加校园活动。对于有些在进入大学之前并没有培养出兴趣爱好的同学，要抓住大学校园丰富的文化氛围和活动场所，努力培养自己的兴趣爱好，和周围同学特别是寝室同学拥有相同的兴趣爱好会拉近彼此的心理距离，建立良好的友谊，培育和谐的人际关系。

校园里丰富的社团活动也是大学生发展兴趣爱好的有利条件。大学生在校园里积极参加社团活动，不仅可以扩展自己的人际交往范围，而且可以获得新的经验，增加自我觉察的机会，促进自我人格的进一步完善。

第二，从养成一个习惯开始。个体的一言一行都是其人格的外化，个体日常行为积累成习惯后就成了人格。行为是人格发展的试金石，一个好的行为习惯会让个体养成受用终身的优良品质，不当的行为习惯则会让个体饱受不完善人格的负面影响。

进入大学以后，大学生步入了独立自主的阶段，需要自己管理自己，这对大学生的意志力、自我管理能力是一个极大的考验。在这个阶段，督促自己养成一些良好的习惯将有助于人格的完善。养成一个习惯，先要在思想上认识到这个习惯对自己的重要性，然后付诸行动。

习惯养成的过程是行为不断重复，使其自动化程度不断提高，直到最后稳定下来，实现自动化的过程。有人说养成一个习惯需要三周，但心理学新近的研究发现，养成一个习惯所需要的时间可能远远多于三周。心理学研究发现，平均需要 66 天才能养成晚餐前做 50 个仰卧起坐、早餐后散步 10 分钟或饭前运动 15 分钟的习惯，而且不同个体养成同一行为习惯所需的时间有着很大的差异，行为本身的难度也会影响习惯养成的时间。在行为没有自动化并形成习惯之前，人们需要调动自己的意志力来坚持重复行为，这对个体的自我约束力有着较高的要求。大学生可以在校园里找到一些志同道合的同学和自己一起养成某个或某些习惯,或者和一些已有某一习惯的人一起,适当地借助外部约束力促使自己养成习惯。比如,有高校通过让同学相互督促,成功帮助一些多年赖床的大学生养成早起的习惯。

习惯的养成是一个需要付出艰辛和努力的过程。外部的约束只是一个小小的推动力,要养成一个好习惯,更需要大学生自身的认同感和决心。从小的行为做起,无数好的行为习惯"聚沙成塔",将最终帮助大学生实现人格的整合,构建完善的人格。

第三,培养挫折承受能力,增强心理弹性。当今大学生多为独生子女,在成长的过程中大多被家人实施全方位的保护,几乎没有经历过挫折和失败,这使得大学生对自己充满自信,尤其是考上重点大学的大学生。自信是健全人格中不可或缺的重要组成部分,但是这种建立在一帆风顺基础上的自信可能会让大学生对自己有着过高的、不切实际的评价,一旦接触社会,遭遇生活中的挫折、打击,很容易一蹶不振。

大学生要尽可能多地接触真实的社会,去体验社会生活的万象。在校园里,大学生要尽量多接触生活,比如参加社团、志愿者活动、实习等。在这些活动中,培养自己的挫折承受能力,增强思维的灵活性和创造性,多角度看待事物,认识到社会生活中并不总是非此即彼,而是存在各种可能和多种组合。

顽强的人格特质是在挫折和失败中磨炼出来的,挫折和失败的经历可以让自己在以后的生活中经得起考验,成为生活中真正的强者。

健全人格的自我塑造过程,就是大学生维护自身心理健康、促进自我心理成熟的过程,也是一项长期的自我认识、自我评价和自我调控的过程。大学生要善于自我觉察,确立人格完善的目标,从小事做起,不断塑造和完善自己的人格。

三、大学生人格发展问题及应对

大学生正处在人生观、价值观形成和发展的时期。在人格的发展过程中,受到自身、学校、家庭和社会环境多方面的影响,当其中一些不良因素对个体产生影响时,便会在一定程度上干扰人格的健康发展,产生一些人格缺陷,影响个体健全人格的发展。

人格发展中出现的这些人格缺陷既不是健全人格的表现,也未达到人格障碍的程度,只是在人格发展中表现出来的一些不完善的人格特征。这些不完善的人格特征不仅会对大学生的学习、生活等产生不利影响,而且会妨碍大学生的正常人际交往,给大学生活带来各种烦恼。了解这些不完善人格状态产生的原因、表现形式及其改变策略,有助于大学生的自我觉察和自我改变,从而发展出健全的人格。

1. 自卑

自卑这种人格特征在大学生中较为常见。进入大学以后,来自全国各地的大学生组成一个宿舍、一个班级、一个学院。这时,每个人都需要对自己重新定位,之前中学阶段形成的自我概念提示自己是很优秀的,来到这里一看,"山外有山,人外有人",不仅在学习上有很多比自己优秀的,在社会活动、演讲、运动、人际交往等各方面都有比自己优秀的,有的同学便觉得自己比别人差远了,产生了自卑心理。

长期的自卑,不但会影响大学生的心理健康,使其情绪低落、郁郁寡欢,而且会使其害怕别人看不起而封闭自己,影响人际交往。长此以往,也会对个体的生理健康产生一定的影响。

2. 羞怯

一些大学生在被要求面对很多人发言的时候常常感到紧张,有时还伴有心跳加快、脸红、大脑一片空白、语无伦次、不知手脚该放哪里等一种或多种生理症状,这就是典型的羞怯的表现。

羞怯是一个人心理上有过强的自我防御的结果,其产生常与个体的自我认识有关。羞怯的人常常过于关注自己,总觉得别人也随时在关注自己,担心别人会对自己有否定的评价,害怕自己的言行被人耻笑。为了不给别人否定、耻笑和看轻自己的机会,他们往往选择把自己隐藏起来,不让别人注意到,不和不熟悉的人交往,以求得心理上的安全。

适度的害羞是一种正常的心理现象,但过分的害羞不仅会使个体丧失表现自己的机会,妨碍人际交往,长此以往也会产生孤独、压抑和焦虑等情绪问题,影响学习和工作的质量。

克服羞怯,首先要从思想上认识到羞怯的危害。很多人认为不表现自己就可以不被发现自己的不足,其实他们忽略了一个事实:不表现就没有被别人发现自己有能力的机会。其次,放下思想包袱,接受自己的不足后寻求改变。大多数害羞的人之所以害怕让别人发现自己的不足,是因为难以接纳自己,还认为别人也不会接纳。大学生要学会客观看待自己的不足,它让我们更加了解自己,也给我们进一步成长的契机。最后,循序渐进,有意识地通过行为来改变自己。走出害羞是一个长期的过程,我们要允许自己小步子前进,通过一定的行为训练来改变自己。如主动和异性打招呼,最初可以从"你好!""上课去呀!"这种最简单的寒暄开始,经过一段时间的训练,能够熟练表达后,再进一步扩展交流的内容。

3. 完美主义

完美主义是一种为自己设定高标准,积极地追求完美,但在达不到自己设定的高标准时产生差异感,并作出消极自我评价的人格特质。在大学校园里,有一些大学生极度追求完美,有的会因为达不到自己的预定目标而沮丧,有的因为自己总是没有准备好而拖延,还有少数同学因发现自己不完美而引发巨大心理失衡。

追求完美本身并不总是会带来心理失衡,从某种意义上来说,追求完美会激励个体朝着更好的方向前进。但如果在追求完美的过程中,害怕不完美而担心自己犯错,也会影响个体努力让自己变得更好的行为。

有完美主义倾向的大学生平时对自己要多一些觉察,看看完美主义给自己带来怎样的影响,是促进自己的发展,还是更多地阻碍了自己的成长。如果发现自己的完美主义倾向阻碍了发展,可以针对性调整。

对于部分因为自己设置的目标过高,超过了当前能力可以达到的标准的同学,可以学着灵活设置自己的目标。在设置目标的时候,先评估自己当前的水平,在设置一个远大目标的同时,将目标细分,按照"跳一跳能够着"的原则,结合自己当前的水平,设置一个既符合自己实际、带有挑战,同时通过努力又能够在一定时间内实现的小目标,从而既能激励自己奋进也可以拥有满足成就的愉悦。

对于一些总觉得自己没有准备好,担心自己不够完美、被评价的同学,要学着正确看待自己的错误,接纳自己可能会犯错,对自己进行客观的评价,多一些过程性评价,看到自己的努力,而不仅仅以结果评价自己。

4. 拖延

┌───┐

微视频 4-3

再见,拖延

小 F 是一个研究生,他最近每天都很焦虑。他还有半年多就要毕业了,他知道自己该着手写毕业论文了,可每次想到毕业论文,他就觉得在此刻有更紧急的事情要做,比如取快递、洗衣服、回消息……每天临睡前想起自己一天的进展和毕业的临近,他就很难入睡。

他意识到自己这种状态不对,但又不知道问题出在哪里,该从哪里开始调整。

└───┘

拖延在不少大学生身上都存在,表现为推迟一些可以及时完成的任务而不及时完成,特别是一些没有紧迫时间要求的任务。比如,将明天不急着穿的衣服、袜子放着,直到没得穿的时候才洗;将一周或者一个月后才交的作业拖至上交的前一天晚上才赶工完成。

首先,拖延的学生往往时间管理能力差,对自己缺乏控制力,总是一拖再拖,有的经常制订计划,却鲜有执行计划的时候。其次,缺乏面对困难的勇气和毅力。一些学生拖延的任务往往具有一定的难度或者需要付出一些努力,比如完成一道自己不会的作业题或写一篇需要花费心思的论文。再次,追求完美。一些追求完美的大学生在完成一些需要调用较多资源的任务时,往往因自觉没有收集到最为完备的信息和资源而等到最后一刻才来完成。最后,纯属懒惰。一些大学生的拖延没有任何别的原因,仅仅是不想做而已。

大学生要努力克服拖延。首先,要清楚地认识到其危害。拖延不仅耽误时间,影响工作和学习效率,还会带来时间和心理上的压力,甚至会引起愧疚感从而降低自我评价。其次,要找到自己拖延的原因,对症下药,加以改变。如时间管理能力差、总是不能按照计划实施的,需要检查自己的计划制定是否合理,是否超出自己的能力范围,再根据自己的情况制订有能力完成的、在任务完成后可以衡量的具体的计划,培养自己按计划行事的习惯;追求完美的学生要学会让自己在现有资源下先工作,待有新的资源后再行补充的学习和生活方式。最后,学会时间管理,科学安排时间。那些重要而不紧急的事情常常会被拖成紧急,因此可以把这类任务尽快提到日程上,让时间发挥最大的效力。

思考题

1. 观察父母(或主要养育者)的行为,归纳他们的人格特点,哪些人格特点是你喜欢的,哪些是你不喜欢的? 你身上有他们的影子吗? 你的哪些人格特点与他们相似?

2. 回顾你自己的成长经历,你的人格有变化吗? 你认为是什么带来了这种变化? 你喜欢这种变化吗?

推荐阅读

1. 郭永玉.人格心理学:人性及其差异的研究.北京:中国社会科学出版社,2005.

2. 黄希庭,等.健全人格与心理和谐.重庆:重庆出版社,2010.

3. [美]伯格.人格心理学(第八版).陈会昌,译.北京:中国轻工业出版社,2014.

4. [英]怀斯曼.正能量.李磊,译.湖南:湖南文艺出版社,2012.

5. [美]简·M. 腾格,W. 基斯·坎贝尔.人格心理学.蔡贺,译.北京:人民邮电出版社,2022.

第五章

大学生的自我意识

"我是谁?""我从哪里来?""我要到哪里去?""我活在这个世界上的意义是什么?"这些几乎是每个人在不同的人生阶段都会拷问自己并不断探索的问题。个人成长的过程是一个不断地认识自我、确定自我、突破自我、提高自我、整合自我、接纳自我的过程。印象派大师凡·高一生中画了为数众多的自画像,仅在1885—1889年他就以惊人的激情画了40多张自画像,这些自画像将他自己暴露无遗。透过这些画,人们能够深深地了解到一个人的痛苦、恐惧、自我怀疑、精神折磨以及生活中偶尔的快乐。而每个人自己,也是通过有形或无形的画作、文字、内在意象等方式了解和展示自我。

一百多年前,美国心理学家詹姆斯声称"自我是个人心理宇宙的中心",也就是说,人的心理活动的方方面面都与自我意识有紧密的关系。如果一个人对自我有更多的了解和把握,他的人生将会过得更有质量。

第一节　大学生自我意识的含义与功能

自我是个体人格结构的核心,"主我"(I)通过对"宾我"(me)的探究和思考,得到"我是一个什么样的人"的概念和由此对自己产生的感受,这些自我意识的内容对每个人的学习、行为、情绪状态、人际关系和生涯发展等都具有一定的影响。

一、自我意识及其结构

自我是由美国心理学家詹姆斯于1890年在其著作《心理学原理》中提出并引入心理学领域的。此后,大批心理学者探讨了自我的概念、结构、发展因素和自我意识的发生等问题,对自我与自我意识的认识逐步深入与完善。

詹姆斯把自我分为主我(I)和宾我(me)两个部分。主我指个体对自己正在思考或正在觉知的意识,宾我指个体对自己是谁以及是怎样的人的想法及感受。如"我认为我是一个责任心很强的人",在这句话中,"我认为"的"我"就是自我中的主我,"我是一个责任心很强的人"的"我"就是自我中的宾我。

人们除了对自己的看法外,也有对自己的情绪性感受,如"我很喜欢我自己""我觉得我很丢人"等。心理学者用两个不同的概念来定义宾我的这两个方面,即自我概念和自尊。自我概念指人们思考自己的特定方式,有时候也把它叫作自我看法、自我意象、自我指示思想等。自尊指人们感觉自己的特定方式,有时候也把它叫作自我指示感觉。

1. 自我意识的结构

自我意识(self-consciousness),简单地说就是个体对自己的意识,也就是主我对宾我的意识。自我意识是一个心理活动的过程,是个体对自我以及自己与周围环境之间关系的多维度、多层次的认知、体验和评价,是个体关于自我的全部思想、情感和态度的意识。

自我意识是一个多维度、多层次的综合性的高级心理活动系统,从不同的角度可以得到不同的解读。

(1) 经验自我、物质自我、社会自我、精神自我、集体自我与关系自我

詹姆斯提出,经验自我(experiential self)可用来指代人们对于自己的各种各样的看法。经验自我也就是宾我,但是宾我和"我的"之间的界限很难划分,如我们对于我们心爱的物品的感受和对于我们自己的感受是一致的,经历心爱物品的丢失就像丧失自己身体的一部分一样难受。因此,詹姆斯把自我的范围界定得比自己的身体和心灵更宽广。

物质自我(material self)包含躯体自我和延伸自我。躯体自我就是我们的身体,如我们的高矮胖瘦等。延伸自我的范围很广,可以是自己的财产、宠物、归属地以及自己的劳动成果。判断这些与自我有关的物质实体是否属于物质自我,可以考察我们对于这一物质实体的情感投入程度。如果我们非常关注它,花大力气去得到它或提高它,如果它很好,我们就会有成就感,它不怎么好,我们就会感到沮丧,就可以判断这一物质实体属于自我的一部分,是我们的物质自我。如某个幼时贫穷的人总是以名贵的服装来展示现在的富有,这些名贵服装就是其物质自我。

社会自我(social self)指我们被他人如何看待和承认,包括我们拥有的各种社会地位和扮演的各种社会角色。一些心理学者从五类社会特征来界定社会自我:私人关系(如父母与孩子)、种族与宗教(如汉族人、基督徒)、政治倾向(如和平主义者)、烙印群体(如罪犯)、职业或爱好(如演员、收藏爱好者)。

精神自我(spiritual self)是我们的内部自我或心理自我,包括我们的能力、态度、情绪、兴趣、动机、意见、特质等,也就是我们的内部心理品质。

后来的研究者针对詹姆斯分类中的不足对之改进和扩展,增加了集体自我和关系自我两个类别。集体自我指我们归属的社会类别,包括种族和宗教特征,关系自我包括属于我们自我概念一部分的特殊的个体(如我的父母、兄弟姐妹)。

(2) 可达到的自我、理想自我、应该成为的自我和不想成为的自我

人们在进行自我觉知时,常常会被关于我们自己可以、应该或者一定要成为什么样的人的观念左右,这些假定的自我观念可以分为可达到的自我、理想自我、应该成为的自我

和不想成为的自我。

可达到的自我是个体可以实现并想成为的一类人,也就是个体的可能自我。我们的自我观念越接近可能自我,就会对自己的感觉越好。理想自我是个体关于自己的带有梦幻色彩的自我观念,比如个体梦想成为领袖、中国科学院院士、"万人迷"等。大部分人都能区分理想与现实,不会因为理想自我不能实现而产生严重困扰,但具有神经质人格的人会把理想自我当成必须自我(自己必须成为的样子),造成心理困扰。应该成为的自我是我们对自己的要求,如"我应该成为一个能言善辩的人""我应该成为坚持不懈探索心灵奥秘的人",等等。如果现实自我与应该成为的自我之间有比较大的差距,人们会感到内疚和焦虑。不想成为的自我是人们努力避免和回避的负向的自我,如"我不想成为一个颓废的人""我不想成为啃老族"。不想成为的自我对人具有激励作用,但是当现实自我与不想成为的自我距离不远时,人们会焦虑和失落。

(3) 自我认识、自我体验和自我调控

从意识活动的形式来看,自我意识存在认知、情感、意志三种成分,分别被称为自我认识、自我体验和自我调控。自我认识是自我意识的认知成分,是个体对社会自我、心理自我和生理自我的认识,它包括自我感觉、自我观察、自我观念、自我分析和自我评价等,而其中的自我观念和自我评价是自我认识中最主要的方面,集中反映了个体自我认识乃至自我意识的发展水平,它们也是自我体验和自我调控的前提。自我体验是自我意识的情感成分,是在自我认识的基础上产生的个体对自己的态度情感,包括自我感受、自尊、自爱、自信、自卑、内疚、成就感、效能感和自豪感等,自我体验最重要的方面是自尊。自我调控是自我意识的意志成分,是指个体对自己行为与心理活动的自我监控的过程,包括自立、自主、自律、自我监督、自我控制和自我教育等,自我控制和自我教育是自我调控中最主要的方面。

(4) 外显自我和内隐自我

我们的自我意识既有通过内省能够报告和识别的外显自我的部分,也有深藏在潜意识中无法意识到但对人们具有极大影响的内隐自我的部分。自1995年美国心理学家格林沃德(Anthony G. Greenwald)和巴纳吉(Mahzarin R. Banaji)提出"内隐社会认知"概念之后,心理学者大量研究了内隐自尊和内隐态度。1999年,又有学者指出,自我概念作为个体社会认知的重要内容,也同时存在内隐自我概念和外显自我概念两种结构。自此,人们对自我的科学研究和理解从意识层面深入到无意识层面。

外显自我是有意识的,是逻辑的、理性的,需要意识的控制;内隐自我是无意识的,是基于个体生活中的大量经验的潜意识的自动化过程。外显自我和内隐自我共同维护着自我系统的一致性和整体性。

2. 大学生自我意识的特点

在自我认识方面,大学生更注重对自己内在素质的认识,更注重自己在社会中的地位与作用。大学生的自我认知以肯定性评价为主,对自我的评价由高估逐步走向平衡。

由于大学新生对自我的积极关注,他们的自我体验比较强烈,也较敏感。自我意识分化带来的矛盾使其情绪体验起伏变化,经过三年的大学生活体验,到大四时才逐步回升到较稳定水平。

大学生的自我控制能力与自我监督能力逐步提高,自我控制的社会性增加,更多地用社会标准要求自己。自我控制开始由自觉提出的动机目标来调节和支持,能够坚持执行预定行动计划,不随意改变,也能够应用逻辑分析来提高执行过程的知觉水平。自我监督的自觉性源于生活价值定向、成就目标、社会责任感、意志努力和锻炼,外部环境和他人的影响逐步减少。

3. 大学生自我意识的来源

心理学的许多研究都表明,人们面对生活中重要的转折点时,往往会主动更新自我认识,寻求新的身份和社会角色提出的要求,将其整合到已有的自我概念中。大学生自我意识的来源主要有物理测量、社会比较、反射性评价、内省、自我觉知与归因。

第一,物理测量。大学生对自己的认识基于现实情况,各种测量方法为认识自己提供了手段。如果一个人想了解自己的体重,可以用秤去称一下;如果想知道自己的视力,可以去医院眼科测视力。

但是,如果一个人想知道自己视力的强弱,光测视力是不够的,还必须知道普通人的视力水平,自己的视力在人群中所处的位置,这时候就需要进行社会比较才能达成自我了解。

第二,社会比较。西方心理学者盖洛普(George Gallup)的研究发现,一生下来就与母亲隔离、独立饲养的黑猩猩无法产生自我识别。只有将它带入黑猩猩群体里,经过3个月的社会交往以后,这只黑猩猩才能表现出自我识别的信号。人类也是如此,人们对自我的认识并不是独立完成的,而是需要一定的线索才能界定自己。

大学生刚进入校园的时候,就会频繁地在人群中有意或无意地进行着社会比较。比如,在宿舍里,当舍友们谈论各种新兴科技时,也许在中小城市努力读书才考上名牌大学的学生,根本不了解这些信息,更插不上话,就会觉得自己"老土",这个时候就是在进行社会比较。

我们在自我了解时,选取与我们情况类似的人进行比较所获得的信息是最可靠的。比如,一个人想知道自己的跑步水平,与同年龄、同性别的群体进行比较即可,如果与老年人或幼童比较,得到的结果就会有偏差。

有时候,人们为了使自己感觉良好,会进行下行社会比较,也就是会选择与比较领域中差于自己的人作比较。有时候,人们为了激励自己,会进行上行社会比较,即选择与比较领域中强于自己的人作比较。而另外一些时候,当人们处于某种环境中,便无可选择地自发进行下行社会比较或上行社会比较。如一个在声乐系并不出众的大学生,选择去边远地区支教一年,在支教的学校,所有师生都认为他的歌声优美、动听,简直就是歌唱家。他长期处于这样的环境中,也不由自主进行了下行社会比较,对自己的唱歌水平感觉良好。

第三,反射性评价。大学生获得自我认识的另一种方式就是观察他人对自己的反应。比如,一个在中小学从未参与过公开演讲的学生,在大学的课堂中被要求讲述某一方面的知识,如果他的讲述吸引了很多同学的注意力,教授也点头称是,他就可以得出自己具有较强的演说能力的结论,这个过程被称为反射性评价(reflected appraisal)。

大学生往往会很在意别人对自己言行的反馈,并以此为标准,形成自我认识。如果我们在人群中,总能得到关注的目光,我们就可能认为自己是个有魅力的人。当然,他人对我们的真实想法,也需要在我们自己对此解释或评价后,才会对自我认识和自我感受产生影响。如果我们把他人对自己的关注的目光解释为欣赏、友好,就会产生自己有魅力的判断;如果我们将其解释为怀疑与审视,就会对自己产生不确定的感觉。

反射性评价过程对我们形成自我意识有一定的参考价值,但它不一定客观。首先,别人对我们的态度和反应,很多时候仅仅是出于他自己心情特别好或者特别差,或者是他习惯对人友善或者对人苛刻。其次,大学生已经形成一定的自我意识,这种自我意识会反过来使其选择性吸收他人的反应,或者对他人的反应作出积极或者消极的认知评判。

第四,内省。人们直接考虑自己的态度、情感和动机,向内寻找自我的答案,就是内省的过程。假定我想知道我是否富有同情心,我就会考虑在别人受苦、受难时我自己的内心感受。如果我感受到了同情并愿意伸出援助之手,我就会认为我是一个富有同情心的人。

第五,自我觉知与归因。当我们不知道自己行为的原因时,我们就会分析行为发生的背景并提取恰当的线索来推断行为的原因,这时我们就用到了自我觉知与归因。假设在足球比赛中我总是输球,如果我把这个原因归结为我踢得差,我就会得出我踢球能力不行的结论;如果我将其归结为裁判不公正、场地不佳等,我就不会得出自己踢球能力不行的结论。

大学生的自我认识就是在物理世界、社会比较、反射性评价、内省、自我觉知与归因中逐渐改变,最终形成较稳定的自我意识。

二、大学生自我意识的功能

自我意识作为一种特殊的意识形态,具有独特的功能。自我意识是形成主体认知、行为的前提,自我意识的出现使主客体分化,使主体对外部世界的认识成为可能;自我意识决定着主体认知的对象、方向和范围,主体可以根据自身需要、能力水平、知识经验等情况自主地选择特定的事物,将其作为自己认识和改造的对象。自我意识对主体活动具有重要的调节和控制作用。

1. 自我意识是人格结构的核心

人格健全的人通常具有健康的自我意识。自我意识能够促进个体不断地完善自己的人格,健康的自我意识能够在个体成长、成才方面发挥导向、控制、监督、教育的作用。个体通过正确的自我认识,确立比较合理的理想自我,以实现自我的目标。自我意识还调节着个体的生活状态,拥有健康自我意识的人,能够正确认识和接纳自我,对自己的生活状态既能知足又有前进的动力和目标。自我意识不健康的人,可能会出现"迷失自我"的困惑与烦恼,对自己的生活状态不满意,生活缺乏动力和乐趣。

2. 自我意识会影响人的行为

我们把人的行为分为目标选择、行动准备和行为控制三个阶段,我们依此来考察自我意识对行为的影响。

在目标选择过程中,当其他条件相等时,如果相信自己能够达到目标,人们就会确定这个目标。这种关于自己能否成功的信念,我们称之为自我效能感,自我效能感高的人更有可能选择挑战性目标。同时,可能自我(我们将来可能成为什么样的人)也影响着目标选择。一个对自己的研究能力很有信心、渴望成为科学家的大学生,就会努力学习、考研、攻读博士学位,通过这样的途径达成自己的愿望。

在行动过程中,人们也会监控自己的行为,并根据某些标准比较成绩,之后根据比较结果调节自己的行为。在行动中,高自我效能感者会花费更多时间练习,也更能坚持下去。在为达到目标使用的策略上,高自我效能感者更倾向于采用复杂而有效的问题解决策略,而低自我效能感者在比较中更容易感到挫败,因而半途而废。

> ── 小贴士 5 - 1 ──
>
> **健全的自我意识的标准**
>
> 自我意识对人的心理健康有重要作用,它制约着人格的形成与发展,在人格的优化中发挥强大的动力功能。健全的自我意识是心理健康的重要标准,是人类自身内在的一种成功机制。健全的自我意识有如下标准:
>
> 自我意识健全的人,应该是一个有自知之明的人,他既知道自己的优势,也知道自己的劣势,能够正确评价自我和自我发展;
>
> 自我意识健全的人,应该是自我认识、自我体验和自我控制协调一致的人;
>
> 自我意识健全的人,应该是积极自我肯定的、独立的并与外界保持一致的人;
>
> 自我意识健全的人,应该是理想自我与现实自我统一的人,有积极的目标意识和内省意识,积极进取,永无止境。
>
> 资料来源:桂世权.贫困大学生自我意识误区与完善.宜宾学院学报,2005(11):83-85.

3. 自尊的需要会扭曲人的认知

当人们获得良好的自我评价和反馈时,自我体验是积极的;当被评价为"很蠢""不道德"时,自我感觉就会很糟糕。人都有自我保护的本能,所以往往会寻找让自己有良好的自我感觉的情景,逃避不良的自我感觉。比如,如果知道自己歌唱得好,就很乐意上台献唱,也会积极寻找这样的机会;如果知道自己的演说水平很差,经常语无伦次,就会极力避免当众演讲。

为了获得和保持良好的自我感觉,人们常常会利用自己的认知,例如自利归因、同行相轻、人际关系的互惠原则、富兰克林效应、憎恨受害者、付出越多就评价越高等。

第一,自利归因。当自己的生活中出现积极的成果,很多人会作出内部归因(如"我聪明、勤奋,因而取得了好成绩");当自己的生活中出现消极结果,有些人倾向于作出外部归因(如"老板不喜欢我""我不大适合这份兼职",而不是"因为我愚蠢、懒惰和不可靠,我才被解雇")。但是,对于别人的相同情况,人们往往很轻易地就会作出内部归因(如"他因为愚蠢、懒惰和不可靠而被解雇");与别人发生冲突时,人们往往会认为别人不对(如"是他比较自私""是他违反了我们的作息规律"),而看不到自己的问题。这种归因让个体避免了不良的自我感觉,但是失去了妥善处理人际关系的机会。

第二,同行相轻。同行相轻是经常看到的现象,因为同行容易互相比较,特别是在重要的职业领域中,如果自己比输了,就会得到"我在职业领域的能力(或其他因素)比较差"的结论,继而威胁自我概念,所以同行之间的关系不容易处理。同样的道理,人们对身边的人更容易产生嫉妒心理,而对于离自己很远的公众人物,不管他们有多优秀都不会嫉妒。有时,人们更愿意帮助陌生人,而不愿意帮助身边的人。

第三,人际关系的互惠原则。在人际交往中,当一个人发现别人喜欢他、欣赏他,就会产生对对方的好感,使他们的友谊加深;对方发现这个人也对自己有好感时,对这个人的好感再次加强,如此形成一个良性循环。同时,人们可以发现,自己的好友往往对自己有很多正向评价。选择与喜欢和欣赏我们的人交往能够确保自己得到的人际反馈是积极的,这些反馈能够纳入自我观念中。另外,人们也可以发现,自己的好友在自己很重视的领域一般会比自己差,在自己不重视的领域一般比自己好。

第四,富兰克林效应。在帮助了一个人以后,人们往往会提高对这个人的评价或喜欢程度,因为"如果我帮助了一个不值得帮助的人(或一个不可爱的人),我就是不明智的",这会导致消极的自我体验,所以就会自动地、下意识地提高对这个人的喜欢程度或评价。

—— 微视频 5-1 ——

富兰克林的社交技巧

富兰克林在美国宾夕法尼亚州担任州参议员时,有一位议员同事非常憎恨他,不时在工作中找他的麻烦,富兰克林用了巧妙的方法争取这位议员:"我并不会用对他毕恭毕敬来争取他的支持。但是一段时间之后,我采取了另一种方式。我听说他的藏书中有几本稀有的书,于是我写了一封信给他,表示希望能够阅读那些书,请求他能借给我几天。他立即送了过来,我也在一周以后还给他,还附上一封信函,表示非常感激他的慷慨。我们下一次在议会相遇时,他很有礼貌地对我说话(过去从未如此),并表示在任何情况下都乐意为我服务。因此,我们变成很好的朋友,友谊持续到他去世。这是我从一句格言中学到的一个实例,这句格言说:'那些曾帮你一次忙的人,将比那些你曾经帮助过的人,更愿意帮助你。'"

　　资料来源:[美]阿伦森,等.社会心理学.侯玉波,等译.北京:中国轻工业出版社,2005.

　　第五,憎恨受害者。同样的道理,如果人们拒绝帮助另外一个人,也会寻找外部理由来避免消极的自我评价和体验(如"我不帮助他是因为他是自私的人"),这样就会降低我们对这个人的评价或喜好程度。如果我们伤害了这个人,我们的认知扭曲会变本加厉,以减少消极的自我评价与体验。

微视频 5 - 2

阿伦森的油漆工

　　在越南战争期间,美国社会心理学者阿伦森雇用了一个年轻人来帮助粉刷房子,事后阿伦森描述了当时两人交往的过程:

　　"这个油漆工人曾是一个温柔、友善的高中生,毕业后加入军队并赴越南作战。离开军队后,他选择粉刷房子作为职业,是个做事十分可靠且诚实的生意人,我很喜欢和他一起工作。有一天,我们在休息时喝咖啡,开始谈到战争以及高涨的反战浪潮,这在当地的大学中很常见。很快,我们发现彼此对这个问题有十分不同的看法。他认为美国介入越战是有道理的、正义的,是为了'维护世界的民主制度'。我认为这是一场可怕、肮脏的战争,我们杀戮、残害成千上万无辜的人,包括老人、女人及儿童,那些人对战争与政治毫无兴趣。他注视我良久,甜甜地微微一笑,然后说:'嗨,博士,那些人不是人,他们是越南人,他们是东方人渣!'他说的就像这些是事实一样,没有任何明显的憎恨或激烈的表现。他的反应令我吃惊而且感到心寒。令我奇怪的是,这么一个明显性情温良、理智且温柔的年轻人,怎么会抱有这种态度? 他怎么能将一个国家的全体人民从人类当中除名?

　　在接下来的几天,当我们继续对话时,我对他的了解更多了。原来在战争中,他曾经参加一次行动,造成许多越南平民的死亡。事实逐渐浮出水面,刚开始他也被罪恶感折磨,这让我想到他可能只是通过他对越南人形成的那种态度,来缓和他的罪恶感。也就是说,如果他说服自己相信越南人是人渣,就可以对曾经伤害他们这件事不那么内疚,从而消除他的暴行跟他认为自己是高尚的人这一自我概念之间的失调。"

　　资料来源:[美]阿伦森,等.社会心理学.侯玉波,等译.北京:中国轻工业出版社,2005.

　　第六,付出越多就评价越高。为了达到某个目的或者得到某样东西,个体为此付出巨大努力,就会自动提高对这一事物的喜好程度或评价。因为如果付出了巨大代价却只得到一个平常的结果,只能证明"我很傻",为了保持良好的自尊,人们会提高对通过努力获得的结果的评价和好感。

4. 维护自尊会改变个体的道德准则

　　在一场重要的考试中,如果作弊不会被发现,而这项成绩对你来说相当关键,这时你会不会作弊?在内心需求和道德准则冲突的时候,相信很多人都有激烈的思想斗争,一旦作出决定并付诸行动后,个人的道德准则可能因此改变。抵制不了诱惑而最终作弊的学生,此后对作弊的态度会更"宽容",认为作弊是正常行为,不会产生危害,且将来作弊的概率大大提高。而抵制住诱惑的学生,之后对作弊的行为深恶痛绝,将来更能抵制作弊的行为。为什么会这样呢?这仍然是我们自尊的需要促成的:对于作弊的同学,只有认为作弊不是不道德行为,才能维持对自己的良好感觉。

　　同样的道理,对于其他的道德范畴的事件,当个人付诸行动之后,道德准则就会改变。

5. 内隐自我的作用

　　内隐自我虽然是个体无法意识到的,相对也不受个体的控制,它对个体的影响却依旧是巨大的,大量的实验研究证明了内隐自我的作用。

　　第一,角色扮演效应。在实验中,研究者诱导实验组的被试选择持有两种对立观点中的一种,并扮演发言人发表该观点。控制组的被试从其他途径接触这两种对立的观点,对他们持哪种观点不作要求。研究结果发现,被试只要经过角色扮演,无论事先所持的观点是什么,无论是主动选择角色还是被动选择角色,在发表演说以后都对演说的观念给予更高的评价。演说使被试将演说的观点与自我建立关联,而对自我的积极评价又泛化到跟自我关联的演说任务和演说观点上。

　　第二,单纯所有权效应。有心理学者做过一项实验。先让被试学会识别8种电脑显示的图标,其中4种在电子游戏中代表被试的一方,另外4种代表对手的一方,游戏结束后让被试对这8种图标进行美学评价。研究结果发现,被试对代表自己一方的图标给予更高的评价。另一项实验的结果也显示了类似的规律。在该实验中,只要将一些平常的物品随机分配给被试,被试对这些物品的评价就会立即提高。单纯所有权效应揭示了只要跟个体产生关联,成为个体直接或者间接拥有的物品,个体就会提高对它们的评价这一规律。

第三,小群体效应。有心理学者在研究中将被试随机分组,并且让被试知道分组没有依据其他标准,是随机的。但是研究发现,被试对自己所属的群体以及群体内成员的评价要显著高于对其他群体和群体成员的评价。从内隐自我来分析,即使是临时组成的群体,群体及群体成员都与被试的自我建立了连接,被试就自动提高了对他们的评价。

第四,相似吸引效应。有心理学者在自己的实验中先记录被试对一系列问题的看法,然后让被试知道另外一些陌生人对这一系列问题的看法,再让被试对这些陌生人的喜好程度和假想与这些陌生人在一起时的愉悦程度进行评分。结果发现,陌生人的观点与被试原有的观点越接近,被试对陌生人的评价就越高,也越愿意与他共事。观点的一致性使陌生人与被试的自我建立了不同程度的联系。

第五,决策选择的扩散效应。有心理学者先让被试对一系列同类产品作出评价,然后让被试从他自己评价最为接近的两种产品中选择其中一种作为赠品,最后让被试对所有产品重新评价。结果发现,被试对自己选择的产品的二次评价分数要远远高于第一次的分数。

第二节 大学生认识自我的途径与方法

许多心理学者认为,正确的自我认识是心理健康的重要标志,认识自我的方法有很多,人们可以通过内省认识自我,通过与他人比较认识自我,通过他人对自己的评价与态度认识自我,通过科学、严谨的心理学量表认识自我,也可以通过进入潜意识的途径来了解内隐自我。

一、通过内省认识自我

心理学者通常以邀请个体快速完成一组自陈式句子来测量其借由自省而获得的自我认识。这些句子可定为 20 句,全是关于"我是谁"的回答。测试时要求个体不要过多地考虑和权衡,而是依直观印象作出自我描述。

这种测试是心理学者了解人们的自我意识的一种简便、有效的方法。通过下面几个维度的分析,练习者可以了解自我的特点。

依据句子的内容分析:练习者可以对空格中所填的内容分类,如物质自我、社会自我、精神自我、集体自我与关系自我,并计算每一个类型的句子数。句子数目表明练习者在自我认识的过程中偏重物质、精神、社会等领域中的哪一个领域。偏重物质领域的练习者,在生活中,其物质自我的变化比较容易影响自我评价与体验,如对外貌、身体条件的重视与敏感,对心爱之物得失的欢喜与悲伤,等等;偏重社会自我的练习者会对他人的评价和态度很在意,会积极地自我包装、自我表现,比较容易从众,追求社会地位;偏重精神自我的练习者,具有心理学者与哲学学者的气质,勇于探索和发展内在自我。

依据句子的正面评价和负面评价分析:比较对自己作出正面评价与负面评价的句子数。正面评价的句子更多,表明练习者比较自信;负面评价的句子更多,表明练习者比较自卑。如果只有正面评价或者负面评价的句子,表明练习者的自我意识不够全面,过度自负或者过度自卑。

依据完成练习的速度分析:完成20个句子的速度可能与练习者自我了解的程度有关,对自我思考得越多,了解得越多,完成句子的速度就越快;还有可能与练习者自我表露的愿望有关,越是愿意自我表露的练习者,完成句子的速度就越快。

依据完成句子的数目分析:如果难以完成20个自我描述的句子,只能够勉强写出几个句子,表明练习者有自我逃避的倾向;如果练习者能够源源不断写出几十个甚至上百个"我是谁"的句子,表明练习者有过分自我关注的倾向。

二、通过他人认识自我

乔哈里资讯窗(Johari window)是一种关于沟通的技巧和理论,由美国心理学家勒夫(Joseph Luft)和英格拉姆(Harry Ingram)在20世纪50年代提出。根据这个理论,人的内心世界被分为四个区域:公开区、隐秘区、盲目区和未知区(见图5-1)。

	自己知道	自己不知道
他人知道	公开区	盲目区
他人不知道	隐秘区	未知区

图5-1　乔哈里资讯窗

第一象限是公开区(open area),即自己知道,别人也知道的资讯,例如个体的名字、性别等。第二象限是盲目区(blind spot),即自己不知道,别人却知道的盲点,例如个体待人接物的方式、别人的评价与感受。第三象限是隐秘区(hidden area),即只有自己知道,别人不知道的秘密,例如自己的秘密、心愿,以及自己对人、对事的好恶等。第四象限是未知区(unknown area),即自己和别人都不知道的资讯。未知区是尚待挖掘的黑洞,但是它对其他三个区域都具有潜在的影响。

通过自我报告法了解到的自我是属于自我意识的公开区与隐秘区的自我,盲目区的自我可以通过他人的评价来了解,未知区的自我可以通过进入个体的潜意识来了解。

通过他人来认识盲目区的自我,通常有以下两种办法。

一是个体通过对重要他人(如亲人、老师、好友、不和睦者等)的访谈,了解他人对自己的评价与态度。通过这种方法了解盲目区的自我,要注意既要访谈对自己友好的人,也要访谈与自己合不来或者意见相左的人,这样得到的信息才比较全面。即使如此,由于面子和礼貌等因素,由个体亲自对重要他人进行的访谈,依旧可能只得到正面评价和感受,负面的信息往往被隐藏起来。

二是通过参加有组织的团体心理活动来了解他人眼中的自我。比如,在一个常见的促进个体自我了解的团体活动中,在每个团体成员的背后贴上一张白纸,然后让团体成员在他人的白纸上写下自己对他的认识和评价,写得越多越好。活动最后,每个人取下自己背后的纸,就可以看到众多的他人评价。在这些评价中,很有可能发现自我认识中的盲点。

三、通过测量认识自我

心理学量表是指用心理学科学方法专门设计的测量量表,用于量化心理特征。心理学量表有很多种,有测量智商的量表、测量人格的量表、测量个体心理健康水平的量表等。要了解自我概念,比较著名的有《田纳西自我概念量表》,了解自尊的量表有《罗森伯格自尊量表》等。

1.《田纳西自我概念量表》

《田纳西自我概念量表》是美国心理学者费茨(William H. Fitts)在他自己建立的田纳西自我概念多维理论模型的基础上编制的。这个量表从两个维度来考察自我概念。

第一个是结构性维度。在结构性维度上,自我概念被分为自我认同、自我满意和自我行动。自我认同呈现了个体对自我现状的描述,自我满意反映了个体对自我现状的满意和接纳程度,自我行动则用来显示个体在接纳或者拒绝自我以后所采取的实际行动。

第二个是内容性维度。在这个维度上,自我概念被分为生理自我、道德自我、心理自我、家庭自我和社交自我。生理自我是指个体对自己身体健康状态、身体外形、身体机能、身高与体重、睡眠和性等的看法;道德自我是指个体对自己的道德观、宗教信仰、个人好坏的看法;心理自我是指个体对自身能力、人格、心理及自身价值等的评价;家庭自我是个体对自己作为家庭的一分子的价值感、胜任度的看法;社会自我是个体对自己在与他人交往过程中的价值感和胜任感的评价。

根据结构性维度三因子和内容性维度五因子,就可以计算出自我概念的总分与自我评价的总分。通过这样的处理,既可以从总体上测量个体的自我概念,又可以从各个具体维度上对自我概念进行更细致的描述。由于这个量表本身的优点和具有较强的操作性,它在国内外得到较广泛的应用,目前国内用得比较多的是我国台湾学者于 1978 年翻译、修订的第三版量表。

2.《罗森伯格自尊量表》

《罗森伯格自尊量表》最初是用来评定青少年关于自我价值和自我接纳的总体感受的,目前是我国心理学界使用较多的自尊测量工具之一。

── 小测试 5-1 ──

《罗森伯格自尊量表》

请指出你在多大程度上同意以下说法,并在最能描述你对自己的感受的数字上画圈。这个量表可以作为你认识自己的一个参考。

	完全不同意	不同意	同意	完全同意
1. 有时我认为自己一无是处。	0	1	2	3
2. 我认为自己很不错。	0	1	2	3
3. 总的来说,我倾向于认为自己是个失败者。	0	1	2	3
4. 我希望对自己能有更多尊重。	0	1	2	3
5. 有时我确实感到自己很无用。	0	1	2	3
6. 我认为自己是个有价值的人,至少不比别人差。	0	1	2	3
7. 总体上,我对自己很满意。	0	1	2	3
8. 我觉得自己没有多少值得骄傲的地方。	0	1	2	3
9. 我觉得自己有很多优秀的品质。	0	1	2	3
10. 我可以做得和大多数人一样好。	0	1	2	3

分数计算:量表有5个负向计分的题目,分别是1、3、4、5、8,要将这5个题目的分数翻转过来(0换成3,1换成2,2换成1,3换成0),然后将10个题目的得分相加。总分的范围是0—30分,得分越高,表明自尊水平越高。

资料来源:[美]乔纳森·布朗.自我.陈浩莺,等译.北京:人民邮电出版社,2004.

四、通过梦境认识自我

自奥地利心理学家弗洛伊德开创精神分析以来,临床心理学者就利用梦来了解潜意识和内隐自我,并通过这种了解进行自我调节、自我管理和自我接纳,维护健康的心理。大学生也可以通过自己的梦来了解潜意识中的自己。

不同主题的梦,反映了不同的人格类型。

梦中的飞翔往往是自信与快乐的象征,经常梦见飞翔的人,一般来说,性格比较自信、开朗,富有朝气,活泼可爱。飞翔也有"不脚踏实地"的含义,常梦见飞翔的人做事可能不够认真、仔细,好高骛远,逃避现实,幻想多于实际行动。

经常梦见荒凉景象的人,性格往往比较孤僻、退缩。梦见沙漠、荒凉之地,梦见在废墟、荒山野岭里,梦见自己变成石头,等等,都是梦者缺乏生命活力的象征。这种人的理想自我与现实自我有较大的矛盾,现实生活容易让他们产生消极的自我体验,因而害怕与现实世界和他人接触,常常逃回狭小的圈子里,自我慢慢枯萎,变得抑郁与自卑。

经常梦见被别人(或可怕事物)追赶,梦见与别人(或怪物、恶魔)战斗的人,往往比较争强好胜、固执,也比较偏执。由于固执,在生活中容易与他人争执;由于好强,在生活中容易与他人攀比;由于偏执,在生活中容易怀疑他人对自己有敌意。梦见被别人或可怕事物追赶,感到很害怕并逃跑的人,往往缺乏安全感,疑心重,性格懦弱。

经常梦见迟到、误车的人,是担心在生活中错过良好的机会,这种人容易患得患失。

从来只做黑白梦、不做彩色梦的人,往往较理性化,情感不那么丰富。这种人对自己的要求比较高,追求完美,在生活中比较认真、刻板。做彩色梦比较多的人,主观幸福感指数比较高,情感比较丰富,较具有想象力和创造力。

通过梦不仅可以了解自我,也可以改造自我。在睡觉之前,给梦提一些要求,让梦消除或改变一些消极的东西,在梦中这些东西果真改变后,梦者的心灵就得到了成长。经常梦见被怪物追赶而逃避的人,在睡前可以告诉自己:再次梦到被追赶时,一定要勇敢一些,要转过身来面对,要有胆量与之搏斗。当在梦中能够战胜追赶物时,在生活中也会有勇气和胆识面对恐惧并改变困境。在梦中容易梦见丑陋的人,可以在睡前给梦发指令,要求自己在梦中去面对、接纳和爱这个丑陋的人。倘若做到,梦者在生活中就能够直面自己的缺点和不足,提高自我接纳度和自尊感。

当一个人能够处于清醒梦境中(一边在做梦,一边又知道自己在做梦),通过改造梦来改变自己的人格结构,提高心理健康水平就变得更容易了。此时因为知道自己在做梦,可以直接在做梦的过程中给自己下指令,去面对和接纳,内心的状态就能转换。

五、通过意象对话认识自我

意象对话是我国临床心理学者首创的一种心理咨询与心理治疗的方法。在潜意识状态中出现的意象往往代表了自我的特点,通过意象对话改变潜意识中的意象,就可以改变自我,达到心理健康状态。

1. 自我意象的呈现

通过意象对话呈现自我意象,通常要有一个引导者,这个引导者应熟练掌握心理咨询和心理治疗的一般理论与技术,对意象对话技术有比较深刻的理解和应用经验。引导者可以设定一个内容,让被引导者去想象,不要求刻意地努力想象,而应该是自动浮现出的意象内容。

比较常用的设定内容是"看房子",就是让被引导者想象自己看到了一座房子。可以看看这座房子是什么样的;走进房子的内部,看看房子的结构;里面有什么样的摆设,是否有人或者动物,自己进去以后发生了什么事,等等。"房子"即"心房",是个体内心世界的象征,通过被引导者看到的房子的意象,就可以了解被引导者的自我心理状态。比如,被引导者看到的房子外面用围墙围了起来,里面是一座城堡,城堡的门是关着的,由此可以判断这个被引导者的特点是自我封闭,缺乏安全感,害怕被伤害,所以"心房"是紧闭的,还有围墙隔离与保护。如果房子里面有很多灰尘、蜘蛛网,没有人住,很冷清、荒凉,被引导者可能性格孤僻,情绪低落,有抑郁倾向。

引导自我意象的呈现,通常可以用这样的指导语:"每个人都有内心的冲突和矛盾,这些冲突和矛盾就好像人们内心中有几个不同的人,这些人之间发生了冲突和矛盾,这些相互矛盾和冲突的人就是每个人内心中的子人格。每个人都会有很多不同的子人格,它们可以通过意象来呈现。请你舒服地躺着或坐着,闭上眼睛,轻轻地问自己　　'我有什么样的子人格呢?',然后静静地等待,子人格会自动出现。子人格出现以后,请不要去评判它的好坏,因为它是你人格中的一部分,需要你全然去接受。"然后,被引导者的子人格意象会慢慢地出现,有时候是不同的人的形象,有时候是不同的动物或者鬼神等形象。

2. 自我意象的解读

通过引导,自我意象的呈现可以大概归于人物、动物、鬼怪等几类。子人格意象出现最多的就是各种人物,不同的人物形象代表了自我的不同部分和特点。如出现"演员"子人格代表了他寻求别人注意和表现自己的需要,这个子人格喜欢被关注和赞赏,经常用表演来吸引他人的注意,得到他人的喜欢;"美女"或"帅哥"子人格是个体自恋情结的化身;"长发女"是多情和依赖的象征;"天真可爱的儿童"是吸引别人爱怜和关怀的象征;"哭泣的人"是依赖得不到满足而抑郁的象征;"体弱多病的人"是依赖和想获得关怀的象征。

动物子人格往往代表了个人的天赋素质和神经系统的特点。自我意象是比较弱小的食草动物,如兔子、羊、鹿等,其代表的人格特点是温和、善良、内向、老实、敏感、细腻、胆小怕事等;大型的食草动物,除了温和、善良等特点外,比弱小动物显得更有力量,如马代表外向、张扬、洒脱等特点,大象代表聪明和力量。猫科动物往往代表了两重性格特点,妩媚的一面和威猛的一面。蝙蝠、乌龟、蛇等,代表了神秘与直觉,这种人喜欢探索神秘的事物,有比较好的直觉,对心理的洞察力比较强。青蛙、虫子等代表的是自卑与抑郁。蝴蝶象征着自由、美丽、灵魂与精神、爱情与性,蛾子则比较自卑,有一点抑郁。

在进行人格意象分解时,往往还会出现鬼怪。各种鬼怪都来源于死亡原型、恶魔原型和巫术原型。死亡原型化身的子人格往往是令人恐惧的、样貌可怕的,有时候是严肃的,如阎王、死神、鬼、无常等。恶魔代表着强烈的攻击性和仇恨,代表着叛逆。善良而又软弱的人内心的恶魔就会表现得强大和有力量,谦虚的人内心的恶魔会表现出骄傲,禁欲的人内心的恶魔会表现出放纵。而鬼是压抑的产物,是长期积累的消极情绪的化身。白衣女鬼类,身着白衣,肤色苍白,长发披散,飘着行走,这是抑郁情绪的化身。苍白表示没有生命力,长发象征着她们需要缠绵情感的滋润,飘着行走代表不脚踏实地,爱好幻想、空想,缺乏现实感。厉鬼类象征着愤怒,吸血鬼象征着情感上对他人的剥削。

同一个人的子人格之间还有不同的"人际关系",这些关系代表了此人自我的不同部分的关系。互相不认识的子人格,代表了个体自我内部的隔离。这种人身上存在着相互矛盾的人格特点,但是他只认同其中一种人格特点,而不认同相反的另一种人格特点,这样在日常生活中才能够感觉到一致性,避免自我知觉的混乱。但在他的行为中,另一种特点却经常得到表现,他人能够观察到这个特点,就会觉得这个人比较虚伪。而他自己意识不到相反的人格特点的存在,会感觉很委屈。有时候,一个子人格被隔离是因为它的出现会使人十分痛苦,如曾经被性虐待的孩子,就会出现被隔离的子人格。自我隔离的好处是让人避免看到自己不想看到的东西,但它会使人缺乏自知,内心的能量缺乏流动。在意象对话中,经常要促进子人格间的互相认识、互相接纳,这意味着使此人能够在现实层面面对自己的不足、接纳自己,达到内心的和谐。

冷漠的子人格对其他子人格漠不关心,这代表了一种对人疏离的性格。如果这个子人格在一个人的性格中占据主要地位,这个人就会很孤僻。另外,具有强迫倾向的人,由于对情感的疏离,也容易出现冷漠的子人格。

认识而互不喜欢的子人格代表了内心的矛盾与冲突。如一个工作狂性格的人,一定有一个非常勤奋、追求效率和成功的能干的子人格,这个子人格主导了他的行为。同时,也一定会有一个完全相反的子人格,一个非常懒惰、不求上进的子人格。勤奋的子人格会轻视懒惰的子人格,而懒惰的子人格又反过来会嘲笑勤奋的子人格。这种矛盾与冲突往往引发心理问题甚至导致心理疾病。比如,一个男孩发现自己总是用淫荡的目光不可遏制地看女性的胸部和下体,他认为别人都发现他有这个问题,都在用轻蔑的眼光看自己,因而回避人群,回避别人的目光。在这个男孩的内心,一定有一个性欲很强、放纵性欲的子人格,同时有一个禁欲的子人格。禁欲的子人格时时能够发现纵欲子人格的好色的眼光,一直用轻蔑的眼光批评它,这个男孩没发现是自己轻蔑自己,自己害怕自己,所以把这种轻蔑和害怕投射到他人身上,形成心理问题。而在重性精神疾病的患者身上,这种子人格之间的分裂和冲突更加明显。比如,他们的幻觉,他们以为他们听到了别人不能听见的外界发出来的声音,实际上是他们心中另一个子人格发出的声音。

认识而且互相喜欢的子人格代表了子人格之间的容纳关系。如果一个人内心中的子人格都能够互相喜欢、互相接纳,就意味着这个人内心是和谐的、安详的、平静的,这样的人对自己不苛责,心情比较放松、愉悦。子人格越互相喜欢,这个人就越不会压抑自己,就会有越多的人生经验,心的领域就会变得越大。

第三节　大学生自我意识的发展与完善

正确认识自我是健全自我意识的基础,是心理健康的基础。人的自我意识也有一个逐渐发展的过程,心理学者对此进行了深入研究。

一、人类个体自我意识的发展规律

人类从什么时候才开始有自我意识?对于这个问题,美国心理学家巴特沃斯(George

Butterworth)总结了众多的研究。他认为,从新生儿开始人类就有了自我意识的基础,新生儿一出生就具备自我—非自我辨别能力(把自我同他人以及外部环境区分开的能力),具有意识到他们有产生想要的结果的能力,具有协调他们的运动与尚未完全发展的身体图式的能力。

2—6岁的儿童,能够通过可观察到的、可验证的特征以及典型的行为和活动描述自我,如"我是一个男孩""我有一个姐姐""我喜欢溜冰"等。他们的自我意识属于经验自我中的"物质自我"。

7—11岁的儿童,其自我描述变得比6岁之前的儿童更概括,他们获得了逻辑思考的能力,已经不用特定的行为(如"我喜欢溜冰")看待自己,而是开始运用含义更广泛的标签来标定自己(如"我喜欢运动")。他们获得采纳他人观点的能力,以及从他人眼中看待自己的能力,因而会运用社会比较来标定自己(如"我比周周聪明")。他们的自我意识属于经验自我中的"社会自我"。

12—18岁的青少年,他们着重用知觉到的内部情绪和心理特点的抽象特征来定义自己(如"我很郁闷"),这种评价反映了青少年在进行自我定义时更复杂和更具分析性的取向。他们的自我意识属于经验自我中的"精神自我"。

小实验 5-1

自我意识的诞生——阿姆斯特丹的点红实验

美国心理学家阿姆斯特丹(Beulah Amsterdam)1972年借用动物学家在黑猩猩研究中使用的点红测验(测定黑猩猩是否觉知到"自我"这个客体),使有关婴儿自我觉知的研究取得突破性进展。实验的被试是88个3—24个月大的婴幼儿。实验开始时,在婴幼儿毫无察觉的情况下,主试在其鼻子上涂一个无刺激的红点,然后观察他们照镜子时的反应。研究者假设,如果婴幼儿在镜子里能立即发现自己鼻子上的红点,并用手去摸它或试图抹掉,表明婴幼儿已能区分自己的形象和加在自己形象上的东西,这种行为可作为自我意识出现的标志。

阿姆斯特丹总结研究结果,认为婴幼儿对自我形象的认识要经历三个发展阶段。

第一个是游戏伙伴阶段:6—10个月。此阶段婴儿对镜中自我的映像很感兴趣,但认不出他自己。

第二个是退缩阶段:13—20个月。此时幼儿特别注意镜子里的映像与镜子外的东西的对应关系,对镜中映像的动作会伴随自己的动作更好奇,但似乎不愿与"他"交往。

第三个是自我意识出现阶段:20—24个月。这是幼儿在有无自我意识问题上的飞跃阶段,这时幼儿能明确意识到自己鼻子上的红点并立刻用手去摸。

资料来源:Amsterdam, B. Mirror self-image reactions before age two. *Developmental Psychobiology*, 1972, 5(4), 297 - 305.

大学阶段是个体自我意识急剧增长、发展和趋于完善的重要时期,经过分化、矛盾和统一的过程,个体的自我认识、自我体验、自我控制逐渐协调一致。大学生的自我意识的发展是从明显的自我分化开始的。笼统的"我"分化成主观自我和客观自我、理想自我和现实自我。随着分化的逐步明显,大学生迅速地关注自己的内心世界和行为,对自我的每一个细微变化都会敏锐地产生新的认识和体验,自我反省能力增强,对自我的再认识进一步加深与完善,自我体验更敏锐、丰富与多变,自我思考增多,自我控制逐步加强。大学生自我意识的分化使得大学生开始意识到青少年期未曾意识到的许多方面,由此产生更多的矛盾。比如,主观自我与客观自我的矛盾、理想自我与现实自我的矛盾、独立与依附的矛盾、渴望交往与心灵闭锁的矛盾、理智与情感的矛盾等,冲突开始加剧,给他们带来不安、疑惑与困扰,也促使他们努力解决矛盾,实现自我意识的统一与成熟。大学生的自我意识在矛盾与冲突中不断调整和发展,寻求新的统一点,逐渐形成积极、和谐的统一或者消极、不协调的统一,形成自我肯定或者自我否定、自我冲突等不同的统一状态。

成年期的自我意识开始稳定下来。诸多研究的结论是相同的:30岁以后个体的人格特征就不怎么改变了,这也标志着个体对自我的看法很稳定了。有学者发现,成年早期的自我评价与许多年后的自我评价高度一致。当然,同一性既可能增加也可能减少,但是对自我的看法是稳定的。一些理论家认为,这种稳定性来自个体的建构过程,个体是自己生活的积极创造者,使用能使其保持一种强烈的连续性的方式来解释自己的过去,这种连续性对于自我同一性的保持是非常关键的。这种连续性一直延续到成年后期,衰老虽然带来了视觉、听觉以及运动机能的退化,但是对自我的看法仍然是稳定的。老年人对自我的感觉以及知觉到的生活质量并没有随着年龄的增长而下降,这些研究结果使人们对老年生活充满信心和喜悦。

二、大学生自我同一性的形成与发展

自我同一性的概念由美国心理学家埃里克森(Erik H. Erikson)于1963年提出。埃里克森认为,自我同一性首先是指在过去、现在和未来的时空维度中,对自己内在的一致性和连续性的主观感觉和体验。其次,自我同一性是以社会性存在的方式来确立自我的,个体生活中的重要他人也能觉知到个体的一致性和连续性的存在方式。自我同一性贯穿于人的一生发展中,可以分为既有连续性又各有独特发展课题的八个发展阶段。而在青年期,个体面临生理、心理和社会角色的巨大变化,同一性问题变得尤为突出,建立自我同一性成为青年期的核心发展任务。

─ 微视频 5-3 ─

坚决退学的"乖乖女"

小C是一个很文弱、秀气的女孩,说话声音不大,显得很安静、温顺。在大学二年级的时候,她突然向父母提出要退学,理由是不喜欢现在就读的学校和专业。她就读

的是一所位于上海的"双一流"高校,学校各专业的就业前景非常好,毕业生从事的行业也比较好,工资待遇、培训机会以及发展前景都不错。她想退学以后先去社会上找一份工作做一做,看看自己到底喜欢、适合干什么,然后再参加考试,学习适合自己的专业。父母听她的这一想法感到震惊,双双赶到上海,希望劝服女儿并阻止其荒唐行动。到了学校后,父女之间发生很大的冲突,女儿坚持自己的意见,开始不愿意去教室上课,父亲急得跑到寝室去拽女儿,让她进教室上课,父女在女生宿舍发生肢体冲突。女儿对学校的心理咨询老师说,从小她就是个听话的乖乖女,父母很看重她的学习,对她管教很严格,她的业余生活和交友都由父母安排、指挥着,她报考的学校和专业都是父母定的。她说她一直过着没有感觉的日子。上了大学后,脱离了父母的管制,她开始思考自我问题,经过一年的思想斗争,终于作出退学去社会上磨炼、寻找自我的决定。

　　微视频5-3中的小C遇到的就是自我发展中同一性的确立问题。自我是人格形成、发展和变化的核心和基础,自我同一性是人格发展趋于完善的标志,是心理成熟的体现,自我同一性的确立是青年期发展课题中的核心主题。

　　另一位心理学者玛西亚(James Marcia)发展了埃里克森的理论,认为自我同一性是一种自我结构,是个体的驱动力、能力、信仰和个人历史的内部的、自我建构的、动态的组织。这种结构发展得越好,个体对自己的个人独特性和与他人的相似性的认识就越充分,在生活中越能够认识到自己的优缺点;这种结构发展得越不好,个体对自己的独特性和与他人的相似性的认识就越混乱,就越会依赖外部资源来评价自己,自我就越不稳定。

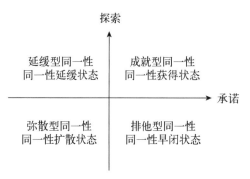

图5-2　玛西亚同一性状态模型

　　玛西亚以探索和承诺作为变量对自我同一性下了操作性定义。探索指个体在达到自我同一性的各个方面的过程中主动探寻适合自己的目标、价值观和理想的过程,承诺指个体对于特定的目标、价值观和理想等付出精力、时间和毅力上的个人投入。玛西亚根据探索和承诺程度的高低将自我同一性划分为四种状态(见图5-2):一是弥散型同一性(同一性扩散状态),是指没有固定的承诺,也不主动寻求形成承诺,没有经历过探索的阶段,或者处于同一性危机中且不能成功解决的阶段。处于弥散型同一性状态的个体没有明确的人生目标和计划,彷徨、迷茫、不知所措,是最不成熟、最低级的同一性状态。二是排他型同一性(同一性早闭状态),是指个体在没有经历探索阶段和同一性危机的情况下,受父母和权威人物的影响和要求,就形成对一定的人生目标、价值观和信念的承诺。三是延缓型同一性(同一性延缓状态),是指正在经历同一性危机,积极地探索自己的价值取向,思考各种可能的目标,还没有达到最终承诺的自我同一性发展阶段。四是成就型同一性(同一性获得状态),是指具有高探索和高承诺的个体已经经历过探索阶段,解决了同一性危机,对特定目标、信仰和价值观作出坚定、积极的自我承诺的阶段,这是最成熟、最高级的同一性状态。

1. 大学时期是形成和发展自我同一性的重要阶段

许多研究发现,处于青少年晚期的大学阶段是自我同一性形成与巩固的最重要的时期。有学者测量了12—24岁之间的男性,发现大多数人在18岁以前处于自我同一性扩散或者早闭状态,达到同一性延缓状态或获得状态一般要到21岁或者更大时。

我国处于青少年早期和中期的中学生,要承受巨大的学习和升学的压力,父母和教师对他们的管理也很严格,他们几乎没有个人的空间,所以,虽然开始了对自我问题的思考与探索,但现实条件给他们的思考和探索带来很多约束和限制。

大学的环境很有利于个体自我同一性的形成。心理学者埃里克森认为,大学是社会为大学生提供的制度化的合法延缓要求的机构,社会允许大学生延缓承担成年人的社会责任和义务,大学生可以了解各种思想和价值观,积极探索各种生活选择,实践各种社会角色,在反复尝试和体验中决定自己的人生目标、价值观、人生观,达成自我同一性。大学环境比中学更开放、自由,具有更丰富的资源,大学生可以更多地接触社会,拥有更多的实践和选择机会,这些都会促进他们去探索和解决同一性问题。

2. 大学生形成和发展自我同一性的基本特点

大学生较多地处于自我同一性延缓状态和扩散状态。西方有学者研究发现,在意识形态和人际关系同一性领域,处于延缓状态的人所占比例最高,达60%;其次是扩散状态的人,占16%—19%;早闭状态和获得状态的人均占11%—12%。

3. 自我同一性在大学生成长过程中的作用

自我同一感是最佳心理功能中的一个方面,能够有效地促进个人幸福感,帮助获得社会认可,有助于个体实现生活目标和社会目标。

有学者指出,埃里克森的自我同一性理论奠基于临床分析,经过25年的临床实证研究验证,自我同一性的形成确实对心理健康具有积极的促进作用,同一性水平越高,心理健康水平就越高。如果个体不能形成自我同一性,不能整合自己的过去、现在和未来,不能形成个人的目标感和意义感,就可能出现障碍性行为和心理。

另外一些心理学者对自我同一性功能的实证研究结果作总结,认为自我同一性对于大学生的自我发展有五方面的作用:第一,自我同一性的获得为大学生理解"我是谁"提供了结构。学者发现大学生的高级同一性状态与他们的积极自我意象、自尊和自我接纳呈现正相关关系。第二,自我同一性的获得给大学生提供了明确的人生目标、价值观以及生活的意义。处于同一性获得状态的大学生比扩散状态的大学生有清晰的价值观和目标,也具有较强的自我导向和自我动机。第三,自我同一性的获得给大学生提供了明确的自我控制感和自由意志。同一性获得状态的大学生具有较高的自觉性,能够主动设定、计划并努力追求自己的目标,有较好的自我控制力,没有物质滥用行为,没有自我放纵等。常四,自我同一性的获得有助于大学生追求价值观、信念和行为的因果一致性。同一性获得状态的大学生具有高内在定向、低外部社会定向的特点,拥有较好的适应性心理防御机制。第五,自我同一性的获得有助于大学生认识和发挥个体潜能。同一性获得状态的大学生有明确的生活发展规划和抱负,有继续学习的强烈愿望,比同一性弥散状态的大学生有更好的学习成绩。

总之,自我同一性的形成使大学生对"我是谁""我将成为一个怎样的人""我拥有怎样的信仰和价值观"等重要人生问题形成坚定、连贯的意识,给大学生带来一种对过去的连续感和对将来的方向感,知道自己何去何从;也使大学生体会到一种自信感、自我价值感,以及对自身重要性的认识,获得心理上的幸福与安宁。

三、大学生自我意识发展中常见的问题及调适

大学生的自我意识在不断发展,因而比较容易出现各种问题。这些问题可能影响大学生的人际关系、学习与生活等方面,给大学生适应大学生活造成一定的困难和干扰。

1. 自卑

自卑是一种自我体验,是一种因过多自我否定而产生的自惭形秽的情绪体验。自卑的人会在一定程度上轻视自己,看不起自己,主要表现在对自己的能力、品质等评价过低,总觉得自己不如别人,悲观、失望、丧失信心,敏感、内心脆弱,承受不住较强的刺激,谨小慎微,多愁善感,疑心重,行为畏缩,瞻前顾后,比较孤僻。

（1）导致自卑的因素

大学生的自卑感主要由下列因素造成。

一是在同学间的相互比较中产生自卑感。大学是优秀人才聚集地,很多大学生在中小学时,都是班级甚至学校的优秀生,得到较多的关注和肯定。进入大学后,他们发现自己原来的优势与特点不复存在,产生较大的心理落差,逐渐陷入自卑的境地。

二是家庭经济困难造成自卑感。大学同学之间的家庭背景差异比较大,有来自经济发达地区、家庭条件很优越的人,也有来自贫穷、落后地区的家庭经济困难的人。由于可支配的金钱不一样,见识不一样,消费习惯、待人接物也不一样,比较容易使贫困学生产生自卑感,害怕被别人看不起。

三是理想自我与现实自我的差距造成自卑感。当人有较完美的理想自我,而现实又不尽如人意,现实自我与理想自我有较大差距时,就会产生自卑感,甚至以畸形的形式表现出来。

　　四是父母包办、替代造成自卑感。当代父母大多数注重孩子的学业成绩,忽视孩子的独立自主和生活能力的培养,使孩子沦为学习的机器,其余事情均由父母包办。进入大学后,孩子离家过上了集体生活,各方面的事情都需要自己亲力亲为,由于缺乏经验,经常处于无能为力的状态,长此以往而产生自卑感。

　　五是相关人格特点导致自卑感。一些大学生胆小内向、多疑、谨慎、优柔寡断,不善社交,应变能力弱,外在刺激很容易影响他们的心理状态,这种性格的人容易产生自卑感。

　　(2)克服自卑的方法

　　自卑感是可以克服的。下列方法可以帮助大学生成为一个自信、自爱的人。

　　一是客观、全面地认识自己。要学会从不同角度全面、辩证地看待和评价自己,既要如实看到自己的短处,也要客观地看到自己的长处。今天的不足是成长和前进的动力,只要付出足够的努力,就能获得成长和提高。

　　二是要进行正确的归因。将失败归因于自己的性格和能力,将成功归因于外界环境的人,往往无法接纳自己。只有客观地分析原因,用良好的心态接纳失败,允许自己失败或犯错误的人,才能获得自尊感。

　　三是学会进行合适的社会比较。大学生经常处于各种社会比较之中,要学会进行合适的社会比较,选取与自己各方面情况类似的人去比较,不能眼光总是盯着最拔尖的人,或者总是拿自己的缺点去跟别人的优点比较,这样只能让自己陷入自卑的低谷。

　　四是选择适合自己实际情况的抱负水平。抱负水平是指个体对事情在自己的努力下能够达到何种效果的心理预期。抱负水平应合适,如果过高,远远超过自己的能力,无论如何都无法达成,就容易陷入挫折中;如果过低,则无法激发奋斗的热情,可能使人变得消极。

　　五是学会扬长避短,作出恰当的人生选择。每个人都有自己的优缺点,没有十全十美、全能的人。学会挖掘和发展自己的优势,补偿自己的不足,就既能取得更多的成功,又能提高自尊水平。

── 微视频 5−4 ──

超越自卑的一生

　　阿德勒(Alfred Adler)是奥地利心理学家、个体心理学创始人。阿德勒的一生是不断地超越自卑、走向成功的一生。1870 年他出生于维也纳郊外的一个富商家庭,在弟兄中排行第二,从小驼背,行动不便,这使得他在蹦跳、活跃的哥哥面前总感到自惭形秽,样样不如别人;5 岁那年,一场大病几乎使他丢掉小命,痊愈以后,他便决心当一名医生。

　　在后来的回忆中,他说自己的生活目标就是克服儿童时期对死亡的恐惧。进学校读书以后,一开始他的成绩很差,以至老师觉得他明显不具备从事其他工作的能力,因而向他的父母建议,及早训练他做个鞋匠才是明智之举。但阿德勒凭着顽强的意志和刻苦的努力,成了优等生,改变了别人对他的看法。

1888年阿德勒考入维也纳大学医学院,1895年获得医学博士学位。他对弗洛伊德的《梦的解析》颇有兴趣,1902年弗洛伊德邀请他帮助组建维也纳精神分析协会,阿德勒旋即成为维也纳精神分析协会的主席及精神分析协会期刊的主编。1907年,阿德勒发表了《器官缺陷及其心理补偿的研究》,这使他享有盛名。因他与弗洛伊德的观点有分歧,他辞去维也纳精神分析协会主席一职,退出该协会,与弗洛伊德分道扬镳。不久,阿德勒组建了自由精神分析研究协会,1912年改名为个体心理学协会。他致力于把自己的理论与儿童抚养和教育的实际相结合。1920年,他与学生一起在维也纳30多所中学开办儿童指导诊所,赢得国际声誉。

2. 自负

自卑的另一端就是自负,自负是过高地估计自己、评价自己。自负的人往往自视过高,常常看不起、贬低别人,认为自己比别人强很多。这种人往往与他人关系疏远,只关心自己,不顾及别人的利益和感受。他们也往往固执己见、唯我独尊,把自己的观念强加于人,不愿意接受别人的观点和意见,即使明明知道别人是正确的,也拒绝接受。由于自尊心很强,当别人取得成绩时,他们很容易产生嫉妒心理,打击别人。当别人失败时,他们不仅不会提供帮助,还常常幸灾乐祸。

自负的实质就是自卑。阿德勒在他的著作《超越自卑》一书中写道:"自卑感表现的方式有千万种,或许我能够用三个孩子第一次被带到动物园的故事来说明这一点。当他们站在狮子笼前面时,第一个孩子躲在他母亲的背后,全身发抖地说:'我要回家。'第二个孩子站在原地,脸色苍白地用颤抖的声音说:'我一点都不怕。'第三个孩子目不转睛地盯着狮子,并问他的妈妈:'我能不能向它吐口水?'事实上,这三个孩子都已经感到自己处于劣势,但是每个人都按照他的生活风格,用自己的方法表现出他的感觉。"

要克服自负,可以通过接受别人的批评,改变过去固执己见、唯我独尊的风格来实现;可以通过克服霸道要求,学会与人平等相处来实现;可以通过多检视自己的缺点,多进行自我批评来实现;也可以通过用发展的眼光看待自己过去的辉煌来实现。

从根本上,要改变自负,其实就是要接纳自己的不足。但是,自负的人很难看到自己的不足,因为如果看到自己没那么优秀,自负者会难以承受,所以自负者往往将不能接纳自己不足的心理向外投射,经常看不起别人、贬低别人。要改变自负,可以先从接纳别人的缺点和不足开始,能够接纳一个不优秀的他人后,自己的缺点才有可能被暴露出来,才有机会自我接纳,实现真正的自尊、自信、自爱。

3. 过度自我关注或逃避自我关注

过度自我关注或者逃避自我关注都会削弱大学生自我调节的功能,对日常生活造成一定的影响。

如果个体过度自我关注,有可能造成阻塞现象,也就是说,个体很想表现得出色,但因为在情境压力下过分突出自我意识,这种对自身的过度关注使其将自己的行为与相关标准作比较,过多地考虑自己的行为,干扰正常水平的发挥。大学生当众发言或者表演时,如果过度自我关注,很容易表现不佳,这就是例证。

过度自我关注还有可能造成自我破坏行为。当个体经历重大生活变化或挫折,消极体验会使其高度关注自我,这往往给当事人带来不愉快,有时候这种自我关注会变得过分强烈和令人讨厌,甚至难以承受,当事人就会采取一些方法来逃离自我。酗酒、抽烟、药物滥用、寻求刺激以及受虐等,都是降低自我意识的方法。如果这些方法都无法使当事人逃离,他就可能选择自杀等极端方式作为摆脱强烈消极体验的最后方法。

与过度自我关注相反的逃避自我关注也会有消极影响,去个性化现象就是其一。当个体处于群体中,就会产生去个性化,会出现道德感松弛的现象,作出平时不容易作出的行为。如果通过化名、化妆、蒙面等方式进一步增加去个性化的程度,个体的行为会更肆无忌惮。美国在实施种族隔离制度时期,一些白人群体对黑人的暴力事件就是实例。

去个性化也可能导致不道德行为。一项研究中有一半大学生被安排坐在镜子前完成一项智力测验,另一半大学生没有坐在镜子前,但也完成了智力测验。实验过程中,研究者有意地给这些大学生提供作弊的机会。结果发现,坐在镜子前的大学生中作弊的只占7%;而没有坐在镜子前的大学生因处于低自我意识状态,作弊的人达到71%。

过度自我关注和逃避自我关注都会导致消极的结果,大学生学习面对自我、接纳自我、发展自我、悦纳自我就显得非常重要。

4. 自我控制不足

大学生在自我控制方面存在的问题有:学习目标不明确,学习动力不足;时间利用不合理,网络休闲生活不科学;缺乏自我认知能力;自我定位模糊,缺乏合理的职业生涯规划能力,等等。大学生自我控制问题带来的消极影响应引起重视。

(1) 自我控制对大学生具有重要意义

自我控制对于大学生非常重要。首先,自我控制涉及个体的每一个心理活动和行为,涉及生活中的方方面面。研究文献强调了控制的 25 个领域,分布在身体、精神、人际关系、生涯、自我、环境、冲动控制等方面。心理学者班杜拉(Albert Bandura)说:"人们总是努力地控制影响其生活的事件,操纵可以控制的领域使人们能够更好地实现理想,防止不如意的事情发生。"也有心理学者认为:"人类的最大恐惧之一就是担心失去控制,最强有力的驱动力之一就是在生活中拥有控制感……个体的行为和认知可以被解释为(并且就是)获得、保持和再建控制感的需求的一种表达。"①

其次,个体自我控制的成效好坏关系到个体的生存、发展和幸福。班杜拉认为,效能信念影响着人们的思维、情感、行动并产生自我激励。这个信念系统调节着个体对目标的选择、投入、坚持,个人效能感高有益于取得成就和情绪健康。

再次,自我控制是一个预示个体成熟、健康发展、社会适应的人格变量,是其协调人际关系、完成各种任务、成功适应社会的必要条件。自我控制的发展是个体社会化的重要指标,是个体由幼稚走向成熟、由依赖走向独立的标志,是自我发展、自我实现的重要前提和基本保障。

大学生不仅要具有良好的思想道德品德、科学文化素质和身体素质,还必须有良好的心理素质,具有开拓进取的精神、竞争意识、创新能力、承受挫折的能力、高度的责任感和坚定的毅力、独立学习的能力等,这些都要求大学生应该具备一定的自我控制能力,把握自我,调控自我,自主自立,在此基础上才能培养和发展其他各方面的能力,为自己的未来开创良好的局面。

当代大学自我教育凸显,个人发展也需要自我管理,而自我教育和自我管理都与自我控制密不可分。与中学相比,大学的管理相对宽松,大学生有很多自由支配的时间,学习生活具有更大的自主性,可以自主安排自己的学习、生活、人际交往、社会实践等。具有良好自我控制的大学生才能够有效地面对这一要求,适应大学生活。

(2) 大学生实现自我控制的方法

第一,培养大学生调节情绪的技能。情绪对大学生的自我控制有重要的影响,情绪调节能力越好的人,自我控制的水平就越高,而不稳定的情绪状态和消极情绪会削弱大学生控制冲动的能力。情绪体验在行为控制中起动机作用,如果调节失败而产生不良情绪体验,就可能使大学生有失控感,而长期处于失控感中会体验到绝望感,放弃克服困难的努力,选择逃避以消极抵抗,避免失败后的不良感受。要培养大学生良好的情绪调节能力,使他们具有稳定的心理状态,提高适应环境的能力,更好地实施自我控制。

第二,帮助大学生掌握有效的认知策略。在自我控制过程中采取一定的认知策略可以有效地提高自我控制水平,如想象训练、自我暗示等认知策略。研究表明,使用自我监督的办法也能够帮助抵制分心,取得较好的自我控制效果。

第三,提高大学生的自我效能感。心理学者班杜拉认为,自我效能感是自我系统中起核心作用的动力因素,也是自我控制中最重要的因素。自我效能感是个体对自己具有组织和执行计划以达到特定成就的能力的信念,是个体对自己能力的一种主观感受。它控

---

① 转引自:于国庆.大学生自我控制研究.上海:华东师范大学博士学位论文,2004.

制着人们自身的思想和行为,并间接控制着人们所处的环境。自我效能感是一个极具影响力的主观信念,它影响个人的思维、情感、行动并产生自我激励。这个信念系统调节人们选择干什么,在他们的事业中投入多少努力,面对困难和失败时能够承受多大的压力,能够坚持多久,以及能否从逆境中恢复。要改变个人自我控制的状况,可以通过改变自我效能感来实现。

提高大学生的自我效能感,可以通过以下四条途径:一是增加大学生对成功经验的体验。大学生依靠自身经历获得关于自身能力的认识,而成败经验对效能感影响最大,是效能感强有力的信息来源。不断体验到成功的大学生能够建立积极、稳定的自我效能感,大学生根据自己的实际情况,制定适合自己的行动目标,才可能更多地体验到成功。二是引导大学生学会正确归因。归因指个体对影响自己行动及其结果的原因的看法、解释和推论。将成功归因于自身内部的稳定因素(如能力和努力)的大学生,自我效能感会比较强;将成功归因于外部不可控的因素(如运气、机会、被老师可怜等),将失败归因于内部因素(如性格等),自我效能感就会比较低。让大学生学会将成功归因于自身能力、努力,将失败归因于努力不够和策略运用不当等,能够提高大学生的自我效能感。三是为自己寻找适宜的榜样。榜样行为能够为个体提供评价自我效能的参照标准。跟自己相似的榜样如果成功,会给个体带来自信,提高自我效能感。四是给自己积极的暗示和成功的鼓励。经常对自己说"我能行""我是聪明的""我是有毅力的"等,可以形成积极的自我观念;他人的言语鼓励也能提高自我效能感。

5. 自恋型人格

自恋型人格是个体需要不断从外部获得认可来维持自尊的一种人格特征。当个体不能全然知道"我是谁""我有什么价值"时,有时候会通过努力经营人生来获得更好的自我感觉,当这种需求大大超过平均值时,个体就具有自恋型人格特征了。

自恋型人格者通常是高自恋、低自尊者。一方面,他们对自己极度自信,认为自己是最好的、最优秀的,认为他人应该以他们为中心,听从他们的安排;另一方面,他们又是低自尊者,害怕他人贬低自己。

自恋型人格者的特点:一是强烈的自我中心,认为自己是最重要的人,其他人都应该围着自己转。二是缺乏同理心,无法理解别人的感受,也不愿意关心别人的需求。三是虚荣心强,渴望被赞美和认可,会追求表面上的荣耀和光彩。四是缺乏责任感,往往不愿承担责任,遇到问题时总是把责任推给别人。五是情绪不稳定,情绪变化很大,一会儿兴奋得难以自持,一会儿垂头丧气。六是对权力的追求,喜欢掌控一切,不愿意接受别人的指挥或建议。

近些年来,大学生中自恋的人数在逐年增加,有学者开展追踪研究,记录了1980—2008年参加《自恋型人格问卷》测验的学生的分数,结果如图5-3所示。可以看出,1985年后,测验分数稳步上升。

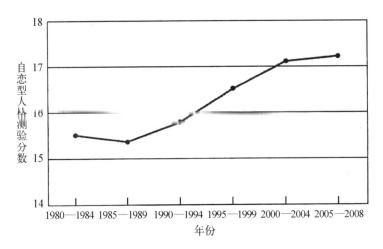

图 5 - 3　1980—2008 年《自恋型人格问卷》追踪研究测验结果

为什么自恋的人越来越多? 一种观念认为,现在的文化越来越包容人们以自我为中心。另一种观念认为,当代生活的急剧变化强化了人们的自恋意识:世界日新月异,人口加速迁徙,数字化时代到来,元宇宙诞生,短时印象比持久品质更引人注目,外在印象逐渐取代内在本质,人们更注重自己的美貌、名望、财富或是否合乎潮流,相对忽视内心的价值认同和整合。而印象管理、人格面具,在科技的加持下,也变得更容易。

自恋型人格者需要全面地接纳自己,放弃自我吹捧和贬低他人。当过于自恋,社会功能有一定损害时,接受心理治疗是比较好的选择。认知行为疗法通过改变当事人的思维方式和行为模式来缓解症状,例如帮助当事人认识到自己的自我中心倾向并学习如何更好地与他人交往。药物治疗也可以帮助控制自恋型人格者的冲动和情绪波动等症状。

小贴士 5 - 2

自恋型人格障碍的诊断标准(DSM - 5)

自恋型人格障碍

301.81(F60.81)

一种需要他人赞扬且缺乏共情的自大(幻想或行为)的普遍心理行为模式;起自成年早期,存在于各种背景下,表现为下列五项(或更多)症状:

具有自我重要性的夸大感(例如,夸大成就和才能,在没有相应成就时却盼望被认为是优胜者)。

幻想无限成功、权利、才华、美丽或理想爱情的先占观念。

认为自己是特殊的和独特的,只能被其他特殊的或地位高的人(或机构)理解或与之交往。

要求过度的赞美。

有一种权利感（即不合理地期望特殊的优待或他人自动顺从他的期望）。

在人际关系上剥削他人（即为了达到自己的目的而利用别人）。

缺乏共情：不愿识别或认同他人的感受和需求。

常常妒忌他人，或认为他人妒忌自己。

表现出高傲、傲慢的行为或态度。

思考题

1. 结合相关知识点，对照一下：你拥有怎样的自我意识？它对你产生了哪些影响？

2. 你如何发展和完善自我意识，使其更好地为你的人生服务？

推荐阅读

1.［美］乔纳森·布朗.自我.陈浩莺，等译.北京：人民邮电出版社，2004.

2.［美］埃略特·阿伦森，等.社会心理学.侯玉波，等译.北京：人民邮电出版社，2023.

3. 袁辛.我是我自己——自我再认识.北京：高等教育出版社，2008.

第六章

大学生的生涯规划

大学生生涯规划是大学生对自身未来生涯发展历程的规划。它表现出个人独特的自我发展形态，与大学生的自我认知、智能发展、情意调控、社会适应以及自我实现等心理要素具有密不可分的内在关联。学习和掌握有关生涯规划的理论和步骤、方法，有助于大学生自觉立志和成才。生涯规划与实施过程能促进大学生达成认知、意志、情感以及行为之间的统一，构建完整的人格，有效地适应社会，拥有一个健康、幸福的人生。

第一节　大学生与生涯规划

戈达德(John Goddard)是著名探险者、英国皇家地理学会会员和纽约探险者俱乐部成员，他在 15 岁时就把自己一生要做的事情列了一份清单，称为"生命清单"。清单里有 127 个要实现的梦想。当戈达德 52 岁时，他经历了 18 次死里逃生，克服了很多难以想象的困难，实现了其中的 106 个梦想。当别人惊讶地问他凭借着怎样的力量，把许多"不可能"都踩在了脚下，他的回答很简单："我只是让心灵先到那个地方，随后周身就有了一股神奇的力量，接下来，就只需沿着心灵的召唤前进。"

这份生命清单实质上就是戈达德的生涯规划。一个人前进的动力在于对未来抱有憧憬与目标，目标对人生有重大导向作用，具有突破障碍、开发潜能，最终达到自我实现的功能。每个人都有替自己选择未来生活的权利，进行必要的生涯规划，对提高大学生涯的品质具有重要意义。

一、基本概念界定

1. 生涯的概念

生涯的英文为"career"，从字源来看，缘于罗马字"via carraria"及拉丁字"carrus"，两者的含义均指古代的战车。在希腊，生涯还蕴含疯狂竞赛的精神，最早常用作动词，如驾驭赛马。在西方人的概念中，使用"生涯"一词就如同在马场上驰骋，蕴含未知、冒险精神，现在生涯多被引申为人生发展历程。

国外很多学者对"生涯"作出界定,给出自己的诠释。例如,生涯是一个人在工作生活中经历的职业或职位的总称;生涯是一个人依据心中的长期目标所形成的一系列工作选择,以及相关的教育或训练活动,是有计划的职业发展历程;生涯包括个人对工作职业的选择与发展,对非职业性或休闲活动的选择与追求,以及参与社交活动的满足感;生涯是一个人一生职业、社会与人际关系的总称,即个人终身发展的历程。

目前,大多数学者接受的生涯的定义是美国生涯规划大师舒伯(Donald Edwin Super)的观点:生涯是生活中各种事态的演进方向和历程,它统合了人一生中的各种职业和生活角色,由此表现出个人独特的自我发展形态。它包括个体在一生中所扮演的角色,如儿童、学生、休闲者、公民、工作者、配偶、持家者、父母及退休者等九项,其范围不局限于职业选择和职业活动,而是覆盖个体生活的各个方面。

小贴士 6 - 1

生涯的四个特点

1. 独特性。生涯是个体依据自己的人生理想,为了自我实现而逐渐展开的一种独特的生命历程。这种独特性有很多来源,由于遗传、家庭、经历、所处社会环境的不同,即使处于同一时代或同一文化背景,每个人也因拥有属于自己的心智模式而获得不一样的人生。

2. 终身性。生涯的发展概括了个体一生中所拥有的各种职位、角色,生涯不是个人在某一阶段所特有的,而是终身发展的过程。

3. 发展性。人是生涯的主动塑造者。生涯是一个动态的发展过程,是一个连续不断、循序渐进且不可逆的过程。个体在不同的生命阶段中会有不同的需求,会面临和处理各种发展性任务,解决心理、社会危机,这些需求会促使个体不断蜕变与成长。

4. 综合性。生涯以个人事业、角色的发展为主轴,也包括其他与工作、生活有关的角色,是个体在一生中所拥有的所有职位和角色的统合,涵盖人生整体发展各个层面的各种角色。

在汉语中,"career"被译成职业生涯,即以心理开发、生理开发、智力开发、技能开发、伦理开发、人的潜能开发为基础,以工作内容的确定和变化,工作业绩的评价,工资待遇、职称、职务的变动为标准,以满足需求为目标的工作经历和内心体验。

1978 年,美国职业指导专家施恩(Edgar H. Schein)又将生涯分为外生涯和内生涯两个层面。外生涯指个体经历的职业角色或职位,以及获取的物质财富的总和,是一连串显而易见的与工作结果有关的发展过程;内生涯指个体从事一项职业所必须具备的知识、观念、心理素质、能力和内心感受等因素组合及变化的过程。内生涯发展是外生涯发展的前提,外生涯的成功将促进内生涯的提升,两者是相辅相成、互相影响的。

2. 大学生生涯规划

大学阶段是大学生人生发展的黄金时期,同时也是人生中充满矛盾与纠结、身心发生较大变化、趋向社会成熟又尚未成熟的过渡期。随着社会迅速发展、就业竞争加剧,大学生面临生活、学习、择业等领域的多重压力,会遭遇各种问题和挫折,出现矛盾、冲突、困惑和不适等心理问题。

大学生生涯规划以个人的生涯发展为着眼点,关注个体的心理特征和心理过程,追求健康人格和自我实现的过程。它包括生涯探索、生涯决定、生涯行动和评估调整四个方面,即大学生在自我认识和环境分析的基础上,对各种可能的发展方向进行评估,作出生涯决定,制定生涯行动方案,并在施行过程中对各个环节进行实时评估和调整。它具有以下六个特点。

第一,连续性。生涯规划贯穿人的一生,具有终身发展的含义。大学生生涯规划是为日后的职业生涯发展作准备,具有职业预备期的特点。因此,大学生的生涯规划绝不简单等同于找工作,而是基于当下并指向未来生活的一种主动准备过程,在此过程中形成必备的身体、情感和认知特征,为下一阶段更高的生涯目标奠定基础。

第二,针对性。每个大学生的成长环境、人格等都不尽相同,在进行生涯规划时应客观分析自身的人格、兴趣、能力、价值观及外在环境,有针对性地规划,明确各阶段的目标,提高责任意识和自我管理能力。

第三,可行性。大学生生涯规划需要充分考虑自身的条件和环境需求,选择切实可行的目标和实施方法,使各阶段目标具有可操作性。

第四,适时性。由于存在不确定性,大学生的生涯规划要随着自身条件、外界环境的变化及实施过程中的反馈情况及时调整。

第五,前瞻性。大学生生涯规划是立足现实并指向未来的,它体现了个人对未来职业发展的一种心理预期,因此,设计和规划应具有前瞻性,搜索或开发新的或有潜力的发展方向。

第六,系统性。大学生的生涯规划需要得到学校、家长乃至全社会的支持,整合各方面力量,在必要的协助下制定适合自己的规划并付诸实践。

二、生涯规划的相关理论

生涯规划的理论研究源于 20 世纪初美国职业指导运动的兴起,一个多世纪以来形成众多富有指导意义的理论和学说。

1. 帕森斯的特质因素论

被誉为"职业辅导之父"的帕森斯(Frank Parsons)认为,一个人可以通过个人特质与工作条件的相互匹配找到理想的职业。1909 年,帕森斯在其所著的《选择职业》一书中,阐明职业选择的三大要素:了解自己的态度、能力、兴趣、资源、限制和其他特质;了解各种职业成功的条件、所需知识,在不同职业岗位上的优势、不利和补偿、机会和前途;合理推论上述两类资料的关系。①

帕森斯认为,每个人均有稳定的特质,而职业也包含一组稳定的因素。特质是指个体的人格特征,包括能力、兴趣、价值观等,因素则是在工作上要取得成功所必须具备的条件或资格。个人的特质与工作因素越接近,成功的可能性就越大。帕森斯的匹配理论注重从个体内在特质的角度探讨职业选择,非常重视个人的能力、特质、需要、兴趣等在生涯发展中的作用。

2. 霍兰德的人格类型论

霍兰德人格类型论源于人格心理学中的人格类型说,由美国生涯辅导理论家霍兰德(John Lewis Holland)于 20 世纪 20 年代创立。

霍兰德认为,职业选择是人格的一种延伸和表现,某一类型的职业通常会吸引具有相同人格特质的人,这种人格特质反映在职业上就是职业兴趣。大多数人的职业兴趣可以归为六种类型,即现实型(realistis,R)、研究型(investigative,I)、社会型(social,S)、企业型(enterprising,E)、传统型(conventional,C)、艺术型(artistic,A)。

同一职业群体内的人有相似的人格特质,对很多情境和问题会有类似的反应,从而产生特定的职业环境。它具有特定的价值观念、态度倾向和行为模式,因而职业环境也可以分为六种类型,其名称与兴趣分类一致。

霍兰德以一个正六边形阐述了六种人格类型之间的关系(见图 6-1),在六边形模型中,任何两个类型之间的距离越近,其职业环境和人格特质就越相似,而相隔一角的类型之间一致性较低,相对角之间的类型一致性最低。根据霍兰德的理论,个人兴趣类型和职业环境之间适配度的高低,可以预测一个人的职业满意度、职业稳定性和职业成就感。

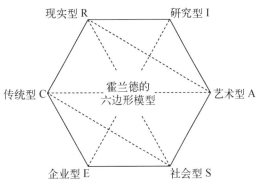

图 6-1　霍兰德的六边形模型

霍兰德编制的《职业偏好问卷》《职业性向测验量表》,被广泛用来评定个人所属的人格类型,引导个体进行主动、积极的探索,发现和确定自己的职业兴趣和特长,以寻求人格和职业类型的匹配。

3. 舒伯的生涯发展理论

舒伯的生涯发展理论以发展心理学为基础,从动态的角度研究人的生涯行为和生涯发展阶段问题,系统地提出了有关生涯发展的观点,强调不同生涯阶段应执行不同的生涯任务。

————————————

① 沈之菲.生涯心理辅导.上海:上海教育出版社,2000.

(1) 生涯发展阶段

美国生涯规划大师舒伯认为,从人的终身发展角度出发,生涯可以划分为成长、探索、确立、维持与衰退五个阶段,每个阶段各有其独特的职责和角色以及不同的发展任务。

第一,成长期。从出生至 14 岁,这一阶段个体开始发展和建立自我概念,接触和探索世界,相识各种职业,有意识地培养自身的职业能力。主要任务是建立自我概念,初步形成对职业的正确态度,了解工作的意义。

第二,探索期。从 15 岁至 24 岁,这一阶段个体通过参加学校、社会的各种活动,对自身的能力作出现实性评价,同时探索各种可能的职业发展机会。主要任务是在完成学业的同时,了解自身的个性、兴趣、能力和价值观,明确职业目标,进行角色体验,培养工作所需的职业素养和技能,完成择业和就业。

第三,建立期。从 25 岁至 44 岁,这一阶段是个体职业稳定下来和发展的时期。此时大部分人事业有成,处于最具创造力的阶段。主要任务是根据职业目标进一步规划,谋求更大的发展。建立期是职业生涯周期中的核心阶段。

第四,维持期。从 45 岁至 65 岁,这一阶段个体在职业领域中已有一席之地,担负相当的责任,具有一定的权威性。主要任务是维持已有的社会地位和职业成就,坦然接受自身条件的限制,协调事业和家庭的关系,传承工作经验。

第五,衰退期。一般在 65 岁以上,属于退休阶段。由于身体和工作能力的衰退,个体将退出工作,结束职业生涯。主要任务是开拓新的生活,发展新的角色,寻求不同生活方式以适应退休生活,维持生命活力。

(2) 生涯循环式发展任务

舒伯认为,在一个人的生涯发展中,每个阶段都会经历成长、探索、建立、维持和衰退的过程,从而形成循环。其中,每一阶段都有一些特定的发展任务需要完成,前一阶段发展任务的达成与否关系到后一阶段的发展(见图 6-2)。

(3) 生涯彩虹图

1976—1979 年,舒伯在英国进行了为期四年的跨文化研究,提出一个更广阔的新概念——生涯彩虹图。在原有的发展阶段理论基础上,加入角色理论,并依据生涯发展阶段与角色交互影响的状况,绘出一个多重角色生涯发展的综合图形(见图 6-3)。

在彩虹图中,横向层面代表的是横跨一生的生活广度。彩虹的外层显示人生主要的发展阶段和大致估算的年龄,即成长期(相当于儿童期)、探索期(相当于青春期)、建立期(相当于成人前期)、维持期(相当于中年期)、衰退期(相当于老年期)。在这五个主要的人生发展阶段内,各个阶段还有小的阶段,舒伯特别强调各个时期年龄划分有相当大的弹性,应依据个体不同的情况而定。纵向层面代表的是纵贯上下的生活空间,由一组职位和角色组成。舒伯认为,人在一生中必须扮演九种主要的角色,依序是孩子、学生、休闲者、公民、工作者、配偶、持家者、父母和退休者。

生涯阶段	青年期 14—25岁	成年期 25—45岁	中年期 45—65岁	老年期 65岁以上
成长期	发展适宜的自我概念	学习与他人相处	接受自身的限制	发展非职业性的角色
探索期	了解更多的机会	寻找心仪的工作机会	辨识新问题并设法解决	寻找合适的退休处所
建立期	在选定的领域起步	在选定的工作中安顿下来	发展新的技能	从事未完成的梦想
维持期	验证所作的职业选择	致力维持工作的稳定	巩固自己面对竞争	维持生活的乐趣
衰退期	减少休闲活动时间	减少运动的时间	专注于重要的活动	减少工作的时间

图 6-2　舒伯的循环式发展任务图示

生涯彩虹图形象地展现了生涯发展的时空关系。随着年龄的增长，人们扮演不同的角色，交织出个人独特的生涯类型。

4. 施恩的职业锚理论

1978 年，美国麻省理工学院教授、职业指导专家施恩提出职业锚理论。他认为，生涯发展实际上是一个持续不断的探索过程，职业锚能够较准确和真实地反映一个人的追求，它是自我实现的动机、需要、价值观、能力相互作用和逐步整合的结果。20 世纪 90 年代，施恩将职业锚分为八种。

第一，技术/技能型（technical functional）。追求在技术、技能领域的成长和提高，亦追求应用这种技术、技能的机会。此类人对自己的肯定来自其专业水平，喜欢面对专业领域内的难题和挑战。

第二，管理型（general managerial competence）。追求工作的晋升，乐意承担管理职责，喜欢整合别人的能力和成果，并将所在集体的成败认定为自己的工作。

第三，创业/创造型（entrepreneurial creativity）。追求创造属于自己的事业，乐意为之冒险，勇于面对和解决问题。他们希望向别人证明自己的能力，希望自己的事业是靠自身努力而创造的。

第四，自主/独立型（autonomy independence）。追求自由和独立，喜欢随心所欲地安

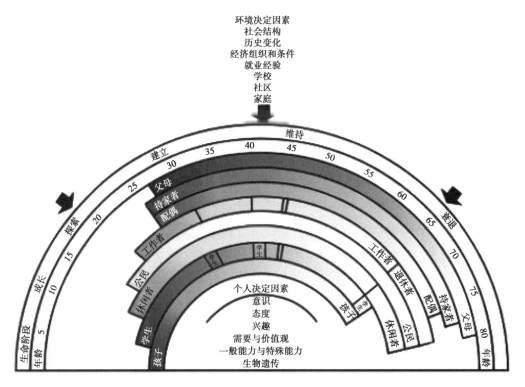

图 6-3 生涯彩虹图

排自己的工作和生活,不希望受到传统的工作方式、习惯和生活方式的约束,向往能够充分施展个人才华的环境,希望能最大限度地摆脱限制和制约。

第五,安全/稳定型(security stability)。追求安全与稳定感,喜欢从事可以预见将来的工作,他们追求工作和生活上的稳定和保障。

第六,生活型(life form)。希望生活妥善安排,喜欢能满足个人需要、家庭需要和职业需要的工作环境。在他们看来,如何生活、在哪里居住、如何处理家务事是更为重要的人生内容,希望职业能够提供足够的弹性让他们实现这一生活目标。

第七,服务/奉献型(service dedication)。追求自己的核心价值,乐意为他人提供服务,希望改善人们的生活,希望新产品的诞生能减轻和消除人们的病患。他们一直追寻能实现其核心价值的机会,即使更换职业,也不会放弃。

第八,挑战型(pure challenge)。喜欢解决看似无法解决的难题,喜欢挑战强大的对手等,在这种挑战过程中获得满足和对自己的肯定。对他们而言,工作的目标就是战胜各种困难。

目前,职业锚已经成为职业发展、职业生涯规划的常用工具,许多国际大公司将职业锚作为员工职业发展、职业生涯规划的主要参考点。对职业锚的分析可以帮助大学生更清楚地认识自我,了解"我喜欢什么""我追求什么""我为什么要这样做",呈现至关重要的人生议题或价值观。

传统的职业生涯理论强调人职匹配,主要思想是让人们通过自我探索和职业探索,在两者之间搭起一座桥梁,找到并且确立最适合自己的职业目标。随着经济全球化的发展,人们的工作和生活不断变化,职业的不确定性不断增加,职业生涯整体呈现出新的形态。生涯之道乃应变之道,传统的生涯理论在解释生涯不确定性上陷入困境,生涯建构理论应运而生。

5. 凯利的生涯建构系统理论

生涯建构系统理论来源于凯利(George Kelly)的个人建构理论。凯利认为,每个人在作出生涯决策时,都会依据个人独有的生涯建构系统。当需要作出某个决定,而以往的决策系统不能奏效时,人们就需要通过生涯咨询构建新的生涯建构系统。随着人们的认知复杂度和统整度的提升,人们能够复杂、多层地建构分析事件,同时更容易在复杂的外在条件中找出关联并迅速作出决策。这个世界是日新月异的,人们需要对外界的变化作出回应。凯利认为,生涯决定并不是生涯的终结,而是自身生涯建构需要不断推翻和完善。

基于以上观点,凯利绘制了个人建构系统中预期与改变的关系,即经验周期、预期、投资、接触、接受或推翻、建设性改变。如一个设计专业的毕业生在选择职业时,觉得设计师非常有前景,酬劳可观,这是他对这份工作的预期。开始实习后,他接触了实际工作,每天加班努力学习新技术并用于工作中,这是他对这份工作的投资。工作一段时间后,他觉得这份工作可以给他很好的职业体验与职业满足感,就接受了这份工作。如果在这个过程中,他发现自己的工作体验是痛苦的,临毕业的时候选择了考研,他就推翻了原来的选择。在个人建构理论中,推翻原有选择并不意味着择业失败,因为失败为新的建构提供源泉和可能。人们通过推翻的经历和体验更加了解自我真正的需求与意愿,作出新的建构,进而实现建设性转变。

生涯建构系统的生涯选择过程,实质上就是通过不断试错,实现个人的清晰建构。一个人如果对自己有十分清晰的目标,就说明这个人具有良好的生涯建构系统。生涯建构系统理论是当今生涯咨询实践的重要理论依据。

6. 萨维科斯的生涯建构理论

美国生涯心理学家萨维科斯(Mark L. Savickas)是舒伯的学生,于2002年提出生涯建构理论。萨维科斯整合了认知匹配理论,在继承舒伯核心思想的同时作出理论创新:关注某个阶段个体如何适应不同职业,如何将工作融入生活中。萨维科斯尤其关注自传叙事对个体身份建构的影响。他认为,每个人都有一个社会角色并按照这个角色行动,进而会在头脑里建构一个融合角色的自传故事,以此解释自己的职业经历的连续性。

萨维科斯对自我和生涯发展提出三个新的假设。一是自我是通过工作和关系持续被建构和创造的。测评和基于头脑反省所得到的不过是"根植于过去的我",固着于探寻过去的真我既难以应对高速变迁的社会环境,也会让自我的发展陷入停滞。二是生涯发展经历是一项建构自我概念的生命设计(life project)。理想职业不会自动展现,是个体在作出选择、实现意图(intention)时被建构和设计出来的。因此,好的生涯发展是积极行动,是将经验整合并丰富自我概念的过程。三是生涯即故事,透过故事理解并创造人生。生涯建构理论认为,讲述个人故事能让人们觉察那些本就存在但模糊不清的意识,即关注过去和当下的经验(experience)解释且重界性和赋予意义。

萨维科斯的生涯建构理论包含人格特质、生涯适应力和生涯主题三个部分。

第一,人格特质。萨维科斯在批判性地继承霍兰德人格类型理论的基础上去理解职业人格类型,认为从过往经历中可以发现一个人相对稳定的职业人格,它会与职业具有一定匹配性。但萨维科斯关注的点有所不同:一是更侧重个体的主观看法,而不是测评分数;二是更关注个体呈现的可能的我(possible self),而不是过去的我。

第二,生涯适应力。社会飞速变迁令个体不得不更主动地根据环境作出态度、行为和能力上的调整,形成生涯适应力。生涯适应力模型包括关注、控制、好奇和自信,需要尝试激发个体对未来生涯的关注、控制、好奇和自信,推动其将意图转化为行动。只有行动才能创造新的故事,即新的自我和生涯,也只有在行动中适应力才得以提升。

第三,生涯主题(theme)。个体通过进入某个职业来诠释和发展自我概念。如果能深入理解自我概念和个人目标,就将更有效地作出生涯选择。萨维科斯认为,个体的自我概念和目标通过生涯主题来展现——如同一个故事的主题,概括了这个故事的中心思想。生涯主题由一个或一系列个体最急切希望解决的问题和解决方法构成,个体生涯发展的目标和行动都围绕生涯主题宏观地展开。

总之,萨维科斯的生涯建构理论的核心概念是自我和身份认同。对处在自我同一性构建阶段的大学生来说更有指导意义。萨维科斯的理论的一个重要特征是对个体的自我概念以及与之相关的情感领域的关注,强调当事人的主动建构能力,也为相关能力的发展提供了方向。

三、大学生生涯规划的意义和任务

1. 大学生生涯规划的意义

大学生生涯规划对个体发展具有重要意义。从某种角度来说,学业、职业和事业是一脉相通的。作为大学生,大学生活要如何度过?几年后想要获得怎样的职业?十年后想要成为怎样的人?大学生生涯规划可以增强发展的目的性和计划性,提高成功的机会,有利于未来的择业和日后的发展。

（1）激发内在动力,培养健全人格

生涯规划是一个激发内在动力、主动规划的过程。在我国,一些家长非常重视孩子的培养,但他们给孩子规划的终极目标是通过高考和进入大学,注重智力发展和学习成绩,忽视价值观、情感和意志品质以及人文素养的培养,一些“被规划”的学生在迈入大学校园后顿感失去人生目标,深感迷茫,产生一系列心理、行为问题。

大学阶段的生涯规划应突出以人为本的理念,把校园和社会、学业与生涯发展紧密联系在一起,唤起大学生主动规划生涯的意识,探索自己的人生目标和各阶段面临的任务,激发成才的内在动力,学会解决自我概念与环境中现有机会之间的冲突,妥善处理成长过程中出现的心理矛盾,培养健全的人格。

(2) 设定生涯目标,增加成功机会

凡事预则立,不预则废。生涯规划可以激发大学生自我实现的需要,增强生涯发展的目的性和计划性。生涯规划的过程是大学生对未来生活的一种主动准备的过程,即正确认识自身的特质、现有与潜在的优势,为生涯发展设定目标,并找出达成目标的方法。在实践、体验、思考和领悟中完善自己的知识结构和职业素养,发展自我成长的调节机制,提升应对挑战的能力。

(3) 促进自我成长,实现自我价值

当今社会处在变革的时代,物竞天择,适者生存。生涯规划可以帮助大学生明确各阶段的个人愿景,有预见地应对未来的发展任务和来自环境的挑战,有针对性地提高各方面的学识、能力和素养,突破障碍,挖掘潜能。根据社会、组织与个人的需求,调整自我概念与生涯角色之间的关系,构建完整的人格,在不断修复并实现目标的过程中促进自我成长和终身发展。

还需要提及的是,大学生生涯规划不仅对个体发展具有重要的意义,对于社会稳定、和谐发展也具有重大作用。

2. 大学生生涯发展的任务

大学阶段是人生观、世界观形成的重要时期,是整个人生中知识积累、能力培养和人格完善的关键时期。科学的生涯规划能够帮助大学生建立稳定的自我概念,实现心理的健康成长和人才资源的合理配置。根据舒伯的生涯发展理论,大学生正处于生涯发展的探索期,其主要任务有如下三项。

(1) 探索自我,增强生涯意识

我是怎样一个人,我希望成为什么样的人? 自我认知是生涯探索的起点。"我是谁"的问题涉及生理自我、心理自我、社会自我等各个层面,也涉及兴趣、能力、价值和性格等。在科技发展日新月异的今天,知识更新很快,大学生在完成学业、提高学习能力的同时,还要不断地思考"我应该怎样度过自己的一生"。生涯规划为大学生全面自我认知提供了内在动机,激发他们自我认知的欲望。

(2) 了解职业,明确发展方向

我想干什么,我能干什么? 在大学生涯中,大学生最终将面临升学和就业问题。在校期间,大学生可以通过各类职业信息平台,收集升学和求职的相关资料;通过参加社团活动、与朋辈交流、人物访谈等不同方式,了解更多行业和企业的特点和发展趋势、不同职业的工作内容和所需技能;还可以去实习和兼职打工,进行职业探索和角色体验,以寻求人格和职业类型的匹配。在了解信息、体验职业的过程中,要培养自己收集信息、筛选信息和分析信息的能力,以及与外界沟通、交流的能力。

(3) 培养能力,为就业作准备

要达成目标,现在该做些什么?大学生要通过主动探索,在了解自我、认识工作世界的基础上,整合各类因素,评估各种可行性,寻找出一个具体的方向和具有弹性的目标;评估个人目标与现实之间的差距,制订切实可行的阶段性目标和实施计划,构建相关的知识结构和职业素养。这个过程有助于提高大学生的决策能力、制定和实施计划的能力。

小实验 6 - 1

双胞胎爬梯实验和生涯规划

双胞胎爬梯实验的设计者是美国心理学家格塞尔(Arnold Lucius Gesell)。在这个实验中,格塞尔研究了各方面都非常相似的一对双胞胎在不同阶段学习爬楼梯的过程。

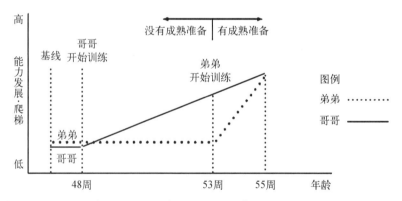

格塞尔首先让哥哥在出生后的第 48 周开始学习爬楼梯。彼时的哥哥才学会站立,偶尔可踉跄地走上几步。格塞尔每天训练哥哥 15 分钟,在历经无数次的跌倒、爬起的过程后,哥哥终于在第 6 周的时候(即出生第 54 周)能够自己独立爬楼梯了。

格塞尔又对双胞胎中的弟弟进行爬梯训练,不同的是,他选择在弟弟第 52 周的时候开始。这时候弟弟已经走得很好了,腿部肌肉也比哥哥当时训练的时候更发达。结果,在同样的训练强度和内容下,弟弟只用了 2 周(即出生第 54 周)就能独立爬梯了,且比哥哥爬得更快、更稳。

之后,心理学家进一步把这个实验扩展到上百对人种、性别都不同的双胞胎,实验范围延伸到识字、算数、穿衣服甚至社交领域,发现在他们身上都存在黄金教育时段。

由此可见,个体的发展取决于准备的成熟度,当一切准备不够成熟的时候,就没有真正的发展与变化。青少年的生涯发展也是如此。

　　大学生对工作的体验是零散的,且更多的是预想,其生涯发展难免会受社会与个人成熟因素的影响,多呈线性模式发展,是一个循序渐进的过程。大学生要把学涯规划好,多进行自我探索,然后再从学涯过渡到生涯的部分。尽量找到自身发展的生涯规划体系,根据这一体系的节奏,在各个时间节点完成相关内容,才是正确、科学的做法。

小贴士 6-2

学涯规划:从校园人到社会人

　　进入大学学什么,如何学,为何学?

　　走进职场做什么? 自己适合什么? 如何发展? 要成为什么样的人?

　　该如何努力? 设置的目标是否合理?

　　对于多数大学生,在进入大学的那一刻就开始了对这些问题的探索。对这些问题的回答都可以从规划自己当下的学涯开始。

　　学涯规划也称学业生涯规划,大多数研究都将学涯规划视作生涯规划的一部分,或者是职涯规划的前奏。进入大学后,无论是否有清晰的职业方向,学生们都可以做的就是尽早规划好学习生涯,以此启发自己对未来职业生涯的理解。国内学者顾雪英2011年对学涯规划下了定义:"所谓学涯规划,是指以职业发展目标为导向,设置学涯发展目标,并建立学习、工作、人际、休闲等领域的行动方案。"学涯规划要以生涯发展为导向,有了生涯发展目标和职业兴趣,有了对人生长远的思考,学涯目标才会有明确的方向,行动也会更加专注。对于大学生,生涯发展又要以学涯规划为落脚点,要立足当下。缺少了当下详尽而有操作性的学涯规划,缺少了对学涯规划的有效执行,未来的发展就很可能失去坚实的基础,犹如无源之水、无本之木。①

　　具体的学涯规划可根据自身情况和专业情况进行详细规划,下面是几点学涯规划的小建议。

　　第一,搭建专业知识结构。全面了解自己的专业,尤其要掌握好本专业的核心课程,通过了解专业课程的培养目标,初步探索未来可能从事的狭义或广义上对口的职业并逐渐确立自己的职业目标。

　　第二,增加学习意义感。将专业未来的发展和社会责任、生命价值联系在一起,树立自己对家庭、社会乃至国家的责任感。

　　第三,培养职业人品质。无论今后从事什么行业,敬业精神都是职场中必不可缺的优秀品质。敬业强调的是一种处事的态度,表现在多个方面:在大学里,课前要自觉预习,保持好奇;上课时专注,独立思考;遇到问题时努力解决,主动求助;积极参与小组讨论,勇于承担,将敬业精神落在实处。

---

① 徐川.大学生学涯规划及其影响因素研究.南京:南京大学硕士学位论文,2016.

第二节　大学生生涯规划的模式与步骤

传说,比塞尔是西撒哈拉沙漠中的一颗明珠,每年有数以万计的旅游者去那里度假。然而,在英国学者肯·莱文发现它之前,这里鲜为人知,与世隔绝。当地人没有一个走出过大漠,不是他们不愿离开这块贫瘠的土地,而是他们尝试过很多次都没有走出去。原来,比塞尔村位于浩瀚的沙漠中,方圆上百公里没有一点参照物,比塞尔人不认识北斗星,又没有指南针,想走出沙漠的确是不可能的。后来,当地一位名叫阿古特尔的青年跟随肯·莱文,一直向着北斗星的方向走,用了三天时间走出了沙漠。阿古特尔因此成了比塞尔的开拓者,他的铜像被放在小城的中央。铜像的底座上刻着一行字:新生活是从选定方向开始的。

真正的人生之旅是从设定目标的那一天开始的。大学生正处在青春年华,如何选择未来的道路,找寻人生之旅的北斗星是至关重要之事。只有明确生涯发展方向,才能为实现目标而达成行之有效的规划和行动。

一、大学生生涯规划的模式

美国伊利诺伊大学教授斯温(Robert B. Swain)为了帮助大学生更好地进行生涯规划,提出一个生涯规划模式[①](见图 6-4)。该模式强调确定生涯目标的过程应该包括以下三个方面。

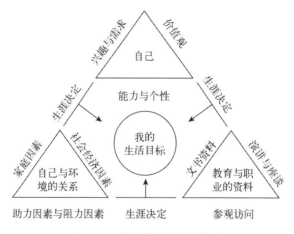

图 6-4　斯温的生涯规划模式

---

① 邱美华,董华欣.生涯发展与辅导.台北:心理出版社,1997.

1. 个人特质的澄清和了解

生涯规划是一个从内而外过程,在制定生涯规划时,首先要认识自己的个性、兴趣、能力和价值观,清楚地知道自己的优势与劣势,这将有助于作出正确的决定。

2. 教育与职业资料的搜寻

教育与职业资料的搜寻是整个生涯目标决策过程中不可或缺的部分。正确的教育与职业资料是作出生涯决定时的重要依据。

3. 个人与环境的关系

环境因素大多指社会文化和机遇,这些因素可以是助力因素,也可以是阻力因素。

斯温的生涯规划模式的中心点是核心部分,表示一个人想要达成的生活目标。该目标的设定受环绕于它的三个小三角形的影响,每个小三角包含丰富的内容,也是我们进行生涯探索和规划的重点。

我国有学者根据斯温的生涯规划模式,结合大学生的发展状况,提出大学生生涯规划模式,并以简单、明了的图形呈现出来,使得生涯规划的步骤更全面、清晰,有架构可循(见图 6 - 5)。①

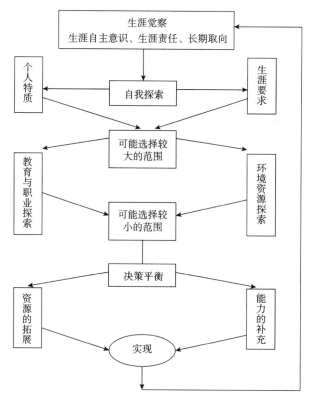

图 6 - 5　大学生生涯规划模式

①　林清文.大学生生涯发展与规划手册.台北:心理出版社,2000.

在这一模式中,除了兼顾斯温强调的个人特质的澄清和了解、教育与职业资料的搜寻、个人与环境关系的协调以外,还将生涯觉察作为生涯规划的首要任务,即大学生在拥有"生涯可规划"的信念基础上,形成"生涯规划的必要性"的意识,增强对生涯自主意识与责任的认识;通过对自己的个性、兴趣、能力、价值观和职业要求的了解,寻找各种可选择、尝试的机会,在探索教育与职业以及环境资源的基础上,进行审观的分析,缩小生涯选择的范围,形成不同的生涯选择方案;经过决策平衡,作出生涯决定;而后围绕生涯目标,制订实施计划,拓展各类资源和补充各方面能力,以实现这一阶段的生涯目标。从整个过程来看,生涯规划是一个不断循环的历程。

由此可见,大学生的生涯规划并不是一个单一的静态事件,而是一系列动态过程;生涯目标也不是一次就能定型的,而是随着大学生的身心发展和环境变化不断发展的。我们可以借鉴学者提供的各种规划模式,不断寻觅适合自己的目标,合理规划并付诸行动。

二、大学生生涯规划的步骤

大学生生涯规划的基本步骤包括自我认知(知己)、探索职业(知彼)、确定目标(决策)、制定方案(行动)、反馈调整(评估)。

1. 知己:自我认知

自我认知是生涯规划过程中的起始环节,也是职业生涯规划的基础。通过对自己的性格、兴趣、价值观、能力的探索,了解我有哪些人格特征,我的兴趣是什么,哪些东西是我生命中不可或缺的,我最看重什么,我有哪些技能与众不同,等等。客观、全面地认识自我,可以帮助我们更好地选择适合自己的职业,制定具体、可行的目标和方案。

(1) 性格与生涯发展的关系

性格指体现在人对现实的态度和行为方式中的个性心理特征。性格的形成受遗传、家庭教养、文化规范、学习经验等的影响,具有可塑性。

较为流行的职业人格评估工具——《迈尔斯-布里格斯人格类型量表》是根据其编制者迈尔斯和布里格斯而命名的,母女俩根据瑞士心理学家荣格的心理类型理论和她们对于人类性格差异的长期观察和研究提出该指数。《迈尔斯-布里格斯人格类型量表》有着广泛的国际影响和应用前景,已成为全球著名和权威的心理测评工具,被广泛用于自我探索、职业发展、团队建设、管理培训、教育(学业)咨询及多元文化培训中(见小贴士6-3)。

─ 小贴士6-3 ─

《迈尔斯-布里格斯人格类型量表》的四维偏好二分法

一、能量倾向

| 外向(E) | 关注自己如何影响外部环境和与他人的交往,喜欢聚会、讨论、聊天 | 关注外部环境对自己的影响,注重内心体验,喜欢独立思考 | 内向(I) |

续　表

二、接收信息			
感觉（S）	关注由感官获取的具体信息，对周围发生的事件观察入微，关注现实	关注事物的整体和变化趋势，重视灵感和推理，富于想象和创造力	直觉（N）
三、处理信息			
思考（T）	重视事物之间的逻辑关系，理智、客观、公正	重视自己和他人的感受，富有同情心	情感（F）
四、行动方式			
判断（J）	喜欢计划和控制，希望井然有序，重视结果	灵活，能适应环境，喜欢宽松、自由的生活方式	知觉（P）

量表中四个维度的两极正好组合成 16 种人格类型：

01. INFP 哲学家　　　02. INFJ 作家型　　　03. ENFP 记者型

04. ENFJ 教育家　　　05. INTP 学者型　　　06. INTJ 专家型

07. ENTP 发明家　　　08. ENTJ 将军型　　　09. ISFJ 照顾型

10. ISTJ 公务员　　　11. ESFJ 主人型　　　12. ESTJ 大男人

13. ISFP 艺术家　　　14. ISTP 冒险家　　　15. ESFP 表演型

16. ESTP 挑战型

在运用《迈尔斯-布里格斯人格类型量表》时，我们应该注意，人格类型没有对错之分，每种类型都是独特的。只有人格类型与工作、生活的环境要求一致时，人们才可以感受到和谐与融洽，方可充分发挥自己的才能与潜力。因此，在选择职业时，要充分考虑自己的性格特点，"扬性格和天赋之长，避性格和天赋之短"，选择最适合自己的职业及发展路径，以增加职业稳定性、工作满意度和职业成就感。

《迈尔斯-布里格斯人格类型量表》将人格分成 16 个大类，事实上，人格的复杂程度远高于目前任何一种测评，即使通过测评得到一个结果，亦不要陷入其中。我们还可以借助身边的资源，诸如同学、朋友、家人、老师，看看他们对我们的认识与我们的自我认识、测评结果有什么不一样，并和他们讨论这些异同，从中了解自己的人格。

在现实生活中，我们不难发现，工作也会持续不断地塑形和修正人格特质，使个体的人格特质逐渐改变。例如，一位害羞、内向的学生毕业后当了老师，经过多年教学历练，她的性格发生变化。现在，她自信、热情，充满活力，善于表达和交流，可能谁也不会相信她曾经是个害羞、内向的女孩。

（2）兴趣与生涯发展的关系

兴趣指一个人力求认识和掌握某种事物并经常参与相关活动的心理倾向。当人的兴趣对象指向职业活动时，就形成职业兴趣。职业兴趣对于职业活动有重要作用。

　　职业生涯规划指导中影响较广泛的还有美国生涯辅导理论家霍兰德于 1959 年提出的职业兴趣理论。表 6-1 可以帮助我们评估自己的兴趣类型与职业类型的适配度。

表 6-1　霍兰德职业兴趣类型

形态	人格倾向	典型职业
现实型（R）	此种类型的人具有顺从、坦率、谦虚、自然、实际、有礼、害羞、稳健、节俭的特征，其行为表现为：喜爱实用性职业或情境，从事琐细的活动，以具体、实际的能力解决工作及其他方面的问题，较缺乏人际关系方面的能力。应避免社会型职业或情境	工程师、园艺师、机械师、操作 X 光的技师、鱼类和野生动物专家等
研究型（I）	此种类型的人具有好奇、聪明、内向、谨慎、谦逊、条理、精确、理性、独立的特性。其行为表现为：喜爱探索和理解事物，喜欢学习和研究那些需要分析、思考的抽象问题，喜欢独立工作，对未知问题的挑战充满兴趣，适宜研究型职业或情境，但相对缺乏领导方面的才能。应避免企业型职业或情境	临床科研学者、医学技术专家、新药研发专家、气象学家、化学师、数学家、地质学家、实验员、科研人员、植物学家等
艺术型（A）	此种类型的人具有富有想象力、冲动、独立、直觉、情绪化、理想化、有创意、不重实际的特性，其行为表现为：喜欢自我表达，重视作品的原创性和创意，拥有艺术与音乐方面的能力（包括表演、协作、语言），重视审美。应避免传统型职业或情境	诗人、小说家、音乐教师、舞台导演、室内装饰专家、摄影师、演员、雕刻家、漫画家、美容师、美发师等
社会型（S）	此种类型的人具有合作、友善、慷慨、仁慈、负责、圆滑、善社交、善解人意、理想主义、富有洞察力的特征，其行为表现为：喜爱与人合作，热情关心他人幸福，愿意帮助他人成长，为他人提供服务，以社交方面的能力解决工作及其他方面的问题，愿意承担社会责任。应避免现实型职业或情境	社会学者、社会工作者、教师、医师、咨询人员、辅导人员、福利机构工作者等
企业型（E）	此种类型的人具有冒险、有野心、独断、冲动、乐观、自信、善于社交、关注名誉和社会地位等特性，其行为表现为：喜爱领导和支配别人，通过领导、劝说他人或推销自己的观念、产品而达到个人和组织的目标，希望成就一番事业。应避免研究型职业或情境	律师、政治运动领袖、营销商、职业经理人、企业经理、市场部经理、电视制片人、保险代理等
传统型（C）	此种类型的人具有规律、准确、有条理、实际、稳重、有效率、缺乏想象力等特征，其行为表现为：喜欢固定的、有秩序的工作或活动，希望确切地知道工作的要求和标准，能对文字、数据和事物进行细致、有序的系统处理以达到特定的标准。应避免艺术型职业或情境	文字编辑、会计师、银行家、行政助理、法庭速记员、成本估算员、税务员、计算机操作员等

　　心理学研究表明，兴趣可以使人集中精力获取自己喜欢的职业知识，启迪智慧并创造性地开展工作。一个人对某种工作有兴趣，就能发挥全部才能，还能长时间保持高效率而不感到疲劳；如果对某种工作不感兴趣，就只能发挥一部分才能，还容易产生职业倦怠。兴趣提高工作效率，能增加职业满意度、职业稳定性和职业成就感。

　　对大学生而言，还可以通过回顾过去的经历来了解自己的兴趣，如在学某门课或做某件事的过程中，不管是得心应手还是困难重重，都感到乐此不疲，就可以视为自己的兴趣所在。另外，要主动尝试新事物。没有做过的事，我们无法判断是否对其有兴趣。为了防止"叶公好龙"故事重演，要积极参加社会实践、实习和兼职打工，来验证和体会向往的工作是否适合自己。

寻求个人兴趣与职业之间的匹配，是许多人不断追求的一个理想目标。但是，所有工作都有其局限性和令人失望之处，很难完全满足人们的需要，要通过其他活动平衡生活，才有可能感觉到圆满和幸福。

（3）价值观与生涯发展的关系

价值观是人们平时在生活和工作中看重的原则、标准或品质。它指向我们一生中最重要的东西，因而也是一种自我激励机制。

美国生涯规划大师舒伯认为，职业价值观是个人追求的与工作有关的目标，即个人的内在需求以及在从事活动时追求的工作特质和属性，它是个体价值观在职业问题上的反映。首先，个体职业价值观的形成受到客观因素和主观因素的影响和制约。每个人所处的社会环境、所受的家庭影响和教育程度不一样，会形成不同的职业价值观。其次，职业价值观具有阶段性。美国心理学家马斯洛将人的需要分为五个等级，即生理需要、安全需要、社交需要、尊重需要和自我实现需要，在不同需要阶段人的职业价值观也是不一样的。最后，职业价值观不是唯一的。毕业生在求职时，既要考虑个人的兴趣爱好、自身的发展，又要考虑收入、工作条件、工作地域的差异等，职业价值观受多个因素的影响。

小贴士 6-4

价值观的澄清

美国学者拉茨（Louis Raths）认为，通过选择、珍视、行动三个阶段的七个步骤，可以澄清我们自身的价值观。

选择：是你自由选择，没有来自任何人或任何方向的压力吗？

是在尽可能广泛的范围内自由选择的吗？

是在思考了所作选择的结果后确定的吗？

珍视：你是否珍爱你的价值观，或者为你的选择感到自豪？

你是否乐于向他人、向公众公布自己所珍惜的价值观？

行动：你的行动是否与你选择的价值观一致？

你是否始终如一地根据你的价值观来行动？

大学生职业价值观是大学生整个价值观体系的重要组成部分，它在人的生涯发展中往往有决定性作用，甚至可能超过兴趣和性格的作用，直接影响大学生的职业选择、今后的职业发展方向与成就。大学生只有了解自己在工作和生活中想要寻求什么，什么对自

己来说是最重要的,才能正确认识和客观评价自我和职业环境,形成稳定的职业态度和职业动机,作出明智而长远的职业选择,实现个人与社会双向选择的和谐统一。

(4) 能力与生涯发展的关系

能力是调用知识、运用智力、借助技能,顺利完成某种实践活动的个性心理特征。

能力按照其获得的方式(先天具有和后天培养),可以分为能力倾向和技能两大类。能力倾向包括一般能力和专门能力。一般能力即智力,指运用于各个活动领域的能力,如观察、记忆、思维等能力。专门能力指完成某一专门活动所需要具备的能力,如音乐、绘画、表演能力等。

技能则是经过后天学习和练习而形成的能力。美国学者法恩(Sidney Fine)和博尔斯(Richard Bolles)将技能分为三种类型:知识技能、自我管理技能和可迁移技能(通用技能)。知识技能指那些需要通过教育或者培训才能获得的特别的知识和能力,常常与我们的专业学习和工作内容有关。自我管理技能指个体在不同环境下管理自己的能力,它能帮助个体更好地适应周围环境,应对工作中出现的问题,因此也被称为适应性技能,是职业生涯成功与否的关键。可迁移技能是个人能持续运用和依靠的技能,它可以使我们不限于自己所学的专业,在更广的范围内选择职业,获得更好的发展。随着信息时代的到来,知识的更新不断加快,这就意味着个体需要不断学习新知识才能赶上时代的发展。从某种意义上说,学习能力已经比拿到某个专业的硕士学位更重要。

与能力相关的还有一个重要概念,就是美国心理学家班杜拉提出的自我效能感。研究发现,在实际生活和工作中,对个体行为起决定作用的往往不是个体的实际能力,而是个体的自我效能感,它直接影响个体完成任务时能否发挥实力,在自我调节系统中起重要作用。在生涯发展中,自我效能感有助于提高工作的满意度和绩效。

对大学生而言,在校期间应在学好专业知识的基础上,积极参加各类社会实践,寻找可以模仿的成功榜样,设定合理的生涯目标,培养自己的沟通能力、挫折承受力、管理能力、决策能力和创新能力等,体验成功,增强自我效能感。

2. 知彼:探索职业

工作世界是个体实现其理想的外部平台。大学生在校期间,既要了解与自己专业相关的职业,还要了解当前整体就业环境和就业趋势、行业和企业的现状及发展前景、自己从事的职业所需要的知识和技能。如果要升学、出国留学,就需要了解哪些学校有自己想报考的专业,这些学校之间的差异,它们的招生政策、学费,等等。这些信息有助于正确地作出生涯决策。

(1) 环境分析

环境分析可以分为社会环境分析、行业环境分析、企业环境分析、学校环境分析、家庭环境分析等不同层面。

第一,社会环境分析。中国正处于迅猛发展的重要时期,随着国家经济的发展和科技的进步,社会职业结构也有所变化。从社会环境分析中,我们可以了解中国劳动力市场需求现状、社会热门职业的分布和需求情况,进而预测行业与职业的发展趋势,寻找各种发展机会。如上海作为国际经济中心、国际金融中心、国际贸易中心、国际航运中心、具有全球影响力的科创中心,行业集中,优秀企业较多,相对来说,个人职业选择的机会和发展空间比较大;但是,二三线城市发展同样迅速,而人才竞争没有上海那么激烈,有些专业大有用武之地,到二三线城市反而可能获得更广阔的发展空间。

第二,行业环境分析。随着中国综合国力的增强,科技水平不断提高,高新技术产业高速发展,信息服务行业、文化传播行业、旅游业、金融业、生物制药产业显现出勃勃生机。大学生可以利用多种形式,广泛收集相关信息,通过对行业环境的分析,了解行业对生活和社会的作用、行业的人力资源需求状况及趋势、行业需要的通用素质和从业证书、国内外重大事件对行业的影响,以及行业发展的趋势等。

第三,企业环境分析。包括了解企业的类型、发展阶段、发展前景、产品服务、企业文化、员工素质和工作氛围。通过对企业的分析可以知晓,社会发展趋势对所选企业有何影响和要求,企业在业界是否具有竞争力,以及自己在该企业发展需要哪些核心竞争力,可能的风险有哪些,等等。

第四,学校环境分析,包括学校的办学特色、专业特点、近年来学校各专业的就业率和就业流向。了解自己学校、专业的毕业生在各地的就业竞争力,有助于及早确立目标,合理定位。

第五,家庭环境分析,包括家庭情况、家庭教育、经济状况、家人期望、家族文化及社会资源等,这些对大学生的生涯发展亦有重要影响。

(2) 目标职业分析

职业是人们为谋生和发展而从事的相对稳定的、获得经济收入及报酬、专门类别的社会劳动。它既是个人谋生的手段,也是个人实现自身价值的必要条件。分析目标职业有助于大学生进一步认识自己将要从事的职业的具体工作内容。它包括以下四个方面。

第一,工作内容。职业的具体工作内容,包括每项工作的综述、活动过程、工作联系和工作权限,以及在不同阶段用到的不同设施、设备、手段等。

第二,任职资格。学历要求、专项培训、经验要求、能力要求、人格特质要求等。

第三,就业和发展前景。该职业目前的就业情况、职业发展路径及要求等。

第四,薪资待遇。薪酬和福利,包括保险、住房公积金及潜在的收入空间等。

(3) 考研和留学

在终身学习时代,继续教育和学习几乎成为每个人生涯发展中的必然内容,途径一般包括考研、学校保送、读在职研究生、出国留学、自考、读夜大、考资格证书等。哪种形式更适合自己则要从时间、经济、能力、针对性等多个角度去了解和考虑。

出国留学。这是部分大学生毕业时的选择之一。对每一位毕业生来说,出国留学是一种高风险投资,出国前须作全方位评估,弄明白为什么要出国留学,评估自身的家庭经济情况、语言能力、独立生活能力、跨文化交流能力、心理承受能力等。

（4）探索职业的方法

第一,建立自己预期的职业库。有关职业的信息浩如烟海,大学生初次就业,会因困惑而不知从何入手。首先,学生可以通过各类招聘网站、报纸、杂志来了解职业资讯,选出自己心目中的理想职业,与自己所学专业相关的职业,与自己性格、兴趣相适配的职业,以及家人、朋友推荐的职业,建立一个职业清单;然后,根据这些职业特点分类,再结合自己的能力和价值观进行筛选,形成自己预期的职业库。

第二,进行生涯人物访谈。根据自己的目标职业,对一定数量的职场人士进行生涯人物访谈,了解与职业有关的一些问题,如入职标准、核心素质要求、晋升路径、薪资福利。对没有工作经验和社会阅历的大学生来说,生涯人物的心路历程和内心感受实际上是一次间接、快速的职业体验。

第三,体验真实的职场。目前大学生主要通过网络等平台获取有关职业信息,但各平台上的信息都是通过职业招聘广告的形式呈现,往往比较简单。为此,大学生在不断聚焦目标职业的基础上,可以通过亲戚、朋友或校友的推荐和介绍,在寒假、暑假或平时闲暇时间,有针对性地参加实习或兼职,以获得真实的职业体验和切身感受,进一步认识和了解自己,培养和提升自己的知识结构和能力,积累相关的工作经历和经验。除此之外,还可以去参加一些招聘会,通过与职场人士面对面的交流获取目标职业的详细信息。

3. 决策：确定目标

生涯决策就是根据个人优势特质及专业(职业)要求,结合社会的发展趋势,选择和决定个人未来主要的生涯(职业)发展方向。其构成要素包括决策者的个人目标、可供选择的方案与结果,以及对各种结果的评估。生涯决策不仅是一个即时的职业选择行为,还是一个动态的决策过程。从某种意义上来说,它直接影响个人生涯满意的程度和自我实现的程度。

随着社会的发展,很多人不再是一辈子只从事一份工作、一种职业,而是可能多次变换工作甚至职业。大学生要确定自己的目标,掌握有效的生涯决策方法,以便在踏入职场的第一步抢得先机,并在今后的职业发展中把握机遇,作出明智的选择。

---- 小贴士 6-5 ----

生涯决策的基本原则

职业生涯规划专家提出,选择生涯方向和目标应把握四条原则。

1. **择己所爱**。对生涯方向和目标的选择首先要遵从自己的价值观和兴趣,这样才能在职业生涯中体会到人生的价值和意义,获得生活的乐趣。

2. **择己所能**。在作生涯决策时,要考虑自身的能力,任何职业都要求从业者掌握一定的技能。职业不同,对技能的要求也不同,一定要选择最有利于发挥自己优势的职业。

3. **择世所需**。在作生涯决策时,需适应社会对人才结构的需求,选择社会需要的职业。

4. **择己所利**。决策也是利益选择的过程,在个人利益和集体利益不相冲突的前提下,两弊相衡取其轻,两利相权取其重,追求合理利益最大化。

在生涯决策过程中,大学生需要考虑三个方面的因素:我想做什么? 我能做什么? 我可以做什么? 在此基础上列出与自己专业、兴趣相关的所有选择,收集需要进行平衡和比较的相关信息,从可行性和满意度两方面进行评估并排序。比较常用的决策方法有SWOT 分析法、生涯决策平衡单和职业家族树等。下面介绍一下前两种方法。

(1) SWOT 分析法

SWOT 分析法又称态势分析法,20 世纪 80 年代初由美国旧金山大学管理学教授韦里克(Heinz Weihrich)提出,主要用来形成决策、制定企业战略等。这一方法内涵被扩大,凭借着系统、准确、全面的优势,在很多领域被广泛采用。

SWOT 是英文单词 Strengths(优势)、Weaknesses(劣势)、Opportunities(机会)、Threats(威胁)的缩写。优势和劣势是内在因素,机会与威胁是外在因素。

SWOT 分析法可以分三个步骤:

第一个步骤,知己知彼,了解自己的需要、兴趣、能力倾向和价值观念。这一步有助于决策者在作生涯决策时,增加对自己最有利的选择筹码。对社会、行业、职业、就业形势存在的机会和威胁有一个全面、客观的认识,是整个生涯目标决策过程中不可或缺的部分,这些都是进行生涯决策的基础。

第二个步骤,构建个体的 SWOT 矩阵,认清自己的 S(优势)和 W(劣势),评估拟选职业所面临的 O(机会)和 T(威胁)。从 SWOT 矩阵中可以了解自己的职业竞争力和发展机会,从而制定适合自己实际情况的职业目标,同时也可以看到自己的不足和外部环境存在的威胁,为弥补不足、提升自我提供现实依据(见表 6 - 2)。

表 6 - 2　个体职业生涯决策中的 SWOT 矩阵

	Strengths(优势) 个体可控并可利用的内在积极因素,包括:	Weaknesses(劣势) 个体可控并努力改善的内在消极因素,包括:
内在 因素	1. 教育背景 2. 实践经验 3. 特定的可迁移技能(沟通、团队合作、领导能力等) 4. 人格特质(职业道德、自我约束、承受工作压力的能力、创造性、乐观向上等)	1. 缺乏工作经验 2. 学习成绩差,专业不对口 3. 较差的领导力、人际交往能力、沟通能力和团队合作能力 4. 负面的人格特征(如缺乏自律、过于害羞、情绪化等)

	Opportunities(机会) 个体不可控但可利用的外在积极因素，包括：	Threats(威胁) 个体不可控但可使其弱化的外在消极因素，包括：
外在 因素	1. 就业机会增加 2. 再教育机会增加 3. 专业领域急需人才或专业发展带来的机会 4. 地理位置的优势	1. 就业机会减少 2. 具有丰富技能、经验、知识的竞争者 3. 高校扩招，同专业毕业生带来的竞争 4. 缺少培训、再学习造成的职业发展障碍 5. 专业领域发展有限

第三个步骤，遵循内在因素与外在因素相结合的原则，将优势、劣势和机会、威胁组合形成 SO、ST、WO、WT 策略，对拟选职业进行综合分析，强化优势，抓住机会，化解威胁，弥补劣势。优先考虑 SO 组合，即充分发挥优势，利用好机会，避免 WT 组合，把这两种因素的不利影响都控制在最小范围。

大学生在选择职业时，要注意自身的优势和劣势、外部的机会和威胁在不同的职业中，对自身职业发展的影响程度也是不同的。因此，在决策时，必须根据所处就业环境对拟选职业的具体情况进行分析，这样才能清晰地看出所选职业是否更具优势，才能作出最佳职业决策。

(2) 生涯决策平衡单

生涯决策平衡单由美国学者詹尼斯(Irving L. Janis)和曼恩(Leon Mann)设计，包括四个方面：个人物质方面的得失，他人物质方面的得失，个人精神方面的得失，他人精神方面的得失。该平衡单可以帮助我们系统、客观、清醒地考虑问题，有条理地分析每一个职业选项的利弊得失，帮助我们作出理性的选择。具体步骤如下。

首先，列出有意向的 3—5 个职业选项。其次，从四个方面判断各个职业选项的利弊得失，并根据不同职业选项的利弊得失为其赋值，通常以"+5"至"-5"来赋值。再次，各项考虑因素的加权计分，按 1—5 的等级分配权重。"5"为最高，表示"非常重要"，而"1"代表"最不重要"。个体对自我需求和价值观的准确了解，是合理分配权重的前提。接着，计算出各个职业选项的得分。最后，给各个职业选项排序。大学生可以依据各职业选项总分的高低排定职业选择的先后次序，并以此作为生涯决策的依据(见表 6-3)。

表 6-3　生涯决策平衡单

考　虑　因　素		权重	职业选择一		职业选择二	
		分值	得+	失-	得+	失-
个人物质方 面的得失	1. 收入	4	8			-2
	2. 工作的难易程度	3		-5	5	

续　表

考　虑　因　素		权重	职业选择一		职业选择二	
		分值	得＋	失－	得＋	失－
个人物质方面的得失	3.升迁的机会	5	6			－3
	4.工作环境的安全性	2	4		8	
	5.休闲的时间	4		－3	6	
	6.选择工作任务的自由度	2	4			－4
	7.对健康的影响	5		－3	5	
	8.就业机会	3	6		4	
	9.其他(如工作中接触的人群类型等)	1	1		2	
他人物质方面的得失	1.家庭经济收入	3	4		1	
	2.家庭社会地位	2	2		4	
	3.与家人相处的时间	4		－3	5	
	4.家庭环境类型	1	1		1	
	5.可协助组织或团体	1	3		2	
	6.其他(如家庭可享有的福利等)	1	3			－1
个人精神方面的得失	1.生活方式的改变	2	4		2	
	2.成就感	4	5			－1
	3.自我实现的程度	5	4			－2
	4.兴趣的满足	5	4			－2
	5.工作的创造性和挑战性	4	6			－3
	6.社会声望的提高	3	3		1	
	7.达成长远生活目标的机会	5	5			－3
	8.其他	1	1		1	
他人精神方面的得失	1.父母	3	3		4	
	2.朋友	2	1		1	
	3.配偶	5	2		3	
	4.师长	3	1		1	
	5.同事	2	1		1	
合　计			219		87	

以上介绍的两种生涯决策方法可以帮助我们逐步梳理自己的情况和思路：自己想往哪条路发展——职业目标取向；适合往哪条路发展——职业能力取向；可以往哪条路发展——职业机会取向。以自己的价值观、最佳才能、最优性格、最浓厚的职业兴趣、最有利的内外部环境等信息为依据，确立自己的生涯目标和生涯发展方向。

4.行动：制订方案

曾有马拉松比赛选手分享成功跑完全程的经验："比赛的路线是提前定好的，所以赛前我有机会乘车沿着比赛的路线往返几次，记下了沿途一些标志性地点，比如我记下的第一个标志是银行，第二个标志是一棵大树，第三个标志是一座红房子……这样一直记到赛程的终点。比赛开始后，我就以百米的速度奋力地向第一个目标冲去，等到达第一个目标后，我又以同样的速度向第二个目标冲去。40多公里的赛程，就被我分解成这么几个小目标轻松地跑完了。起初，我并不懂这样的道理，而是把目标定在40多公里外终点线上的那面旗帜上，结果我跑到十几公里时就疲惫不堪了，我被前面那段遥远的路程给吓倒了。"

上面这个案例告诉我们，当我们有了明确的行动目标，并清楚地知道自己与目标之间的距离，其行动就会得到维持和加强，每前进一步，达到一个小目标，就会体验到成功的喜悦，这种感觉将推动我们充分调动自己的潜能去实现下一个目标。在现实中，我们做事常常会半途而废，其中的一个重要原因不是难度太大，而是觉得成功离我们太远。确切地说，我们不是因为失败而放弃，而是因为倦怠和看不到希望而放弃。

因此，我们可以拆解目标。目标可以分为长期目标、中期目标和短期目标。长期目标是自己未来发展的大方向；中期目标相对于长期目标要具体一些，期限可以设定为3—5年；短期目标是一些具体的、操作层面的，期限可以设定为1—2年。

小贴士6-6

设定目标的 ABC 法

1. 可行的（achievable）：就能力和条件而言，实现这个目标是现实的、可能的。

2. 可信的（believable）：相信自己能够在设定的时间之内完成这个目标。

3. 可控的（controllable）：对一些可能会最终影响到实现目标的因素的控制能力。

4. 可界定的（definable）：目标必须是以普通人都能理解的口头语言或书面语言表述。

5. 明确的（explicit）：只陈述某一特定目标，而且在一段时间内专注于这一目标。

6. 属于你自己的（for yourself）：你制定的目标是自己想去实现的，不是他人强加的。

7. 促进成长的（growth-facilitating）：目标应该是对自己和他人均无伤害性或破坏性的，而且对自己的成长有积极促进作用。

8. 可量化的(quantifiable)：目标尽量能够用数字来量化和表达,而不要用笼统的、模糊的或抽象的形式。

生涯目标必须通过可行的方案一步步实现。当我们把中长期目标分解为一个个小的短期目标时,就可以制订完成目标的行动方案了。先将所有可能达成目标的方案详细列出,然后结合个人及环境等各方面情况,逐一评估这些方案的可行性,继而选出最适合的方案。

微视频 6 - 1

生涯目标的分解

小 A 今年大学三年级,学的是行政管理。她想 10 年后晋升为一家企业的人力资源部总监,下面是她分解后的阶段目标。

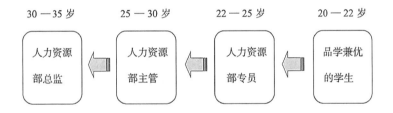

为了使目标更加清晰、具体、可操作,应在目标和现实之间建立起可以拾级而上的路径。小 A 在中长期目标的基础上制定了在校期间和工作后三年内的目标。

大学三年级的主要任务:

- 加强专业基础知识的学习,争取获得二等奖以上奖学金;
- 选修管理学、经济心理学、人际关系学相关课程;
- 提高计算机操作能力,争取通过二级考试;
- 通过英语六级考试;
- 参加社会实践和社团活动,提升自己的综合素养。

大学四年级的主要任务:

- 完成学业,撰写毕业论文;
- 获得人力资源三级证书;
- 准备简历,联系公司,去人力资源部实习;
- 培养自己的逻辑思维、语言表达及书面写作能力;
- 学习职场礼仪,掌握求职技巧,成功应聘为人力资源部专员。

工作后三年内的主要任务:

- 任职期间从一个个模块开始学习,不断积累工作经验;
- 争取培训进修机会,进一步提升自己的工作能力;
- 考取在职研究生,提高自己的学历层次;
- 独立完成上级交给的任务,具备独立思考和解决问题的能力;
- 逐渐了解市场环境,争取在工作中有所创新;
- 为竞聘人力资源部主管做好相关知识和能力的准备。

方案制定后,付出行动便成了关键环节。在现实生活中,经常有人做事半途而废,原因之一就是目标太大,没有对目标进行阶段性分解,缺乏可行的实施方案和对目标的评估和管理。在实施行动方案时,要根据阶段目标合理统筹,协调好学业、社团活动、职业培训、企业实习、兼职打工等事务。

5. 评估: 反馈调整

生涯发展的过程,实质上是自我概念的发展和实践过程,是个人与社会环境之间、自我概念与现实之间的一种综合或妥协过程。人会随着年龄的增长和阅历的丰富而不断变化,社会、职业环境也在不断变化,大学生应该不断地评估自己的能力及价值观,调整自己的生涯规划,以与职业环境的需求相融合。生涯规划的评估与调整包括重新选择职业目标、重新设定职业生涯路线、修正阶段目标、变更实施措施与行动计划等,这是完整的生涯规划步骤中不可或缺的部分。生涯规划的评估与调整包括以下两方面。

(1) 成效评估

生涯规划是对个人职业生涯进行持续、系统计划的过程。在规划过程中,要考虑的主观和客观因素繁多,而这些因素又会随时间的流逝而变化,因此,为了确保计划的可行性与有效性,要对行动方案的实施结果进行反馈和评估。要随时根据反馈进行评估,及时诊断生涯规划各个环节出现的问题,找出差距并分析原因,采取相应对策,对规划进行调整和完善。

(2) 计划修订

计划修订的依据是每次的成效评估。修订时必须考虑以下三点: 定期检查预定目标的达成进度;每一个阶段目标达成时,依据实际效果修订未来阶段目标可采用的策略;如果目标没有达成,要分析是哪些原因影响到计划的执行。

生涯规划具有动态性和发展性的特点,各步骤都紧密相关,共同作用于未来的生涯发展。生涯规划是个体对职业和个人发展逐步探索、逐步积累和逐渐清晰的过程。在这个过程中,大学生要不断认识自我,动态把握职业环境发展现状和变革趋势,不断地评估和修订自己的生涯规划。

第三节　大学生生涯心理偏差与调适

大学阶段是生涯规划的重要时期，也是求职择业的准备期。大学生求职择业不仅是谋得一份工作的过程，也是适应社会、进一步健全人格和提高心理素质的过程。就业竞争日趋激烈，大学生在择业过程中不可避免地会遇上各种困扰、挫折和冲突，会产生一些心理矛盾和偏差，这些心理压力不但影响了他们的择业，也影响了他们的心理健康。

一、大学生生涯心理偏差

在复杂多变的就业环境下，大学生的各种心理交织在一起，相互影响，相互作用，可能形成生涯心理问题，如生涯心理的认知问题、生涯心理的情绪问题和生涯心理的行为问题。认识和分析这些问题，是我们找到解决问题的途径和方法的前提。

1. 生涯心理的认知问题

生涯心理的认知问题是指大学生在特定的生涯环境下，对自己、职业及社会环境等的认识和了解，与对生涯中事物的推理与判断有偏差，如自负、自卑等心理。生涯心理的认知问题主要受就业形势、个人特征等的影响。

就业形势直接影响着毕业生的就业认知。随着高校的不断扩招和经济形势的波动，就业市场上的供需矛盾短期内难以缓解。由于许多高校对毕业生的培养不是基于职业路径的需要，使得他们难以满足人力资源市场的需求和用人单位的需要。他们往往容易被"对自己、对工作世界的刻板印象和主观认知"拘囿，以"不真实的想象"作为职业选择的依据。在大学生群体中，有的人职业视野十分狭窄，比如说一心"考研""考公"，只认准某个地区、某种类型的组织或某种职业，以至于对其他职业和选择视而不见，错失发展机会和可能性。

同时，在成人初期的大学生仍处在自我探索阶段，缺乏社会实践经验，多数存在自我认识盲区：如不了解自己想干什么，适合干什么，在选择专业之前未能准确分析自己的理想、价值观、兴趣、爱好、气质、性格等；进入大学之后，他们也不清楚自己能干什么，欠缺对自己所学知识进行系统整理，也未能对自己的理论水平、实践能力、专业特长等方面进行客观评估。他们在面对未来时会优柔寡断、摇摆不定，无法作出适当的生涯选择。面对每年动态变化的就业情况，这部分大学生易产生"生涯无路、就业无门"的茫然，而有的学生则面对多重选择无法作决定，产生犹豫矛盾心理。

2. 生涯心理的情绪问题

生涯心理的情绪问题由生涯过程引发，大学生在择业时遇到社会形势与自我理想之间的矛盾冲突，或是面对就业压力，容易产生情绪问题，如焦虑急躁心理、消极抑郁心理等。

不少毕业生在毕业季面临就业形势的严峻,在激烈的竞争中,大学生若要得到理想的工作需要作出合理定位和不懈努力。用人单位尤其是大机构、知名企业在选择人才时深思熟虑,录用门槛越来越高,往往需要经过多方面的了解考察。面对纷繁复杂的层层面试和被动等待过程,不少毕业生表现出焦虑急躁的心理。此外,择业期间的焦虑水平主要受自身条件、自我理想、社会环境、家庭期望等多种因素综合影响。其中,自身条件和自我理想是首要的影响因素。调查发现,大学生对自身条件在生涯过程中竞争力强弱的过度担忧使焦虑水平明显上升。

另外,对生涯过程中暂时性的调适不利还会形成消极抑郁的心理。大学生参加招聘,是第一次频繁地与陌生人打交道,而这些陌生人中大多是单位人事主管和求职竞争者,与他们打交道,大学生们会遇到很多"被评判""被对比"的情况。如果自我效能感不足,在面对未知、困难和挫折时往往选择消极回避的态度,表现出一种生涯抑制状态。这样的人会过于夸大外界环境,尤其是不利环境的影响作用,忽视个体主观能动性在适应、改变甚至创造环境中的功能,往往稍遇挫折就会停滞不前,或逃避退缩,甚至终日郁郁寡欢,逐渐丧失了生活的目标和奋斗的动力,让自己于心理颓唐中失去许多就业良机。

3. 生涯心理的行为问题

生涯心理的行为问题是指在生涯过程中,大学生因受到当前社会意识和公众舆论中关于就业价值取向等影响而产生一些非理性择业行为,如盲目攀比、依赖怕苦、拖延"啃老"等。

非理性的择业行为是按照心理上的收益和损失而不是按照实际收益和损失进行决策。尤其是社会意识导向普遍强调的收益和损失的价值衡量更容易对毕业生的择业行为产生影响,进而导致决策失误。有的大学生因为无法决策,一直迷茫,不去行动;有的大学生面对他人在求职过程中体现出来的成就、特长或优越的条件,缺乏独立思考的能力而盲从攀比,将择业方向集中在众人评价较好的单位,在没有冷静思考别人的择业标准是否符合自己实际条件的情况下依从他人的择业目标,片面地被大众舆论导向左右,从而错失择业良机。

此外,受到父母期望的影响,不少大学生产生依赖、怕苦的行为。大多数大学生来自独生子女家庭。父母对孩子就业的高期望和从小的关爱甚至溺爱让他们对工作抱着不切实际的想法,追求轻松安逸的收益让他们回避看似辛苦的工作,在择业中产生依赖家庭和贪图安逸的行为。在大学生群体中,还会出现一些秉持"得过且过、随波逐流"态度的人,他们不关心自己的未来,在面对即将到来的生涯选择和生涯任务时,或逃避,或拖延。也有的以慢就业为理由,实则找个"啃老"的借口。这些行为主要表现为对未来缺乏关注和计划,或消极被动靠父母供养,自己一无所长,缺乏独立思考能力,无法摆脱困境。

── 小思考 6-1 ──────────────────────────

如何看待和应对慢就业现象

"慢就业"这个词最早出现在 2015 年 7 月《工人日报》刊登的《透视慢就业：不急找工作而去环游　如此任性为哪般？》，报道中有关于国家统计局在上海的调查显示，有 55.6％ 的受访家长表示，若理由充分会给予毕业生"慢就业"支持。随后，《光明日报》在 2016 年 10 月发表题为《"慢就业"不失为一种选择》的短评，从就业观的改变解读当代大学生慢就业现象。随着"慢就业"现象越来越突出，一些学者开始对其进行分析研究，"慢就业"在学界没有统一概念界定，但观其现象是指，部分高校毕业生离校后，没有继续深造的意向，也没有准备就业的安排，反而选择暂时居家、游学、陪伴父母、创业考察或反复准备各种职业应考的主动的不就业现象。在中国越来越多的"90 后"年轻人告别传统的"一毕业就工作"模式，成为"慢就业族"。

请参阅查找相关资料，谈谈你对"慢就业"的看法，提出你的应对策略（以下资料供选择）。

（1）张舒茗.慢而不急，厚积薄发.中国大学生就业，2018(20)：18-20.

（2）卢越.透视慢就业：不急找工作而去环游　如此任性为哪般？工人日报，2015-7-12(2).

（3）孙金行."慢就业"不失为一种选择.光明日报，2016-10-02(1).

（4）徐雨朦."慢就业"现象的成因、影响及对策研究.南昌：江西财经大学，2018.

──────────────────────────────────

二、大学生生涯心理调适

1. 生涯心理调适

根据美国心理学家弗洛姆（Erich Fromm）的观点，择业是"一种使人焦虑痛苦、剥夺人的安全感的自由，一种促使人想要逃避的自由，因为你必须选择，无人能代替你选择，且须由你对选择的后果负责"。

对于大学生而言，生涯抉择过程中的心理压力具有积极和消极两个方面的作用。积极作用主要表现在心理压力可以转化为大学生努力学习、自我教育的动力，而消极作用则主要表现在择业带来的紧张、焦虑、抑郁等不良情绪，可能会影响他们的学习与身心发展。因此，缓解生涯过程中过大的心理压力，进行心理调适十分必要。

实用的心理调适方法有理性情绪法、注意力转移法、运动锻炼法、呼吸放松法、自我激励法和音乐陶冶法等。大学毕业生可根据实际情况，个性化地选择适合自己的调适方法，使自己始终保持积极向上的精神状态和健康的心理。

值得注意的是，一旦求职择业中自我调适不起作用的时候，大学生应及时寻求心理咨询或专业人士的帮助，及时排解择业中的矛盾和冲突，最终迈向成功。

2. 生涯适应力的培养

在大学的生活中,我们要愿意用发展的目光去看待每一个成长议题。生涯心理调适中不能忽略的是生涯过程中心理素质的培养。在面对急剧变化的外界环境时,学会提升生涯适应力,并能够以开放的心理系统去适应复杂动态的生涯系统,预防消极心理的出现,这一点更为重要。

在今天,人们比在历史上任何一个时刻都更需要应对经常令人困惑不解的各种转变。生涯适应力由美国生涯心理学家萨维科斯提出。生涯适应力(career adaptability)是指个体对于可预测的生涯任务、参与的生涯角色、面对的生涯变化或不可预测的生涯问题的准备程度与应对能力。它不仅仅是个体对未来生涯任务的现实准备程度,更是个体应对生涯中的任务、问题、转折甚至是重大事件时的心理资源。他提出了生涯适应力模型(见表6-4),大学生可以从以下四个方面培养生涯适应力。

表 6 - 4　生涯适应力模型

维度	生涯问题	态度与信念	不适应表现	能力	生涯干预
关注	我有未来吗?	积极投入	生涯冷漠	计划	生涯导向训练
控制	谁拥有我的未来?	自信有责任心	生涯不确定	作决定	决策训练
好奇	未来我想要做什么?	好奇开放	生涯不真实	探索	从事信息搜集
自信	我能做到吗?	有效	生涯抑制	问题解决	建立自我效能感

(1)提升生涯关注

生涯关注(career concern)回答的问题是"我有未来吗?"如果个体生涯关注的程度高,会对自己未来的职业与生活保持关注和积极乐观的态度。他们对未来有希望感,关注并了解自己未来的职业任务以及即将面临的生涯转换和生涯选择,愿意投入到对未来的计划性准备当中。

如果个体对未来缺乏计划和消极悲观,在生涯关注维度上就表现为冷漠、"不关心"。提升生涯关注,要获得生涯发展的全景视角,意识到生涯发展的不同阶段及其关联。可以采用一些唤醒未来想象的活动,比如绘制生涯愿景图、撰写未来自传、设计退休颁奖典礼等。通过这些活动,可以受到未来图景的激励,进而明确当下要为未来做哪些准备,提升行动力。

(2)加强生涯控制

生涯控制(career control)对应的问题是"谁拥有我的未来?"拥有生涯控制的人有确定的生活目标,对自己的生涯保持着责任感和自我肯定的态度,显得自信、执着、有条理,更愿意投入到生涯的活动实践中。

　　如果一个人在面对未来时容易优柔寡断、摇摆不定,在生涯控制方面就表现为"不确定"。提升生涯控制,关键在于提高决策力。我们可以从了解自己的决策风格开始,知道面临决策问题时,干扰自己的因素是什么,从而促进对自我决策过程的觉察。通过自我肯定训练、决策平衡单、SWOT分析法等,体验决策过程,进而获得掌控感,唤起承担决策结果的勇气和责任。

　　──── 小实验 6-2 ────

果酱实验与生涯决策

　　美国心理学家延加(Sheena Iyengar)曾经做过一个有趣的果酱实验。实验者在超市内分别设立两个果酱品尝摊,其中一个果酱摊上有 24 种口味的果酱,另一个摊位上只有 6 种口味的果酱。实验者暗中观察有多少顾客走进超市,并记录有多少人停下来品尝。工作人员鼓励顾客尽量多品尝一些口味的果酱,他们平均会品尝 2 种果酱。60% 的顾客会停在有 24 种口味的品尝摊前,而有 40% 的顾客会停在有 6 种口味的品尝摊前,结果去哪一个品尝摊的顾客购买率会更高呢?

　　在 6 种口味中品尝过的顾客中有 30% 的人购买了果酱,但是在 24 种口味中品尝过的顾客中只有 3% 的人购买了果酱。品尝过 24 种口味果酱的顾客在选择果酱时会感到很困难,会查看不同的果酱,还会和其他人讨论各种口味的优点。最长会讨论 10 分钟,然后大部人会什么都不买走了。品尝过 6 种口味果酱的顾客好像都知道哪种口味是最适合他们的,他们会来到果酱区,很快拿起一瓶果酱,然后去买别的东西了。统计结果有点出乎意料! 实验显示,过多的选项可以吸引顾客品尝,但实际购买率很低。

　　资料来源:[美]比尔·博内特,[美]戴夫·伊万斯.斯坦福大学人生设计课.周芳芳,译.北京:中信出版社,2017:12.

　　这是人类大脑的反应方式。我们喜欢作选择,现代文化也推崇提供多个选项,但如果要作出一个恰当的选择,有太多选项就不是一件好事了,很多人都面临着选项过多的困境。

　　如今我们在生涯探索和发展的过程中,有的同学在享受拥有多种就业机会的同时,也发现自己陷入困惑,难以去抉择自己到底适合什么,好像这个工作不错,那个工作也挺好,但都不是自己最理想的工作,于是又继续开始寻找,想着会不会有更好的。在不断寻找和比较中,被过多的选项包围,最终迷失在这些选项中,犹豫不决。

　　请记住,选项只有被选择、被实现,才能够创造价值。因此,在作生涯决策时,如果你面临多样选择,你需要做的就是,缩小范围。当面临过多的选项时,可以先把选项进行分类,然后再排列优先级,之后请删除其中一些选项,最后剩下 2—3 个选项,经过深思熟虑之后,就可以进行最终的决策。

（3）保有生涯好奇

生涯好奇(career curiosity)指向的问题是"未来我想要做什么?"生涯好奇水平较高的人,对新经验、新事物始终保持着好奇、开放的态度,并愿意以多种途径与方法探索了解未知事物,主动尝试和体验不同的角色。对自我和工作世界采取积极探索的行动,将促进对自己的兴趣、能力、价值观有更深层次的了解,对职业世界的丰富性、多样性和变化性有充分的认知,进而扩展自己职业选择的空间,促进作出更理智的职业决策,同时创造更多的生涯发展可能。

如果对职业世界和自我有不真实的想象,过于执着于某类工作等,在生涯好奇方面就表现为"不真实"。此部分的调适重点是打开视野,促进对自我和职业的探索,训练信息获取技能,具体的策略主要包括职业心理测评、生涯人物访谈、参加校友座谈会、企业参观考察等。

（4）建立生涯自信

生涯自信(career confidence)要回答的问题是"我能做到吗?"生涯自信水平比较高的个体,在面临生涯挑战时更自信,对解决生涯问题有更高水平的自我效能感。自我效能感指人们对自身能否利用所拥有的技能去完成某项工作行为的自信程度。生涯自我效能高的个体,在朝向生涯目标努力的过程中,不会轻易被困难打倒,能够向着预期的目标,以坚持不懈、积极主动的态度和行为提升自己的知识和技能,最终获得职业成功。

如果个体因缺乏自信而出现逃避退缩,阻碍了生涯决策实践和目标的达成,就是一种"生涯抑制"状态,这种情况下,可以通过记录成就日记、运用榜样学习法提升生涯自信水平。

思考题

1. 根据本章介绍的生涯规划的模式和步骤,为自己拟定一份生涯规划,同时谈谈你的收获和困惑。

2. 结合自身情况,谈谈如何调适自己出现的生涯心理偏差。

推荐阅读

1. 沈之菲.*生涯心理辅导*.上海:上海教育出版社,2000.

2. 金树人.*生涯咨询与辅导*.北京:高等教育出版社,2007.

3. 李枢.*生涯咨询99个关键点与技巧*.北京:机械工业出版社,2022.

4. 孙眉,吴玫,等.*大学生涯咨询与辅导*.北京:中国人民大学出版社,2021.

5. 钟思嘉,黄蕊.*生涯咨询实战手册*(第二版).北京:中国轻工业出版社,2021.

第七章

大学生的人际交往

对大多数青少年而言,大学生活的开始,意味着要离开熟悉的社会环境、独自面对复杂的集体生活。来自五湖四海的陌生人在同一个空间中学习生活,想要各自相安,人际交往就成了大学生进入大学后的第一门"必修课"。大学生都希望有好的人缘,尝试建立广泛的"人脉",让自己拥有归属感,获得友谊与信任,赢得他人的支持与帮助,但是在经营亲情、爱情、友情等人际关系的过程中,大学生又往往会因为缺乏人际交往知识而陷入困境,轻者深感孤独寂寞,重者产生心理疾病甚至伤人害己。因此,学习并有效利用人际交往知识对大学生而言尤为重要。

第一节　人际交往概述

人作为一种社会性动物,需要与人交往,需要建立人际关系。人际交往是人生存于世必须面对和处理的基本问题。美国社会心理学家马斯洛(Abraham H. Maslow)认为,人在满足了基本的生理和安全需要以后,就会自然产生社交需要,即"人是社会的一员,需要友谊和群体的归属感,人际交往需要彼此同情、互助和赞许"。

一、人际交往的内涵及主要理论

1. 人际交往的内涵

交往是人与人往来的表现形式。交往具有两个最主要的特征:一个是信息交流——凡交往必须有人们之间的信息交流,如知识、经验的交流,需要、欲望、态度、情绪的交流;另一个是心理沟通——交往必须有交往双方心理上的接触和相互作用,交往的双方都是活动的主体,通过交往和互动,实现对认知、情感、个性等的相互交流和相互影响。

人际交往(interpersonal communication)指人与人之间的相互作用的动态过程,是社会生活中人与人之间的信息交流、心理交流及其相互作用的过程。

人际关系通过人际交往形成,是人们在社会交往过程中形成的心理关系,展现了个体间根据相互满足需要的程度而产生的心理上的亲疏远近。换句话说,人际关系反映了人与人之间的心理距离,反映了人们在相互交往中物质与精神的需求是否得到满足的心理状态。如果得到一定的满足,人与人之间就欢喜和亲近,反之就嫌恶并疏远。

2. 人际交往的主要理论

有关人际交往的理论有哪些?这些理论是如何看待和解释人际关系的?接下来,我们从社会学、心理学等角度对人际交往的相关研究理论进行介绍。

(1) 人情与面子的理论模型

在社会学领域,诸多学者以研究中国人的人际关系见长。梁漱溟在《中国文化要义》中提出的"伦理本位"和西方社会的"个人中心"形成了鲜明的对照。费孝通创立的"差序格局"已成为海外学者研究中国人的人际关系的基础。而许烺光的"情境中心"(相互依赖说)更是把中国人的人际关系的特色视为分析中国人整个生活方式的关键。

人情与面子的理论模型由黄光国提出,该理论认为人际关系均由工具性成分和情感性成分组成。工具性成分指个人的身体自我(physical self)生而具有各种不同的欲望,必须从外界环境中获取资源来满足,而要获取某种特定的资源往往需要以他人为工具。情感性成分指个人的社会自我与他人之间的情感。在此基础上,黄光国将人际关系划分为情感性关系、混合性关系和工具性关系。

情感性关系是受情感性成分影响而形成和维持的关系,通常是一种长久且稳定的关系。这种关系可以满足个人在关爱、温情、安全感、归属感等情感方面的需要。家庭、密友、朋辈团体等初级团体中的人际关系都属于情感性关系。当然,借由此类关系,也可以获得个人所需的物质资料,但情感性成分仍是优先和主要的成分。在情感性关系中,人们更多遵循需求法则进行交往。

混合性关系是最可能以人情或面子来影响他人的人际关系范畴。这类人际关系的特点在于交往双方彼此认识,而且有一定程度的情感性关系,但情感性关系又不像初级团体那样可以深厚到随意表现真诚的行为。一般而言,这类关系可能包含亲戚、朋友、同学、师生、同事、邻居等。在混合性关系中,人际交往遵循的法则是人情法则。

工具性关系的建立多是为了获得发展所需的物质性目标,且多存在于工作领域,如医生和病人、司机和乘客、店员和顾客等。该关系往往短暂而不稳定,交往中虽也有情感性成分,但是十分有限。在工具性关系中,人际交往遵循的法则是公平法则。

(2) 伯恩的人际交往模式

美国心理学家伯恩(Eric Berne)依据个体对自己和他人采取的基本态度,提出了四种人际交往模式。第一种是我不好—你好、我不行—你行,这是一种自卑恐慌模式。奥地利心理学家阿德勒(Alfred Adler)指出,人在生命的初始依赖周围的人而生存。与周围的成人相比,儿童常常感到自己无能,因而从小就有自卑感,逐渐在潜意识中形成"我不行—你行"的心理模式,最为极端的表现是社交恐惧症。

第二种是我不好—你也不好、我不行—你也不行,这是一种不喜欢自己也不喜欢他人的模式,既看不起自己也看不起他人,既不会去爱人也不能体验和接受他人的爱。

第三种是我好—你不好、我行—你不行,这是一种骄傲自大、自以为是的模式,常常表现为充满优越感,骄傲自大,自以为是,总以为自己是对的,他人是错的,自己对他人好而他人对自己不好,并为此感到愤愤不平,把人际交往的失败都归咎于他人。

以上三种交往模式都会阻碍人际交往,不利于心理发展和心理健康。

成熟的、健康的人际交往模式应该是第四种,即我好—你也好、我行—你也行,这是一种理性、理解、宽容、接纳的人际交往模式。具有这种心态的人能充分体会到自己向上乃至强大的理性能力,相信自己也相信他人,爱自己也爱他人。这种人不是十全十美的人,但是能客观地悦纳自己和他人,正视现实,而且努力改变自己能改变的事物,善于发现自己、他人和外部世界的光明面,从而使自己保持一种积极的、乐观的、进取的、和谐的精神状态。

（3）萨提亚的人际交往模式

美国心理治疗学家萨提亚(Virginia Satir)根据多年的心理治疗与研究经验,总结出五种人际交往模式,并希望通过该理论提高个体的自尊,改善个体的沟通,帮助个体活得更"人性化",最终达到"身心整合,内外一致"的目标。这五种人际交往模式具体如下。

第一,讨好型。这种类型的人在与他人交往的过程中往往抬高对方、贬低自己,使自己处于弱势地位,以求他人不会嫉妒自己、攻击自己,甚至会保护自己,其内心才能感到踏实,有安全感。讨好型的人内心有"我很无助"之感,往往神经质、抑郁,有些会有自杀倾向和行为。

第二,指责型。这种类型的人常常忽略他人,习惯攻击和批判,将责任推给别人。"都是你的错""你到底怎么搞的"是他们的口头语。究其内在经历,指责型的人通常孤单失败,但他们宁愿与别人隔绝以保持权威。

第三,超理智型。这种类型的人极端客观,只关心事情合不合规定、是否正确,总是逃避与个人或情绪相关的话题。他们告诫自己"人一定要有理智""不论代价,一定保持冷静、沉着,决不慌乱"。这类人表面上很优越,举止合理,但实际上内心敏感,有一种空虚和疏离感。

第四,打岔型。这种类型的人永远抓不住重点,习惯插嘴和干扰,不直接回答问题或答非所问。他们内心焦虑、哀伤,精神状态混乱,没有归属感,不被人关照,还常被人误解。

第五,一致型。这是萨提亚倡导的目标。这种模式建立在高自我价值的基础之上,达到自我、他人、情境三者的和谐互动。持这种模式的人往往表现出一种内在的觉察,表情与言语一致,内心和谐平衡,自我价值感比较强。

由此可见,大学生要在人际交往中逐步学会真实、客观、准确地评价自我,形成恰当的自我意识,力争使自我、他人、情境三者和谐互动,在人际交往中学会一致性沟通,建立理性、理解、宽容、接纳的人际交往模式。

二、大学生人际交往的重要性

对初次以成年人身份、相对独立的个体与他人交往的大学生群体而言,人际交往具有以下重要作用。

1. 发展自我,完善人格

自我,亦称"自我概念"或"自我意识",是个体对自身存在状态的认知,包括对自己生理状态、心理状态、人际关系及社会角色的认知。美国心理学家罗杰斯认为,相比于真实自我,自我概念对个体的行为及人格有更为重要的作用,因为它是个体自我知觉的体系与认识自我的方式。通过人际交往,个体了解交往对象的信息并取其长处,以人为镜,可以更客观地认识自我,促进自我的成熟与发展。

心理学研究表明,心理健康水平越高,与别人的交往就越积极,越符合社会的期望,与他人的关系也越深刻。美国心理学家奥尔波特(Gordon W. Allport)发现,人格成熟的人同他人有良好的交往与融洽的关系,可以很好地理解他人,容忍他人的不足和缺陷,能够对他人表示同情,具有给人以温暖、关怀、亲密和爱的能力。马斯洛发现,高水平的"自我实现者",对他人有更强烈更深刻的友谊与更崇高的爱。

绝大多数大学生的心理危机与缺乏正常人际交往相关,如室友之间的交往状况会影响大学生对大学生活的满意程度。室友的友好、合作、融洽,能让大学生欢乐、注重学习与成就、乐于与人交往和帮助别人,情绪的满意程度高;否则可能表现出压抑、敏感、自我防卫等特点,情绪的满意程度低。心理学研究表明,长期缺乏与他人的积极交往,缺乏稳定的良好人际关系的个体往往会有明显的性格缺陷。

2. 舒缓压力,增进健康

美国社会心理学家伯克曼(Lisa F. Berkman)和赛姆(S. Leonard Syme)的研究发现,在年龄、性别、经济收入和日常生活习惯基本相同的条件下,有诸如家庭、婚姻、非正式社团组织等密切社会关系的人寿命较长,那些缺乏密切社会关系的人意外死亡的可能性较之高3%—30%。[①] 美国心理学家豪斯(James S. House)的研究结果显示,在大企业中,男性工作人员若有良好的社会支持,其工作压力可以大大降低。[②] 越来越多的研究显示,亲密和可信任的关系,是压力的有效缓冲器。其他研究表明,倾诉、聚会可以消除压力带来的紧张感,良好的人际交往及其形成的社会支持系统可以使压力事件的强度相对降低。

心理学研究表明,心理健康水平高的个体,往往来自人际关系良好的家庭,这也从一个侧面说明,人际交往状况会影响个体心理健康。

良好人际关系不仅为大学生心理健康提供基本保障,也为治疗心理障碍提供重要资

---

① Berkman, L. F., & Syme, S. L. Social networks, host resistance, and mortality: A nine-year follow-up study of Alameda County residents. *American Journal of Epidemiology*, 1979, 109(2), 186 – 204.

② House, J. S. *Work stress and social support*. Reading, MA: Addison-Wesley, 1981.

源。对于各种严重的精神障碍及心理危机,干预者需要予以支持治疗,协助建立支持系统,而最重要的支持是来自周围亲人、朋友与同学的关心和理解。当感到孤独、寂寞、失意、悲观乃至抑郁时,亲人、朋友和同学的理解与关怀会使人感到精神上的慰藉与支持,从而获得战胜困难的勇气;相反,如果亲人、朋友和同学对此漠视,甚至风言冷语,则会使人跌入失望痛苦的深渊,甚至走上绝路。

微视频 7－1

人际关系僵化,无法继续学业

小 L,男,20 岁,大学二年级学生。他的性格十分内向、孤僻,不善言谈,不会处事,很少与人交往。入学一年多来,他和班上同学相处很不融洽,与室友发生过几次不小的冲突,人际关系相当紧张。后来,他甚至擅自搬出宿舍,与别班的同学住在一起。从此,他基本上不与班上同学来往,也很少参加集体活动,与同学的隔阂加深。他说自己没有一个能相互了解、相互信任、谈得来的知心朋友,常常感到特别孤独和自卑,情绪烦躁。长期的苦恼使他出现了焦虑和抑郁。

经常的失眠和头痛使他精神疲惫,体质下降,学习效率降低,成绩急剧下降,竟出现了考试不及格的现象。他的心理状态和身体状态越来越差。他深感自己已陷入病困交加的境地却无力自拔,失去了坚持学习的信心。他开始厌倦学习,厌恶同学和班级,一天都不愿再在学校待下去了。于是,他不顾教师的劝告,也不顾家长的劝阻,坚持要求休学。

---

3. 提升能力,促进成才

人际关系是隐形的成功铺路石,是我们一生中不容忽视的方面。"抱成团,打天下"已经是现代人的共识。高素质人才必须是德才兼备的、具有合作能力的人,而人际交往能力是合作能力中重要且基本的要素。

有调查表明,既有专业才智又善于合作且有良好人际沟通能力的人才通常是用人单位的首选。人际交往的过程实际上就是彼此传播信息、沟通知识和经验、交流思想和情感的过程。每个人对客观世界的认识、兴趣、经验和体会,往往会在交流中自觉或不自觉地流露出来,并传递给周围的人。因此,大学生必须具有与人合作的意识,必须学会与人交往,必须具备在新环境下适应新角色的能力,这是事业成功的前提。

人际交往能力可以提升大学生受社会欢迎的程度、领导与管理能力、人际互助的效能等。人际交往能力强的人善于洞察并理解他人的心态,设身处地为他人着想,领悟他人的感受,平等客观地对待他人,尊重他人的意见,善解人意,与人为善,成人之美。人际交往能力强的人讲原则,更讲方法、技巧和艺术,有良好的人际关系网络,在复杂的人际环境中游刃有余,自然也容易获得成功。

此外,今天的同学可能就是未来的同行与朋友。大学期间的同学情、师生爱将一直延伸到未来的人生中去,对今后的家庭生活、个人事业也会提供很大的帮助。因此,"良好人缘"是人一生的财富,想要成为一名优秀的现代人才,就要修好人际交往这门人生课程。

4. 获取信息,促进社会化

人际交往有助于人学生广泛获取信息,加速社会化进程。获取信息不仅是现代人事业成功的保证,也是对人类的生活、学习和自我教育而至关重要的因素。大学生直接从书本上获得的知识信息毕竟是有限的,即便是皓首穷经、学富五车,也只是在现代社会潮水般涌来的新信息中的沧海一粟。通过人际交往,每个大学生都能从中获得大量有用的信息。如果说家庭是人的社会化第一场所,那么学校可以说是人类社会化的第二场所。不同类型,不同经历,不同习惯、爱好、个性、价值观的同学相互交往,不仅有利于大学生获取信息、培养社会交往能力,而且有助于激发大学生的创造思维,启发大学生的创造性,也有利于提高大学生对社会问题的认识能力,促进大学生社会化的完成,为今后踏上社会做好充分的准备。

美国心理学家弗洛姆将社会化定义为"引导社会中的成员去做那些要使社会正常延续就必须做的事",是"使得社会和文化得以延续的手段"。通俗地说,社会化就是个体学习掌握社会经验、规范与技能,从一个自然人逐渐转变为社会人的过程。

社会化是每个人都必须且一直会经历的事件,未经社会化的人无法真正融入并有效生存于这个社会。从呱呱坠地起,我们便开始进入父母带给我们的社会化进程。在家庭的教养下,我们逐渐掌握了基本的语言和行动,逐渐学会了基本的礼仪与规范。我们慢慢长大,社会化进程仍在继续,从小学到大学的每个阶段,在与身边的同学、教师、朋友的不断交往中,我们逐渐累积了社会经验,学会了在社会生活中必需的技能、态度、知识与道德伦理规范,逐渐明晰了自己在社会中的角色与定位、责任与担当,逐渐成为一个成熟的社会化的人。在整个社会化的过程中,人际交往是核心,无论是父母、长辈、教师、朋友还是同学,他们对我们的社会化进程都起到了至关重要的作用。

微视频 7-2

狼孩的故事

1920年,在印度加尔各答东北部一个叫"米德纳波尔"的小城里,居民们经常看到一种神秘的生物——两个长得很像人,却用四肢行走的生物,在夜间出没于附近的森林中。和它们一同出没的,经常是三只大狼。

后来,城里的居民捣毁了狼窝,打死了三只大狼,发现那两个神秘生物其实是两个裸体女孩。大的那个估计8岁左右,小的那个估计2岁左右。据推测,她们都是在大约出生后半年被狼衔去的。知晓她们的人类身份后,当地人便把她们送去了孤儿院,辛格牧师夫妇抚养。辛格给她们取了名,大的叫"卡玛拉",小的叫"阿玛拉"。

女孩们被送到孤儿院后，辛格夫妇就给她们做了全方位的身体检查，发现她们身体的各个系统均与常人无异，但行为举止却完全是狼的模样。即使已经开始与人类一起生活，她们依旧不会说话，不会思考，不会利用双脚直立行走，而是采用四肢爬行。她们不吃素食，只吃肉类，看到食物时不会用手拿取，而是放在地上狼吞虎咽地撕咬。若是有人在她们进食时靠近，她们便会发出"呜呜"声驱赶。她们不喜欢在白天活动，通常会在晚上表现得精力充沛，每晚十点、凌晨一点和凌晨三点都会准时发出非狼非人的号叫声。她们愿意和猫、狗、羊等动物在一起玩耍，却不愿意接近小孩。另外，卡玛拉和阿玛拉十分依赖彼此，睡觉时会像小狗一样依偎在一起。

自收养她们起，辛格夫妇便对她们投入了百般关爱与照顾，立志将她们转化为真正的人类，并为此付出了艰巨的努力。总的来说，阿玛拉比卡玛拉的进步更为快速，被抚养两个月后便能发出"啵"的声音来表示自己口渴，并很快对孩童表现出亲近的意愿。然而好景不长，在被人类抚养的第11个月，阿玛拉离开了人世，为此，卡玛拉长达两天没有进食并流下了眼泪。此后，辛格夫妇继续用无微不至的照顾和关爱延续着对卡玛拉的教养，两年后，卡玛拉终于学会了人生中的第一个单词"妈"，也就是她对辛格夫人的称呼，并开始学会直立；三年后，她开始逐步适应人类的生活，能够自己站起，让人为她穿衣，想要拒绝时会摇头；四年后，她学会了6个单词，其中包括想喝水时会发出的"啵"以及想吃饭时会发出的"饭"；五年后，她终于学会了用双脚行走，但快跑时仍会习惯性地四肢并用；七年后，她掌握了45个单词，并逐渐产生了羞耻心，开始注意自己的穿着，不穿好衣服不会出房门。

平静的岁月一直延续到她"回到人间"的第九年，卡玛拉因疾病医治无果而亡，终年仅17岁。直到生命的最后三年，她才真正融入、适应并喜欢上了人类的生活，她会因受到表扬而高兴，也会因做不好事情（如不会解纽扣）而沮丧，同时她还学会了照顾孤儿院的幼童。但直到去世的那一年，她也只能说出部分单词，并没有真正学会说话，其智力水平只相当于3—4岁的孩童。

狼孩的身体结构及大脑结构均与常人无异，但由于从小脱离了人类社会而被狼群抚养，她们心理发展的关键期缺失了正常的人际交往与互动，导致了即使之后被人类社会重新抚养、精心对待，也始终无法成为社会化的正常人的结局。

5. 发展亲密关系，避免孤独

美国精神分析学家埃里克森的心理社会发展阶段理论认为，在人的18—25岁的成年早期（大学时期）是"亲密对孤独"的冲突期，本阶段的发展任务是获得亲密感，避免孤独感，体验爱情的实现，而积极的人际交往正是大学生发展亲密关系的首要条件。

第二节 大学生人际交往的特点

—— 微视频7 ○

不知当讲不当讲

上大学后,小吴发现自己经常身处"不知当讲不当讲"的纠结中。小组作业碰上"划水"的队友,倘若对方是不太熟的同学,还能轻松地提出意见,但若对方是自己的朋友,聊天框里的字打了又删,就是迟迟按不下"发送"。同样的纠结也发生于宿舍生活。对铺起床的动静远胜闹钟,提醒后室友虽会道歉,却依旧不改。几次三番,她不由为难,想直接表达自己的不快,又觉得十分别扭。她还养成了一个习惯——在表达意见前先把想说的话发给"文件传输助手",等做好心理准备再一口气转发。可草稿写了一版又一版,真正发出去的寥寥无几。

这种小心翼翼的沟通方式与她过去的经历大相径庭。从前和父母闹矛盾,不开心可以直接写在脸上,又随着一声"吃饭了"消散在饭菜热腾腾的蒸汽中。再回想中学时的友情,也充满少年人的心直口快,没有那么多婉转不已的心思。在大学里,有话直说成了罕事,同学们不约而同开始遵循起成年人的社交法则。

一、大学生人际交往的类型

大学生的人际交往大都是在生活、学习的基础上发展起来的,在学校主要有承上启下、潜移默化的同学师生关系,在家里主要是与父母及其他亲属的血亲关系。随着时间的推移,其交往会注入不同的内容,交往形式也会不断丰富和多样化。这里主要介绍几种常见的大学生人际交往的类型。

1. 室友交往

在大学的所有人际关系中,寝室关系对每个大学生来说都是极其重要的一个方面。由于高校的学分制和学习偏向学生自主安排,大学生拥有了更多属于自己的课余时间。这种情况下,寝室不再只是供学生每晚睡觉的场所,而是成为集学习、交流、休息、娱乐于一体的重要场合,有事没事在宿舍里"泡"着,成了如今大学生在校生活的常态。因此,寝室人际交往通常是大学生人际交往中最为基本且频繁的一项,能否有效处理好寝室人际关系,与室友保持和谐、融洽的人际互动,将在很大程度上决定大学生在校生活的幸福感和满意感,甚至会对大学生学习和生活的各个方面均产生重要影响。

然而,在这个"抬头不见低头见"的狭小空间内,通常聚集了4—8个来自全国各地,个性、背景、文化均有差异的室友。在这种情况下,大学生将深刻体会"距离产生美"的含义,有效处理好寝室人际关系并没有想象得那么容易,需要大学生在与他人的相处与不断磨合中,秉持真诚与信任、平等与尊重、互助与互利等一系列人际交往原则,学习倾听、赞美、感恩等一系列人际交往策略。

微视频 7-4

我和室友关系处得很糟糕

　　我是一名女生,今年 20 岁。上高中的时候我学习很刻苦,除了学习没有其他的爱好,也没什么朋友。我曾因高考成绩不理想,补习了一年。考入大学后,班主任安排我当寝室长,我也想好好与寝室同学相处。但时间一长,我发现自己真的无法和她们相处。我习惯早睡,她们却喜欢聊到深夜;我比较爱干净,她们却喜欢乱丢乱搭,把寝室搞得乱七八糟。我以寝室长的身份给她们提出一些建议和要求,她们不但不听,反而恶语相向。就这样,我与室友经常因一些琐事发生争执,我认为自己是对的,但她们并不理睬我,几乎没人跟我说话。现在我和室友的关系很糟糕,我已经到了孤立无援的地步。

　　室友关系是大学生最为重要的人际关系。除了课堂、阅览室等场所,大学生有很多时间都是在宿舍中度过的。大家朝夕相处,共同生活,低头不见抬头见,如果相处不好,会给学习和生活带来很多麻烦。近年来,由宿舍人际不和引发的极端事件并不少见。大学生的宿舍人际交往问题表现为自我中心、容易冲动、个人习惯等。上述案例中学生的问题主要在于性格内向只顾学习而缺乏人际交往的锻炼,面对大学的集体生活,生活节奏无法与室友保持同拍,需要大家一起慢慢磨合,而在磨合的过程中,她因为担任寝室长,可能没有较好地遵循人际交往的"互助与互利"原则或缺少了沟通技巧,致使沟通受阻、误会加深,甚至发生人际冲突,受到孤立,致使人际关系僵化。

2. 同学交往

　　对学生来讲,班集体是学生的正式群体,高校 95％以上的教学活动都是以班级为单位进行的。班级是学生在校生活的基本环境,同学交往是大学生必不可少的一项人际交往类型。

　　对大学生而言,进入一个班级,可能意味着你自然获得了这个班级的"合法"身份,非特殊情况下无人能够开除你的"班籍"。但是,你在班级的实际影响力才是决定你的"合法"身份是否有效的关键。这种影响力包含同学对你的支持、认可和接纳。只有积极参与班级的各项事务,并在这些具体事务中展现自身能力,表现个人特点(既可能是你的才干,也可能是你对班级的关心),证明自身价值,才能让同学发自内心地认可并接纳你。

3. 社团交往

　　高校社团是大学生参加非正式团体的主要形式。社团的类型多种多样,深受大学生的喜爱。高校社团对大学生的个人成长和心理健康都发挥着重要作用。

第一,社团交往能够满足大学生的内在需要。社团成员间因志同道合而彼此接纳,即使有大学生在其他团体中被忽视,也能够通过社团摆脱窘境,找到能够接纳和温暖自己的团体,满足自己归属、尊重等多种内在需求。

第二,社团交往能够提高自我教育能力,鼓励自我展示,助力自我实现。社团为大学生提供了与他人充分合作和共同进步的机会,大学生可以通过各种社团活动展示自己的才华,实现自己的价值。

当然,不当参与社团活动也会带来消极影响。有的大学生觉得社团活动丰富多彩,一个人同时加入好几个社团,整天不是到这个社团开会就是到那个社团值班,顾此失彼,严重影响学业;有的大学生选择社团时盲目草率,一段时间后觉得不合适又退出,结果什么都没学到,浪费了时间;还有的大学生功利性太强,为了综合测评加分而选择社团,找不到参与社团的真正意义。

4. 师生交往

教师与学生是学校的两大主要群体,师生交往是大学生人际交往的重要内容。大学阶段的师生交往与以往中小学的师生交往不同,流动制的上课形式、优渥的师资配置使得大学生不再在一个固定的场所与几位固定的教师产生一系列教学活动。大学阶段的每个学期负责授课的教师可能均不相同,这就必然导致大学生与每位教师在交往时间上的减少,也就致使师生关系的疏远,对教师的依赖程度远不如中小学。此外,由于大学生已是成年人,大学教师往往不会再以权威的态度或是"大家长"的姿态面对学生,转而赋予学生完全独立的人格、空间和自由,充分地尊重并接纳学生的看法和观点,平等地与他们展开沟通和交流。

5. 亲子交往

对大多数大学生而言,进入大学往往意味着离开家乡,来到一个新的城市生活。同时,大学生的"成人感"逐渐增强,其独立和自我意识日益显现,迫切地追求人格上的独立和精神上的自由。空间上的疏远外加诉求上的减少,往往会使得大学生与父母的亲子交往的频率和质量大不如前。个体与父母之间形成的情感联结和纽带会贯穿其一生,良性的亲子关系能让人体验到深度的安全感并能增强自我肯定,不良的亲子关系则容易引发焦虑、抑郁等消极情绪体验。因此,对大学生而言,必须对亲子关系给予足够的重视,即使面临着很多主观与客观上的困难,也要学会创造机会和条件多与父母进行良性的交往和沟通。

二、大学生人际交往的特征

1. 情感与功利性

由于正值青春期,大学生精力充沛,兴趣广泛,好奇心强,渴望友情,期盼情投意合并从心灵深处产生共鸣的爱情，具有很强的情感性。大学生随着年龄的增长在社交目的上从"理想化"趋于"理性化"。选择与什么样的人交朋友，并不纯粹出于情感和志同道合。大学低年级主要为了结识朋友、切磋学问、交流信息、沟通感情、丰富大学生活，而到了高年级，会有注重寻求有利于将来事业发展的社会资源的考量。可以说，大学生的人际交往在注重情感交流的同时，越来越注重与自身社会利益相关的务实性。因此，从交往动机和目的来看，大学生人际交往呈现出情感型交往与功利型交往并重的趋势。

2. 广泛与多元性

进入大学后，大学生的人际交往范围扩大，不再局限于本班级的同学，其人际交往对象由以前的血缘和地缘以及朋辈和教师交往转向更广泛的群体。大学生不仅与校内外同学交往，也与校内外社会各阶层的人士交往；不仅与同性、同年龄的人交往，也与异性、不同年龄的人交往；不仅与现实人士交往，也与虚拟的网络人士交往。大学生人际交往距离更远，范围更广，存在明显的广泛性、多元性特征。

3. 网络与虚拟性

现代通信技术、电子网络技术等新兴社交媒体的发展，使得大学生的人际交往变得更方便、更快捷，交往方式具有非直面性、神秘性、随意性、自由性和虚拟化等特点。

网上广为流传一句话："世界上最远的距离不是天涯海角，而是我站在你面前，你却在玩手机。"这反映了人们对手机用于人际交往的复杂心态。网络交往指人们基于网络通信技术条件，通过数字化技术交流各种信息，从而实现人与人之间信息、情感、物质的交流活动。

大学生网络交往的主要特点有：交往对象无限性，交往主体角色虚拟性、模糊性，交往动机多样性，交往内容复杂性，交往形式和类型间接性、简单性，交往心态平等性，思想情感表达直接性，交往过程弱社会性、弱规范性，交往时空超越性等。

大学生网络交往动机可分为工具性交往动机和社会性交往动机。工具性交往动机包括获取信息、辅助学业两种动机；社会性交往动机包括表达情感、确证自我及便利生活（充分展示、实现自我；满足现实社会无法满足的各种欲望，寄托、宣泄情感；自主扮演角色和转换角色；归属心仪的群体；随心所欲地谈情说爱等）。有研究显示，大学生年级越高，网络交往动机越强，且男生强于女生，文科生显著强于理工科学生，重点本科学生强于一般本科学生，中西部学生强于东部学生。此外，大学生网络交往动机与社会支持和网络成瘾存在明显正相关，并对网络成瘾有良好的预测作用。

有研究表明，网络交往作为一种网络时代的新型交往方式，正深刻地影响着当代大学生的心理发展，而这种影响利弊并存。网络交往的积极影响表现在，网络交往的自由开放为大学生提供了没有约束和限制的自由环境，拓宽了大学生的信息来源渠道，开阔了大学生的视野，提高了大学生的信息量，为大学生探索自身潜力和生命价值提供了更多机会和条件。同时，网络增强了大学生的人际交往手段，为大学生提供了便利的条件,为大学生提高素质提供了新的发展机遇。网络交往的消极影响表现在,网络交往的虚拟性、弱社会性容易引发大学生的心理信任危机,不利于大学生自身社会化过程的顺利完成。长期沉迷于网络交往也容易在现实中产生孤独感,而且,互联网提供的跨时空、跨地域的多人多向的交流技术,具有极大的诱惑力,很容易使人沉溺其中以致网络成瘾。

网络引发的种种问题的根源在于大学生本身,人是解决问题的关键。美国麻省理工学院计算机科学实验室高级研究员克拉克(David Clark)曾指出:"把网络看成计算机之间的连接是不对的。相反,网络把使用计算机的人连接起来了。互联网的最大成功不在于技术层面,而在于对人的影响。"人创造了网络,网络改变了人。因此,大学生要树立正确的网络交往观念,提高自身道德、信息素质,理性开展自己的网络交往。必要的话,应寻求专业机构如学校心理咨询中心的帮助。

小测试 7−1

你是否有网瘾

美国成瘾医学专家金伯利·S.扬(Kimberly S. Young)设计了一种测评方法,对上网者进行测评。这个方法由 10 个问题构成,被测试者必须回答"是"或者"否"。答一个"是",得 1 分,得分 5 分以上(包括 5 分)为上网成瘾。

1. 你是否过于关注网络(如下线后还想着它)?
2. 你是否感觉需要不断增加上网时间,才能感到满足?
3. 你是否难以减少或控制自己对网络的使用?
4. 当你准备下线或停止使用网络时,你是否感到烦躁不安、无所适从?
5. 你是否将上网作为摆脱烦恼和缓解不良情绪(如紧张、抑郁、无助等)的方法?
6. 你是否对家人或朋友掩饰自己对网络的着迷程度?
7. 上网是否影响了你的学业成绩或人际关系?
8. 你是否常常为上网花很多钱?
9. 你是否下线时感到无所适从(如烦闷、压抑等),而一上网就兴奋?
10. 你上网的时间是否经常比预计的要长?

三、影响大学生人际交往的因素

1. 人际吸引因素

人际吸引是个体与他人之间情感上相互亲密的状态,是人际关系中的一种肯定形式。那么哪些因素能够增进人际吸引呢?心理学研究有以下发现。

(1) 相似

我们常说"物以类聚,人以群分"。人们彼此之间的某些相似特征是引起相互喜欢与吸引的重要因素。人们通常喜欢那些与自己在某种程度上相似的人。职业、背景接近,专业、国籍、民族、经历接近的人,更容易找到共同的语言,缩短彼此间的距离,从而相互吸引。"同是天涯沦落人,相逢何必曾相识"表达的就是这层意思。美国心理学家费斯廷格(Leon Festinger)的社会比较理论认为,人人都具有自我评价的倾向,而他人的认同是支持自我评价的有力依据,若他人表现出与自己相似的态度和特征,便更有可能认可并同意自己的观点与想法,因而会更倾向于与自己相似的人交往。

美国心理学家纽科姆(Theodore Mead Newcomb)在密歇根大学做过一次实验,实验对象是 17 名大学生,实验者为他们免费提供住宿四个月,以他们定期接受谈话和测验为交换条件。在实验者进入宿舍前,首先测量了他们关于政治、经济、审美、社会福利等方面的价值观以及人格特征,然后将特征相似和不相似的学生,混合安排在几个房间里,一起生活四个月,定期测量他们关于上述方面的价值观,并让他们相互评价室友,喜欢谁和不喜欢谁。实验结果表明,在相处的初期,空间距离的邻近性会决定人与人之间的吸引。但到了后期,相互吸引发生了变化,彼此价值观越相似的人,吸引力越强。纽科姆进一步发现,人与人相处只要价值观相似,哪怕别的方面不一致,彼此间也会产生很大吸引力。

(2)互补

在人际关系中,人们往往还重视与自己不同但能与自己互补的朋友。活泼的人可以与沉默的人相处和谐,急躁的人与耐心的人可以结为好友,因为这样可以取长补短。互补因素对人际关系的影响主要发生在异性或友谊深厚的朋友之间,在婚姻上更为突出。美国精神分析学家沙利文(Harry Stack Sullivan)首创人际交往的情绪互补理论。他认为,人际交往是一个整合的过程,是"互补需求"的加强或消退,"相似需求"的满足或拒绝的过程是互补活动模式的建立或分化的过程。后来,美国心理学家利里(Mark R. Leary)、卡森(Robert Charles Carson)继承并发展了该思想。卡森精确阐述了互补原则:一般来说,互补的发生,一是以支配—顺从维度的相补性为基础(支配引起顺从,顺从引起支配),二是以爱—恨轴的相似性为基础(爱引起爱,恨激发恨)。于是,卡森把互补作为互补原则的总称,而将相似性和相补性作为互补的两个概念。同时,他又进一步强调互补强化作用,提出了三种互补方式:互补型,如果一个人的反应显示接受"地位"和"爱"信息,那么他采取的行动是互补反应;反互补型,如果一个人的反应显示拒绝"爱"和"地位"信息,那么他采取的行动是反互补型;非互补型,如果一个人的反应显示接受其中一种信息而拒绝另一种信息,那么他采取的行动是非互补型,即接受"地位"信息而拒绝"爱"信息,或者接受"爱"信息而拒绝"地位"信息。

(3)邻近

在人际交往中,距离的接近程度与交往的频率有直接的关系,较小的空间距离有利于建立密切的人际关系,这便是心理学上的邻近性原则。这一原则是指人与人之间的距离,对双方的亲密程度影响很大。空间距离越近,心理距离相对较近,交往的频率也越高;相反,空间距离越远,心理距离也随之较远,交往的频率也较低。俗话说"远亲不如近邻",我们的生活中经常出现这样的现象:我们大多数朋友都是自己身边的人,不是同学同事,便是近邻乡亲;在学校里,自己最要好的朋友往往是自己的室友或同桌;在火车上,与自己聊天的多半是邻座或上下铺,就是因为,彼此空间距离的缩短,拉近了双方的心理距离,消除了戒备心,自然容易产生比较亲密的感情。离我们越近的人对我们产生的影响越大。美国成功学大师卡耐基(Dale Carnegie)曾说:"一个人的成功15%取决于他的专业知识,还有85%取决于他的人际环境。"因此,阳光健康的人际环境,对一个人的成长发展影响深远。接近那些勤奋积极的人,你会在不知不觉中深受他们的感染,也养成奋发向上的心态,容易实现自己的目标和理想;与那些自暴自弃、满腹牢骚的人在一起,你也可能会变得颓废消极,丧失斗志。

美国社会心理学家费斯廷格在1950年曾做过一个简单而有趣的实验。他调查了麻省理工学院17幢已婚学生的住宅楼——这是些二层楼房,每层有5个单元。住户住进哪个单元,完全是随机的。调查的对象是所有住户的主人,调查的问题是:"在这个居住区中,和你经常打交道的、最亲近的邻居是谁?"调查结果表明,居住距离越近的人,交往次数越多,关系越密切。在同一楼层中,与隔壁邻居交往的概率是41%,与相隔一户的邻居交往的概率是22%,与相隔三户交往的概率只有10%。多隔几户,物理距离没有增加多少,亲密度却降低了很多。

(4) 熟悉

熟悉能增加喜欢的程度。1968年,美国心理学家扎琼克(Robert Boleslaw Zajonc)进行了这方面的实验。他将12张陌生者的照片,随机分为6组,每组2张,按以下方式出示给被试:第一组看1次,第二组看2次,第三组看5次,第四组看10次,第五组看25次。被试看完全部10张照片后,实验者又把另外2张陌生照片编为第六组,与前五组照片混合给被试看,并要求他们按照喜欢程度为照片排序。结果发现,照片被看的次数越多,排在最前面的概率也越大。

美国社会心理学家梅塔(Theodore H. Mita)也进行了这方面的实验。被试被要求看自己的两张照片,选出更喜欢哪一张。两张照片是一样的,只是一张是正像,一张是镜像。同时,也要求被试的朋友表明喜欢哪一张。结果是,被试更喜欢镜像,而他们的朋友更喜欢正像。因为被试常常看到自己的镜像,而他们的朋友常常看到正像。

浏览的次数能增加喜欢程度,但次数也有一定界限,超过一定界限会令人产生厌烦的感觉。有心理学者研究证明了这一点。研究中,研究者按中等次数和过量次数将广告分别贴在大学生宿舍公共场所的墙上。中等次数为每隔15米左右贴一张,共贴30张,贴2天。过量次数为贴170张,贴3天以上。结果表明,中等次数增加了大学生对广告画内容的喜爱,过量的次数则减少了喜爱。

另外,次数的作用只表现在积极或中性刺激物上,对于消极事物即使增加曝光的次数,也不会催生对这个事物的喜欢。扎琼克让被试在几周内重复看一个戴手铐的人,很快人们便认为他确实是犯人而不喜欢他。

2. 个人因素

我们是不是很羡慕那些校园里人见人爱的"社交达人"？他们的哪些主要品质吸引人呢？心理学研究的结果或许可以回答这个问题。

（1）仪表堂堂

有心理学者让男女各 332 名大学生相互结对进行了两个半小时的舞会。舞会结束时,心理学者询问学生是否希望再次同对方进行约会。结果表明,外表越吸引人,就越被人喜爱。

还有研究者给大学生看三个大学生的照片——一个外貌漂亮、一个相貌平平、一个相貌丑陋——然后要求被试估计他们三人未来是否幸福。结果发现,外貌具有吸引力的人得到了更多的肯定回答。还有研究表明,几个月大的婴儿关注漂亮的人的照片比不那么漂亮的更久。

那么,为什么漂亮的人会更受人喜欢？人们常常认为,同漂亮的人在一起,会觉得荣耀和光彩,从而提升自身的价值。为满足虚荣心,人们愿意与漂亮的人接触。同时,由于晕轮效应的存在,人们会倾向于认为漂亮的人还具有其他方面的好品质,如聪明、机灵、开朗、活泼等,可以想象,如此"完美"的人很难不具备吸引力。

但是,我们不能夸大外貌的作用。在交往之初,容貌的作用较大,但随着认识的加深,容貌的作用不断降低。

（2）能力出众

在平时的生活与工作中,有些人会觉得与能力强的人结交是一种幸福并感到自豪。为此,不少人经常把有某种特殊才能的人视为良师益友。20 世纪 70 年代,有两位心理学者做了一项关于个人吸引力方面的研究,结果表明,相比于外貌,才智在吸引力上更重要。还有一些研究表明,在其他条件都相同的情况下,能力强的人更容易受到人们的喜爱,这是因为人们与能力强的人在一起能得到更多的指导,促进自身少犯错误、少走弯路,有更多的获益。

美国社会心理学家阿伦森等曾做过这样一个实验：让被试听四个人的讲话录音,这四个人分别是能力超凡的人,犯过错误的能力超凡的人,平庸的人,犯过错误的平庸的人,然后要求被试对这四个人的可接受程度进行评价。结果表明,犯过错误的能力超凡的人被认为最有吸引力,犯过错误的平庸的人被认为最无吸引力,而没犯错误的能力超凡的人的吸引力排第二。这是为什么呢？因为能力非凡可以使一个人富有吸引力,而犯错误使他同普通人更接近,使其吸引力增加。这一发现被称为"犯错误效应"。这一效应还受性别和自尊心的影响,大多数男性更喜欢犯错误的能力超凡的男人,女性则喜爱没犯错误的能力超凡的人;中等程度自尊的人喜欢犯过错误的能力超凡的人,自尊心很强或很弱的人喜欢那些没犯错误的能力超凡的人。

（3）人格特质

比起容貌和才能,人格特质具有无与伦比的吸引力,而且这种吸引力持久、稳定、深刻。美的东西是好的,好的东西也是美的。一个有高尚品德和小智的人,往往被认为外貌也是有吸引力的。

美国心理学家安德森（H. Norman Anderson）1968 年做过一项调查（见表 7-1）,排在序列最前面的受喜爱程度最高的 6 个人格特质分别是真诚、诚实、理解、忠诚、真实和可信。而排在序列最后的受喜爱程度最低的几个特质为说谎、装假、邪恶、冷酷等。这说明一个人要想与别人保持良好的交往,真诚是必须有的特质。[1]

表 7-1　影响人际关系的主要人格特质

最积极的人格特质	中间的人格特质	最消极的人格特质
真诚	固执	古怪
诚实	刻板	不友好
理解	大胆	敌意
忠诚	谨慎	饶舌
真实	易激动	自私
可信	文静	粗鲁
智慧	冲动	自负
可信赖	好斗	贪婪
有思想	腼腆	不真诚
体贴	易动情	不善良
热情	羞怯	不可信
善良	天真	恶毒
友好	不明朗	虚假
快乐	好动	讨厌
不自私	空想	不老实
幽默	物欲	冷酷
负责	反叛	邪恶
开朗	孤独	装假
信任	依赖	说谎

---

[1]　Anderson, N. H. Likableness ratings of 555 personality-trait words. *Journal of Personality and Social Psychology*, 1968, 9(3), 272-279.

第三节　大学生人际交往的常见问题与提升策略

从中学迈入大学,意味着年轻人需要构建新的熟人关系。而从陌生人变为熟人,需要付出时间、人情和信任,高昂的经营成本让每一段关系都弥足珍贵。熟人关系中的两人如果互动不好,也会产生焦虑、愤怒等消极情绪,因此了解和掌握大学生人际交往中的常见问题与提升策略显得尤为重要。

一、大学生人际交往中的常见问题

1. 以自我为中心

以自我为中心指个体在人际交往过程中,只从自身的角度出发去理解和处理问题,以自己的需要为中心,不考虑他人利益得失,不会从他人或客观的角度看待问题的倾向。例如,有些大学生从不会意识到宿舍并不是自己的单人卧室,当其他室友都在休息时,他(她)还一个劲儿地打游戏到很晚,丝毫考虑不到会影响他人休息的事实。

以自我为中心会严重影响大学生的个人心理发展。大学阶段仍是确立自我同一性的关键时期,自我同一性是对自己的身份、信仰、人生观、价值观、未来发展方向等问题的统一性认识和感知。自我同一性形成与否对大学生的心理健康影响重大。然而,自我同一性的建立不仅需要对自己有理性客观的认知,还需要广泛地与外部环境进行有效的信息交换和互动,拥有以自我为中心心理的大学生无法站在他人的角度理解问题、思考问题,完全不能接受与自己不同的想法、观念和价值观,这就严重阻碍了他们自我同一性的实现。

此外,以自我为中心的大学生通常很难与他人维持良好的人际关系,因为良好的人际关系需要双方对彼此的深入了解、对彼此存有的不同观念的深度理解与接纳,有时候可能还需要舍弃自己的部分利益,为对方作奉献,而这些是以自我为中心的个体很难做到的。

2. 自卑心理

自卑心理在大学生人际交往中非常常见。拥有自卑心理的个体往往会过分关注并夸大自身的短处,看不到自身的长处。一些大学生在进入大学后,发现身边的人要么长得特别漂亮,要么个人能力特别强,要么家庭经济条件特别好,要么成绩优秀,相比之下很容易产生自卑感。很多大学生自我价值感低,瞧不起自己,看不到自己的优点,在人际交往中缺乏应有自信,没有主见,甘居人下,习惯于随声附和,无法发挥自己的优势和特长。

3. 敏感心理

人际敏感是大学生中较为普遍的心理问题,会对大学生的心理健康带来不良影响。人际敏感往往与大学生的家庭教养环境和方式、学习和生活经历、创伤和负性事件,以及个体的年龄、社会地位、动机、认知偏差、人格特质和应对方式等有关。人际敏感的大学生往往存在"脆弱高自尊"的情况,自尊的稳定性不强,自我价值依赖于具体领域的成就和他人的评价。由于人际交往经验不足、人际交往技能缺乏,大学生在人际交往中会感到人际关系复杂,不知道如何与人交往,想改变自己的人际现状,又不知道从何入手。遭遇人际矛盾的时候也不知该如何更好地应对处理。大学生面对自身较弱的人际交往能力时,大学生的自卑感也会放大,人际敏感性也会提升。

4. 逆反心理

逆反心理指受教育者在接受教育的过程中产生和表现出来的一种反向心理活动和状态,具有强烈的抵触情绪。逆反心理在大学生中普遍存在,并在大学生成长中起着不容忽视的作用,容易使得教育者和受教育者之间情感不能沟通,思想不易交流,观点不易接受,严重影响教育的实效性。

随着时代的不断变迁,"00 后"学生已成为大学校园的"主力军"。他们的物质条件相对更加充足,成长环境宽容,价值观和心理素质都有着自己的特点。"00 后"大学生生理发育已经成熟,精力旺盛,充满活力,独立思考能力显著增强,对人、事、物都有着自己的看法。由于经济上还没有独立,心理上尚没有完全成熟,大学生独立性的表现往往具有盲目性和非理智性,表现出反抗权威,不愿遵守传统,总想标新立异,对问题的理解和认识多带有明显的偏激和绝对化。

5. 嫉妒心理

嫉妒心理指个体在某方面的特质或优势遭遇现实或想象的威胁时产生的焦虑、恐惧、羞愧、愤怒、敌对等一系列多层次、多维度的心理体验,是一种在与他人比较后产生的消极情绪体验。嫉妒心理在大学生群体甚至是中国青年群体中并不罕见。

嫉妒心理对人际交往的影响非常大,若长期对某人存有强烈的嫉妒心理,对于彼此的关系将是毁灭性的。首先,嫉妒心理最有可能带来的后果是与交往对象的疏远。有心理学研究显示,对拥有嫉妒心理的个体而言,相比于陌生人,若是熟悉的朋友在相关领域内取得了较大成功,个体会更加不高兴,因为陌生人对自己来说很遥远,并不存在实际威胁,熟悉的朋友则不同,他们就在自己身边,会给自己带来极大的威胁,因此,为了逃避这种威胁,疏远朋友成了嫉妒者通常的选择,长期的疏远则必将导致关系的终结。其次,嫉妒心理也可能导致个体的破坏行为。当嫉妒者发现在短时间内无法在相关领域内超越对方时,就会对其产生敌意,通常情况下,为了掩饰自己的"恼羞成怒",开始时他们会以开玩笑的形式贬低对方、散播对方的不实言论、搞恶作剧等,慢慢地就可能逐渐转化为公开挑衅、批判,甚至上升至肢体冲突,这无疑将导致这段关系的迅速破裂。

二、大学生人际交往的提升策略

1. 善用人际交往中的心理效应

大学生在人际交往中如果想要做到有自知之明、知人之智,就必须遵循心理规律,发挥心理效应的积极影响，克服心理效应的消极影响。

（1）首因效应

有一个心理学实验：两个学生都做对 30 道题中的一半，但是学生 A 做对的题目多出现在前 15 题，而学生 B 做对的题目多出现在后 15 道题，然后让一些被试评价两个学生谁更聪明一些？结果发现，多数被试都认为学生 A 更聪明。

这就是**首因效应**（primary effect）或第一印象效应（first impression effect），指最初接触到的信息形成的印象对我们以后的行为活动和评价的影响，即"第一印象"的影响。俗话说："先入为主。"第一印象，也就是第一次知觉他人时形成的形象，往往最深刻，而且影响对他人各方面的评价。因此，大学生在人际交往中一方面要注重给他人建立良好的第一印象，注意仪表，言谈举止得当，遵循社交礼仪，为进一步交往打好基础，另一方面要防止被表面的堂皇迷惑，学会在长期的相处中全面、正确地认识和了解他人。

小贴士 7 - 1

决胜前 4 秒

恰当的肢体语言与外表会大幅提升对方当下对你的好感，增强你传递的信息的说服力，而且更重要的是，会影响每一位遇见你的人看待你的方式。对此，你只有不到 10 秒钟的时间，准确而言，是大约 4 秒钟。

第一次见到某个人时，你会迅速观察并立即为对方归类。

多数男性第一眼看的是女性的身材，然后才是脸。女性第一眼看的是男性的脸，然后再看身材。在你开口说话之前，你着装，以及其他所有与外表有关的东西，已在很大程度上决定了一段关系或一笔生意能否成功。

（2）近因效应

近因效应（recency effect），也称"新颖效应"，指在交往过程中最近一次接触给人留下的印象掩盖了对某人的一贯认识的心理现象。

心理学研究表明，对陌生人，第一印象有更大的作用；而对熟悉的人，近因效应更容易产生影响。因为在较为长期的交往中，新近获得的信息比已有信息影响更大，在总的印象中最近的印象比最初的印象更占优势，交往双方往往都将对方的最后一次印象作为认识和评价的依据。现实生活中的友谊破裂、朋友绝交等，都与近因效应有关。

近因效应是一种心理惯性。受近因效应的影响，人们往往会以最近的印象来评价人。因此，在人的成长过程中，由于大部分人都不可能始终给人留下很好的第一印象，这就要求大学生一方面要不断提高自己的能力，增强自身的吸引力，另一方面要不断激励自己进步，让自己能以新的姿态展现在他人面前。同时，在人际交往中，也不要因一时一事去评价一个人或一段人际关系，割裂历史与现实、现象与本质的关系，继而妨碍自己客观地看待人和事。

（3）晕轮效应

美国心理学家凯利（H. Kelly）以麻省理工学院的两个班级学生分别进行实验。上课之前，实验者向学生宣布，临时请一位研究生来代课，接着告知学生有关这位研究生的一些情况。其中，向一个班的学生介绍这位研究生具有热情、勤奋、务实、果断等品质，向另一个班的学生介绍的信息除了将"热情"换成"冷漠"，其余各项都相同，而学生们并不知道这项区别。两种介绍结果的差别是：下课之后，前一个班的学生与研究生一见如故，亲密攀谈；另一个班的学生对研究生敬而远之，冷淡回避。可见，仅介绍中的一词之别，便影响了整体的印象。学生们戴着有色镜去观察代课研究生，他就被罩上了不同色彩的晕轮。

这就是**晕轮效应**（halo effect），亦称"光环效应"，指人们看问题时，某一突出特征掩盖其方方面面的品质，是一种以点代面、以偏概全的社会心理效应。

晕轮效应是一种将人引入对人知觉误区的常见社会心理效应，往往使得我们一叶障目，以点代面，以偏概全，影响对他人评价的准确性和可信度。因此，大学生在日常交往中，不仅要防备他人带给自己的晕轮效应的副作用，而且也可以利用晕轮效应的影响增加自身的吸引力。例如，采用先入为主的策略，让对方了解我们的优势，以获得肯定积极的评价，同时克服一好百好，"爱屋及乌"的绝对化感觉，恰当全面地认识他人。

（4）刻板效应

人们头脑中存在的关于某一类人的固定印象的心理现象被称为**刻板效应**（stereotypes effect）。作家韩寒的父亲曾在书中记录过这么一件事："韩寒虽然学习成绩平平，但他也在做着努力。初三一次数学测验，一直拿七八十分的韩寒考到了 100 分。韩寒从来没考到过 100 分，因此数学老师不相信韩寒能考 100 分，就把他叫到办公室要他将这张试卷再做一遍。韩寒正好有一个地方看不清楚，就问老师。老师说：'你做过的会不知道？'便断定他是抄的。按韩寒的性格，他是不可能做这种事的，不然他从一开始就会作弊，把名次弄上去一点，何必惹我们不开心？这件事使韩寒的心灵受伤较深，从此也更对数学失去了兴趣。要是老师当时用另一种方法处理这件事，比如信任韩寒、鼓励韩寒，我想韩寒也许从此会对数学产生兴趣也说不定。"

正是对韩寒"数学不好"的刻板效应影响了这位数学老师对韩寒数学成绩的判断。教师若对某些特殊学生有了刻板印象，即使学生通过刻苦努力取得很大进步，还是会以原来的标准去评价学生，从而造成偏见、成见，既伤害了学生的自尊，也影响了自己形象。

刻板印象简化了个体的认识过程。当我们知道他人的一些信息时，常根据该人所属的人群特征来推测他具有的其他典型特征。这样虽然不能形成对他人的正确印象，但在一定程度上可以帮助我们简化认识过程。刻板效应也具有消极影响，如种族偏见、民族偏见、性别偏见等。它常使人以点代面，静态地看人，容易产生判断上的偏差和认识上的错觉。特别是当这类评价带有偏见时，会妨碍大学生正常人际关系的形成。因此，大学生要克服刻板效应的偏见和成见,记住"士别三日,当刮目相看"。

（5）投射效应

有心理学者做过这样的实验来研究投射效应。心理学家在 80 名参加实验的大学生中征求意见,询问他们是否愿意背着一块大牌子在校园里走动。结果,48 名大学生同意背着牌子在校园内走动,并且认为大部分学生都会愿意,而拒绝背牌的学生普遍认为,只有少数学生愿意。可见,这些学生将自己的态度投射到了其他学生身上。

投射效应（projection effect）指将自己的特点投射到其他人身上的倾向。也就是以己度人,认为自己具有某种特性,他人也一定会有与自己相同的特性,把自己的感情、意志、特性投射到他人身上并强加于人。

在生活中,由于投射效应,我们可以从一个人对别人的看法中推测这个人的真正意图或心理特征。由于人有一定的共同性,有相似的欲望和要求,因此在很多情况下,我们对他人作出的推测可能都是比较正确的,但"人心不同,各如其面",人与人之间毕竟有差异,不考虑个体差异,错误地将自己的想法和意愿投射到他人身上,就会出现错误,无法真正了解他人,也无法真正了解自己。为了克服投射效应的消极作用,我们应该正确地认识自己和他人,做到严于律己,客观待人,尽量避免以自己的标准去评判他人。

（6）暗示效应

心理学中,在无对抗条件下用含蓄、抽象诱导的方法对他人的心理和行为产生影响,从而使他人按照一定的方式行动或接受一定的意见,使其思想、行为与暗示者的期望相符合,这种现象就是**暗示效应**（effect of hint）。

此处的暗示指人或环境以非常自然的方式向个体发出信息,个体无意中接受了这种信息,从而作出相应反应的一种心理现象。巴甫洛夫认为,暗示是人类最简单、最典型的条件反射。然而,随着研究的深入,人们发现,暗示就像一把"双刃剑",既可以拯救一个人,也可以毁掉一个人,关键在于接受暗示的个体如何运用并把握暗示的含义。

《三国演义》中"望梅止渴"说的就是曹操利用心理暗示鼓舞士气。生活在社会中的每一个人,其实经常使用暗示,有时暗示他人,有时受他人暗示,有时自我暗示。积极的心理暗示如激励、赞许等能使他人得到温暖、战胜困难;反之,消极的心理暗示如冷漠、否定等会使人痛苦、有压力,影响身心健康。因此,我们要学会积极的心理暗示。

（7）海格力斯效应

海格力斯效应（Hercules effect）是一种人与人之间或群体之间存在的冤冤相报,致使仇恨越来越深的社会心理效应。海格力斯是希腊神话故事中的大力士。一天,他走在坎坷不平的路上,看见脚边有个像鼓起的袋子一样的东西,很难看,海格力斯便踩了那东西一脚。谁知那东西不但没被海格力斯一脚踩破,反而膨胀起来,并成倍成倍地变大,这激怒了海格力斯。他顺手抄起一根碗口粗的木棒砸那个怪东西,好家伙,那东西竟膨胀到把路也堵死了。海格力斯奈何不了他,正在纳闷,一位圣者走到海格力斯跟前对他说:"朋友,快别打它了,忘了它,离它而去吧。它叫仇恨袋,你不惹它,它便会小如当初;你若攻击它,它就会膨胀起来与你敌对到底。"仇恨正如海格力斯遇到的这个袋子,最初很小,如果你忽略它,化解矛盾,它会自然消失;如果你与它过不去,加恨于它,它就会加倍地报复。

在日常交往中,如果我们深陷海格力斯效应,"以眼还眼,以牙还牙","以其人之道还治其人之身",就会陷入无休止的烦恼,无法体验真正的快乐,也不能拥有良好的人际关系。因此,我们应该留意海格力斯效应的影响,忘记仇恨,学会宽容,懂得忍耐。

┌─ **小贴士 7-2** ─────────────────────

黄金定律、白金法则和刺猬法则

黄金定律。你希望他人怎么对待你,你就怎么对待他人。毫无变通地照黄金定律行事,意味着在处理与他人的关系时,是从自身的角度来看问题。黄金定律的言外之意是,我们大家都是毫无差别的,我想要的或希望的也恰恰是你想要的和希望的。但是,我们大家并不是一个模子里刻出来的。以对待这些人的方式去对待另外一些需求、愿望和希望都大相径庭的人,显然会遭到拒绝和排斥。

白金定律。他人希望你怎么对待他们,你就怎么对待他们。学会真正了解他人,然后以他们认为最好的方式对待他们,而不是我们中意的方式。这还意味着要善于花些时间去观察和分析身边的人,然后调整自己的行为,以便让他们觉得更称心和自在。白金定律处理问题的出发点是他人,承认人的风格是有区别的,这是白金定律与黄金定律最根本的差异。

刺猬法则。刺猬法则可以用这样一个有趣的现象来形象地说明:两只困倦的刺猬因寒冷而相拥在一起,可怎么也睡不舒服,因为各自身上都长着刺,紧挨在一起反而无法睡得安宁。几经折腾,两只刺猬拉开距离,尽管外面寒风呼呼,它们却睡得香甜。刺猬法则强调的是人际交往中的"心理距离效应"。同学、朋友之间要保持亲密关系,但这种关系是"亲密有间"的,是一种不远不近,既尊重亲近又保持一定心理距离的关系。

└──────────────────────────────

2. 培养积极交往的态度

由于对内在自我的反省能力有待发展,大学生在人际交往中,往往觉得他人不关心自己或不尊重自己,却很少反省自身以及对他人的关注。这种单向性思维容易在交往中产生一厢情愿的倾向,并容易对挫折作出错误的归因。人际交往本质上是一个互动的过程,但许多时候,互动链的运行需要有人主动开启。因此,率先向别人发出友好的信号,主动关心别人,主动帮助别人,主动与人打招呼,才能拥有良好的人际关系。特别是在面临人际危机时,主动解释,消除误解,才能重新建立良好的人际关系。

3. 学会倾听和赞美

大多数时候,如果你冷静地倾听他人充满感情的叙述,就会更深入地了解对方,有时还可能化干戈为玉帛。如发生争吵时，若一方耐下心来，不作评论、不加辩解地倾听对方，对方往往会渐渐平息下来，甚至开始主动反省自己。

此外，由衷的赞美会使人感到自身价值得到肯定，感到愉悦和鼓舞，并对赞美者产生亲近感，缩短彼此的心理距离。真诚赞美要注意两点：第一，赞美事实而不是赞美人，要把赞美的焦点放在对方所做的事情上，如说"你的书写得真好"要比说"你真棒"更容易让人接受；第二，赞美要具体，针对某件事赞美会更有力量，如"你的领带跟西服很配"要比"你今天穿得很好看"更能说到对方的心里去。真诚地赞美他人，不但对方快乐，也会让自己获得满足。

4. 注意"特殊对待"

在人际交往中，人人都希望得到尊重，自我价值得到承认。因此，在交往中，我们必须学会"特殊对待"。受到"惯例对待"会让人认为自己的地位和价值被贬低，从而也使对方的好意贬值；而受到"特殊对待"会让人感到自己被重视，于是也会对对方抱有特殊的好感和态度。给对方"特殊对待"，让你所欲深交的人感觉到他在你心中独一无二的地位，是维持良好人际关系的技巧。此外，在生活中，少挑他人毛病，保住他人面子，也是"特殊对待"的重要方面。

5. 适度自我表露

大学生常常会与密友说说悄悄话，彼此袒露自己的小秘密，这便是自我表露（self-disclosure）。这种极私密的交流往往会巩固友谊，使双方关系更"铁"。当我们想让人际关系升温时，适度的自我表露不失为一种十分有效的方法。倾诉一点自己内心深处的烦恼，吐露一点不为人知的小秘密，能让对方感到深受信任，出于感动和交往中的对等原则，也会向你倾吐心声。一旦有过一次这样的交流，双方都会视彼此为密友。

6. 掌握批评的艺术

有些时候，当别人的错误损害了自己和周围人的利益时，就需要进行适当的批评以促其改正。但要想批评奏效，必须尽量减少对方的防卫心理。这就要做到：第一，批评场合尽量私密。在大庭广众之下批评，会引起对方的反感和抵触，对方可能马上以敌视的态度进行反击，以保护受到威胁的自尊心。第二，从检讨自己和诚心感谢入手。检讨自己的失误和感谢对方的付出可以提高对方的自信和自尊，让对方从感情上接纳。第三，批评对事不对人。先肯定对方的能力、人品，再指出其某一个具体的错误，对方往往更容易接受。第四，批评应针对当下，不翻旧账。尽量不用"你怎么总是……"之类的语言批评他人，因为这样的说法会暗示对方"旧习难改"。

在慎重批评别人时也要学会理性对待他人的批评。面对批评，首先要冷静，不要随意辩解或严厉反击，要弄清楚对方的动机，以免辜负他人的好意，或是让他人的恶意得逞。卡耐基曾说："虽然我不能阻止别人不对我做任何不公正的批评，我却可以做一件更重要的事：我可以决定是否要让我自己受到那不公正批评的干扰。"其次，认真地分析批评中是否含有可供参考、有助于自我完善的内容。只要我们愿意,一切都可以拿来为我所用,一切都可以成为我们学习的源泉。

小测试 7-2

《大学生社交能力自测》

以下是30道社交能力自测题,你可按照自身情况给每项描述打分。凡"符合"者打2分,"基本符合"者打1分,"难以判断"者打0分,"基本不符合"者打-1分,"完全不符合"者打-2分,最后统计总得分。

1. 我到朋友家做客,首先要问有没有不熟悉的人也出席,如有,我的热情明显下降。

2. 我看见陌生人常常觉得无话可说。

3. 在陌生的异性面前,我常感到手足无措。

4. 我不喜欢在公众场合讲话。

5. 我的文字表达能力远比口头表达能力强。

6. 在公众场合讲话,我不敢正视听众的眼睛。

7. 我不喜欢广交朋友。

8. 我要好的朋友很少。

9. 我只喜欢与同我谈得拢的人接近。

10. 到一个新环境,我可以接连好几天不讲话。

11. 如果没有熟人在场,我很难找到与他人交谈的话题。

12. 如果要在"主持会议"与"做会议记录"这两项工作中挑一项,我肯定选后者。

13. 参加一次新的集会,我不会结识多少人。

14. 别人请求我帮助而我无法满足对方要求时,我常常感到难以处理。

15. 不是万不得已,我决不求助他人。这倒不是我个性好强,而是感到很难对人开口。

16. 我很少主动到同学、朋友家串门。

17. 我不习惯和他人聊天。

18. 领导、教师在场时,我讲话特别紧张。

19. 我不善于说服人,尽管有时我觉得很有道理。

20. 有人对我不友好时,我常常找不到恰当的对策。

21. 我不知道怎样同嫉妒我的人相处。

22. 我同他人的友谊发展,多数是他人主动。

23. 我最怕在社交场合中碰到令人尴尬的事情。

24. 我不善于赞美他人,感到很难把话说得自然、亲切。

25. 他人话中带刺揶揄我,除了生气,我别无他法。

26. 我最怕做接待工作,同陌生人打交道。

27. 参加集会,我总是坐在熟人旁边。

28. 我的朋友都是同我年龄相仿的。

29. 我几乎没有异性朋友。

30. 我不喜欢与地位比我高的人交往,我感到这种交往很拘束、不自由。

注:得分越低,社交能力越强。30 分以上,社交能力不足;0～30 分,社交能力较差;-20～0 分,社交能力较好;低于-20 分,社交能力优秀。

思考题

1. 简述人际交往的内涵及主要理论。

2. 了解大学生人际交往的特点对你有何帮助?

3. 简述大学生人际交往的常见问题及其提升策略。

推荐阅读

1. 金盛华.社会心理学.北京:高等教育出版社,2020.

2. [美]斯蒂夫·钱德勒.改善人际关系的 50 种方法.王承教,译.海口:海南出版社,2002.

3. [美]托马斯·A.哈里斯.我行——你也行.杨菁,等译.北京:文化艺术出版社,1988.

第八章

大学生性心理与恋爱心理

早已走出儿童时代的青年大学生,正处于从青年期进入成年期的进程中。伴随着性生理的成熟,他们的性心理也明显发展。人的性心理发展,是生物因素和社会因素共同作用的结果,而在青年大学生性成熟和社会成熟达到一定阶段之后,必定伴随出现恋爱现象,这是他们与异性交往的一种特殊方式。大学生性心理与恋爱心理的健康发展过程,是他们认识社会、认识人生、认识自我的过程,是塑造自我、完善自我的必要前提,会影响青年人的身心健康与全面发展,甚至会对他们未来的人生历程产生直接影响。了解和掌握科学的性知识,维护自身的性健康,认识爱情的本质,培养健康的恋爱观和择偶观,主动发展爱的能力,是青年大学生现阶段面临的一项必须作答的重要人生课题。

第一节　大学生性心理的发展

性作为本能,贯穿人类发展的过程。它是生命延续的手段,是两性结合的方式,是夫妻欢愉的形式,是异性交往的引力,是文明度量的尺度。简言之,性是人类生命的重要组成部分,它绝不仅仅是生理现象、社会现象,而是人类整个心理活动中的重要组成部分。高校学生处于人生历程中最青春勃发、生命力最旺盛的时期,也是人的性心理活动最活跃、动荡和最具挑战的时期,帮助他们科学认识性心理的发展规律,对其健康、幸福和人格完善具有重要意义。

一、性心理及其发展阶段

1. 性的本质

性,与每个人都有关。每个人的生命都是性造就的,每个人的发育成熟都伴随着性。然而长期以来,人们对性缺乏科学、完整的认识。要认识性的本质,有狭义和广义的两个视角。

就狭义视角来说,性指的是男女两性在生物学上的差异。我们平时说的第一性征,指的就是两性不同的生殖器官,它由人的染色体决定,通过人的解剖生理差异表征出来。人的第二性征则指两性除生殖器官外的具有性别差异的生理特点,它主要由男女激素分泌上的差异决定,通过身体外形的不同表现出来。男女两性在生理结构上的差异以及人生来就具有的性的欲望和本能所表征的性,只是作为自然属性的性,源于人体性激素的作用,伴随性生殖而出现,是人类生存和繁衍的必要基础条件,但这些还不足以表征人类全部的性差异。一般动物同样具有自然属性的性,作为人类,一定还具有独特的性属性,这些才是人与一般动物的区别所在。

就广义视角来说,性有着生物学、心理学和社会学上的意义。我们经常说的性别,不仅仅是一般意义的男女有别,更多地指心理学意义上的两性差异。简言之,性别是基于人的生理差别,以性格、气质、感觉、情感、智能等方面的心理差异表现出来的两性差异。性别角色则是从社会学意义上对两性赋予的不同的社会行为模式,它同样基于生理差别,同时包含社会对两性的不同期待。人类的性是自然属性与社会属性的统一。前者说明性必然受到人的生物规律的约束,后者说明人类社会的发展必然会对性带来影响,两者有机联系、不可分割。性的本质含义体现在其社会属性上,因为人的本质归根到底是由社会关系决定的。

2. 性生理的发展及其影响

个体的性从开始发育到逐渐成熟是在青春期,世界卫生组织把青春期定义为 10—20 岁的阶段。青春期是个体的生命历程中性最为活跃的时期,也是人生中性发展成熟的关键阶段,它将对个体的一生带来重要影响。

进入青春期,个体的生长明显加速,身高和体型发生巨大的变化。与此同时,个体的性腺(睾丸、卵巢)开始迅速发育,通过分泌性激素控制着其他性器官的发育和成熟,使性器官逐渐获得生殖机能、维持正常的生理功能,还激发和维持着两性除生殖器官以外的体表特征,即第二性征。

经历着剧烈生理变化的青少年,会对自己的身体形象格外关注,对自身的性生理发展既兴奋又困惑,还会对即将成为一个成熟的男人或女人有十分复杂的反应。青春期的激素变化增加了性驱力,也给个体带来控制自身性欲的任务。值得一提的是,由于社会物质生活水平在提高,社会的开放程度与发展速度在加大、加快,社会文化环境在迅猛变化,与生物、自然和社会因素相关联的人的生物性成熟也在不断超前。与此同时,个体更多受到社会文化和经济水平的影响,要掌握系统的知识规范和习惯,完成一定的社会职能,承担与此关联的社会责任,显然会更具挑战性,以此为标志的人的社会性成熟无可避免地在向后推迟。如此的前倾与后倾有危机潜伏,但更具生机,它给青少年带来过渡期的巨大挑战。

3. 性心理的发展阶段

性心理是人们与性有关的心理活动。在一个成年人的日常心理活动中,性心理活动是主要内容之一。总体来说,性心理是指个体在性生理的基础上与人的性征、性欲、性行为有关的心理状态与心理过程,也包括与异性交往和婚恋等心理状态。

人的性心理发展存在过程性和阶段性。在婴幼儿阶段,孩子开始了从人的外形去辨认性别的学习过程,学龄前儿童懂得了男女性别的不同,不会因为打扮的改变而变换性别,但此时的孩子依然处于性无知的状态。只有伴随着成长,伴随着男女体貌、声音等与性成熟有关的附特征(第二性征)的出现,性意识方才觉醒,并经历以下四个发展阶段。

第一阶段为异性隔膜期。这时,青少年第二性征出现并逐步发育,少男少女朦胧地觉察到彼此的差异,产生对性的好奇心和求知欲。但是,在心理上存在着向往异性的朦胧感与羞涩感之间的矛盾,使此时的少男少女在行为表现上反而彼此疏远。

第二阶段为异性吸引期。进入青年期之后,伴随性生理的发育成熟和生活阅历的增加,青年对异性产生好奇与爱慕,接近异性、了解异性的愿望日益强烈,也乐于在异性面前展示自己的魅力。但是,这一阶段的青年想接近的常常不是某个特定的异性,注意的对象也容易转移,与异性交往总体上没有明显的排他性和凝望性,所谓"异性群友"就属于这个阶段。

第三阶段为异性向往期。此时的青年男女已不再满足于对异性的泛泛好感与爱恋,他们可能在内心形成向往的一个或几个异性的"理想模型",并在现实交往中逐渐聚焦,有的甚至萌生对个别异性的爱恋之情,有了一对一的单线交往,这就是"异性密友"的阶段。

第四阶段为择偶尝试期。在完成生物性成熟的过程并具有相当的社会性成熟发展程度之后,青年的性心理也伴随发展。此时他们爱慕和向往异性,会进行相对较认真的思考与选择。青年男女不仅由衷地认识、欣赏和体验异性的美好,还通过约会、交往,获得对爱恋对象内在个性、价值观等的了解,不断增进双方的感情,这就是恋爱择偶尝试阶段。

社会的发展变化、营养水平的提高、性信息刺激的增加,这些使得当今时代的青年人生物性成熟的前倾化,青年的性心理发展也有了不同于以往传统社会的特点。

二、大学生性心理的特征

伴随着中国的改革开放,经济转型、社会转型,在传统与现代、东方与西方等不同维度上,文化不断交汇、碰撞和融合。总体而言,以往的社会变动的频度、幅度不大,文化相对单纯、连续,社会上存在着人们有共识和共守的行为准则、规范和价值观念。而今社会迅速地、大幅度地变动,快速走向现代化,人们的思想观念不断刷新,社会生活面貌乃至生活方式都发生深刻的变化。青年大学生处在高文化区,又有着人生发展特殊阶段的心理、生理特点,他们首当其冲会面临严峻的挑战。

大学生的性心理主要存在以下四方面的特征。

1. 性欲求的本能性

就大学生群体总体而言,身体发育和性成熟已基本完成。在本能的作用下,他们被异性吸引,对异性产生兴趣、好感和爱慕之心,接触异性的欲望强烈。青少年向往异性的最早时期大多数在初中,即年龄为 13—16 岁的青春期。受青年性心理发展的普遍规律,以及青少年学生有着巨大、紧迫的升学压力,学习生活环境有着更多外在管束的现实影响,直到进入大学阶段,青年学生的性心理依然缺乏较为深刻的社会内容。

2. 性意识的强烈性

伴随性生理和性心理的发展,青年大学生的性意识日益强烈。他们常常把年龄相当的异性作为交往对象,并关注自己在异性心中的地位,关注异性对自己的评价,他们在内心深处渴望与异性建立亲密关系。逐步摆脱心理闭锁状态之后,在同龄人聚集的高校里,处于相对宽松的校园文化环境中的青年大学生期待有机会展示自己的魅力,同时掩盖自己的不足,博得异性的好感。但值得注意的是,当这种内心强烈的渴望被刻意外显的行为文饰时,容易引发内心的冲突,而心理冲突长期得不到有效处理有可能引发心理的失调。

3. 性心理的动荡性

青年大学生处于人生中的性能量高峰期。生物性成熟基本完成、社会性成熟在进程之中的青年大学生,有着较高的文化水平和丰富的情感体验,他们对性的感觉、作用和地位的认识不断觉醒,对来自异性的性刺激格外敏感。他们具有一定的性知识,尤其是通过网络媒体获得的海量和匿名的信息,但是这些知识不一定完整,也可能存在错误,甚至存在性诱惑、性诱导。他们的性思维和性情绪比较丰富,但是关乎性控制力的性意志、性理智常常不够坚定,因此诸多的信息反差容易导致青年大学生性心理动荡。

4. 两性之间的差异性

青年大学生的性心理因性别而存在差异。一般而言,女性步入性生理发育期的时间早于男性,性意识的觉醒亦早于男性,而男性产生性兴奋的时间和强度一般早于和高于女性。在与异性交往方面,女性表达爱意的方式倾向于深沉含蓄,不轻易流露对异性的情感体验,男性则相对更加积极、主动和外显。还有,女性对自身出现第二性征有更多害羞、好奇、紧张、不安,男性则比女性表现出更高的自我肯定态度,更迫切地想探索性的奥秘。另外,男性容易在视觉信息刺激下产生性冲动,女性则相对更易在听觉、触觉刺激下兴奋。

三、性别角色与社会化

1. 男女的性别角色

性别角色指的是两性以不同的遗传生理素质为基础,通过社会化逐步成为具有一定心理特点和行为模式的社会人,以适应一定的社会文化,顺利参与社会生活,满足一定的社会角色要求。我们知道,人的内在心理活动主要通过外显行为表现,因此两性心理方面的主要差异与他们在社会角色行为方面的主要差异,常常是交替、重叠的。

男女的性别角色标准与不同民族和文化、不同时代和社会相关联。性别角色标准需要被社会成员普遍认可,它包含更加适宜于某一性别的价值观、动机和行为方式等,它体现的是一种社会文化对不同性别的不同期待,反映的是社会用以区别和对待男性与女性的一般意义上的标准。

什么是恰当的性别角色,人们对此的观念随着社会的发展进步不断变化。在原始社会,生产力十分低下,两性的分工是按照身体条件的自然分工,形成截然不同的性别角色。在传统观念中,有一种更多针对女性的表达性角色的社会规范,即女性应该是亲切的、善于照顾他人的、合作的、能敏感觉察他人要求的;也有一种更多针对男性的工具性角色的社会规范,即男性应该是坚定的、具有影响力的、独立的和富有竞争性的。传统观念在现代社会受到挑战。伴随时代发展和社会演进,在生产活动与社会生活中,体力的重要性在逐步降低,关于作用和地位的性别要求越来越不清晰。一些传统上因高强度或高冒险性而通常由男性独占的领域,现在已不再是女性的禁区。同样,曾经为较多女性从事的职业也有更多的男性涉足。还有,社会与家庭也对男性的灵活性、柔韧性和细腻性提出要求。简言之,人类文明的进步带来了男女刚柔并济的现象。

2. 性别角色的社会化

性别角色的社会化指人们在社会生活中逐渐学会按照自己的性别角色标准行事,其发展与定位是一个过程。首先是顺从阶段,个体在社会的影响下,从事物的表面学习与自己生物性别相同的观点、态度,并且通过一定的外显行为表现出来,即获得性别的规范。其次是认同阶段,个体不仅简单地模仿符合自己性别的态度和行为,而且积极地将自己的性别与相应的观念、行为相联系,产生与异性不同的想法,并对同性特定的言语和行为产生共鸣。最后是内化阶段,个体理解并接受性别与特定言行之间的关系及其意义,无论是对自身还是他人,当性别与相应的言行特征不相符时,个体会感到不自在。这就是两性性别角色的社会化进程。人的性别差异的形成,本质上是文化使然,是历史的自然进程,也是世界多样性的客观表现。个体若否认性别差异,会造成适应不良,甚至会因性别角色认同的混乱导致个体人格偏差。

"两性合一"行为模式的出现带来新的挑战,使青年性别角色的掌握更加复杂化。其实,在现实生活中,许多行为都是两性共有的,只有少数行为具有性别特征。而且,只表现出男性或女性行为特征的人也是极少数,大多数人都或多或少有一些异性特征,即男性人格中的女性气质和女性人格中的男性气质,这是两性在长期交往中形成的,有着重要的生存价值。如果处于高文化区的大学生能够迎接挑战,使适当表现被压抑的品质,就更能适应多变的外部世界的要求。例如,男性和女性不再拘泥于传统的男性化、女性化角色,女性尤其是处于高文化区的高校女生有志于在充满工作机遇的世界里更多地表现独立、坚定与自信,同样,男性尤其是处于高文化区的高校男生能够更加自由地展现敏感、细腻、善解人意的特质。如此,性别角色在变革和整合中会有崭新的形象,对个体适应社会与发展也更为有利。

小贴士 8 - 1

阿尼玛与阿尼姆斯——男子的女性气质与女子的男性气质

阿尼玛与阿尼姆斯是瑞士心理学家、精神分析医师、分析心理学创立者荣格(Carl G. Jung)提出的两种重要原型。阿尼玛指的是男性心中的女性意象,阿尼姆斯则为女性心中的男性意象,因而两者又可表述为女性潜倾和男性潜倾。

荣格认为,阿尼玛是一个男子身上具有的少量女性特征或女性基因。在男性身上,它始终存在,既不呈现也不消失。阿尼玛由嵌在男性有机体上的初源处遗传而来,是女性留下的全部印象的一种积淀。阿尼玛既有积极的一面,也有消极的一面。对个体来说,其阿尼玛只在与女性交往的过程中显现和表达。或许是因为男性最早接触到的女性是自己的母亲,母亲往往是男孩阿尼玛的化身。如果一个人的母亲对他有负面影响,其阿尼玛就经常表现出暴躁易怒的脾气、抑郁沮丧的情绪、优柔寡断、担惊受怕、神经过敏等负面成分。如果母亲的影响基本上是正面的,那么其阿尼玛就被内化为自己"梦中情人"的形象。

同样,阿尼姆斯是女性身上男性化的部分,如前所述,它也有着正反两种面目。阿尼姆斯的正面能够代表事业心、勇气、真挚和最高形式的精神的深邃,反面则代表凶恶、残暴等。女性最早接触的男性是父亲,因此其阿尼姆斯常常受到父亲的影响。还有,当女性把阿尼姆斯投射到一个或某几个男性身上,可能引发与上述男性面对阿尼玛时类似的情形。

阿尼玛或阿尼姆斯在男性或女性心灵内的功能,让个体有能力去理解他人的复杂性,并了解自身心灵的其他部分,对自己形成更全面的认识。随着两性在文化上有愈来愈多的自由度,这样的认识显得更加重要。

资料来源:林崇德,杨治良,黄希庭.心理学大辞典.上海:上海教育出版社,2003.

第二节 大学生性心理问题的自我调适

青年大学生处于人生发展的特殊阶段,他们基本上完成了生物性成熟,但仍在社会性成熟进程之中。伴随生理机能的成熟和性认知的积累,构成他们性心理核心部分的性思维在不断发展。同时,他们也在与异性逐步深刻交往的过程中获得了丰富的性情感。但是,作为青年性心理成熟重要标志的性意志还在发展,内隐性意识的强烈与外显行为的文饰等矛盾易导致青年大学生产生性心理问题。

一、大学生常见的性心理问题

性是生命体的重要组成部分,人的成长总是与性的发育成熟相伴随。那么,什么是性心理呢?所谓性心理,指的是个体在性生理的基础上形成的与性征、性欲、性行为有关的心理状态与心理过程,也包括与异性交往和婚恋等心理状态。大学生的性心理问题主要表现如下。

1. 性焦虑与性压抑

处于性机能成熟高峰期的青年大学生,具有性欲望与性冲动十分自然。这既受性激素等生理因素的影响,也受与性有关的感知、记忆、联想等心理因素的影响。虽然如今结婚并不在高校规章禁止之列,但是,绝大多数青年大学生尚处于职前教育阶段,缺乏社会阅历、经济条件和成熟稳定心理等婚姻前提,难以走进婚姻生活,并以此形式获得性的满足,因而往往容易产生性焦虑与性压抑。

2. 性自慰引发的心理冲突

性自慰是指个体在没有异性参与的情况下进行的满足性欲的活动。这一现象在青春期阶段较为常见。由于缺乏合法满足性欲望的途径,性冲动又难以抑制,性自慰在一定程度上能起到疏泄性能量、缓解性紧张、保持身心平衡的作用。然而受传统性观念对性自慰持否定态度的影响,有的青年大学生依然对性自慰有冲突心理,一方面在其中获得满足,另一方面感到自我谴责和强烈的负性情绪。

3. 性体象引发的情绪困扰

青年大学生对自己身体、形象的关注比人生的任何一个时期都热切。他们在一定程度上失去了对过去熟悉的身体形象的安全感,成熟带来的新形象、新感觉成了自己的一种重要象征。这时,他们会产生焦虑,担心自己的身体自我形象与社会的特别是同龄人的理想标准不相符合。男生会格外关注自己高大的身材、健壮的体魄、浑厚的嗓音等男性身体特征,女生则格外在意自己美丽的容貌、苗条的身材、丰满的乳房、柔美的嗓音等女性身体特征。当个人自我形象比较低或不稳定时,社会、群体、他人的标准更容易对青年大学生产生较大的影响,催生低自信度;而低自信度又会放大这种影响。在流行文化对青年大学生具有较大影响的当下,由对自身性体象感到不满与烦恼引发的问题并不鲜见。

4. 异性交往引发的情绪困扰

由于高校的特定环境,青年大学生的性意识较之青春期更有其独特性。有意识地观察、思考和寻找自己的意中人,渴望与异性建立比较亲密的关系,关注自己在异性心目中的形象,是青年大学生性心理的特征。而且,不同于以前年龄段,青年大学生关注的异性交往包含更多的社会因素。事实上,这一阶段的异性交往可以满足他们许多方面的心理需求,如获得归属感和爱的满足,获得性的满足,以及获得自我价值感的提升。异性、亲密关系者的欣赏与赞美,是青年大学生非常期待的来自他人的重要肯定,并成为其自我认同的一个重要组成部分。因此,一旦需要得不到满足,情绪困扰便由此而生。

微视频 8-1

"女神"的网上"恋爱"陷阱

小 A 是某高校工科机械专业大学三年级男生,身材比较矮,相貌平平,还有点胖。从小接受严格的家教,内向并稍稍有些怯懦的他,在整个成长过程中只埋首于艰苦的学业和激烈的竞争,没有与异性密切交往的经历,甚至与同性的交往都不多。如今在生活中,除了与几个初中时的伙伴间或在网上有联系,他与同班同学及室友都比较疏离。于是,他萌生了在没有地域限制,没有初识的局促,更加自由的网上择友的想法。

于是,他的课余时间基本耗费在互联网上,而从事的活动大多是在聊天软件上结识朋友。一日,一个声音非常甜美的语音女主播 B 吸引了他。B 与他搭讪,表现得格外温柔体贴。各种挑逗与表白都是小 A 从未经历过的,他从心跳不已到迷恋对方,只花了短短的两周。B 也声称自己爱上了小 A,两人遂以恋人的身份在网上互动交往。小 A 获得了从未有过的心理体验,对心中的"女神"深信不疑。

随后的日子里,B 不时地"示弱",以自己生病、父母生病、家里装修、支付欠款等理由向小 A 诉苦,直至直接索要钱财。小 A 直接询问"需要多少"并迅速回应,眉头丝毫不皱。次数一多,他也会生疑,但是被"需要"、被"依恋"带来的满足感迅速淹没了他,他完全丧失了理性。

转眼过去了几个月,小 A 先后给 B 打去了十余万元,"女神"却突然关号了。小 A 慌了,几番犹豫,选择报警。经过警方调查,小 A 才知道那是一场恋爱"糖衣"之下的诈骗。那些美好的声音、视频都是后期制作的,那些"困境"也是编造的。更让错付真心的小 A 备受打击的是,他从警方处得知,女主播的所谓"恋人"有数十人。

青年大学生常常出现这样的问题:因自我评价出现偏差、自我形象低劣、不接纳自我而感觉自己缺乏对异性的吸引力,于是用回避和过度自尊保护自己免受伤害,并竭力掩盖内心的痛苦与失落;因缺乏与异性朋友甚至同性朋友的交往经验,身心健康、人格健康都受到影响,也不能从交往中学会辨别、解读对方发出的信息,更难以区分爱与迷恋以及身体发育等形成的属正常生理和心理现象的性欲望与冲动;因生长在一个有多元价值观的现实社会,在家庭和所属文化环境里形成的性观念与其他文化环境下的性观念相冲突,无所适从。

除上述性心理问题外,还有婚前性行为和同居的问题。青年大学生在恋爱过程中,如果控制不好自己的性冲动,就有发生性关系的可能,甚至会在校外自行租房,未婚同居。即便在网络的虚拟世界里,也出现单独在聊天室申请自己的"房间",使"网络恋爱"升级为

"网络同居"的现象。尽管社会的开放性提高,但是传统观念的传承和影响依然存在,恋爱双方可能因性观念的差异而出现冲突。另外,缺乏安全保护的性行为的后果也常常是尚未独立承担社会责任、尚无相应心理准备、经济能力的青年大学生难以承担的。

二、大学生性心理健康的标准

性心理健康是人类健康不容忽视的重要组成部分,日益受到人们的重视。

1. 关于性心理健康的标准

性心理是人格的组成部分,性心理健康是心理健康的重要内容。我们研究青年大学生性心理的目的是维护和促进其性心理健康发展,因而明确性心理健康的标准十分必要。那么,如何界定健康的性心理呢?按照世界卫生组织的观点,性心理健康是指通过丰富和完善的人格、人际交往和爱情方式,达到性行为在肉体、感情、理智和社会诸方面的圆满与协调。美国心理学家罗杰斯提出的性心理健康的标准包括:有正常的性需要和性欲望;有科学、全面、正确的性知识;有正当、健康的性行为方式;性观念和性行为符合社会道德与法律规范;对性抱有正确的态度和情感,能自觉调整和克服不良情绪。

2. 大学生性心理健康的特征

鉴于中国青年大学生的身心发展状况和社会生态背景,评价青年大学生的性心理健康水平,应就以下特征进行考量。

第一,具有正常的性需求和性欲望。这既是良好的性生理状态,也是健康性心理的基础。

第二,具有充足的与正确的性知识。掌握系统、科学的性知识是青年大学生调控性心理的基础,是维护性心理健康的重要保证,其中包括对人类性生理知识的了解、对人类性行为的了解、对艾滋病的正确认识,更包含对性心理、性道德、性审美等方面知识的了解。

第三,具有良好的性心理状态与性适应能力。青年大学生的性适应主要表现为自身的性意识、性观念、性行为与所处社会环境之间能够形成和谐的关系。因此,性心理状态良好,没有性心理障碍,并具有达成个体性活动与外部环境和谐关系的性适应能力,成为性心理健康的重要特征之一。

第四,具有与异性和谐相处的能力。青年大学生的性机能日趋或者已经成熟,性心理迅速发展,出现关注、倾慕乃至追求异性的心理现象十分自然。能与异性自然和谐地交往,无不适应感,是青年大学生具备与异性和谐相处能力的表现,是性心理维持平衡的重要途径,也是正常性心理的特征。

第五,具有良好的性道德。在不同社会文化背景之下,人们对性的总的看法和态度,诸如对性生活、性心理、性行为、性文化、性道德等的看法和态度,会有明显差异。对性的认知基本符合所处社会文化背景,性心理及性行为基本符合所处社会伦理道德,被社会接受,是性心理健康的重要特征。青年大学生应按照社会规范和性道德的要求,以尊重自己、尊重他人、有责任心、有自控力等基本的道德规范约束自身性行为,塑造自身健康形象。

三、大学生性心理健康的自我维护

为维持和增进自身的性心理健康,青年大学生需要有意识、有目的地开展自我强化。

1. 主动接受科学完整的性教育

说到性教育,人们常常立足于预防性偏差行为,减少由性产生的社会问题。其实,从本质上讲,性教育是塑造健全人格的教育。一个生命体要发展成健全并富有创造力的个体,性的作用不可忽视。这里所说的性,不仅指生物学意义,更有着心理学、社会学、人类学、文化学等多个层面上的复杂关联。因为人首先是作为男性或者女性存在于社会,作为与社会紧密相连的人努力寻求与他人的关系以及与人类的一体性。独特的个人与变化的社会环境所期望的理想模式相结合,方才有了人的发展。性教育帮助人产生社会和道德所接受的态度与行为,学习成为一个符合标准的男人或女人。它指引和发展两性之间的亲密关系,指引个体由自我扩散走向自我同一,促使个体成为一个整合发展的人。学习做人,学习做一个人格健全的人,是性教育的根本所在。

2. 学习和发展合适的性别角色

性别差异不仅表现为不同的生物遗传,也包含学习和发展合适的性别角色。性别角色标准是被社会成员普遍认可,更加适宜于某一性别的价值观、动机、行为方式等。它体现的是社会文化对不同性别的不同期待,反映的是社会用以区分男性和女性、区别对待男性和女性的一般意义上的标准。青年男性和女性的健康性心理不仅应包含从生物层面正确识别自己的性别,更包含从生物生理、社会心理以及文化、经济、政治与社会参与等方面,全面认同对自身符合社会要求与规范的性别角色。青年大学生要学习接纳自己的性别角色,学习以成人的性别角色行为要求自己,学习发展出适应当今时代要求的男女优秀人格特征。同时,青年大学生应接受自己的外貌与生理特征等无可改变的现实,学习发展自身的人格美、才华美,以内在美填补外在美的缺憾,达成性心理的平衡。

3. 发展健康的异性交往

交往是个体与周围人之间进行心理和行为沟通的过程。作为社会动物的人必须与他人结成一定的关系,方能在相互依赖、共同活动的过程中得以生存和发展。异性之间的关系是社会关系的一个重要方面,缺乏与异性的交往,不利于男女青年大学生通过异性的欣赏与不满的正负强化作用调节自己的行为;不利于消除男女之间的神秘感,提高与异性交往的能力;不利于性需要在积极健康的交往中升华;不利于降低性需要引起的紧张焦虑,缓解性成熟与社会成熟不一致引起的心理冲突。

4. 积极进行性心理的自我调适

处于性机能成熟高峰期的大学生感受到性冲动是十分自然的,以性压抑的方式使之自行消退尽管可行,却难以获得性心理的积极平衡,还可能对身心造成伤害。通过健康且积极的学习工作、文体活动、男女交往等,可以使性能量合理释放或升华。学习科学的性知识,消除对性的错误认识而带来的心理困扰,也是性心理调节的重要方式。另外,青年大学生作为有思维、有理性的人具有凭借意志进行自我调控的可能,但是在无法有效自助的情形下,也需要主动寻求学校心理咨询机构的专业帮助。

特别值得一提的是,互联网技术具有跨时空、跨地域、趣味性、互动性、隐匿性、丰富性、便捷性等特点,其提供的海量线上信息拓宽了性教育的空间,也拓展了青年大学生社交互动的平台。但与此同时,片面追求流量、利益,包括错误导引的信息,以及以网络性爱为诱饵的陷阱和犯罪行为,也值得青年大学生警惕和防范。

小贴士 8-2

青少年期情感/社会性发展的里程碑

◆ 11—14 岁

1. 自我概念加入了一些抽象的描述词。他们把不同的人格特质统一起来,但之间不存在相互联系,而且常会互相矛盾。

2. 喜怒无常,亲子冲突增多。

3. 朋友的数量减少,友谊建立在亲密、相互理解和忠诚的基础上。

4. 同伴群体成为有组织的同性别小圈子。

◆ 14—16 岁

1. 把自我的特征组合成一个有组织的自我概念。

2. 自尊进一步分化,并有上升趋势。

3. 开始从较低的同一性状态向较高的同一性状态转移。

4. 性别混合的小圈子变得普遍。

5. 开始约会。

◆ 16—18 岁

1. 继续建构同一性,通常是走向更高的同一性状态。

2. 小圈子的重要性下降。

3. 在持续时间更长的恋爱关系中寻求心理上的亲密感。

资料来源:〔美〕劳拉·E. 伯克. 伯克毕生发展心理学. 陈会昌,译. 北京:中国人民大学出版社,2022.

第三节　大学生恋爱心理的发展

在青年大学生的人生课题中,学习与同龄男女交往的新方式,学习男性或女性的社会角色,做好组建家庭的准备等,都是重要内容。在个体的性成熟和社会成熟达到一定阶段之后,恋爱作为一种与异性交往的特殊方式出现了。它虽然不同于以法律形式确定的夫妻关系,但是它与爱情、婚姻相联系,是青年大学生在组建家庭之前必经的历程,也是青年大学生必须正视并探索的重要课题。

一、大学生恋爱心理的形成与发展阶段

13—15 岁为性启蒙阶段,男性和女性在频频对抗之中发展出性意识,这种对抗也很快被带有一定性吸引色彩的友谊替代;14—17 岁为尝试阶段,表现为两性之间短暂的交往关系;16—19 岁则是接受性别角色模式的时期,个体此时面临的任务是与人建立亲密的关系;到了 18—25 岁,个体日趋成熟的自我有能力与自己所爱的异性融洽相处。青年大学生正处于 18—25 岁的阶段。从曾经的"禁止大学生谈恋爱"到"明确反对"再到"不提倡也不反对",直到今天的"适当指导",高校对学生恋爱态度的变化与社会观念的大幅调整和变动不可分割,也与人们观念的更新紧紧联系,更与作为主体的青年大学生自身成长需要密切相关。

1. 大学生恋爱心理形成的影响因素

第一,生理原因。性本能的驱动是青年大学生恋爱心理产生与发展过程中的基础。选择对象、培育爱情的过程就是恋爱过程,它于个体的性成熟和社会成熟达到一定阶段后出现。无论人们对爱情给出何种描述与定义,性和爱都是爱情的成分。青年大学生的性成熟大多已经完成,恋爱心理的生理基础已就位。内心躁动不安,一旦现实条件满足便渴望与异性交友,恋爱欲望强烈。

第二,心理基础。根据马斯洛的需要层次理论,人有寻求爱和归属的需要,发展亲密关系则是满足爱和归属的需要的途径之一。进入大学以前,青少年在性意识的作用下,已开始关注异性,并且有了与之交往的欲望,但那时的情感需要比较朦胧,青少年对情感的认知不够明确,对自身情感与行为的调控能力也较弱。伴随阅历的增加以及自我意识的不断增强,青年大学生从认知到情感,再到对自身行为的调控,都有了明显提升。他们渴望在与自己喜欢的对象建立亲密关系的过程中,达成相互认同。

微视频 8-2

当"直球"遇到"慢炖"

那个夜晚,没有月亮。

咨询师正在咨询室里整理资料,门一下子被撞开,一个身材高挑的女生冲了进来。稍稍有些歉疚,又有些沮丧,她急急地开了口:"老师,对不起,我有些莽撞。可我还是很想和您谈谈……"咨询师注意到她的手上攥着张纸,身子有些颤抖。"来,先坐下,慢慢说。"递上一杯水,咨询师陪她一同坐下。

　　她展开手中攥着的纸:"老师,这是小 D 刚塞给我的,我好无奈,也有些担心。"那是一封字迹潦草的信,里面有几个深深的感叹号。咨询师粗略地浏览了一遍:半年前小 A(显然就是来访者)主动表达喜欢小 D,甚至想与学业优秀、帅气沉稳的他建立恋爱关系,但那时的小 D 觉得自己与她只有友谊,谈不上爱。可是现在自己慢慢爱上了她,小 A 却说对他已经没有感觉了,甚至告诉他自己已经确定了恋爱对象。这深深地刺伤了小 D……

　　小 A 是个大连女孩,被父母宠爱,从小性格开朗,待人特别热情。她从中学到大学,她有许多朋友。小 D 是一个不同于她以往朋友的男生。他来自山东一个三线城市,话不多,比较内敛,学习成绩突出,性格尤其沉稳。小 A 一下子被这个帅气的男生吸引了。"他不同于自己以往的朋友,给人一种稳定安全的感觉。"小 A 说。于是她接近他,很快小 A 发现其实他很内秀,他俩也挺聊得来,于是大胆向他表白。"问题是,那时他拒绝了呀!"有些沮丧的小 A 很快收拾心情,重新在内心定位了他们"好同学、好朋友"的关系。时间过去半年,小 A 早有了恋爱对象,那是邻校的一个男生。在她眼里,和小 D 的关系依然如故,但没想到小 D 的感情慢慢地发生了变化。这个慢热的男生在接触中真的爱上了这个开朗活泼的女孩,而且爱得很深沉。自然地,当得知小 A 另有所爱时,他失控了……

　　一个大胆主动、拿得起放得下的"直球",遇到一个感情慢热、执着深沉的"慢炖",于是冲突就这样发生了……

　　第三,环境因素。在学业的重压下,中学生丰富的青春期情感受到压抑,自我概念发展得不够完善,欠缺对自身情绪与行为的调控能力,学校和家长一般对中学阶段的恋爱持反对态度。大学的环境则相对自由宽松,学习生活也有着很强的自主性,大学生恋爱的外在压力不仅减少,还可能受到鼓励。当生活中出现了自认为值得去爱的人,就会引发个体的恋爱心理与行为。大学生中普遍存在的恋爱,会引发从众现象,使得那些原本暂时没有恋爱打算的学生,亦在他人的影响下投身亲密关系的寻求、建立与发展。

　　第四,社会影响。如今时代的巨大变化对青年大学生提出更高的要求,青年大学生必须为未来做尽可能充分的准备。"家庭问题解决了以后可以专心事业""两人携手会发展得更顺利""年轻时的感情更纯洁",青年大学生在社会传递的这些信息面前有些惶惶然,尤其是大龄优秀青年在婚恋中面临困局的现象,也影响着青年大学生的恋爱抉择。

2. 大学生恋爱的发展阶段

　　随着身心的发展和环境的变迁,青年大学生最初萌生的对异性的情感逐步走向爱情,这是一件十分自然的事。青年大学生恋爱的发展过程,有充满浪漫色彩的突发式,即人们常说的"一见钟情"式,但更多的是了解生情、情理交融的渐进式,其中包含情感、认知与行为的逐步深化。青年大学生的恋爱一般经历如下四个阶段。

第一,始恋阶段。双方互有兴趣、产生好感,对彼此结识感到愉悦;对彼此的认识仅限于浅表,了解大多只限于外在等基本情况;交往中在意自己的行为举止、着装打扮,努力给对方留下好印象,尚存拘谨。

第二,依恋阶段。开始喜欢对方,分离时感觉若有所失,相聚则格外兴奋,彼此出现朦胧的相互吸引的情感倾向;交流的话题更加广泛,接触中彼此进一步获得对对方个性特点的了解,并在一定程度上了解对方学业以外的情况;努力创造接触机会,行为举止开始走向放松。

第三,爱恋阶段。双方明确感受到彼此之间存在着强烈的爱慕,无法抑制地向对方表明心迹;对对方的个性特点和生活圈子中的情形有比较深入的了解;交往频繁密切,逐步对家人公开恋爱关系,并更多地以"我俩"的角度面对问题。

第四,相恋阶段。彼此倾心的双方情投意合,形成了紧密的爱的连接;彼此对对方的了解更为全面,不仅充分认识优点,还深入了解缺点;彼此学习以伴侣的角色调整自己的行为,自觉承担对对方的义务,渴望对方给予自己亲昵的行为表达。

不过,每个人都是独特的。青年大学生作为不同的社会化个体,具有不同的心理、精神、情感等社会化因素,他们的恋爱会有不同的动机,在现实中会表现为不同的恋爱类型。双方具备成熟的人格,具有较强的进取心和自控能力,有共同的理想、抱负和价值观,能以理性引导爱情,从恋爱中获得双方成长的动力,属比翼型。理智、现实地对待恋爱,爱慕之中包含对双方未来的发展、家庭条件等现实因素的考量,以获得生活、学业、事业中的相互支撑,属现实型。受他人恋爱的影响,希望体验富有浪漫色彩的爱情,为证明自己的魅力,为追求时尚,跟着感觉走,缺乏认真的态度和对责任的担当,带有很大的随意性,属随潮型。把谈恋爱作为大学中一种应景性的精神需求,用以摆脱孤单和空虚,获得一份依靠与寄托,属慰藉型。尝试走进亲密关系,把恋爱作为自己成长的契机,从中学习如何与一个人相处,学习包容、体贴、关心、尊重、接纳,学习摆脱自我中心,学习在关系中满足自身及对方的心理需要,属探索型,等等。

不同恋爱动机下的恋爱态度不尽相同,恋爱的行为与发展过程亦不尽相同,而这正是青年大学生需要认真理性思考以实现自我成长的部分。

小贴士 8 - 3

情侣之间如何保持爱的活力

1. 为两人的关系付出时间。为保持对两人关系的满意感和相爱感,安排好两人相处的时间。

2. 向伴侣表达爱。表达爱和关怀,可以让伴侣感受到你的奉献态度,并鼓励伴侣做出同样的行为。

3. 在需要时陪在伴侣身边。在伴侣痛苦时给予其情感支持,并帮助其实现个人目标。

4. 遇到矛盾时,采取建设性积极沟通。如果一方对另一方不满,应提出克服困难的办法,请双方共同作出选择,并诉诸行动。保持亲密关系的四大敌人是指责、轻视、戒心与设置障碍。

5. 对伴侣看重的东西感兴趣。了解对方的朋友、家庭和爱好,表达自己对其特殊能力和成绩的欣赏,增强伴侣的价值感。

6. 信任伴侣。分享内心情感,保持亲密关系。

7. 原谅小过失,对大过失尽量表示理解。在可能的情况下,通过谅解化解愤怒。

资料来源:[美]劳拉·E. 伯克. 伯克毕生发展心理学. 陈会昌,译. 北京:中国人民大学出版社,2022.

二、大学生恋爱心理的特点

1. 大学生恋爱现象的普遍交织着"跟着感觉走"的盲目

尽管当今青年的结婚和生育意愿有一定程度的变化,但如果在青年大学生中做调查,曾经、正在或者想要恋爱的比例一定占大多数,这是大学生生长发育成熟、充满青春朝气的人生阶段的正常现象。但是,言及恋爱的主观原因,青年大学生有自认为为婚姻打基础的,有因追逐时尚和生活空虚而寻找感情寄托的,也有出于为对方所吸引的。

两性之间在本质上是相互吸引的,这种吸引常常来自对方提供给自己的显而易见的愉悦。如果对方表现出对自己的兴趣和赞许,自身会因感受到被关注和接纳而快乐,进而会去享受对方的一些赏心悦目的个人特征。但是,影响吸引力的因素有很多不易觉察,对此缺乏认识容易导致亲密关系产生盲目性。例如,空间上邻近的人更可能相遇、熟悉并引发喜欢,但也可能因随后的距离变化而走向疏远;外貌的吸引对第一印象的形成会产生重要影响,但美的不一定总是好的或者是适合自己的;越是得不到的越喜欢,努力克服障碍以实现自己的期望,感情日益强烈直至偏执的现象,在青年大学生的恋爱中是客观存在的。

可见,成年期爱情的特点主要体现为在交往中保持并深化感情,青年的爱情则主要在相互追求中形成和发展。而且,这种感情自主性强,带有一定的盲目性和波动性。

2. 大学生情感表达的浪漫伴随着婚姻价值取向的现实

恋爱是人们选择对象、培育爱情的过程。爱情是两性之间的特殊感情,是个体性成熟和社会成熟达到一定阶段后产生的男女之间相亲相恋、互相倾慕的美好情感。青年大学生的生理、心理特点决定了他们在选择爱、表达爱的过程中,有着明显的浪漫、狂热的特征。每年的毕业季,经常有青年大学生浪漫求爱的消息见诸报端——从天而降的戒指,蜡烛环成的爱心，宿舍区的"喊楼"，毕业晚会上的表白，等等。在青年大学生的危机事件中，感情困扰在诱发因素中也占有相当的比例。美国生物人类学家费希尔（Helen Fisher）认为，人类具有先天演化而来的三种相互联系又截然不同的生物系统，它们分别支持激情、亲密和忠诚的情感体验。然而，浪漫激情涉及的幻想、新奇、唤醒这三个重要因素，一般会随着岁月的流逝逐步减弱，而亲密与忠诚结合的相伴之爱是维系爱情关系更为稳定的因素。若听凭激情的驱使，双方容易随着交往的持续而逐渐变得现实，浪漫也很可能随之逐步消退。

3. 大学生性观念的开放叠加自身性态度的矛盾性

性观念是人们对性的总的看法和态度，其中包括对性生活、性心理、性行为、性道德、性文化、婚恋观等的看法和态度。它的形成，对人们自觉遵守社会性行为准则和性道德规范有着约束、促进作用。在不同的社会文化背景之下，人们的性观念会有很大不同。随着中国社会的现代化进程不断向前，性观念受到冲击。调查显示，当代大学生的性观念呈现出开放趋势。比如，青年大学生对婚前或婚外性行为总体表现出宽容态度，认可"只要出于爱是可以理解的""这是社会文明进步的表现""是不可避免的""无所谓""要视不同情况而定"等。

青年大学生对婚前、婚外性行为的看法表现出一种明显的倾向，就是以双方的个人关系为基础，而不是以社会通行的道德标准为依据，来判别性行为是否可以接受。"只要出于爱是可以理解的"等观点，这似乎是将性行为从社会范畴抽离出来，归于纯粹的个人性爱范畴。然而，性行为有个人的一面，也有公众性的一面。事实上，每一种文化都有与性行为有关的道德规范。无论如何，人们都被一种力量强迫遵守性行为的准则。这种力量体现在只有符合自己文化的性行为，才被认为是自然和正常的。因此，我们不应将公众性的一面视为社会强加于个人的束缚，而应把社会通行的规范与自己的个人行为模式协调起来，以便对社会有普遍适应性。如果一味强调"两个人的道德"而忽视社会的公德，不仅是对个人性行为的不负责任，更是对由性行为造成的个人和社会的后果的不负责任。

虽然青年大学生的性观念趋于开放，但是存在着性态度上的矛盾性。当被问及"如果你得知你的恋人曾经和别人有过性行为，你的反应是什么"，相当数量的青年大学生表示会对此感到介意。这与前面的看法似乎形成明显的反差，呈现出比较明显的双重标准。当今的青年大学生基本成长于传统家庭，而社会的变革又不可能不对他们产生影响，这会使得他们产生内在的矛盾冲突。

三、大学生常见的恋爱心理困扰与调适

青年大学生恋爱有一个复杂的心理过程，它不仅有快乐和温馨，还可能有痛苦和悲哀。学习合理调适、拥有健康的恋爱心理是青年大学生心理成熟的重要标志。

1. 一厢情愿的单恋

恋爱原本是个体性成熟和社会成熟达到一定阶段后,男女之间选择对象、培育爱情的过程。这意味着,互相倾慕、相亲相恋的美好情感一定涉及相恋相爱的双方。如果在异性关系中,一方倾心于另一方,但得不到对方的响应,这就是一厢情愿的单恋。大学校园中,这样的情形并不少见,这是因为青年大学生心理尚未完全成熟,丰富的性情绪、性思维与有限的自我控制和调节能力之间存在明显的不平衡。

单恋的形式之一是,当一方对另一方的单恋并不为对方觉察、知晓时,为无感单恋,或是没有机会,或是缺乏勇气,或是害怕被拒绝,在对方一无所知的情形下默默地忍受单恋的煎熬,生活在压抑与伤痛之中。单恋的另一种形式是爱情错觉,那是一种自以为异性爱上自己的不符合客观实际的主观感觉。它的产生主要受对方言行举止和自身主观体验的影响。对方的一个眼神、一个举动,若个体不由自主地按照自身主观需要的方式去看待,获得的就是误解。一厢情愿的单恋还包括向对方表达爱慕之心后遭到对方的拒绝,却依然不接受、不认同这个事实,日复一日地守候着、思念着并痛苦着。

单恋一般较多发生在性格内向、敏感、富于幻想、自卑感较强的青年大学生身上。他们遇到自己喜欢或者符合自己择偶标准的对象时,也希望得到对方的爱,在求证心理作用下,将对方的言行举止视作爱的表达,以憧憬与幻想编织着爱的海市蜃楼。但是,强烈的自卑感又是阻碍,于是内心热烈、冲动、执着的情感与外表试图掩盖自己真情的淡然形成巨大的冲突,久而久之可能陷入不能自拔的心理困境。

单恋并非坏事,它证明了青年大学生对爱情的渴望,看似青涩,其实是走向成熟的开始。然而,陷入单恋需要积极地自我调适。首先,需要分辨好感与爱情的界限,分清楚究竟是一种广泛性情感,或被对方某些特质吸引、持续时间不太久的情绪性反应,还是具有明显排他性,是基于对对方核心的、重要的特质的认同,在深入了解中形成的稳定持久性情感。其次,学习客观地观察对方的行为,避免被自己扭曲读解的信息误导。最后,作出理性的负责任的选择。一般有三种途径:一是尊重对方,在心底深藏和保留这份美好的情感,不使之影响自己的正常学习生活;二是选择合适的表白时机,无论结局如何,让自己内心释然;三是学会放下,以理智战胜情感,挣脱虚幻的爱情罗网。这些都是可能的抉择。

小贴士 8 - 4

一见钟情的心理机制

一见钟情常常源于美好的第一印象,情爱本身就是以异性之间的互相吸引为基础的。寻找恋人的审美标准无法把异性之间的生理效应排除在外,美的感受会给人带来积极的情绪体验。一眼望去,如果对方具有的特征与自己心目中理想的异性形象相吻合,好感、爱慕之心自然会热烈地生长起来,甚至在转瞬间达到狂热的地步。其实,每个人的心目中早已形成独特的异性美模式，当然这可能包含外在与内在两方面，一见钟情常常凭借直观的悟性，认为对方就是自己期待的那个人。

当个体凭直觉认为"自己开始喜欢那个人"之后，就会给对方身上的优点寻找种种理由，而这又使其直觉"正当化"。这也是一个有趣的心理现象。从脑的构造上来说，直觉是由大脑扁桃核区掌管的。扁桃核区会把以前喜欢或厌恶的情感经验保存下来，并根据这些经验进行瞬间判断，由大脑新皮质理性地思考作出判断的理由。

有心理学者做过实验，他使用两份内容相同的材料用来描述同一个人，一份外向特征的文字描述在前，另一份内向特征的文字描述在前。当两组水平相当的学生阅读这两份材料时，形成的对此人性格特征的判断截然相反。那都是先入为主的第一印象在起作用。

第一印象是捷足先登的信息，但又常常具有片面性。因此，一见钟情的爱情仍然需要理智。由一见钟情开始，恋爱的双方还需经历爱情发展的不同阶段，方才可能走向成熟、隽永。

资料来源：林崇德，杨治良，黄希庭.心理学大辞典.上海：上海教育出版社，2003.

2. 纷繁的感情纠葛

与充满挫折和挑战的人生一样，恋爱也不总是一帆风顺，其中可能充满复杂的感情纠葛。感情纠葛指的是青年男女恋爱过程中由主观或客观原因引起的内心的感情冲突。常见的感情纠葛包含如下三个方面。

其一，发生在恋人之间的冲突。恋爱双方的感情逐渐稳定之后，随着激情的消退、理性的回归，双方有了更加深入的了解，开始发现彼此的缺点，也在尝试磨合。因为双方的行为方式与价值观并不总是一致，自身复杂的内在需求也会发生变化，冲突在所难免。若不懂得如何处理冲突，又欲爱不能、欲罢不忍，就可能导致感情纠葛。

其二，三角恋或多角恋引发的烦恼。当一个人同时被两个或两个以上的人追求，或者同时喜欢上了两个或几个人并建立了恋爱关系，即俗称的"三角恋"或"多角恋"。我们知道，恋爱心理具有排他性和冲动性，多角恋最终会给当事人带来心理负担甚至巨大痛苦。多角恋的原因一般可能涉及：生活经验不足，缺乏明确的择偶标准，以致择偶时行为盲目；恋爱态度暧昧，对所选对象既不十分满意，也不愿放弃机会；虚荣心使然，以为周旋在更多的恋人之间能表现自己的魅力；择偶动机不端正，以满足自己不同的欲求和寻找快乐为目的；等等。

其三，恋爱中的嫉妒心理造成的困扰。恋爱中，嫉妒心理十分常见。由于爱情具有排他性、专一性，恋爱中的人或多或少存在自然性嫉妒，无可厚非，而且问题乃在于那些突出地表现为猜疑、敌意和报复等的变态性嫉妒。由于不能以平等的态度对待恋人，不尊重对方的人格,有着过于强烈的占有欲,变态性嫉妒不仅会给当事双方带来强烈的痛苦,而且会成为爱情的障碍,甚至导致感情的悲剧。

恋爱中的感情纠葛会给当事人带来强烈的情绪困扰,进而影响大学生的正常学习生活。但是,对此有觉察并处理得当,也可能会使双方成长。

3. 令人痛苦的失恋

恋爱过程中,如果一方提出终止关系,可能会给另一方带来严重的心理挫折,这就是失恋。失恋是一种失败的恋爱,但失败的恋爱不都是失恋。如果恋爱双方都愿意终止不满意的亲密关系,同意分手,这并不是我们讨论的失恋。只有恋爱的一方已情义不存而毅然提出分手,另一方依旧情意绵绵、难以放下,才是可能给人带来巨大痛苦的失恋。由于恋爱原本就存在不成功的可能,因此我们对失恋应有心理准备。

失恋是大学生活期间对青年大学生影响较大的生活事件,但对具体个体的影响,与恋爱双方对爱情的投入程度有关,与当事人的人格特征以及对挫折的承受能力有关,与当事人的社会支持系统以及生活经历等有关。失恋之后,当事人常见的心理反应有:失落感,即因为失去所爱的、曾经相互理解和信赖的对象而感受到失落与孤独;虚无感,即由恋爱挫折引发"凡事都没有意义"的泛化的消极想法,对异性甚至对生活、人生感到心灰意冷和悲观失望;耻辱感,即在失恋的打击之下感觉尊严受损,尤其是争强好胜、格外在乎面子的人,更容易产生强烈的耻辱感与嫉恨心。

面对失恋,当事人在消极心理驱使下的行为表现常常有:情感长时间锁定于已经转身的恋人,不停进行自我反省,千方百计想要挽回往日的恋情,使对方不堪其扰,自己也长时间停留在失恋的阴影中;匆忙开始一段新感情,想以此掩盖前段恋情的伤痛,结果很可能再度受伤;陷入痛苦不能自拔,也不愿意去寻求他人的帮助,以爱的名义伤害自身,或是玩世不恭、浑浑噩噩,把学业、理想、责任统统抛之脑后;极度的占有欲受挫,过激心理唤起,理智丧失,出现攻击性和破坏性行为,对抛弃自己的负心人进行报复等。

其实,失恋并不一定是坏事,也许恋爱的双方确实不合适。如果恋爱的双方情投意合、志趣一致、心心相印,也不可能出现分手的结局。失恋时需要的是与亲近的人倾诉自己的忧伤,化解内心的不良情绪,整理自己的内心,从失恋中汲取经验,得到成长。而且,失恋可以让人们经受人生的考验。若不将恋爱的失败过度引申为人生的失败,而是去追求生活中有意义的事物,同时在茫茫人海中寻觅能真正患难与共的知己,这样的人生经历将是一笔宝贵财富。另外,坦然接受对方的离去,承认爱与不爱是每个人的权利,给对方足够的尊重,也是对自己足够的尊重。

4. 难以拒绝的被爱

被爱大多是幸福的,但被爱不总是幸福的。当求爱的人是自己不满意或不能当作恋人来喜爱的对象时,个体就会感到苦恼,尤其当对方是自己的挚友、知己时,这样的内心冲突会格外强烈。这种心理冲突的根源在于当事人既想拒绝这一爱情表白,又怕伤到对方的心。纠结之中,有的当事人出于礼貌或顾全以往朋友的情分,会以委婉的言辞、不够明确的态度进行暗示或明示。殊不知,陷入单恋或者爱情错觉的人很容易因为对另一方的幻想和过分敏感,错误地领会对方发出的信息,甚至觉得对方也和自己有同样的情感,或者至少有发展的可能,进而造成更深的误会与伤害。还有的当事人为了避免对方纠缠,采取"快刀斩乱麻"的方式,以简单、决绝、严厉的言词拒绝对方。如此明白、坚定的态度固然不容易造成对方的误解,但是对心理比较脆弱的人说来,可能会伤及自尊,极个别者还可能做出极端行为。

如何拒绝自己并不想要的被爱?清晰明确地表明自己的态度是首要的,这是对对方的负责,也是对自己的负责。因优柔寡断而误导对方,会导致比拒绝更大的伤害。其次,拒绝时尽可能维护对方的自尊。至少要表达对对方欣赏自己的感谢,因为珍惜每一份真挚的情感既是对他人的尊重,也是对自己的尊重。同时,真诚、坚定、明确地给出拒绝的理由,这也许依然会令对方难过,但至少为尽力维护对方的心理平衡、尽量减少对方的挫折感作了努力。

第四节　在亲密关系中成长

爱情是人类生活中的一个重要主题。青年大学生需要学习男女交往的技巧,并为未来组建家庭做准备,这是其所处人生阶段的重要课题。可以说,在青年大学生的生活中,爱情的占比大于任何人生阶段。在当今社会,爱情不再是大学生的禁忌,爱与被爱作为正常的情感需要被人们接受、理解。但独具魅力的爱情,在拨动青年大学生心弦的同时,也常常给他们带来困扰。其实,爱情是有规律可循的,关乎人们一生幸福的爱情也是需要学习的。在亲密关系中进行互动的生命交流,恋爱的双方通过沟通、适应、冲突和了解建立爱的关系,是促进个体成长与人格完善的契机。

一、关于爱情的理论

千百年来,人们对爱情的探究从未停止。无数人无数次地追问,也曾对这个问题作出各种不同的回答。

1. 什么是爱情

爱情作为人类的高级情感,尚无严谨并得到普遍认同的定义。在哲学家看来,爱情具有一种高尚的品质,它不仅仅停留在情欲上,还是高尚优美的心灵的展示,双方的灵魂和世界达成同一。在文学家看来,爱情是一首优美的诗,是一幅迷人的画,是一首醉人的歌,是极纯洁与优美的彩虹,是难以企及的情感和美的升华。事实上,爱情作为一种人类特有的高尚精神生活,作为一种以相互仰慕为基础的关系,作为一种深刻的心灵情感的沟通,既有自然的本能属性，也有社会化的心理、美学、道德的内涵。

爱情是以性为基础的情感活动。性是爱情产生的自然基础与前提，正因为两性之间存在生理差别，两性才会相互吸引、彼此仰慕。可以说，离开了性这一自然属性，爱情难以发展也难以长久维系。但是爱情又不能简单地归于性。性的存在与满足只是一种符合自然的情绪状态，是与生俱来的两性之间最本能的表现，如果离开情与爱，人与动物就没有分别。爱情还具有社会属性，因此人的性应受到社会伦理道德的规范，两性之间的相互吸引也在相貌、体格、体态等生理因素之外，与人的生存状况、道德情操、价值取向、精神境界等社会内容相关。

爱情中包含复杂的心理结构。爱情是一种复杂的心理现象，恋爱关系中常常会显现诸多的心理效应。例如：将对方具有的某个特征泛化到其他方面，即所谓"情人眼里出西施"，就是光环效应的表现；在爱上对方之后，为迎合对方而抹去了自己的个性，反倒使自己魅力渐失，就是去个性化效应的表现；在恋爱关系中，按照某种思维定势从对方的某种品质推断其他品质，如认为聪明的人一定机敏、有能力，就是定势效应的表现；对对方产生好感时，可能把对方的一个随意的微笑视作爱的信息，这就是假设对方与自己具有相同倾向的投射效应的表现；在亲密的恋爱关系中，排斥恋人与其他异性有感情关系，就是排他效应的表现；恋爱不成，由爱生恨，陷入强烈的负性情绪难以自拔，并表现出态度与行为的转变，就是爱的逆向转化效应的表现；等等。

爱情还是一种审美体验和道德情感。审美的满足在爱情中占有重要地位。美丽的外表能给人愉悦的感受，特征、表情、语言、行为等外在美因而成为恋爱双方产生感情的重要基础，而真诚、忠贞、理智、和谐、献身等内在美更加体现了爱情创造美的隽永的过程。存在于一定社会关系之中的爱情必然会受到各种社会因素的制约，爱情的道德性主要体现为双方的平等、自愿、坦诚和忠贞不渝，彼此之间强烈的责任心与义务感。爱情的巩固与持久离不开双方的承诺与担当等。

2. 对爱情的本质理解

恋爱是男女之间培养爱情的过程，而构成爱情的元素是多元的、丰富的、复杂的。同样是沉浸于爱情之中，其表现形式可以有很大的区别。如何对此作出解释，如何理解爱情的本质？在对爱情成分的众多研究中，美国心理学家斯滕伯格（Robert Sternberg）的爱情三角理论给出了较有影响力的解释（见图 8-1）。

爱情三角理论认为，人类的爱情虽然复杂多变，但是存在基本的构成成分：第一，动机成分，它在两性的爱情之中表现为激情（passion），即以性的唤醒和欲望为主要特征。内发的性驱力包括异性之间身体、容貌等的彼此吸引与性的渴望等，事实上，任何能使伴侣感到满足的强烈情感需要都可归属其中。第二，情绪情感成分，它在两性的爱情之中表现为亲密（intimacy），即以热情、理解、沟通、支持、分享等为主要特征。伴侣之间彼此喜欢、心灵默契、互相归属，这些感觉都是爱情的情绪情感成分。第三，认知成分，它在两性的爱

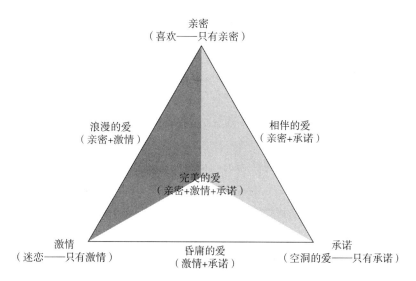

图 8-1　斯滕伯格爱情三角理论

情之中表现为承诺（commitment），即对情绪情感和动机的控制因素，体现为爱情中的理智。投身于爱情的决定和努力维护爱情的决心就是承诺的表现。

爱情三角理论认为，爱情的三种成分构成三角形的三个顶点。每种成分的强度不同会形成不同的排列组合。

无爱。如果双方没有激情、亲密和承诺，两人可能仅仅是泛泛之交，关系随意，不受约束，谈不上爱情。

喜欢。如果双方亲密程度高而没有激情和承诺，就是喜欢。喜欢能给人带来快乐、愉悦、兴奋的感受，但不具有排他性，也没有激情和共度人生的期望。当然，异性之间存在喜欢，一定程度上可以作为爱情的基础和前提，因为它具有发展成爱情的可能。

迷恋。如果双方缺乏亲密和承诺而只有激情，就是迷恋。迷恋缺少时间基础，基于片面的心理投射，立足点是自身感受，核心要素是激情，且难以经受时间考验。

空爱。如果没有激情与亲密，只有承诺，那就是空洞的爱。它常见于没有温情与激情的婚姻中，是一种死亡了的关系。

此外，包含激情与亲密的是浪漫的爱，包含亲密与承诺的是相伴的爱，包含激情和承诺的是昏庸的爱，这些都是不完整的爱。一段关系中有着充分的激情、亲密与承诺时，才是人们向往的完美的爱。

爱情三角理论对人们理解爱情的本质有很大的启示。爱情的发生有生理的基础，正常人的性生理发育成熟后，必然会产生性的欲望与冲动。强烈渴望与伴侣相结合，促使浪漫关系形成并产生外在吸引力，离不开与性有关的动机驱使。伴侣之间更应有着广泛深入的了解，有着较深程度的相互依赖，有着很高程度的相互一致性，以及相互信任。爱情还需有承诺的保证，它不仅是一种感情意向，而且是一种有助于维持这一亲密关系的行为选择。决定去爱一个人是承诺的短期部分,对努力维护两人亲密关系的决心是承诺的长期部分。这种承诺不仅表示当事人想依附并维持这份关系,而且能促使其做出积极维护关系的行为。当然,在现实生活中,人们对爱情的体验十分复杂,爱情三角理论界定的爱情也不可能如此泾渭分明,但它毕竟为人们考量爱情的本质提供了多方位的思考。

3. 爱情依恋研究

依恋原本指孩童寻求并企图保持与另一个人的亲密关系。这个人通常是作为其主要照顾者的母亲。这种关系也涉及身体和心理两方面。随着人成长,尤其是进入青春期,这种依恋开始减弱,但依恋是人性内在的需要,没有依恋人就会感觉孤独。在进入恋爱之后,这种依恋开始转向人生伴侣,即从亲子依恋转变为成人依恋,而个体在孩童时形成的依恋关系会被内化,与其人格的发展产生很大的关联,继续保存于其相关的认知、情绪和行为中,持续影响个体的生活适应,并影响其日后的友谊和爱情关系的模式。依恋的类型一般包括安全型依恋和不安全型依恋,而后者又可分为逃避型依恋和焦虑/矛盾型依恋。

爱情依恋研究同样将成人在亲密关系中的依恋风格分为三种。

第一,安全型依恋。在亲密关系里感到舒适,感觉接近他人是一件相对容易的事,依靠他人也觉得很自在,很少担心被抛弃或者他人与自己过于接近。内心觉得自己有价值,是值得被爱和被关心的,同时觉得他人是善良、值得信任和可以依赖的。在亲密关系里,既能维持双方的关系又能保持自己的独立性。

第二,回避型依恋。在接近他人时感觉不自在,很难让自己信任他人、依靠他人,而在他人接近自己时也会感觉紧张和不舒服。内心也许觉得自己是有价值的,但是不相信别人,不愿依赖别人,避免和他人有亲密接触,通过保持距离使自己免受可能的伤害。这样的人在建立亲密关系方面会有困难,因为害怕受伤,常以限制亲密关系的产生甚至逃避亲密关系来保护自己。

第三,焦虑/矛盾型依恋。感觉别人在疏远自己,至少没有像自己期望的那样亲密。期待与对方有密切的关系,但是经常担心对方是否真心愿意和自己在一起。内心觉得自己的价值不足,甚至没有价值,不值得被爱,因此也觉得别人会拒绝自己,不值得信赖。这样的人常常缩在自己的世界里,也会有逃避亲密关系的举措。当然,也有人在亲密关系中呈现截然相反的情形,因觉得自己没有价值、不自信而过度依赖亲密关系,期待通过亲密关系来维持自我,常常追求极端的亲密,令对方感到窒息。

爱情的依恋风格会对爱情三角中涉及的所有成分带来影响。安全型依恋的人一般对伴侣很坦诚,能够心情愉快地进行自我表露,因而与伴侣的关系更加亲密;不安全型依恋的人则因对他人持有太多戒心而难以建立亲密关系。安全型依恋的人因轻松愉快而能更多地在爱情中体会激情的美妙;不安全型依恋的人则感到更多的紧张不安,在亲密交往时体会到的可能是提心吊胆的忧虑，甚至是疏远冷漠。至于承诺，因为安全型依恋的人比不安全型依恋的人有更多积极、满意、亲密的交往，所以对伴侣关系更为忠诚。

经典实验 8-1

爱的发现——哈罗猴的实验

绝大多数心理学家认为，婴儿与母亲（或早期看护者）之间的亲密接触和依恋经历，对其今后生活中爱的能力及与他人亲近的能力有重要影响。被公认为自弗洛伊德之后在研究早期经验对成年的影响方面有巨大贡献的发展心理学家哈罗（Henry F. Harlow）发出了疑问：什么是爱？能从哪里得到爱？爱如何起作用？爱都是人的其他本能或生存需要的附属品？爱和情感本身就是与饥饿和干渴一样，甚至更为强烈的基本需要吗？

用以揭示婴儿与母亲之间爱的成分的方法之一，是把婴儿放在一种特殊环境里。在这种环境中，母亲会满足婴儿的任何需要，研究者则可对这种环境中的多种成分进行科学的操纵与观察。出于伦理的原因，这种实验很显然是不能在人类身上实施的。因此，哈罗用这种从生理角度而言与人类非常接近的恒河猴作被试进行他的爱与依恋的实验研究。

在哈罗的早期研究中，幼猴在实验室接受精心的人工抚养，研究者用奶瓶悉心地喂养它们，精心挑选食物使它们营养均衡，并使其免受疾病威胁。在这种情况下成长的幼猴比由母猴照顾的幼猴更健康。哈罗注意到这些幼猴非常依恋铺在笼子底部的布垫子（棉花垫子）。当把这些垫子拿走时，它们会变得非常生气和烦躁。而且，只有一天大的幼猴便能表现出这种依恋，在出生后的最初几个月中会变得越发强烈。反之，如果幼猴生活在一个没有软垫铺底的笼子里，即使它拥有同样的营养和医疗条件，它也无法茁壮成长。因此，哈罗认为，幼猴除了基本的饥饿、干渴等生理需要外，还有一种要接触柔软物质的需要。

于是研究进一步深化。他们制作了木猴和铁丝猴这两只代理母猴，前者用光滑的木头做身子，用海绵和毛织物把它裹起来，在胸前安装了一个奶瓶，身体内还安装了一个提供热量的灯泡；后者由铁丝网制成，也安装了能喂奶的"乳房"，两者外形相同，但在"接触安慰"的能力方面有差异。两只人造母猴分别被放在两个单独的房间，这些房间与幼猴的笼子相通。八只幼猴被随机分成两组，分别由木猴和铁丝猴喂养（用奶瓶），并记下在出生后的头五个月中幼猴与两位"母亲"直接接触的时间总量。另外，实验者还在笼中放置"恐惧物"，将幼猴安放在陌生环境中进行旷场实验，并详细观察记录幼猴的不同反应。

研究结果发现，幼猴偏爱由绒布包裹的木制母猴，而且这种偏爱程度趋向于极端，甚至那些由铁丝母猴喂养的幼猴也是如此，它们除了为吃奶寻找铁丝母猴，几乎整天与木制母猴待在一起。可见,是否满足幼猴的生理需要并不是幼猴依恋母猴的主要因素,接触安慰在幼猴对母猴产生依恋的过程中有着重要影响,对幼猴与母猴间依恋关系的发展具有极其重要的作用。这一点在实验中得到了清楚的证明。

资料来源: Harlow, H, F, The nature of love. *American Psychologist*, 1958, 13(12), 673-685. 转引自:[美]罗杰·R.霍克.改变心理学的40项研究:探索心理学研究的历史.白学军,等译.北京:中国轻工业出版社,2004.

二、主动发展爱的能力

恋爱是青年大学生学习建立和发展亲密关系的过程。在此过程中,大学生学习摆脱自我中心,尊重、包容、关心、体贴对方,接纳痛苦、失望与不满,保持适当的关系距离,如何在关系中间满足自身以及对方的心理需要,以及更好地认识自己。因此,可以说恋爱的过程是人格完善和再造的契机。

主动发展爱的能力,对青年学生一生成长有着重要意义。

1. 什么是爱的能力

爱是人类特有的并且经过后天学习可以发展的一种情感体验。美国心理学家弗洛姆认为,爱是人的一种主动的能力,一种突破把人和其他同伴分离之围墙的能力,一种使人和他人相联合的能力;爱使人克服了孤独和分离的感觉,但允许保持自我和自我的完整性。简言之,爱的能力就是指一个人与他人建立亲密关系的能力。它体现为个体的综合素质,既有个体在关系中获得的爱的能量,又有在爱的过程中合适的爱的呈现。具备了这种能力,人就有可能与他人发展真爱,并能够真正体验到这种真爱给人带来的快乐与幸福,同时也真正地爱自己。恋爱需要爱的能力,而恋爱过程也是培养爱的能力的过程。

爱的能力的具体构成包含以下六个方面。

第一,表达爱的能力。当心中有了爱,能够以恰当的方式和语言向对方表达,让对方明白自己内心的情感,表明爱一个人是幸福的,即使得不到自己期待的回应。表达爱需要勇气和信心,更需要懂得什么是爱,要了解自己,对自己和他人保持敏感与热情,还需要对表达的结果有面对的心理准备。表达爱应以合适的方式进行,要自我控制得当,避免在过火的表达中引起对方的反感。

第二,接受爱的能力。当他人向自己示爱时,首先要有鉴别的能力,能够分辨彼此的感情究竟是好感、喜欢还是爱情。如果是自己期待的爱,那么就勇敢地接受,并愿意在彼此付出爱的过程中去发展爱。鉴别爱、接受爱都需要有足够的自信,同时也尊重他人。

第三,拒绝爱的能力。当向自己示爱的人并非自己所爱时,要有拒绝爱的能力。然而现实中,常常有因为害怕伤到对方自尊而优柔寡断者,有简单直接将对方拒之千里者,也有对爱来之不拒者,这些都是缺乏拒绝爱的能力的表现。拒绝自己不想要的爱时,态度要明确、坚决，不要因为自己言行上的模糊而导致对方依然心存幻想。不过，虽然每个人都拥有拒绝爱的权利，但是在拒绝时仍需要有真诚的态度，珍视对方表达的真挚情感，避免用过分生硬简单的拒绝理由和方式，并且注意选择合适的拒绝时机避免伤到对方的自尊。

第四，解决爱的冲突的能力。在发展爱的过程中不可能没有冲突。冲突产生于差异，任何两个人在情绪和偏好上都会不时地存在差异，双方的目标与行为也不可避免地不时出现对立。比如，一方面，人们珍视独立与自主，希望按照自己的意愿行事；另一方面，人们寻求对对方的依赖，期待与对方有温暖而亲密的联系。两者事实上是矛盾的。人们常常容易受到最近没有得到满足的某方面需要的影响。因此，亲密关系中的冲突永远存在。相爱不等于没有冲突，问题在于解决冲突的方法是否恰当。爱需要包容、理解与体谅，需要以建设性的方式去解决冲突。

第五，承受失恋的能力。有恋爱就有可能失恋。失恋让人感受到重要关系的丧失，感受到一种特定身份的丧失，情感受挫对任何人而言都是对心理承受力的一次重大考验，不安全型依恋者则可能需要更多的时间去面对、适应和调整。对恋爱失败进行正确的归因，避免因认知的扭曲而带来强烈的负面情绪，这是拥有承受失恋能力的重要表现。每个人在爱的关系中的心理需求不同，没有被选择不等于不可爱，更不能过度引申为人生失败。当能够正确对待失恋时，它就会成为人生的一笔财富。一段亲密关系的结束，也为未来的恋爱提供机会，使人们在体验和发展美好的爱的过程中趋向成熟。

第六，发展和创造爱的能力。保持爱情、发展爱情，需要具备综合的爱的能力。它涉及：爱是在关系中呈现的，要学会对他人感兴趣，并发现自己的感受和反应；在爱的关系中接纳自己和对方的需求，但不以这种需求去控制对方；爱是增加力量，这种力量来自自己的内在，是自我觉察与自我负责的选择和行为，双方保持自己的独立性，可以彼此拥抱但不相互依赖；在爱的关系中重视学习和启发，彼此鼓励追求更深的自我觉察，并以关爱、诚实而非控制对方的方式进行彼此间的回馈；在爱的关系中，双方被视作独立、自主、完整的人，双方能在独立中共同成长；在爱的关系中能够袒露自己，在彼此了解的基础上使双方越来越亲近和谐；在爱的关系中，双方分享一起投入生活时的觉察和领悟，使爱的过程成为共同创造的过程。

2. 提升爱的能力

爱情是一种人与人之间的特殊关系。相爱的双方要走得更近会受到很多因素的影响，这些正是在提升自己爱的能力时应该关注的重要内容。

第一，觉察自身的依恋风格。依恋是亲密关系发展的重要影响因素之一。如前所述，个体从婴儿期就有的对抚养者的依恋，是由人这种社会性动物的天性决定的。伴随人的成长，个体对抚养者的依恋逐步减弱，而开始转向朋友、情侣以及未来的配偶。尽管各种关系有不同，但研究发现所有爱的依恋中都存在共同的特性，而且人的早期依恋风格会对未来产生较大影响。不安全型依恋者内心对自己不肯定，在亲密关系的互动里，会因对他人持有太多戒心而难以达成亲密,或经常感到紧张不安,在亲密交往时体会到的可能是提心吊胆的忧虑,甚至是疏远冷漠。虽然青年大学生已经成年,但还有调整改善的空间。如果能够对自身在成长过程中形成的依恋风格有比较清楚的觉察,就可以了解自己在爱情中可能引发的问题,特别是当问题发生之后,可以对问题涉及的双方原因有所觉察,对改变的可能性有评估,思考并选择更为客观合适的应对方式。

第二,学习恰当地自我表露。自我表露是亲密关系发展的又一重要影响因素。人如果能够在亲密关系里真实地展示自己,进行放松、安全的自我表露,不担心自己是否被接纳,那么双方的了解就会日益深入,彼此的感情就更容易发展和保持,最后达成一种适当而亲密的状态。爱情的精髓也正是在于两个个体互相联系、互相倾诉,进而互相认同;两个个体保持着自己的个性,又共享很多活动,彼此提供支持。可以说,自我表露是建立人与人之间亲密感的重要影响因素。学习恰当地自我表露就必须认识到阻碍在何处,影响人们在亲密关系中进行自我表露的关键还在于对自身的不自信。人是高度社会化的动物,如果觉得他人不喜欢自己,那么让自己喜欢自己是很困难的。如果获得的来自他人的正面评价多,人的自我评价就高,那么自尊水平就高;反之则反是。而且,一个低自尊、自我怀疑的人因过分的敏感脆弱,会在人际关系中制造出堆积如山的问题。简言之,我们对自己的认识来自与他人的关系,并且影响着后续人际关系的发展。因此,学习悦纳自己,以开放的态度与人交往尤其是与同龄人交往,进行合适的归因,都是获得良好自我感觉进而促成亲密关系健康发展的重要前提。

第三,认识两性之间的差异。认识两性之间的差异也是影响亲密关系发展的重要因素。如前所述,来自先天生理和后天社会化之间的复杂互动,亲密关系中两性之间存在着择偶的价值取向和恋爱心理表现等方面的差异。了解这些复杂的差异,有助于有效应对亲密关系中的冲突,建立更和谐的两性亲密关系。发展异性交往是一条很好的学习途径,它可以帮助青年大学生通过正负强化来调节交往中的行为,通过相互了解来提高与异性交往的能力,同时也可能在交往中降低性需要引起的紧张度。

3. 学习成为合适的男性和女性

以性需要为基础,基于一定的社会关系和共同生活理想,男女之间相互向往、吸引,产生了对对方强烈而真挚的内心情感,并渴望对方与自己牵手共度一生,这就是人类特有的爱情。爱情不只是青年特有的人生课题,从恋爱阶段对亲密关系的探索与发展,到双方对自己和生活作出坚定的承诺,再到婚姻过程中应对彼此差异的挑战与种种冲突,进一步构建亲密相处并不断成长的关系,为孩子的健康成长提供安全健康的环境,最后还有子女长大以后的离家和伴侣的先行离去,爱情是需要人以一生去应答的发展课题。

恋爱是个人成长的重要契机。在爱情这一亲密关系里,如果把基点放在对方身上,以求获得安全和充实,那么也就放弃了自我,放弃了成长的机会。即使能与自己所爱的人融合,也是为了摆脱依赖和无助而进行的占有或控制。当被对方喜爱和接纳时,会在肯定的评价中获得自我价值感。当无法达成自己的期望时,就会对生活产生强烈的失控感。相反,如果把基点放在自己身上,探索自己与自己、自己与生活的关系,选择成长而不是安全,就可以获得更加丰富和深刻的体验,就能够在投入关系、袒露自己内心世界的过程中,逐渐呈现自己的独特生命,发挥所有的潜力,成为自己。只有内心强大、充满自信的人,才能够找到对自己生命力的依赖,而不是依赖他人。在爱的关系里,能把爱看作给予而不是索取,这一切取决于人格的发展和完善。从这个意义上说,恋爱实际上是个体人格再造的契机,是学习成为合适的男性和女性的过程。

学习做人,学习做一个人格健全的人,学习做一个合适的男人和女人,包含丰富的内容。一个生命体,要发展成为健全且富有创造力的个体,与性密切相关。这里所说的性,不仅指生物学意义,更有着心理学、社会学、人类学、文化学等多个层面上的复杂关联。因为人首先是作为男人或者女人存在于社会的,与社会紧密相连的人努力去寻求与他人的关系以及与人类的一体性,独特的个人和变化的社会环境所期望的理想模式相结合,方才有了人的发展。因此,学习成为合适的男性或女性,应包含形成社会和道德所接受的态度与行为,指引和发展两性之间密切的人际关系,指引个体经由自我扩散走向自我同一,促使个体成为一个整合发展的人,在更高的程度上自觉地与他人和社会发生关系,学习作漂亮的决定,健康地经历整个生命历程。

思考题

1. 亲密关系对于个人成长的意义是什么?

2. 如何理解恋爱是人格再造的契机?

推荐阅读

1.[美]罗兰·米勒,丹尼尔·珀尔曼.亲密关系(第5版).王伟平,译.北京:人民邮电出版社,2011.

2.[美]艾·弗洛姆.爱的艺术.李健鸣,译.上海:上海译文出版社,2018.

3.桑志芹.爱情进行时——爱情心理发展.北京:高等教育出版社,2008.

4.[美]黛博拉·泰南.听懂另一半:从沟通差异到弦外之音.吴筱,译.上海:上海文化出版社,2021.

第九章

大学生压力管理与挫折应对

21 世纪的今天,快节奏的生活、激烈的竞争让我们承受着越来越大的心理压力。人生中的压力和挫折如影随形,它们既是人生前行的助力,激励我们奋发向前;同样,也能压垮或打倒我们,阻碍前行,成为人生的阻力。

压力和挫折是如何影响我们生活的? 人们可以运用哪些方法或资源应对压力和挫折、摆脱困境? 这是每个人需要学习和面对的课题。

第一节　压力和挫折概述

通常,我们遭遇压力、挫折时都会感到无助和脆弱,身体、情绪、认知、行为等方面也会发生一系列变化。压力和挫折对心理活动的影响很大,但这些影响并不都是需要消除的,有些是有益的,有些是可以超越的,或者可以转化为正向的,对我们的行为起到激发作用。

一、科学认识压力和挫折

1. 什么是压力

压力(stress,又称应激)一词源自拉丁文中的"stringere",其意为"费力地抽取"或"紧紧地捆扎"。后来在古法语、古英语中,"stres"和"straisse"等形式出现,含义是"困苦"或"逆境"。之后"压力"一词被引入物理学和工程科学,用来指加于物体上的外力或压力、负荷①。西方一些传统词典中把压力解释为引起物体拉紧或变形的作用力或作用力系,也就是说,压力被描述为"加诸事物的压迫因素以及我们对压迫因素的反应"。②

19 世纪末开始,生理学家、心理学家、社会学家和医生借用"压力"一词来描述动物和人类在紧张状态下的生理、心理和行为反应。最早系统提出压力理论的是加拿大生理学

---

① 梁宝勇,等.精神压力、应对与健康——应激与应对的临床心理学研究.北京:高等教育出版社,2006.
② [美]埃谢里克.青少年压力应对指南.李大玲,译.北京:电子工业出版社,2011.

家谢耶。他认为,压力是内外环境中各种因素作用于机体时产生的非特异性反应,表现为一种特殊症状群。所谓非特异性反应是说各种各样不同的引起压力的因素都可以引起相同的反应。自20世纪30年代起,心理学家开始研究压力问题,进一步扩充了压力的含义。如,《简明牛津英语词典》将压力同"痛苦""费力"和"疲劳"紧密联系在一起。1981年,美国医学社会学学者布朗斯坦(Jonathan J. Braunstein)在《行为科学的医学应用》中把压力看作"要求个体适应的任何变化",这里的"适应"是指有机体作出的心理和生理反应,导致有机体"变化"的是环境中的和体内的诸多刺激物。[1]

我国心理学家林崇德等认为,"压力是有机体在生理或心理上受到威胁时出现的一种非特异性的身心紧张状态"。[2] 梁宝勇等2006年将压力的概念归纳为以下五点:第一,压力是一种涉及心身两个方面的紧张状态。第二,引起压力反应的刺激物范围十分广泛,既有物质性刺激物(如生物学和物理、化学刺激物),又有象征性或符号刺激物(心理和文化性刺激物)。第三,压力是一种内部状态,一旦产生,会表现为各种各样的生理和心理反应。在多数情况下,生理反应同心理反应是并存的。第四,对压力的反应性上存在个体差异,这种差异来自不同个体的身心特点。第五,在多数情况下,压力既不完全是刺激物作用的结果,也不完全取决于当事者的身心特点,是个体同刺激情境相互作用的结果。

可见,压力是一个多维度概念,它受到个体身边(微观)环境和世界(宏观)环境的影响,只有当环境需求超过个人能力时才感受到压力存在,这是主客观相互作用的过程和结果。压力是个体的一种主观反应,具有个性化特点,对一个人有压力的事情可能对另外一个人没有影响。

我们来做一个试验:把一根橡皮筋往相反的方向拉,橡皮筋变紧或变细,我们施加在橡皮筋上面的作用力就是压力,这个力引起橡皮筋形状的改变。随着压力越来越大,橡皮筋变得越来越细、越来越长,直至最终被拉断。若把橡皮筋拉到一个程度后松开,橡皮筋会猛烈地弹回。假如把一根弹簧压下去,也是同样的情形。人们把弹簧承受压力后的反应称为"反弹力"。个体感受到压力后同样会产生"反弹力",即心理韧性(psychological resilience),又称心理弹性、心理复原力等。美国心理学会将心理韧性定义为"个人面对生活逆境、创伤、悲剧、威胁以及其他生活重大压力时的良好适应,也是个人面对生活压力和挫折的反弹能力"。[3]

2. 什么是挫折

挫折(frustration)指当个体从事有目的活动时,在环境中遇到的障碍或干扰,致使其

---

① 梁宝勇,等.精神压力、应对与健康——应激与应对的临床心理学研究.北京:教育科学出版社,2006.

② 林崇德、杨治良、黄希庭.心理学大辞典.上海:上海教育出版社,2003:1575.

③ Newman, R. APA's resilience initiative. *Professional Psychology: Research and Practice*, 2005, 36(3), 227-229.

需要和动机不能满足而产生的焦虑和紧张不安的情绪状态。由挫折引起的主观感受和内心体验称为挫折感。[①]

挫折由挫折情境、挫折认知和挫折反应三个因素构成：挫折情境是指阻碍需要获得满足的内外障碍等情境状态或情境条件，如考试不及格、交往受挫、失恋、出国不顺利等；挫折认知是指个体对挫折情境的认知和评价；挫折反应是指伴随着挫折认知，对挫折情境产生的情绪和行为反应，如愤怒、焦虑、紧张或攻击等。在这三个因素中，挫折认知是最重要的，它是主观上对挫折情境的一种评价，直接决定着个体对挫折情境的反应。

挫折的产生与动机密切相关，而动机是由需要引发的。动机引导人们的行为指向一定的目标，并力求实现这一目标，当需要得不到满足或目标达不到就会产生挫折。挫折产生需要以下四个条件：一是必要的动机和目标；二是满足动机和达到目标的手段与行动；三是有挫折情境发生；四是个体在主观上意识到阻力的存在，并使自己处于一种紧张状态或产生一种与此对应的情绪反应。

挫折忍耐力(frustration tolerance)是指个人遭受挫折时能承受精神上的打击而免于心理或行为失常的能力，是个体在社会化过程中发展起来的一种对挫折的应对能力或适应能力。挫折忍耐力可使人减少遭遇挫折时的痛苦，更好地应对挫折等困境。[②]

挫折具有两面性：一方面挫折具有消极性，人在经历挫折后就会产生焦虑、烦恼、恐惧、愤怒等不良情绪反应或粗暴的消极对抗行为，这些负面情绪或行为如果持续时间过长或强度过大，不仅会给他人造成严重损失，还会影响个体的身体和心理健康，引发各种心身疾病；另一方面挫折又具有积极性，挫折对人的积极影响在于挫折引起的适度的紧张和压力，有利于人们更清醒地认识自己所处的环境，能不断调整自己，从挫折中吸取教训，磨炼意志，更加成熟、坚强，在逆境中奋起，得到更大的发展。

微视频 9-1

压力的积极反应：华为逆势崛起

2023 年 9 月，作为中国知名科技企业，华为凭借着自身的技术和创新能力，成功地冲破了美国的技术封锁，实现了涅槃重生。

谁曾想，过去的几年，华为经受了前所未有的挑战。2018 年华为 CFO 孟晚舟女士在加拿大被非法拘押长达 1 028 天。2020 年 5 月 15 日，美国商务部发布公告要求采用美国技术和设备生产的芯片，必须先经过美国同意才可出售给华为。这意味着，美国开始全方位阻断全球半导体供应商向华为供货，试图通过技术封锁和限制措施，

---

① 梁宝勇，等.精神压力、应对与健康——应激与应对的临床心理学研究.北京：教育科学出版社,2006.
② 林崇德、杨治良、黄希庭.心理学大辞典.上海：上海教育出版社,2003.

让华为陷入困境。面对重重困难,华为官方社区发布伊尔－2战机图片以展示自己永不屈服的决心。

"忍辱负重,方能前行",是华为用不屈服的姿态展现的值得我们学习的奋斗精神。

3. 科学认识压力和挫折

实际上,压力本身并不是一件坏事,甚至有保护人类的作用。压力的好坏取决于压力反应的程度和持续时间,以及由此引发的后果。如果压力持续时间过长、强度过大,不仅会降低人的工作和学习效率,还会对人的身心造成不良影响;如果压力在适度范围内,可以唤醒交感神经,增强人的士气,帮助人们维持良好的功能状态,促进工作和学习。所以,压力可以分为正性、中性和负性。如果某件事使我们处于被鼓舞和激发潜能的状态中,就是正性压力,比如考上大学、坠入爱河等。假如突然听到国外某个地方地震了,一般不会让我们感到威胁,那就是中性压力。而那些给人带来负面情绪或行为影响的压力,则被称为负性压力。

耶克斯－多德森定律(Yerkes-Dodson law)(见图9－4)能很好地解释正性压力、负性压力及其与健康之间的关系。从图中曲线可以看出,适中程度的唤醒/压力能达到最高的绩效及最佳的健康水平,而唤醒/压力过低或过高均会影响绩效与健康。在适中压力线左边的区域,随着压力增加,绩效与健康水平上升,此时的压力/唤醒被认为是正性压力;但当压力继续增加,绩效与健康水平反而下降,正性压力转化为负性压力。正性压力变为负性压力的临界点就是

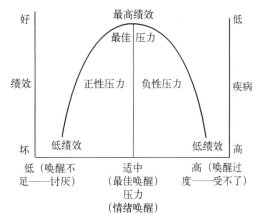

图9－4　耶克斯-多德森定律

最佳压力。有效的压力管理程序有两方面:一是找到自己的最佳压力水平,使它有益而非有害;二是使用应对技巧和放松技术等降低生理唤醒水平,从而远离压力过大的危险区域。

压力和挫折是把双刃剑,在遇到挫折或压力状态下,人们的反应是不同的。压力既可以提高人的认识水平,增强个体的承受力,激发人的活力;也可以减弱个体的成就动机水平,降低个体的创造性思维活动水平,摧毁精神,使人沮丧或暴躁、无助或颓废、伤人或自毁等。因此,遇到挫折时,人们的意志力、认知观点和心态在一定程度上影响着人的应对反应,也影响着自身的发展变化。当不幸来临或者面对重压时,及时调整对挫折的认识,寻找积极应对的方法,挫折往往可以成为转折,压力状态下的有效身心调适是增强抗压力

的内在动力。加拿大生理学家谢耶说:"我们不能也不应该消灭压力,而只可以教会自己去享受它。"

二、压力和挫折对生理与心理的影响

人们遭遇的压力形形色色,不同类型的压力对人们生理、心理的影响是不同的。

1. 压力的分类

(1) 按影响效果分为积极压力与消极压力

有时压力是动力,有时却让人烦恼。我们将令人愉快的或者对人有帮助的压力称为积极压力,而将令人烦恼的、带给人消极影响的压力称为消极压力。积极压力往往能激发斗志,活跃思维,使人发挥潜力,加快工作效率,提高迎接挑战的能力,让人舒服和享受;反之,消极压力就可能阻碍潜力的发挥,让人烦恼。

(2) 按数量分为单一性压力与叠加性压力

单一性压力是指在单位时间或单位空间内发生的压力,叠加性压力通常比较严重或复杂,就像海浪一波未平一波又起。叠加性压力有两种叠加方式:一是同时性叠加,指在同一段时间内,很多压力事件齐聚在一起发生,正如"屋漏偏逢连阴雨";二是继时性叠加,即压力事件相继发生,压力接二连三地到来。

(3) 按强度分为巨砾压力与细砾压力

巨砾压力是指生活中发生的大事件,而细砾压力指的是生活中的琐事。压力一方面与一些大刺激事件联系在一起,诸如失业、婚姻危机、亲人离世、重大自然灾害等;另一方面与生活中一些琐碎小事相关联,比如提交作业、交通拥挤等。美国心理学家赖斯(Phillip L. Rice)注意到压力强度的差异,认为巨砾压力并不经常发生,但一旦出现就很难处理,往往具有破坏性,让人难以承受。而细砾压力就像人们鞋子里的沙粒,虽然小却使人烦恼,当它们累积到一定数量时,同样会对人们的身心健康产生显著影响。

(4) 按持续时间分为短暂性压力与长期性压力

短暂性压力一般由近期急性事件引起,发生突然,但持续时间短,如突然打不开门锁、错过班车、电脑突然死机、因小事与人吵了一架等。我们当时会感到紧张、焦虑、心跳加速、呼吸困难、思维混乱、手心出汗、情绪反应激烈等,过后就会松懈下来。

长期性压力通常由持续较长的事件引起,随着时间慢慢形成,属于慢性应激,表现较隐蔽。如长期应对繁重的作业、长期生活节奏过于紧张等。对于突发的急性事件,在应对不够及时有效的情况下,短暂性压力也会转化为长期性压力。长期性压力危害很大,就像打一场持久战一样,身体和心理机能被威胁不断唤醒,要不断地与压力抗争,长此以往,身体和心理能量会被耗竭,进而影响身心健康。

2. 压力和挫折对生理的影响

压力和挫折下的生理反应是身体对应激源的适应与调整活动,包括肌肉紧张,心率加

快,脉搏输出量增加,血压升高,神经系统的兴奋性增强,唾液减少,排汗增加,呼吸频率改变,脑电波发生变化,血浆葡萄糖增加,胃酸分泌增多,排尿增多等,这些反应为人们的应激做了准备。如果反应适度,有助于身体对抗应激源造成的变化,恢复内稳态;但如果它们过于剧烈、过于持久,会损害人的适应能力,引起身心症状和机体对各种疾病的易感状态,甚至造成疾病,损害健康。[①]

(1)"战斗或逃跑"压力反应模型

在 20 世纪早期,美国哈佛医学院生理学教授坎农(Walter Cannon)最早描述了身体对压力的反应:假如在一个漆黑的小巷子里行走,一下子弄丢了眼镜,半路上突然又发现了一个强壮的身影,正拿着棍棒横在前面,这时心脏开始猛烈跳动、加速,似乎不能呼吸,开始出汗,肌肉紧张起来……体内发生了很多生理反应的变化。这些生理反应具有应急的适应功能,可以为机体作好准备,或投入搏斗,或从危险情境中逃脱。由此,坎农发现"战斗或逃跑"的压力反应。

(2)一般适应综合征模型

坎农之后,加拿大生理学家谢耶观察身体生理机能发生的变化,对压力进行了仔细研究。他发现,人只有在死亡状态下才完全没有压力,压力或应激是人的一种生理及心理状态,当我们需要调整自己适应环境时,就会出现这种状态。无论压力是由愉快事件还是不愉快事件引起,机体都会产生同样的自主神经系统唤醒,此时心跳、血压、呼吸加速,肌肉紧张,并出现其他自主神经系统反应。短期压力一般不会对人体产生危害,如果是长期应激,人体对压力的防御过程表现为一般适应综合征(general adaptation syndrome,GAS),主要包括警戒反应期、抵抗期和耗竭期(见图 9 - 5)。

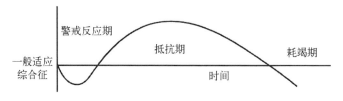

图 9 - 5　汉斯·谢耶的一般适应综合征图示

警戒反应期。个体觉察到环境威胁,交感神经系统被激活,脑垂体分泌激素去刺激肾上腺,使个体释放肾上腺素、去甲肾上腺素和皮质醇,身体的能量资源被动员起来作出"战斗或逃跑"反应。在警戒反应期,个体会表现出一些症状,如头痛、发烧、虚弱、肌肉酸痛、呼吸急促、腹泻、胃部难受、没有胃口或四肢无力等。

抵抗期。如果应激源持续存在,身体忍耐和抵抗着应激源,对压力的适应趋于稳定,身体防御进入平衡状态,警戒反应期的症状也随之消失,身体虽然能够很好地应对,但降

---

① 　梁宝勇,等.*精神压力、应对与健康——应激与应对的临床心理学研究*.北京:教育科学出版社,2006.

低了对其他应激源的防御能力。如果压力持续出现,耗竭期就会到来。

耗竭期。用来对抗应激的体内能量已经耗尽,机体需要得到休息与能量补充。如果致压因素持续,机体会出现一系列典型的长期应激反应症状,导致严重疾患,甚至死亡。

可见,压力和挫折的生理反应涉及全身各个系统和器官。在应激条件下,大脑皮质统一指挥和控制有机体的各种活动,身体的生理反应主要是人脑通过自主神经系统、下丘脑—腺垂体—靶腺轴和免疫系统进行调节。这些生理反应又通过反馈机制影响着神经系统、内分泌系统和免疫系统的功能,使机体尽可能从应激造成的紊乱中恢复过来。但当身体长期处于压力状态时,人们容易产生高血压、心肌梗死等心血管系统疾病,消化道溃疡、胃炎、肠炎、拉肚子、便秘等消化系统疾病,免疫系统疾病,还可能会增加癌症的发生概率。

小测试 9-1

了解压力和挫折对自己生理状况的影响

	从　不	偶　尔	有　时	经　常
头痛				
腹泻				
便秘				
恶心				
口腔溃疡				
腰酸背痛				
颈、肩疼痛				
一动就气喘				
性冷淡				
手脚冰冷				
饮食过多				
食欲不振				
入睡困难				
失眠				
早醒				
做噩梦				

以上这些情况你会经常出现吗?如果经常出现,则要注意了,可能压力和挫折已经对你的生理状况产生较大影响了。

经典实验 9-1

布雷迪的执行猴实验

1958年，约翰斯·霍普金斯大学医学中心行为生物学教授布雷迪（Joseph Brady）用8只恒河猴做了一个实验。

他把猴子配对后固定在相邻的两个特制约束椅上，每20秒钟椅子会自动放电一次。实验者给其中一只猴子一个开关，让它负责按压，如果它能在快要放电时准确按下开关，两只猴子就可以同时避免被电击；如果按错了，两只猴子要一起被电击。这只负责按压的猴子被称作"执行猴"，另一只猴子因只能被动等待，被称作"伙伴猴"。

实验持续6小时，再让两只猴子休息6小时，重复多次。一段时间过去了，其中一只猴子得了胃溃疡，而另外一只安然无恙。猜猜看：是哪只猴子得了胃溃疡，哪只猴子安然无恙？

实验结果：承担按开关的执行猴得了胃溃疡，最后死亡了，4只执行猴分别于正式实验开始后的第9、23、25、48天死亡，肉眼观察和显微镜观察都显示，它们有严重的胃溃疡；4只伙伴猴却依然存活，而且没有任何胃溃疡的迹象。

实验解释：一方面执行猴承担的责任大，还要替伙伴猴负责；另一方面它又权力小，只能遵从实验者的要求来操作，为了避免自己和同伴不被惩罚，每20秒就要作出一次反应，持续处于紧张、焦虑状态中，导致执行猴生病，最后死亡。

实验启示：与执行猴一样，人类频繁感到压力或持续处于压力状态下，也会使胃部受到伤害，因为压力会激活自主神经系统，大脑会通过神经网络将压力信号传递给肠道，引起胃酸过多分泌，从而导致胃溃疡。压力除了会导致胃溃疡，还会给我们带来其他的健康隐患。

---

3. 压力和挫折对心理的影响

人在压力和挫折下的心理反应主要有情绪反应、认知反应和行为反应，这些心理反应通常伴随生理反应并作为一个整体出现。

（1）心理防御机制

人们面临压力、遭受挫折后的心理反应通常是心理防御机制在起作用。在奥地利精神分析学家弗洛伊德看来，防御机制是一系列应对压力的策略，所有的行为本质上都是防御性的。心理防御机制是指个体面临挫折或冲突的紧张情境时，在其内部心理活动中具有自觉或不自觉地摆脱烦恼、减轻内心不安以恢复心理平衡与稳定的一种适应性倾向。从这个意义上说，心理防御机制的作用是积极的。但如果使用不当或过分使用，就会起到消极作用，影响人对环境的适应，不利于个体身心健康。

在压力下，人的内心常常会出现如下心理防御机制反应。

不安：失去信心、勇气，情绪不稳定，患得患失，等等。

攻击：自尊心很强、才能较高、受挫折较大的人，易于将愤怒情绪直接发泄，而缺乏自信、内向、自卑或悲观的人，容易把矛头指向自己，挫折来源不明或觉察到引起挫折的真正对象不能直接攻击时，便会寻找替罪羊。

冷漠行为：身处受挫折后，便感到茫然、忧虑，对工作和生活失去信心，放弃一些未受挫折的事物，无所作为，甚至放弃生命。

倒退：人受挫后会表现出与自己年龄不相称的幼稚行为，如易受人暗算，盲目相信人，盲目执行他人指示，轻信谣言，不能控制自己的情绪，暴跳如雷、声色俱厉，甚至无理取闹，等等。

妥协：人受挫折后会产生情绪上的紧张和不安状态，长期下去对身体健康不利，因此要采取某些心理行为措施，减少挫折引起的紧张和不安。

替代/补偿：个体生理或心理上存在一些缺陷(无论是实际的还是想象的)，个体会利用合理的方法来弥补这种缺陷。

否认：个体会否认让人感到悲伤的压力事件及其严重性，从而减少心理层面的煎熬和痛苦，通常这是一种无意识的行为，比如否认失恋后的痛苦。

投射：个体会潜在地将自己厌倦或不能接受的情感、态度或想法加到他人身上，从而减轻自身的不安，以达到心理平衡，比如"以己之心度他人之腹"。

合理化：当际遇不顺心意时，个体会找相应的借口来解释自己面临的失败或受挫等压力，使其发生具有合理性，从而降低失落感或焦虑情绪，比如吃不到葡萄说葡萄酸的"酸葡萄"心理。

幽默：个体借助诙谐的言语或行为举止应对压力事件，来减轻不良情绪，缓解气氛，比如被指责后的幽默自嘲。这也是一种健康积极的心理防御，既可以缓解压力又能增添乐趣。

升华：个体把压力情境中的痛苦经历转化为社会化进程所能接受的行为或兴趣追求。比如，歌德失恋后将情感汇聚成文字，写成了《少年维特之烦恼》。升华是一种成熟、积极的防御机制。

（2）习得性无助反应

美国心理学家塞利格曼(Martin E. P. Seligman)认为，当一个人认为自己对所面临的情况失去控制并无力改变时，就会产生无助。习得性无助(learned helplessness)是多次努力仍无法达成目的后形成的一种对现实绝望和无可奈何的行为及心理状态。因多次挫折、失败，自信心遭受打击，自我评价降低，产生低自我效能感与消极的自我预期，表现出退缩、被动、软弱、无所适从和无能为力，而后绝望，甚至自暴自弃。

（3）创伤应激反应

压力和挫折是人生的常态。在日常生活中，人难免会面临超出控制范围的灾害事件，比如严重自然灾害、意外事故、亲人离世、严重疾病、性虐待或强奸等，我们称其为创伤性事件。这些事件冲击过大而形成心理创伤，如果处理不及时或不恰当，容易导致身心部分或全面的疾病，如创伤后应激障碍、人格障碍等。患者可能出现认知、行为和情绪方面的症状，比如难以集中注意力、惊恐反应和幸存者内疚反应。

长期而极端的压力会带来消极反应和创伤，伴随着一系列消极情绪体验，如愤怒、焦虑、怨恨、嫉妒、恐惧、耻辱、内疚、自责、忧伤、悲伤、绝望等。认知上表现出注意力难以集中，认知范围狭窄且"灾难化"，认知效率及能力降低，思维能力受到干扰，记忆能力减退，容易形成错误判断，等等。行为上，压力过大或挫折会产生易激惹或攻击行为，攻击直接指向带来压力的人或事物，嘲笑、谩骂甚至攻击人，还可能会产生抑制或逃避行为，比如自我封闭、退缩、逃避现实、放弃目标等。

总的来说，过度的压力可能会导致当事者出现焦虑、紧张、抑郁、愤怒、冷漠、崩溃等极端情绪反应，还可能导致注意力分散、记忆力减退、判断力下降、表达能力减弱、行动力降低、意识狭窄、优柔寡断等行为反应。

当个体认为自己价值很低或没有价值时，就变得容易被感知到的压力攻击。相反，如果个体具有高自尊，问题和忧虑就容易被忽视。高自尊被认为是对压力的最好防御。

小贴士 9-1

高自尊与低自尊

自尊指个体对自我的评价。高自尊者的行为动机来自对自我提高的关注，他们有良好的自我认同，有充分的安全感，能够确认自己的长处，对自己的弱点也能适当接纳，但又不作为逃避的借口。他们有很好的自主性，适应能力强，能够为自己做的事情负责任；他们不怕犯错误，反而总能从错误中获得经验；他们在遇到困难的时候，会试图寻找各种解决办法，但也会坦然寻求别人的帮助。低自尊者的行为动机来自对自我保护的关注，他们更关注保护自己不要在公众中丢脸和受窘，对自我保护的需要胜过被别人看重的需要。

自尊的稳定性对心理健康影响很大。自尊稳定性差的人很关心外界的评价，对别人的反应非常敏感。被批评时，其自我感觉就趋于糟糕；得到积极反馈时，又趋于自我感觉极其良好。自尊稳定性差的人的自我价值感不断地动摇，一个坏分数、一次不经意的口角、一次违约，都会引起他们对自我的怀疑；一个好分数、一句恭维话，则会让他们感到骄傲和喜欢自己。因此，自尊稳定性差的人更容易感受消极情绪，比如生气和抑郁。

有学者认为，根据自己的实际能力和外部环境来确定适宜的理想，有助于高自尊的形成。选择那些适合个体、能够取得成就的活动，有益于增加自尊感。

三、压力和挫折对于成长的意义

前文提到,过度的压力会危害人的健康,而适度的压力有助于提高学习和工作效率,帮助提高心理功能,进而促进成长。

1. 压力和挫折为生活提供动力

适度的心理压力对人的健康和功能活动有促进作用,以类压力被称为"良性压力",是维持人们正常功能活动的必要条件。人在出生时就经受了一定的、适度的压力过程,才得以来到人间。而伴随着整个成长发展各个阶段,个体都离不开成长的压力,同时也使这些压力成为我们成长发展的动力系统。

微视频 9-2

蝴蝶为什么会过早死去

有一个小孩在草地上发现了一个蛹。他把蛹捡起来带回家,要看看蛹是怎样羽化为蝴蝶的。过了几天,蛹身上出现了一道小裂缝,里面的蝴蝶挣扎了好久好久,身体似乎被什么东西卡住了,一直出不来。小孩子看着于心不忍,他拿起剪刀,把蛹剪开,帮助蝴蝶脱蛹而出。但是,蝴蝶在离开蛹前必须经过痛苦的挣扎,直到它的双翅强壮了,才会破蛹而出。由于小孩的帮助,这只蝴蝶过早地离开蛹体,所以出来以后其身躯臃肿、翅膀干瘪,根本飞不起来,不久就死去了。

---

2. 压力和挫折为成长提供助力

人处在适度压力环境下,可培养承受压力的能力。经历这样的挑战,我们的压力系统得到适当的激发,进而造就更弹性、灵活的应对压力的本领。当我们付出了时间和精力,最终克服了压力,实现了原定目标,或者克服了自我障碍,抗压能力会得到提高,处事会变得更加游刃有余,心理也更加成熟。在地球上,人们承受着大气的压力,但同时也离不开大气,大气为我们的生存和成长提供了助力。理想和目标换个角度也可以理解成预期的压力,我们努力实现了理想和目标,也就是把这份预期压力很好地转换成助力。

3. 压力和挫折带来激励和挑战

适度的压力可促进个体积极动机的形成,向自己的能力发出新的挑战,激励自身高质量地完成工作,提高自我肯定的程度,进而更加自信。因此,适当的压力就像兴奋剂,增强了意识活动,使我们对发生在身边的事情更加敏感,催生最佳表现。被誉为"中华飞天第一人"的杨利伟,从小立志当飞行员,这个理想带来很多压力。从读初二开始,他刻苦锻炼,敢于挑战自我,终于练出一个合格的体魄。在接受航天任务后,他经历了载荷、失重、野外生存等训练,以坚强的意志克服了种种困难和挫折,最后成功飞出地球。校园生活中,有人为在很多同学面前演讲而产生压力,在压力激励之下,挑战自我,准备得更充分,让自己变得更棒。

苦难和挫折会令人痛苦,也暗含着成长和成功的可能;受创之后,如果创伤能推动我们去反思行动、改变自我,而是不被痛苦淹没,不沉溺于痛苦,从中找到新的意义,就会获得成长。比如,音乐大师贝多芬,一生遭到数不清的磨难,挫折磨砺了他的意志,激发了他的进取精神。他发出"要扼住命运的咽喉"的坚强呼声,终于创作出《第九交响曲》等辉煌作品,获得了成功。

第二节　大学生的压力和挫折

每个人在大学生活中难免会遇到各种困难,诸如校园生活适应、学业竞争、人际关系、恋爱情感、自我认同、经济消费、择业升学等方面的压力和挫折,部分大学生在挫折与压力下,表现出一些不同程度的心理问题,引起社会的广泛关注和学者的研究。人们将那些具有威胁性并由此带来压力感受的刺激事件或环境称为压力源。大学生常见的压力源有哪些? 这些压力源会给大学生带来哪些身心和行为上的反应? 如何评估大学生的压力?

一、常见的压力与挫折来源

生活中的压力源可能来自人们自身,也可能来自外界环境。从大的方面说,战争、地震、海啸、水灾、火灾等都会给人们带来沉重的压力;从小的方面讲,一次考试考核、自己或亲友生病,也会给我们正常的生活带来意外的冲击和干扰。

关于压力源的分类,目前尚没有公认的分类体系。美国医学社会学学者布朗斯坦将人类常见的压力源分成躯体性压力源、心理性压力源、社会性压力源和文化性压力源四类。[1]

1. 躯体性压力源

对人的身体直接发生刺激作用而造成身心紧张状态的刺激物,包括物理的、化学的、生物的刺激物,如气候变化、外界噪声、辐射、污染、病毒、细菌、酸碱刺激等等。这类压力源不仅会直接引起生理上的压力反应,也会间接引起心理的压力反应。比如,部分大学生因为缺乏体育锻炼,长期处于亚健康状态,发生睡眠质量差、肠胃不适、容易疲倦等问题。

2. 心理性压力源

生活中的压力事件处处可见,为什么有的人无动于衷,有的人却耿耿于怀,其区别往往与人们内心对事件的认知有关。与其他几类压力源的显著不同在于,心理性压力源直

---

① Braunstein, J. J. & Toister R. P., *Medical applications of the behavioral sciences*. Chicago: Yea-Book Medical Publisher Inc., 1981.

接来自人们头脑中的紧张信息,如心理冲突、挫折情境、不切实际的期待、错误的认知、不祥的预感、不良的情绪体验等。

在生活中,心理性压力源占比较高。人们关于自我的思想、信念、态度、观点、知觉以及价值观会有本能的防御,一旦这些受到挑战,被违背或改变,自我就会感受到威胁,继而产生心理压力反应。例如,有研究发现,大学生的消费压力增大,当"自身能力不足"时,他们觉得自己的付出与回报没有达到预期,与优秀的朋辈比较时,自我的竞争优势微乎其微甚至毫无优势,"相对剥夺感"越发明显。[①]

3. 社会性压力源

社会性压力源主要指家庭、学校、社会等环境中,造成大学生生活方式上的变化,并要求他们对其作出调整和适应的情境和事件。如生活中的重要事件、社会经济地位、人际互动(如恋爱、师生关系、同学关系)等都属于社会性压力源。

生活事件之所以使大学生产生压力,一个关键原因是这些事件处于变化中。由于变化的结果与个体的期待之间存在着某种不确定性,从而引起个体紧张与不安。例如,考上大学这件事,有些学生从小在家里有单独的房间,得到父母的精心照顾,远离父母上大学,住宿舍过集体生活,有了更多的自主选择和决策机会,这些给学生带来了不确定,令其感受到压力。临近毕业的大学生求职过程也充满就业压力及不确定。当大学生来到消费水平高的城市,所面对的经济压力对他们来说可能成为重要的压力源。对大学生来说,很大一部分社会性压力源是处理与其他人的关系与社会互动。研究发现,大学生中发生频度较高的生活事件大多为心理压力强度较低的事件,其中"交新朋友"和"想家"是发生频度最高的低强度事件,而这也是他们在适应大学生活过程中最常见的问题。而引起中度、重度心理压力的生活事件大都与他们个人的生活、父母及家庭、学习进步有关,而且大部分为负性事件。[②]

4. 文化性压力源

文化性压力源最常见的是文化适应的压力。当人们由一种文化背景进入另一种文化背景时,陌生的语言、风俗习惯和生活方式都可能给人带来压力。文化适应的压力对留学生或者交换生的影响最为显著。当然,不同的地域、民族、不同年代的群体、不同的圈层等也会形成自己的亚文化,成为文化压力源的一部分。比如,西部偏僻地区大学生到东部沿海发达地区,往往面临着新地区文化与生活的融入与适应问题。

虽然压力源主要分成上述四类,但是在具体情境中,我们很难用单一的类型来分析压力源,因为造成心理压力的往往不止一个压力源,多个压力源之间可能存在交互作用。比

---

①　彭均,于涛.当代大学生"躺平"现象的多维论析——基于对全国 23 所高校大学生的调研分析.北京航空航天大学学报(社会科学版),2023,36(2):174-181.

②　郭晋武,佘双好.大学生生活压力感的初步研究.心理科学,1996,19(2):123-124.

如,一个人人际关系不太好,这属于第三种压力源,但具体分析,可能是源于其成长过程中遇到的一些不愉快体验,使得他面对他人总是敏感多疑、难以亲近,而后者属于心理性压力源。就业问题引起的压力往往既有社会因素,如当前的经济与就业形势,也有个人心理因素,如期望过高。当我们分析压力来源时,要从多方面综合考虑,便于从根源上分析和解决问题。

二、当代大学生压力与挫折反应的主要特征

1. 压力普遍存在,学业、就业压力明显

大学生大都处于青年前期,这是个体自我意识与人格发展、"三观"形成的关键时期,是人一生中心理发展最快速的时期,也是个体心理矛盾和压力的多发期。有研究者对全国东、中、西部 23 所高校 9 305 名大学生调研发现,当代大学生中有 90.7% 在日常生活中时常感受到压力和焦虑,"工作就业"(68.02%)和"学业发展"(57.75%)是当代大学生焦虑的主要来源。[①] 大学生产生压力的原因很多,一方面与他们当前所处的时代与社会环境相关,急剧的时代变迁、激烈的社会竞争给大学生带来前所未有的发展空间,也带来选择的困惑与挑战。大学生活支出的压力、学业竞争的加剧和就业前景的不确定等给大学生带来的心理冲击比任何一个人生阶段都要强烈。另一方面与他们所处年龄阶段的身心发展特点有关,尤其是较为单一的学习经历使得大学生比较单纯、挫折承受能力较弱、依赖性较强和意志力较差。进入大学后,面对环境的突然变化及其带来的各种压力,他们往往缺乏自我调节和应对能力,引发不良的心理反应,产生焦虑、抑郁、烦躁、失眠等身心症状,甚至出现心理问题和心理障碍。

有研究发现,大学生有 15 种主要压力源,按大小顺序依次为学习、就业、人际关系、生活、恋爱关系、经济、社会、考试、家庭、生活及学习环境、未来、能力、个人(成长、外表)、健康和竞争。[②] 也有研究者采用自编的《大学生心理压力感问卷》调查研究了全国 13 所大学共 2007 名大学生的心理压力感状况。结果发现,学业压力对大学生产生的心理影响排在首位,其次是学校环境压力、情绪压力、择业压力和人际压力。这与其他研究者的调查结果基本相似。由此看出,大学生学业压力是心理压力感的主要来源。作为一名学生,学业成败直接关系到其切身利益或荣誉,包括奖学金、专业排名、保研名额、来自同学和老师的赞赏等,这些甚至会对个人将来的前途和命运产生很大影响,所以学生对学业压力的感受最强。[③]

大学生的压力状况特点在不同年级表现各不相同。研究发现,一年级大学生压力集

---

① 彭均,于涛.当代大学生"躺平"现象的多维论析——基于对全国 23 所高校大学生的调研分析.北京航空航天大学学报(社会科学版),2023,36(2):174-181.

② 李虹,梅锦荣.大学生压力量表的编制.应用心理学,2002,8(1):27-32.

③ 车文博,张林,黄冬梅,张旭东.大学生心理压力感基本特点的调查研究.应用心理学,2003(3):3-9.

中表现为新生活适应问题,兼有学习和专业问题、人际交往问题;二年级主要为人际交往、学习、情感问题;三年级集中在自我发展与能力培养、人际交往、情感等问题;四年级则以择业问题为多数,兼有情感问题、未来发展和能力培养问题等。① 研究显示,大学二年级、大学三年级学生感受到的心理压力最大,他们对自我的要求与目标逐渐明晰,学业竞争、求职择业成为压力的主要方面。此外,在性别与生源地等差异上,男大学生在自身方面的压力感比较大,具体包括家庭、恋爱、身体健康、适应和挫折方面的压力;而女大学生在求职择业和学业方面的压力感高于男生。与从小接触的家庭经济环境及文化氛围有关,来自乡村的大学生在家庭、求职择业和学校环境适应方面的压力感显著高于城市学生,非独生子女在家庭、择业、学校环境适应和学业方面的压力显著高于独生子女。

2. "内卷"与"躺平"的矛盾反应突出

随着经济全球化、现代化转型、科技进步、网络媒体兴起等,当代大学生面临着前所未有的挑战和机遇,他们需要不断适应和掌握新的知识与技能,时刻做好迎接新事物、了解新趋势的准备。同时,由于社会竞争日益激烈,他们需要不断学习,提高自己的综合素质,以在就业市场上获得更好的机会和发展空间。在升学难、就业难等诸多社会压力的困扰下,他们对未来发展既充满希望和期待,又充满忧虑和恐惧,"内卷"和"躺平"两种心态近年在大学生群体中广泛流行。

(1)内卷

2020年,"内卷"一词火出圈。"内卷"指的是为争夺有限资源或在激烈竞争中不落伍而进行的一种无意义、非理性的内部消耗。从学校到职场、从青年学生到职场"打工人",各行各业的不同青年都在自觉或不自觉中卷入"内卷"大潮,成为永不停止、不断抽打自己的陀螺。② 而不少大学生为了追求更高的成就和更好的状态付出额外努力,为应对未来的不确定性选择持续"卷",以提升自己的竞争力。

研究发现,有近46.6%的受访学生认为目前学习生活处于"内卷"状态,其中本科生占比高达三分之一。③ 本科生内卷现象较为普遍,非自愿参与内卷的本科生占比为55.7%,而且重点院校本科生的内卷情况占比(55.1%)高于普通院校(44.2%)。学业绩点较高的学生在学习方面对个人要求更高,为更好地完成学习任务,获得更高绩点,不惜超时超量学习,不自觉地卷入内卷漩涡并提升了内卷化程度。"内卷"映射出当代大学生成长与时代发展不可避免的矛盾张力。④

(2)躺平

2021年"躺平"爆红,与"内卷"在画面和语义上形成了鲜明对比,真实反映了青年

① 邓丽芳.大学生的精神压力与心理健康关系的实证分析.国家教育行政学院学报,2009(3):39-43.
② 赛俊彦,闫翠娟."躺平"与"内卷":青年心态的二重困境与超越.山东青年政治学院学报,2022,38(6):30-36.
③ 李艳飞.当代大学生人生观的现状分析与教育对策.思想理论教育,2021(12):96-101.
④ 李子悦,丁雅琼,白丽萍.广州市本科生"内卷化"竞争现状调查.大学,2022(20):25-28.

群体的激烈竞争与生存困境,生动展现了青年群体在生活、工作、学业压力下的无奈与担忧。[①] 调查发现,有 87.87% 的学生存在不同程度的"躺平"行为,其中选择"直接躺平"的学生占比为 3.12%,而选择"短期躺平,长期奋斗"的学生占比高达 79.08%。而且 88.64% 的学生对"短暂躺平是为了更好地前行"观点表示赞同,62.81% 的学生认为"躺平是调整自我、短暂放松的一种方式"。[②] 大学生对自我发展有着较高的期待,但当理想与现实的落差在短时间内难以逾越时,不少大学生放弃高标准与高成就期待,不再为了成功而奋力拼搏,而选择通过"躺平"来进行自我揶揄,以减轻压力和焦虑,由此形成内心的防御机制,隐藏内心对自己本领的恐慌、无奈和悲观。

(3)"内卷"与"躺平"矛盾心理

"内卷"与"躺平"这一对相反相成的网络语词近年风靡社交媒体,映射出社会高速旋转与加速迭代背景下当代青年大学生在反抗与妥协、积极与消极、发展焦虑与自我接纳之间不断摇摆的矛盾性心理和差异化行为。不管是"内卷"还是"躺平",都是当代青年学生情绪心理的隐喻与表征,揭示出社会转型期青年学生一代面临的各种结构性困境,也暗含着他们在利用话语符号进行情绪抵抗背后的自我激励,大多数青年大学生在获得情感慰藉之后仍能以较为理性且积极的态度应对生存与发展的压力。[③]

三、大学生压力的测量

1. 压力源与压力反应的程度

压力源与压力反应之间不是一一对应的关系,压力反应强度取决于三方面因素:一是压力源的性质与特点;二是个体自身的心身特点;三是环境因素(包括自然环境和社会环境)。不同的人面对同一压力源、同一个人面对不同的压力源,或同一个人在不同时期面对同一压力源,均可能有不同的心理反应。压力源与压力反应之间还有一些中介因素和调节因素,比如个体对压力的知觉与评估。

通常来说,在压力源方面,越是突发性的、不可预测的、不可控的、对个体越重要的事件,压力感往往越强,压力反应越大。在个体自身特点方面,在相同生活事件影响下,性格被动和内向的人比性格主动和外向的人压力感强。这主要基于两点:一是前者不容易及时利用和得到社会支持;二是前者往往将注意力指向自身,尤其是对无效的应对产生反应,这会加剧消极的情绪体验,增加生活事件的消极影响。另外,低自尊、自信心不足常因

---

① 卫玎,王宇."内卷"vs"躺平":当代青年的话语表征与行为表现——基于扎根理论的研究.青少年学刊,2023(1):51-56+64.

② 彭均,于涛.当代大学生"躺平"现象的多维论析——基于对全国 23 所高校大学生的调研分析.北京航空航天大学学报(社会科学版),2023,36(2):174-181.

③ 卫玎,王宇."内卷"vs"躺平":当代青年的话语表征与行为表现——基于扎根理论的研究.青少年学刊,2023(1):51-56+64.

看不到或低估自己的应对能力与应对资源,轻易作出"难以或无法应对"的主观判断,产生强烈的压力反应。在环境因素方面,支持性环境或共同分担压力情境(如共渡难关),会大大减弱压力的"威胁"意味和消极影响。

2. 压力测量工具

(1)《社会再适应评定量表》

《社会再适应评定量表》(Social Readjustment Rating Scale,SRRS)由美国华盛顿大学心身医学家霍尔姆斯(Thomas Holmes)和拉厄(Richard Rahe)在 20 世纪 60 年代共同编制,旨在评估生活压力源。他们将生活事件的致压值称作"生活变化单位"(life change units,LCU),并按其大小给生活事件排序。由此,对一个人在一段时间内由遭遇的各种生活事件造成的总压力值作出数量化估计,并在一定程度上预测当事人后续的健康状况。该量表将压力与疾病的关系引向量化研究,成为许多后期同类量表纷纷仿效的样例。

(2)《生活事件量表》

20 世纪 80 年代,我国学者杨德森和张明圆等在《社会再适应评定量表》基础上,根据中国的社会文化特点,编制了生活应激评定量表,即《生活事件量表》(Life Event Scale,LES)。该量表为自评量表,含有 48 项常见的生活事件,主要包括三方面的问题:家庭生活方面(28 项);工作学习方面(13 项);社交及其他方面(7 项)。LES 总分越高反映个体承受的精神压力越大。

(3)《中国大学生心理应激量表》

为进一步推动我国大学生心理健康教育工作的专业化、职业化,2005 年梁宝勇等编制《中国大学生心理应激量表》(China College Student Psychological Stress Scale,CCSPSS)(见表 9-1)。该量表由 85 道题目组成,涵盖大学生学习、生活、社交、发展、家庭等各方面的压力源,主要包括生活事件与日常琐事。量表通过受试者对应激事件的好事、中性事、坏事三个等级评价组成,并根据这些事件造成的心理影响的强度和持续时间来评价影响的大小。该量表经全国大样本的常模测定与信效度检验,可作为有效测评工具应用于我国大学生心理健康咨询实践和科学研究中。

--- 小测试 9-2 ---

《中国大学生心理应激量表》

学院:_____ 专业:_____ 姓名:_____ 性别:_____

下表中列出同学们生活中可能会发生的一些事情或事件(共 85 件),请在答题区相应的位置打"√"。请注意:近一年内你没有经历过的事件或事情不要回答。

(1)请对最近一年内你经历过的事件或事情的性质进行评价:"好事"选 A,"中性事"选 B,"坏事"选 C。

（2）请依据这些事情各自造成的心理影响的强度和持续时间，综合评定它们各自对你的心理影响的大小。心理影响的大小从"极小"到"极大"共分为7级，依次递增等距离排列，从中选择一个最适合你的情况。

表9-1　《中国大学生心理应激量表》

题号	生活事件或事情	对事件或事情性质的评价			心理影响的大小						
		好事 A	中性事 B	坏事 C	极小 1	小 2	较小 3	中度 4	较大 5	大 6	极大 7
1	升入大学或开始读研										
2	没考上理想的大学										
3	不喜欢所学专业										
4	生活环境发生变化										
5	操心日常开支										
6	学习方式发生变化										
7	开始过集体生活										
8	学习时间延长										
9	家庭成员患重病										
10	家庭经济困难										
11	考试失败										
12	家庭暴力										
13	重修或重考（课程）										
14	转系										
15	转学										
16	同学关系紧张										
17	准备期末考试										
18	被人误解或错怪										
19	言语交流困难										
20	参加党组织										
21	边学习边打工										

续　表

题号	生活事件或事情	对事件或事情性质的评价			心理影响的大小						
		好事 A	中性事 B	坏事 C	极小 1	小 2	较小 3	中度 4	较大 5	大 6	极大 7
22	自由支配时间增多										
23	每天须按时上课										
24	学习内容加深										
25	开始自理生活										
26	学习环境改变										
27	开始谈恋爱										
28	想家,思念亲人										
29	外出旅行										
30	宿舍内有干扰										
31	个人患病或受外伤										
32	学习科目多										
33	贷款或借钱上学										
34	失窃										
35	受骗										
36	同学发生意外事件										
37	形成不良习惯										
38	反复回想过去发生的不幸生活事件或经历										
39	担任学生干部										
40	准备出国留学										
41	获得奖励										
42	受到批评										
43	与恋人发生争执										
44	自我评价发生较大变化										
45	价值观发生冲突										

续 表

题号	生活事件或事情	对事件或事情性质的评价			心理影响的大小						
		好事 A	中性事 B	坏事 C	极小 1	小 2	较小 3	中度 4	较大 5	大 6	极大 7
46	对社会不良现象的困惑										
47	父母离婚										
48	创业										
49	为体形或外貌操心										
50	迷恋上网										
51	网上恋爱										
52	性的困扰(如手淫或同性恋倾向等)										
53	单相思										
54	生活习惯改变										
55	受到处分或处罚										
56	失恋										
57	结婚										
58	同居										
59	其他婚外性关系										
60	分居或离婚										
61	遭抢劫或劫持										
62	个人意外怀孕										
63	妻子或女友意外怀孕										
64	师生关系紧张										
65	休学										
66	没有知心朋友										
67	与好友关系破裂										
68	准备考研										
69	准备出国外语考试										

续　表

题号	生活事件或事情	对事件或事情性质的评价			心理影响的大小						
		坏事 A	中性 B	好事 C	极小 1	小 2	较小 3	中度 4	较大 5	大 6	极大 7
70	社交活动发生变化										
71	被迫参加高消费的聚会										
72	学校管理方面问题的困扰										
73	同父母家人发生冲突										
74	亲密的家庭成员死亡										
75	亲友死亡										
76	学习内容单调或陈旧										
77	学习困难										
78	父母下岗或失业										
79	性骚扰										
80	个人就业困难										
81	家庭卷入法律纠纷										
82	考试作弊										
83	家庭遭遇自然灾害										
84	遭遇突发性公共卫生事件										
85	家庭不和睦										

资料来源：教育部《大学生心理健康测评系统》课题组，梁宝勇，郝志红.《中国大学生心理应激量表》的编制.心理与行为研究,2005(2)：81-87.

第三节　压力管理和挫折应对

人一生的发展中,在每个阶段都需要应对新的要求,没有压力就没有成长。大学生面临挫折和压力,是害怕它,恐惧它,逃避它,被负面影响导致身心俱疲,还是把它视为一种动力,察觉它,了解它,接受它,享受它带来的张力,克服它,解决它,超越它,甚至超越我们自己,从而得到成长和发展,这就需要我们进行压力管理和挫折应对。

一、应对方式

应对(coping)由"处理(cope)"而来,原意为有能力或成功地对付环境挑战、处理问题。**应对**是个体为解决压力或平衡压力事件带来的情绪问题而采取的种种对付办法和策略的活动,它是影响个体压力适应性和心理健康的重要因素。应对方式是个体在社会化过程中获得和发展的一种认知行为模式,可分为问题聚焦型应对方式和情绪聚焦型应对方式。

1. 问题聚焦型应对方式

问题聚焦型应对方式的目标是改变产生压力的事件,尝试对有危害的压力源作建设性的改变,这种方式通过协调平衡人与环境的关系来对抗和处理压力事件。常见的策略包括积极应对、有规划地解决问题、获取社会支持等。

2. 情绪聚焦型应对方式

情绪聚焦型应对方式的目标是个体通过对自身压力情绪反应或生理唤醒的调控,减轻压力事件带来的影响,以维持平衡状态。该应对方式是通过自我控制、远离或接纳压力情境、承担责任、对压力情境重新评价等来缓解压力。

遇到压力事件时,个体一般会同时采用问题聚焦型应对方式和情绪聚焦型应对方式。这两种方式对绝大多数压力事件都是有效的,具体使用哪种应对方式,取决于事件性质和个体认知评价。压力管理和挫折应对并不是试图将压力、挫折清除,而是把压力控制在适度的范围内。事实上,我们每个人都需要承受适度的压力,以帮助我们保持警醒,做出良好表现,由此产生胜任感、成就感,当然也难免遇到挫折。

有效的压力管理和挫折应对可以从主动应对、有效缓解、积极管理三方面入手。主动应对指运用一些有效的应对策略,针对现实生活中出现的压力和挫折源进行主动处理、调节,相当于问题聚焦型应对方式。有效缓解着眼于通过放松和认知调节释放紧张与负性情绪来缓解压力,相当于情绪聚焦型应对方式。积极管理试图从"治未病"的积极预防视角,对生活方式、目标与行为、积极心态与个性品质等方面进行积极建设,筑起个体对抗挫折压力的内在根基。

二、主动应对压力挫折

主动应对压力与挫折,包括觉察压力与挫折、评估压力与挫折、认知重构、问题解决、寻求社会支持、发展有效沟通六方面。

1. 觉察压力与挫折

压力来袭,首先需要觉察到它。当人们能觉察到自己的压力挫折反应并能分析为何如此时,也就更容易以积极、建设性的方式去应对。**正念**(mindfulness meditation)是以一种不加批判的态度,刻意地留心于此时此刻,纯粹地觉察到当下每时每刻显露的身心经验。如果一直想着刚刚发生的不愉快,就是活在过去;如果想着明天可能会有麻烦,那就是活在未来。而正念是与我们当下的生活直接建立联系的方式。

用正念觉察压力是个非常好的选择。用正念觉察压力反应时,关注自己的呼吸、声音、想法、情绪情感等,与当下的自己联结,清晰地觉察各种内在的体验。

微视频9-3

正念减压训练:正念吃葡萄干

在大多数正念减压课的开始阶段,教师都会介绍这个正念吃葡萄干的练习,来阐明冥想的概念(如果没有葡萄干,其他食品也可以)。

做这个练习一定要把所有分心的事情放在一边,关掉电话,专注于直接、清晰地察觉体验到的每个方面和每个时刻。开始前可以在阅读指导语上花点时间,请用五分钟左右的时间来做这个练习。

把几粒葡萄干放在你手中。如果没有葡萄干,其他食品也可以。想象自己刚从一个遥远的星球来到地球,那个星球上没有这种食物。

现在,这种食物在你手里,你开始用你所有的感觉来探索它。

选择其中一粒葡萄干来观察,就好像你从来没有见过类似的东西一样。集中注意力看这个物体,仔细观察它,探索它的每一个部分。用你的手转动它,并注意它是什么颜色,注意它的表面是否有皱褶,再看看它的表面什么地方颜色较浅,什么地方颜色较深。接下来,探索它的质感,感受一下它的柔软度、硬度、粗糙度和平滑度。

当你这么做的时候,如果出现下列想法,如"我为什么做这个奇怪的练习""这对我有何帮助"或者"我讨厌这些东西",那就看看你是否能认同这些想法,然后随它们去吧,再把你的注意力带回到这个物体。把这个物体放在你鼻子下面,仔细地闻它的气味。把这个物体放到耳边,挤压它、转动它,听一下是否有声音传出来。开始慢慢地把这个物体放到你嘴里,注意一下手臂是如何把这个物体送到嘴边的,或者注意一下你是何时开始意识到你嘴里的。把物体缓缓地放到你舌尖上,不要咬它,只去仔细体会这个物体在你嘴里的感觉。当你准备好时,就有意地咬一下这个物体,注意它是怎样在你嘴里从一边跑到另一边的,同时也注意一下它散发出来的味道。慢慢地咀嚼这个物体。注意你嘴里的唾液,在你咀嚼这个物体的时候,它的黏度是如何变化的。当你准备吞咽的时候,有意识地注意吞咽这个动作,然后看一下你是否注意到吞咽葡萄干的感觉,去感觉它如何滑入你的喉咙,进入你的食道,再进入胃里。

这段时间里你体验了正念饮食,花点时间为自己庆贺一下吧!

资料来源:[美]鲍勃·斯塔尔,以利沙·戈德斯坦.正念生活,减压之道.祝卓宏,张妍,译.南京:江苏美术出版社,2012.

正念觉察能放松心情,在很大程度上帮助人们避免陷入心理困扰和盲目冲动的反应模式中,更清醒地了解压力是如何产生的,有什么方式可以更有效地应对。个体可以成为一个更积极主动的参与者,无论多么困难和紧张,都不是被动无奈,而会更平和地接纳和面对。当然,面对压力、挫折,过往习惯化的应对方式往往难以改变。对个体而言,通过觉察意识到这点,并能关掉自己的自动思维,抵制习惯性的反应和行为模式是具有挑战性的,而当我们觉察到自己被困于某些想法、习惯时,也意味着迈出了惯性陷阱的第一步。比如,可以尝试做压力觉察日记。一天之中,哪些时候紧张压力感会多一些,哪些应激事件引发身体和情绪反应状况的概率更高一些,哪些应激事件常会产生一些典型状况,自己惯常的反应倾向是怎样,等等。将压力事件和可能的压力反应状况记录下来是很有用的,能帮助我们有意识地追踪压力触发因素,更好地觉察自己的压力反应倾向和处理压力的独有方式。

2. 评估压力与挫折

人们面对困难常常会说,问题不在于发生了什么,而在于如何看待它,这是个评估的过程,个体的思维和信念在这个过程中起到决定作用。美国心理学家拉扎勒斯(Richard Stanley Lazarus)认为,人们遭受压力时,会首先对压力作出评定,然后根据评定作出情绪或行为上的反应。他将评定分为初级评定与次级评定。初级评定涉及压力事件与个人的关系及意义,将压力源事件评定为积极的、中性的还是消极的,即"这个事件是否对我有威胁"。次级评定涉及个体自身的应对能力与资源是否充分,能否减少压力事件带来的危险、破坏或损失等后果,即"我能否应对这个事件"。

觉察压力反应后,需要对这些问题进行评估:压力源来自哪里,压力的大小,对自己来说它是正面的或负面的还是中性的,它是否在自己的可承受范围之内,应如何应对等。觉察和评估压力是应对压力的第一步,客观的评估能帮助个体准确、清晰地识别压力,审视自己与之相关的价值观,知道自己最看重什么想要什么,然后以问题为导向,结合自己处理问题的能力,建立现实可行的目标,拟定计划,积极处理。

3. 认知重构

辩证思维强调从正反两个方面和不同角度认识并分析事物,不仅看到事物的消极方面,也要看到积极因素,客观地看待自身和环境。辩证思维和多元视角能帮助人们在压力和逆境中看到积极的元素,接纳所处的境遇,保持平和心态,维护内心平衡。

以下两种方法是评估压力、认知重构的有效方法。

方法一:艾利斯和哈珀的认知重构 ABCDE 技术。理性情绪行为疗法(rational emotive behavior therapy,REBT)是运用理性思维和积极的自我对话来帮助减轻压力(见表 9 - 2),用更理性的思维来代替非理性思维。

表 9 - 2　艾利斯和哈珀的认知重构 ABCDE 技术

A：(事件)引起压力反应的主要刺激

B：(信念系统)对 A 的非理性想法(伴随着具体的消极自我对话)

C：(结果)由 B 引起的消极的身体、精神和行为后果

D：(辩论)对每一个 B 以更理性更合理的信念和自我对话代替的过程

E：(效果)评估辩论过程对 C 的效果,D 是否减少了 C

　　方法二：塞利格曼的认知重构 ABCDE 模式。美国心理学家塞利格曼有关应对压力和情绪问题的 ABCDE 技术类似于艾利斯和哈珀的模式,但更注重于与乐观主义和悲观主义有关的潜在压力源。塞利格曼将个体看待世界和解释自己遇到的不幸的方法称为个体的解释风格。他认为,个体的解释风格有持久性、普遍性和个人化三个成分。持久性与时间有关,普遍性与空间感有关,个人化指对压力源负责任。

表 9 - 3　塞利格曼的认知重构 ABCDE 模式

A：(困难)压力情境、个体、事件等

B：(信念)对 A 的非理性想法(对持久性、普遍性和个人化的悲观信念)

C：(结果)由于对 A 的信念引起的情感和行动

D：(分心)转移对信念 B 的注意或者(辩论)对每一个 B 替代以更乐观的信念

E：(充电)由于 D 得到的新的情感和行动

　　在认知重构中,学习与自己展开辩论需要关注四个方面：证据、其他可能、意义、用处。

　　证据,即说明个体的信念 B 不合理或太悲观的最好方式是证明它事实上不正确,如认为"一次考试不及格,就认为其他考试也将不及格",用证据证实这想法不合理或太悲观。

　　其他可能,指生活中几乎没有事情只有一个原因,而是存在多种可能性。如考试不及格,可能还有其他与个体无关的因素,乐观主义者倾向寻找多种原因,如果有多种原因,那么信念 B 就是不合理的。

　　意义,悲观主义者往往想到最糟糕的结果,实际上,一次考试不及格表示的意义不可能是毁灭性的。思考某个事件的意义,假如你给出的答案是"不太可能,是毁灭性的",说明信念 B 就是不合理的。

　　用处,不合理信念会用"自动实现"的思考方式让个体不能直接面对压力源,如产生想法"再努力也没用了,反正也会不及格"。如果用 B 来避免面对压力源,B 就是不合理的或悲观的。

　　压力对人的影响取决于个人的认知方式,相信压力有促进作用的人比认为压力有害

的人有更少的抑郁和健康问题,工作更高效,对生活更满意、更有活力、更快乐。美国斯坦福大学心理学教授麦格尼格尔(Kelly McGonigal)在一项历时八年的研究中,追踪了 3 万名美国成年人。结果发现,相信压力有害健康的参与者,会经常失眠、内分泌失调,而且诱发癌症或心脏病,最终使死亡的风险增加了 43%;而承受极大压力但不认为压力有害的参与者,死亡风险不会升高,甚至比压力较小的参与者死亡风险更低。研究表明,真正有害的不是压力,而是认为"压力有害"的想法。也就是说,压力并不是导致死亡风险增加的决定因素,如何看待压力、对压力持何种认知才是导致死亡风险增加的决定因素。

归因是指人们对自己或他人行为进行分析、推论行为原因的过程,应对压力时应进行正确归因,正确归因是一种积极的认知调节。美国心理学家韦纳(Bernard Weiner)根据内外向、可控性、稳定性三个维度,将原因分为能力、努力、运气、任务难度、身心状态、其他等六种状况。不同的归因倾向会给人们的心理和行为带来积极或消极的影响。当遭遇失败或挫折时,我们应尽量寻找自身内在的、可控的、不稳定的原因,比如"努力",这样既不会影响自己的自尊自信,为了有上佳表现,还会增强日后的行为动机。在实际操作中,归因要遵循三项原则:一要客观分析影响成败的原因,不要主观臆断;二要先从自己内部找原因,激发自我责任感,而不是一味埋怨环境或一味自责;三要尽量找自己可以改变的因素,不要过多归因于不可改变或太难改变的因素。

4. 问题解决

情绪往往先于行动发生,情绪的不恰当反应会干扰行动解决问题的过程。如果情绪不稳定,可以先深呼吸放松心情,也可寻求精神支持依靠等,先让情绪平复,再采取适当的行动。

在解决问题的过程中,尝试尽可能多的解决方案,根据具体情况,调整目标与期待,转换视角,改变环境,变换处理问题的方式等,都是有效处理问题和应对压力的良好策略。当然,学习积极的心态、提升幽默感、调适学习生活节奏都是我们面对压力选择反应、解决问题的良好基础。

―― 小贴士 9-2 ――

IDEAL 问题解决模型

第一步 I:发现问题(identify the issue)。用简洁语言准确界定出试图要解决的问题,如果问题很复杂,分解成几个基础问题。

第二步 D:制订所有可以采用的解决方案(develop alterate actions you could take)。例如,头脑风暴——怀着开放的心态记下所有能想到的点子,不否认任何一个选项。提示:和其他人聊聊——他们可能会想到一些你没有想到的东西。

第三步 E:对每一个方案进行可行性评估(evaluate each possible action)。每一个方案的优缺点各是什么?根据自己的倾向性将它们排序。提示:问问自己,是不是每一个方案做起来都会觉得舒服？如果不是,将如何改进这个方案？

　　第四步 A：选定一个方法并付诸行动(act on your chosen course)。选择一个(从目前来看)最好的选项,并付诸实践。提示：要记住,任何人无法预测将来会发生什么,但是可以后复检查并改变你的行为。

　　第五步 L：预测结果如何(look at how it turns out)。实践后,再决定是否需要作出一些调整,或者选择另外一个行动方案。提示：对结果进行客观的评价,不要过多考虑。

5. 寻求社会支持

　　社会性是人的主要属性,每个人都离不开生活中的其他人和社会群体。人生路上,遇到困难、挫折,面临各类压力在所难免,求助他人或专业机构,发展广泛的社会支持系统是应对压力的有效途径。

　　社会支持是人们从社会关系、团体成员、网络信息中获取资源,一般体现为四种形式：情感支持(如向身处困境的人给予情感安慰)、物质支持(物资、金钱服务和其他形式的亲社会行为)、信息支持(有助于解决问题的建议或指导)及陪伴支持(有满足自尊需要的支持,有利于提高个体自我价值感的言语或行为)。[①]

　　多项研究表明,社会支持是应对压力、促进健康的显著性因素。社会支持的一项益处是可以增加人类的接触。拥抱、握手、拍肩膀、轻轻抚摸等传达的是对人的爱、亲近、看重和爱惜,接触的感觉使我们巩固了感知到的社会支持。通过社会支持可以向别人倾诉,而倾诉被发现可以降低血压、心率,增加免疫力,坦白和倾诉可以使身心得到很大放松。此外,每个人都有归属和爱的需要,寻求社会支持可以促进关系建立和发展,并得到有效帮助。可以说,社会支持好比一个缓冲器,可以有效地降低当事人对压力严重性的感受性,增强压力与挫折的忍耐性,帮助改变不利情况或帮助从积极角度重新审视不利情况,减轻各种应激性事件对身心健康造成的消极影响。

　　在大学校园里,我们可以向导师、辅导员、学长等有经验的长者寻求人生智慧,为自己指点迷津;可以向同学、朋友等朋辈寻求感情支持、友好帮助,增强联结感;可以向学校、院系、班级等寻求组织帮助,协助我们困难解决,促进成长成才;可以向家人寻求精神安慰和归属,家庭是人成长的摇篮和人生的起点,有最深沉的情感联结和依赖。此外,遇到困惑困扰、压力挫折,还可以积极求助学校心理健康教育与咨询机构或校外规范的专业诊疗机构、专业服务热线与平台等资源,及时得到有效的心理支持或援助服务。

---

　　① 程虹娟,张春和,龚永辉.大学生社会支持的研究综述.成都理工大学学报(社会科学版),2004,12(1)：88 - 91.

小测试 9 - 3

自测你的支持系统

当你遇到困难或挫折时,当你感到快乐或难过时,你想要与之倾诉或分享的人是谁?如实回答下表中的问题,你就会找到生活中自己的支持系统。

1) 在校园里遇到的人中,你最喜欢谁?

2) 在你接触到的所有老师中,你最欣赏谁?

3) 在你需要讨论一个重要决定的时候,你会找谁讨论?

4) 经济拮据时,你会向谁开口?

5) 学习有困难的时候,你最想得到谁的帮助?

6) 如果生病了,你希望谁来照顾你?

7) 假如你与同学吵架或者不开心了,你想找谁倾诉?

8) 如果考试成绩不太好,你会跟谁说?

9) 在休闲、郊游等活动中,你会找谁做伴?

10) 你有重要的宝贝要找人托管,你会托给谁?

11) 你有喜讯的时候,第一时间会告诉谁?

12) 当你得到奖赏或者表扬的时候,你会与谁分享?

13) 当你与好朋友闹意见,你会向谁诉说?

14) 碰到比较严重的问题时,你会找谁帮忙?

15) 假如你被困在某地,你首先想到谁在身边就好了?

---

6. 发展有效沟通

人际关系往往是大学生颇感头痛和棘手的压力或挫折来源之一。美国家庭治疗师萨提亚(Virginia Satir)认为,人际沟通由自己、他人、情境三个元素组成,在此基础上可形成五种沟通姿态。讨好型:忽视自己,过于在意他人的感受,害怕冲突,交往中往往倾向于让步、取悦于人、依赖、道歉。指责型:忽视他人,任何时候想保护自我,惯于攻击、批评、愤怒。超理智型:忽视自己和他人作为主体的感受,仅从事情本身出发,冷静、理智、顽固、僵硬、一丝不苟。打岔型:不想面对人,也不想面对当前的事务,沟通中常常插嘴、打岔,不在场。一致性沟通是充分考虑情境、自己和他人的感受与需求,内外一致,真诚表达。前四种沟通姿态害怕接纳自己的真实感受,无法表达自己真实的需求情感,采用了讨好、指责、理智、打岔这些方式来掩饰、压抑或扭曲自我,造成关系疏离。而一致性沟通认可自己的情绪情感,能顺畅表达自己的想法需求,同时顾及他人的感受和想法,而且考虑到情境的现实要求与可行性,从而能妥善处理人际冲突与压力。

在具体沟通情境中,首先,要了解自己的情绪、需要和动机(知己);其次,要了解对方的需求、期待、兴趣、性格等,更好地理解对方的立场(知彼);再次,倾听对方心声,在尊重对方的前提下,勇敢表达自己的想法和意见;最后,本着现实可行、合乎情境(知境)的原则,进行双方协商,争取达成共识与双赢。

此外,在沟通过程中,尊重双方边界,学会适度拒绝,同样十分重要。下面四步话术可以帮助在人际互动中保持坚定的自我立场,拒绝那些超过自己负荷的事情。

步骤1:"当你……的时候",坚持只摆事实,比如"对我大声嚷嚷"。

步骤2:"我感到……"此处插入表示情绪的词,比如"疑惑、难过、焦虑、生气、悲伤、恼火、不安"等。

步骤3:"因为我……",这里说明一些关于自己的情况,比如"感觉意见不受重视"。

步骤4:"以后,我希望……"接上一个明确的行动,比如"你能听听我的想法"。

三、有效缓解:放松与情绪调节

1. 放松技术

放松是通过消除神经递质、神经肌肉和认知的唤起产生的。在放松的时候,压力反应会停止,其影响也会被消除。常见的放松技术有很多,比如呼吸放松、冥想放松、视觉想象、系统肌肉放松,等等。

(1) 呼吸放松

呼吸是生命的基础,也是放松的基础,呼吸的深浅、快慢、平和还是急促是身体与情绪状态的晴雨表,也是个体是否经受压力的早期征兆之一。正确的呼吸方式可以使血液获得足够的氧气,让声音得到充分的表达,将健康、鲜红的血液输送到大脑,使我们可以冷静、深刻、有条理地思考。不仅如此,悠长、平和的呼吸还可以帮助我们减轻身体的疼痛和压力,就像用气把它们吹走一样。

了解自己的呼吸节奏和深度是放松状态的基础,合适的呼吸是所有放松的关键,呼吸快而浅,一般显示有压力。深呼吸是减压的首选方式,通过鼻腔将气慢慢地、深深地吸入腹部,屏住呼吸坚持一会儿,然后把气从嘴里慢慢呼出,同时放松嘴部、舌头和下颌。练习深呼吸时注意采取舒适的姿势,集中注意力,尽可能找安静的环境练习,将注意力始终放在呼吸上,让杂念随呼吸排出体外,在深长缓慢地呼吸时,体会腹部的上下起伏,注意伴随呼吸而来的愈来愈松弛的感觉。

(2) 冥想放松

冥想是放松最古老的形式,是清扫大脑或虚空的过程。当大脑进入虚空之后,无意识思维就会进入意识领域,提高对自己存在的觉察,使头脑更清醒,超越身体以取得更高的精神联结,给生活带来启蒙。

冥想既是一种放松,也是一种精神体验。通过呼吸—思想漫游—放松—观察—更高水平的知觉五个阶段,达到自身与现实环境的联结,寻找深深的安静感,体验平和的情绪,释放焦虑和担心。

研究发现,冥想有明显的生理益处:一是降低代谢率和氧气消耗,冥想状态是休息但清醒的状态,让身体慢下来,如在睡眠中一样,可以提供一段休息,但比睡眠状态消耗更少的氧气;二是冥想时脑电波活动也产生变化,低振幅、缓慢、同步的脑电波与休息时的清醒状态相联系;三是冥想时心率降低;四是血压保持不变;五是呼吸减少,呼吸率和深度减缓。总之,冥想状态是放松和休息,非常适于消除压力的影响。

(3)视觉想象

视觉想象常与其他放松技术,如深呼吸、冥想、瑜伽等一起使用。通过使用放松想象来促进放松反应,想象看到一个放松的情境,让身体获得放松的状态。这种减压视觉想象可以集中于自己的身体,也可以集中于外面的情境。例如,我们想象集中于太阳温暖的光线,就会感到它们照在身上的温暖和放松。我们可以建立个性化的想象脚本,如海滩放松场景,把天空、海水、空气等具体情境描绘出来,在想象细节中加入当时的温暖舒适感等,以此来放松心情。

(4)系统肌肉放松

肌肉紧张是压力的重要表现。系统肌肉放松是芝加哥医生雅各布森(Edmund Jacobson)倡导的放松技术,通过交替收缩和放松肌肉,让练习者体会紧张和放松的差别,达到释放肌肉酸胀、疼痛、紧张等感觉,对脑和内脏器官也有镇静的效果。

有以下三种方法可供参考。

瑜伽始于古印度,强调心、身、灵的整合与身体的平衡,通过呼吸、伸展和平衡三方面,增加身体柔韧性,改善肌肉状况,促进内心的平静,提升自尊心。

太极拳始于中国,来自道家哲学观念,强调生活中对力量的平衡,被称为"活动的冥想"。在不使劲、深呼吸、低重心,速度平稳缓慢,身心结合,优美且连贯的动作中,"气"这种微妙能量在全身流动,让人们保持镇静和集中精力,维持能量与平衡。

接触疗法是一种需要别人帮助才能达到完全放松的技术。通过接触减轻肌肉紧张,引导、恢复体内积极的能量气场,改善情绪、神经系统、免疫系统等,保持人体舒适。接触疗法能满足人类的本质需求,即接触。研究指出,接触对人们的幸福感来说是非常重要的。社会支持的一个主要益处也是人类接触,通过接触与他人发生联系可以超越社会维度,提供具有精神性的联结感。接触疗法有按摩、推拿、香薰、精油、水疗、宠物疗法等。当然,亲人和朋友的握手、抚摸、拥抱等都属此列。

(5)艺术放松

音乐、舞蹈、绘画等艺术形式也是情绪放松、释放压力的良好途径,能以言语无法实现的方式,深入人们思维和情感的最深层,攻破强大的情感防御,使情绪自然流淌。紧张时,可以通过唱歌、哼唱、吹口哨、弹奏、击打乐器或物件、绘画等艺术表达形式,随意随性发挥,释放表达内心的情绪与压力。

(6) 休息与自然放松

适当休息,有利于放松和调整身心状态。通过远足或旅游,走进大自然,倾听大自然的声音,呼吸大自然的气息,享受大自然的馈赠,远离城市的喧嚣,抛开烦琐的事务,换一个环境,让身心得到适当休闲和放松,也不失为缓解压力的有效方法。

2. 情绪调节

面对压力与挫折,焦虑、沮丧、愤怒等负面情绪常常围绕身边,影响着自己的心态和行为。理性情绪行为疗法、ABC理论等运用理性思维和积极的自我对话来减轻压力,此方法在前文已有详细介绍,此处不再赘述。正念也是一种有效的情绪调节方式,如身体扫描练习。

小贴士 9-3

正念放松:身体扫描

身体扫描是一种相当流行的放松技术,是指用意念巡视全身,找出存在压力的位置,然后从思想上缓解或解除这些压力。你可以自己完成身体扫描,也可以请他人从旁说出各个身体部位,指导你在什么时候放松什么部位,还可以把身体扫描的提示语录下来,练习时回放即可。每天练习,可以维持身体免受压力的侵害,也能提高自己关注身体健康的意识。

不同的人有不同的身体扫描方式。有些人喜欢让身体各个部位先紧张,然后彻底放松。有些人喜欢想象放松,并不在开始时收缩肌肉,想象自己的每个部位都在呼吸,一次呼出一个部位的压力。无论选择哪种方式都没问题,你可以尝试多种方法,然后找出自己最喜欢的。

舒适地仰卧在坚实的地面上。双肩、中背部、下背部和臀部贴于地面。放松上臂、前臂、双手、大腿、小腿和双脚,双脚自然分开,放松颈部,使头部感到抵住地面的重量,深呼吸。(停顿)感受双脚,搜索双脚的压力,缓解足部所有的紧张和压力,放松,均匀深长地呼吸。(停顿)感受小腿,搜索脚踝处的压力,搜索小腿肌肉的压力,搜索胫骨的压力,放松,缓解小腿所有的紧张和压力,保持呼吸。(停顿)现在,把注意力集中到大腿部位,关注大腿上下及两侧的肌肉以及髋关节,搜索压力,释放大腿前侧的压力,释放大腿下侧的压力,让呼吸把压力带走。放松腿部,使腿部舒适地平放在地面,缓解髋关节处所有的压力。深呼吸。(停顿)现在,把注意力集中到胃部肌肉。这些肌肉或许整天都会保持紧张状态,释放压力,彻底放松腹部肌肉。深呼吸,呼出所有的压力。(停顿)感受体侧的肌肉,使其向上背部伸展。放松肩胛骨、肋骨、胸腔和上部脊柱,释放压力,呼出压力。(停顿)注意双肩和颈部,感受积存在那里的紧张和压力,使双肩和颈部的肌肉保持紧张。随后,使之慢慢消退,做几次长时间的深呼吸,彻底放松双肩和颈部。(停顿)感受上臂肌肉,包括顶部的三角肌以及上臂周围的二头肌和三头肌。搜索所有可能潜藏的紧张和压力,然后释放压力。放松上臂,呼吸。(停顿)感受肘关节、前臂肌肉、手腕、双手以及手指的各个部位。想象辐射状的热量循环沿着手臂向肘关节、前臂、手腕、双手和手指传导,消减这些部位的压力。(停顿)现在,感受头部肌肉,感受头皮、面部肌肉和下颌。释放头皮、太阳穴、耳朵周围、前额、眼部周围、脸颊、下颌、嘴部和下巴的压力。放松。呼吸。(停顿)

现在,想象温暖的辐射光圈在体内从下往上慢慢移动。从脚趾开始,移到头顶,然后再从头顶移到脚趾。移动的光圈会检查所有残余的紧张和压力,立刻消除它。你将感到温暖和深度放松,还会产生健康的意识。(停顿)继续仰卧几分钟,尽情享受完全放松的感觉。准备就绪之后,慢慢地向体侧翻转,然后小心地坐起来。(停顿)

资料来源:方蕾,庞丽娟,编著.别让压力毁了你,别让情绪左右你.北京:中国华侨出版社,2013.(引用时有修改)

四、积极管理压力

美国管理学大师德鲁克(Peter Ferdinand Drucker)曾经说过:"成功属于那些善于自我管理的人。"大学生应主动学会管理自己的压力,提高自己的学习效率和生活质量。

1. 丰富业余生活,做到规律健康

业余生活是大学学习生活之外的另一片天空。适当发展兴趣爱好,做自己喜欢的事情,能点燃内心深处的激情与活力,充分享受和专注于这种感受,就能忘却烦恼,感受大学生活的多姿多彩和丰富乐趣,感受青春的朝气蓬勃与生命的美好创造,也是热爱生活、拥抱生活的最好体现。可以说,健康、规律的生活方式是压力应对管理的基础和关键。

(1)充足的睡眠

睡眠可以使大脑和身体得到放松和修复,有助于缓解疼痛和疲劳,增强免疫系统功能,提高身体的抵抗力、免疫力;睡眠还能提高记忆力和学习能力,提高工作和生活效率;维持情绪的平静稳定,减轻焦虑和抑郁。如果睡眠不足,容易出现以下情况:恼怒、抑郁、焦虑,难以集中注意力,反应速度变慢,犯错误和发生事故的概率增加,免疫系统功能衰退等。因此,养成规律的睡眠时间,确保获得充足的睡眠,对压力缓解与身心健康至关重要。当然,偶尔的睡眠不足或熬夜不会对身体造成很大的伤害,对此不要倍感压力。

(2)健康的饮食

选择均衡的饮食,摄入丰富的营养物质,平衡合理的饮食时间与结构,保持稳定的一日三餐,可消除食物对人不必要的致压因素。维生素摄入不足会导致焦虑、萎靡不振、失眠、肌肉无力和胃部不适;摄入盐过多会使血压升高;还应限制含咖啡因的食品、饱和脂肪的摄入量。特别紧张的时候,可考虑在饮食中补充维生素。良好的饮食和营养可以调理生理机能,塑造健康的身体,预防和控制心血管、消化道等方面的疾病以及肥胖,减轻头痛、疲劳等症状。

(3) 适度的运动

人体运动时,可以有效缓解肌肉紧张,宣泄情绪,促进大脑释放内啡肽,产生愉悦感和放松感,改善睡眠,减少失眠,提高呼吸循环机能与耐力,改善体态,增加灵敏性、平衡能力,延缓衰老,增强血液携氧能力与心肌力量,燃烧脂肪和降低血浆胆固醇。习惯性运动还具有明显的心理学效果:提高自尊、自信和效率,提高机警性、感知和信息处理能力,增加被他人接受的感知力,降低沮丧、焦虑、对压力和紧张的敏感度,思维更加敏捷,能提高创造力与集中注意的能力,对待工作、学习、生活态度更积极等。运动时,注意选择自己真正喜欢的、强度中等偏上的运动,例如游泳、跑步、骑车、打球、器械训练等,选择合适的服装和器材设备,适度运动,一次运动时长以不少于 30 分钟为宜,避免单一运动耗竭或过劳,同时注意预防运动受伤。

2. 探寻价值,明确适切目标

2021 年,国内某网络互动平台上出现过这样一个问题:"为什么我上了'985'高校,却还是这样焦虑?"引发了不小的热度,得到 7 000 多的关注量,浏览量更是直接超过 428 万。上了"985"高校的学生,究竟在焦虑什么? 针对此问题,有一个回答得到较多的认同,就是同辈比较的压力。不少学生分享,自己承载着家人和社会的期望,好不容易进入梦想学府,还没飞起来就"啪"的一声,突然落地了,大家都在努力地奋斗着,把优秀的评价标准抬得越来越高,自己逃不掉也不能停下来,于是在极度的竞争中,成功压倒成长,同伴彼此PK,所有人精疲力竭。

在今天内卷的环境氛围中,敢于作出不一样的选择、不害怕被另眼相待是需要很大勇气的,更重要的关键在于知道自己内心真正想要什么——探寻出自己的价值及努力方向,并基于此制订出适切的发展目标,坚持投入行动。

如何设定一个 SMART(明智)目标? 美国管理学大师德鲁克认为,"SMART"法则具体由以下五个方面组成。

S(specific)明确具体的。目标设定必须明确具体,不可笼统模糊,比如"这个学期要更加努力",这样模糊的设定不利于目标的实现。

M(measurable)可衡量的。目标是可以量化的,可用一组数据标明和支持,用数据作为衡量目标是否实现的标准。

A(attainable)可实现的。设定的目标在自己的能力范围内,是可以通过努力实现的。

R(relevant)相关联的。设定的目标与自己的价值导向是有关联的,如果没有联系,即使实现了这个目标,意义也不大。

T(time-bound)有时限的。目标的设定是有时间限制的,要有起点、终点或时间路线,这样有助于促进目标完成,否则很容易拖延。

3. 活在当下,合理管理时间

时间是非常宝贵的资源,与高中不一样,大学生有自己可支配的时间,需要进行时间规划、安排与管理,否则,很容易茫然无措地任时间悄悄溜走。

时间管理并不意味着会有更多的时间,而是如何更好地利用时间。时间管理的第一步是为生活设定目标。只有明确了方向和目标,知道要做什么,才能确定如何安排时间;假如不知道要做什么,时间管理就毫无意义。接着,评估一下自己有哪些时间可以支配,为要做的任务分配时间,比如学习、社交、休闲娱乐、交通、睡眠休息等。时间管理要明确任务的优先级,遵循要事优先原则和二八定律,将任务与时间做好一一对应,合理制订具体计划和时间表,保障我们优先完成重要的事情,避免时间上的压力和焦虑。拖延是偷窃时间的"贼",虽表现在各类小事情上,但日积月累,影响就很大。利用好时间表,明确最后期限,以终为始,时刻提醒自己把握事情进度,做好过程监控与管理。同时,注意将庞杂的任务分解成几段小任务分步完成,减轻大任务的压力感,任务完成后给自己一个奖励及时强化。另外,学会说"不"。对干扰自己又对集体目标无利的事情说"不",创设个人边界,尊重彼此边界,使自己的生活与时间结构化,维持一种个人整合的感觉。

活在当下,学会一段时间内只关注一件事情。上课时一心一意上课,休息时一心一意休息,作业时一心一意作业,活动时一心一意活动,专心致志在当下发生的、要做的任何一件事上,即使睡觉也是这样,展现最高的效率和最轻的压力以及最好的价值感。

4. 完善内在,培养积极心态

如果说成功的压力管理有什么秘诀,秘诀就是培养和利用自己的内部资源,包括直觉、创造力、毅力、信念、幽默感、爱、勇气、自信心和乐观等。有研究者曾对 200 名处境不利的儿童进行长期的追踪研究,比如父母有严重心理问题、贫穷等。追踪 18 年后发现,有三分之一的儿童得以正常发展。研究者探究这些儿童正常发展的原因,结果发现了他们的四点共性:能积极地看待问题,也就是乐观;能够利用好自身内外部的资源,比如困难时会找朋友倾诉,主动寻求专业帮助;不畏挑战,坚持目标,有意志力去坚持;相信生活是有意义的,并且能够控制自己的生活。而这些就是积极心态中心理弹性或抗逆力的重要组成部分。

一个人真正的成长是心智和思维的成长。美国心理学家德韦克(Carol S.Dweck)提出固定型思维和成长型思维两种思维模式。固定型思维认为,能力是先天的,后天努力是无法改变的。成长型思维则刚好相反,认为能力是可以通过后天努力习得和不断提升的。这两种思维模式的不同,造就了不同的人面对同样的困难、挑战和失败时出现截然不同的应对,甚至会成就不同的人生。前者认为努力毫无意义,回避挑战,碰到挫折轻易放弃,忽略有用的负面反馈,对别人的成功有威胁感。而后者认为努力是成功的必要途径,他们乐意接受挑战,在挫折面前坚持不懈,能从批评和负面评价中学习,从他人的成功中获得经验和鼓舞,从失败中发掘积极的因素与力量。因此,我们要学习成长型思维的积极理念,注重过程式成长,努力成就更好的自己。

近百年来,同时被东西方认可和尊崇的政治人物屈指可数,南非著名黑人领袖曼德拉(Nelson Rolihlahla Mandela)傲居其中。曼德拉表现出来的平等与正义、平和与宽容、坚韧与智慧等品质受到全世界的尊崇。

小贴士 9-4

"南非国父"曼德拉

曼德拉是南非著名黑人领袖,被尊称为"南非国父"。1918 年生于南非特兰斯凯乌姆塔塔地区坦姆部族酋长家庭。青年时代就投身于黑人解放事业,并为此放弃继承酋长地位。曾于 1994 年至 1999 年间任南非总统,在他任职总统前是积极的反种族隔离人士。1990 年,多种族、多部族的南非结束种族隔离制度,曼德拉从敌人身上看到他们与自己的共同点——基本的人性,毅然选择以德报怨。他推动民族和解与尊重,宽容对待曾将自己投入监狱 27 年之久的白人,最终避免了内战。曼德拉明白,五十年来他们致力于消灭的是白人种族主义,而非白人本身。他说过:"当我走出囚室、迈向通往自由的监狱大门时,我若不能把痛苦与怨恨留在身后,那么我其实仍在狱中。"

2009 年,联合国将曼德拉生日 7 月 18 日定为"曼德拉国际日"。2013 年 12 月 5 日(南非时间),曼德拉在约翰内斯堡家中因病逝世。

从曼德拉身上,我们可以看到面对巨大压力、艰苦磨难、重大挫折,坚定的信念、责任担当、勇气、爱、宽容、平和、创造力、乐观积极、高度自信、果断、坚持、顽强的意志力、坚韧的毅力是多么重要。曼德拉的人格魅力、意志品质,或许是留给全世界最宝贵的遗产。因此,完善我们的内在人格品质,养成积极心态是压力管理和挫折应对的最根本方法。

5. 适度挫折,寻求最佳压力点

(1) 挫折训练压弹力,学习与压力做朋友

态度对人们处理压力的能力有很大影响。主动给自己设立目标,为自己加压,有意识地主动进行适度的挫折训练,把每一次挫折、压力当作学习成长的机会。每一次突破都会寻找到新的发现,这样个体的压弹力自然就会提高。当面对主动寻来的压力、挫折时,就会有思想、情感、生理上的准备,并且心情是愉悦的,愉快的情绪可以促进自我的"螺旋上升"。有关挫折训练,美国心理学家弗雷德里克森(Barbara L. Fredrickson)曾说:"感觉好远远不等同于没有威胁,但它可使人们变得更好,更具乐观精神和压弹能力,更与他人合得来。"美国心理学家贝纳德(Bonnie Benard)认为,心理韧性不是某一种特质或是一组特质,而是经年累积的各种能力、才能、资源、知识、长处和适应技能的组合,所以说心理韧性可以主动进行培养,使心理韧性成为压力应对的有力保障。

（2）不断突破压力点，促成新的最佳压力点

每个人的压力点不同，每个人都需要在具体的学习、生活、实践中不断训练、培养和提高个人的压力处理及化解能力。同时，个体的压弹力也是动态变化的，而不是静态不变的。当我们有了不断的突破、提升，也就能形成新的最佳压力点。不断突破压力点，需要我们培养坚韧的人格和意志品质。美国心理学家科巴萨（Susan Kobasa）提出"坚韧人格"的概念，它包括"承诺""挑战""控制"这三个层面：积极投入学习、工作、生活与关系；不逃避困难、责任，勇于挑战自我；相信自己能控制好生活变故与情绪。坚韧人格可以使压力变得不那么可怕，推动我们面对压力的挑战，提高应对能力，增强自尊自信。

如果我们充分相信自己有能力进行任何活动，并坚持积极投入，就能获得成功。一旦敢于探索和接纳陌生的领域和面临全新的压力，便有可能切实体验到人世间的种种乐趣和可能性。我们只有用全新的眼光重新审视自己，打开心灵窗户，进行一些自己一向认为力所不能及的活动，才能不以同样固定的方式重复活动，才能实现新的突破。

在学习、生活中，许多时候并不是因为事情难使我们不敢做，而是因为我们不敢着手去做，事情才显得难。人生中的许多事，只要想做，都能做到。横亘在眼前的困难，只要用心用力就能找到破解的方法。

思考题

1. 你比较容易受到哪些压力的影响？为什么是这些方面的压力？

2. 生活中，你遇到的最大挫折是什么？你是怎样应对的？你怎么看待这段经历？

3. 你觉得自己有哪些应对压力挫折的有效方式与经验？

推荐阅读

1.［美］韦恩·韦登，达纳·邓恩，伊丽莎白·哈默.实用青年心理学.杨金花，于海涛，黄雪娜，等译.北京：商务印书馆，2023.

2. 王芳.当压力来敲门.北京：华夏出版社，2020.

3.［英］格雷厄姆·阿尔科特.高效忍者.李文怡，易汕，译.南昌：江西人民出版社，2019.

4. 唐咏.压力与应对.北京：中国社会科学出版社，2014.

5.［西］安德烈斯·马丁·阿苏埃罗.自我的重建.佟美玲，译.北京：世界图书出版有限公司，2019.

第十章

大学生心理障碍及其应对

　　说到心理健康，人们一定会想到它的对立面——心理不健康（心理障碍或心理异常）。人类心理从健康一端到不健康、障碍、病态的另一端，构成了一个连续谱。当今时代，人们在面临学习、生活、工作的高压力和快节奏带来的挑战与冲击时，身心难免出现异常或病态。也就是说，个体心理健康状态往往处于"健康—病态"这一连续谱的某个点上，而且很可能还会随着时间和境遇的变化在这一连续谱上左右摆动，心理异常程度出现波动。处于个人成长发展重要阶段的大学生更是如此。面对心理障碍或心理疾患的风险，大学生通过积极学习相关科学知识来加以应对，是非常必要的。

第一节　心理障碍概述

　　2007 年，我国学者李飞、肖水源、黄志平等曾对无锡、长沙、西安三地包括高中生、大学生在内的 7 300 余市民进行问卷调查，发现三地市民对于抑郁症、精神分裂症和躁狂症的正确识别率分别仅为 43.2％、49.9％和 54.1％，而且接受调查的市民对躁狂症和精神分裂症患者持有比较强烈的负面态度。[①] 此外，有研究人员以杭州市 3 所高校 578 名本科生为对象进行问卷调查，发现大学生识别常见心理疾病的水平偏低，还比较缺乏心理疾病常见治疗方法的知识。[②] 由此可见，对心理障碍与心理异常作一些基本的解释和澄清，不仅关系到人们对自身或他人心理健康状况的认识和评价，也关系着大家在自身或他人遭受心理健康问题时如何应对。

一、心理障碍的界定与分类

　　心理障碍，广义上是指心理活动在不同程度上偏离常态的情况，这里既包含多个相似

---

①　李飞,肖水源,黄志平,等.中国三城市精神健康素养调查.*中国心理卫生杂志*,2009,23(12)：883-887.
②　章锦升,缪群芳,邢冰玉,等.大学生心理健康素养现况调查及影响因素分析.健康研究,2022,42(4)：399-404.

的、交叉的甚至可以交替使用的术语，也存在不同表现、不同程度、不同影响的心理异常状态。为了对心理障碍形成一个框架性的认识，我们需要了解心理障碍的相关概念及分类。

1. 心理障碍相关概念辨析

心理不健康涉及诸如心理问题、心理异常、心理变态、心理障碍、精神障碍、心理疾病、神经症、精神病等概念。想要对心理健康有更准确的认识，就需要了解这些概念的真正内涵，并能够加以区分。

（1）心理问题

"心理问题"是一种口语化的表达，也可称为"心理健康问题"。我们可以从广义和狭义两个方面来理解。广义上的心理问题，基本等同于心理异常，此时"问题"指各种各样、程度各异的异常状态；狭义上的心理问题，也可以说是"一般心理问题"，是指心理上出现的短暂的、轻微的异于常态的状态，如心理失衡、心理失调等。[①] 也就是说，心理问题不等同于心理障碍。在本章，若不作特别说明，就是用其狭义理解。

（2）心理异常

顾名思义，心理异常就是心理上偏离正常的状态，包括心理过程上和个性上发生问题、失调、紊乱、障碍、损害等不同程度的偏离常态的情况。心理异常是心理不健康的通俗用语，而不是专业的诊断术语。

心理异常也曾被称为"心理变态"。在心理不健康相关的诸多术语中，心理异常的外延是最为宽泛的，包括心理各系统或各方面不同程度地异于正常的状态，从最轻微的心理波动、心理失衡、心理失调、心理困扰等，到比较严重的心理障碍（狭义）、心理疾病、心身障碍、心身疾病，再到非常严重的重性心理疾病（如精神分裂症、情感性精神病、反应性精神病等）。也就是说，诸如心理问题、心理障碍、心理疾病、神经症、精神病等，都是指不同程度和类别的心理异常现象。

心理异常可以按不同种类和程度来划分。图 10-1 呈现了心理异常相关概念及其大致关系，图中所示的连续谱的左端为完全健康的状态（纯白区），右端则处于严重的精神病

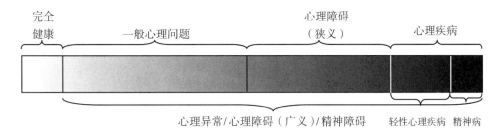

图 10-1　心理异常相关概念关系示意

---

① 傅安球.*实用心理异常的诊断矫治手册*.上海：上海教育出版社，2019.

状态(纯黑区),中间可以划分为多个区域,用颜色的深浅来表示心理异常的严重程度,便于理解。

当然,图中各区域的划分其实是人为的。在人们实际的心理生活中,各类异常区间往往是彼此交叉或逐渐过渡的关系,并没有特别明确的质的分水岭。但在专业的临床实践中,专业人员往往依照各种障碍或疾患的具体诊断标准来进行区分和判断,而诊断标准中往往包括症状表现、影响程度、持续时间等维度;由于业界对这些标准和诊断方案的应用有共识,心理问题、心理障碍、心理疾病之间就呈现出了质的区分。

(3) 心理障碍

心理障碍(psychological disorder),是许多不同种类的心理、情绪、行为失常的统称。[①]广义的心理障碍基本等同于医学中常用的精神障碍(mental disorder),也就是指"心理异常"。狭义的心理障碍则是指程度比一般心理问题重但又比心理疾病轻的心理异常,也称为心理失常。相比于一般心理问题,心理障碍(狭义)是连续谱上程度略重的区间,即图10-1中颜色较深的灰色地带。在本章,若不作特别说明,心理障碍就按其广义理解。

(4) 心理疾病

心理疾病(mental illness),是精神疾病的另译,它也分为狭义和广义。狭义的心理疾病是指比心理障碍(狭义)程度更严重的心理异常,广义的心理疾病基本等同于心理异常、心理障碍(广义)、精神障碍。狭义的心理疾病还可以分为轻度心理疾病和严重心理疾病。轻度心理疾病是指非精神病性的精神疾病,如神经症、人格障碍、性倒错等;严重心理疾病是指精神病性的精神疾病,患者通常严重缺乏自知力和社会功能,如精神分裂症等。在本章,若不作特别说明,则用其狭义理解。

(5) 精神病

精神病(psychosis),是指精神障碍中心理功能严重受损、自知力严重缺失、不能应付日常生活要求,也不能保持与现实恰当接触的一组情况,主要包括精神分裂症和某些心境障碍等。

2. 心理障碍的分类

由于心理障碍或心理异常的表现种类繁多,程度也各不相同,不同学科出于研究或临床之需,对心理障碍进行不同的分类。例如,异常心理学(abnormal psychology,亦称变态心理学)领域,根据心理异常的种种现象及维度的不同,将心理障碍划分为认知障碍、情感障碍、意志行为障碍、人格障碍等;而在精神病学中,心理障碍被分为神经症、人格障碍、器质性精神障碍、精神分裂症等。但是,这些分类往往没有严格区分心理障碍究竟是属于轻度还是重度。为便于理解,这里按照心理障碍对生活工作影响程度来进行粗略分类。

―――――――――――――――――

　① 钱铭怡.变态心理学.北京:北京大学出版社,2006:3.

（1）一般心理问题

一般心理问题，是指心理上出现的短暂的、轻微的异于常态的状态，如心理失衡、心理失调等。[①] 现实生活中，个体总是难免会遇到工作、学习、人际关系等方面的挑战或压力，或者遭受一些挫折、打击，当这些现实刺激强度较小，引起的心理反应也不太强时，就会导致一般心理问题。例如，大学生入学后面临学习要求、生活环境、管理模式等方面的变化，一些同学不能很好地适应，出现目标缺失、学习效率下降、对自己状态不满意等不良反应，产生郁闷、悲观等不良情绪，这些情况属于一般心理问题。本书中其他章节涉及的学习问题、人际交往问题、恋爱感情问题、生涯规划问题等，多属于一般心理问题。

一般心理问题往往有比较明确的客观诱因或现实压力，个体的心理反应与客观现实联系紧密，对与诱因关系不大的事则不会有明显的不良反应，也就是说，情绪和行为反应没有泛化到其他事物上。此外，一般心理问题给人带来的主观痛苦较小，持续时间相对较短，对学习和生活的影响也较小，而且不管其产生过程还是结果，总体上来看都还是在正常范围内的。

对大学生而言，一般心理问题是最普遍、最常见的心理问题，它也会因为环境中不良刺激减少、及时进行自我调整、获得朋友同学间的帮助和开导等方式得以顺利解决。当然，如果学生遇到一般心理问题能及时寻求心理咨询老师的帮助，那么问题可能会解决得更好、更快。

（2）严重心理问题

一般心理问题不能及时得到解决以致日益加重，或者由于人格等因素，对自己和他人存在显著的不良认知，便可能造成严重心理问题。心理问题是否严重，大致可以从三方面来衡量：一是主观痛苦的程度，个体是否感到明显的焦虑、抑郁或恐惧等不良情绪；二是持续时间的长度，个体心理上的痛苦持续时间在一个月以上的，可以认为是严重心理问题；三是学习和生活受影响的程度，个体是否因心理问题导致学习效率低下、学习任务难以完成等。

严重心理问题一般也是由现实刺激引起，但其心理反应较一般心理问题更为强烈，而且情绪和行为反应已经有了一定的泛化，即与现实刺激相关的事物也会引起个体明显的心理反应。但是，从问题的严重程度和影响程度上看，都尚未达到神经症或其他任何一种精神疾病的诊断标准。

严重心理问题包括焦虑、抑郁、恐惧等不良情绪，以及退缩、强迫、自杀观念和行为，网络成瘾等不良行为，失眠、厌食、贪食等生理问题。出现严重心理问题时，个体感觉痛苦，虽进行自我调整但效果不佳，精神状态不好，学习效率较低，与人交往减少，对个体造成明显的不利影响。

---

① 傅安球.实用心理异常的诊断矫治手册.上海：上海教育出版社，2019.

一般来说,严重心理问题如果通过心理咨询或辅导来处理,个体通常能够恢复正常状态。但是,若现实刺激持续存在,个体又不能及时寻求心理帮助,加上人格素质方面的因素,那么严重心理问题就有可能发展成为心理疾病。

(3) 轻度心理疾病

如果个体心理活动各方面之间的协调性受到影响,心理活动与环境轻度失调,心理活动效率降低,而且达到某一心理疾病的诊断标准,就是轻度心理疾病。此类疾病主要包括各类神经症、人格障碍、性倒错等。轻度心理疾病患者一般可以生活自理,能完成日常生活中的各种任务和一般社交活动,但心理障碍对正常生活已造成明显影响。例如,神经衰弱的患者常常感到注意力下降、记忆减退、精神不振,实际上也就难以胜任学习和工作,这在休学或退学的学生中比较常见。

轻度心理疾病可能与环境刺激因素有关,但其心理反应在程度上却大大超出人们对这些刺激的正常反应。例如,恐惧症患者对一般人觉得并不可怕的事物感到非常恐惧,在恐惧对象上也明显泛化,对日常生活中的许多事物都有强烈心理反应。轻度心理疾病持续时间较长,一般神经症的诊断标准中病程要求在三个月以上。

轻度心理疾病包括各种神经症、性心理障碍、人格障碍、轻度心境障碍等。不同于严重心理疾病,轻度心理疾病在主客观一致性、心理与行为统一性上的偏离程度较轻,对学习、工作和生活的影响相对较小,个体的自知力一般是完整的,对自己心理上的异常状况通常也有恰当的认识,能够主动寻求心理治疗或精神医学的医疗帮助。

轻度心理疾病患者应接受精神科治疗和指导,并结合心理咨询、心理治疗及日常行为训练和社会适应训练,一般可以得到缓解或康复。

(4) 严重心理疾病

严重心理疾病是指个体心理活动的认识、情感、意志各部分都严重失调,整体心理活动瓦解,心理和行为与环境明显不协调,符合某一严重精神疾病的诊断标准。严重心理疾病患者的言语行为常人无法理解,不能参与正常的社会活动,与人无法正常交往,必须接受恰当的医疗帮助。精神分裂症、偏执性精神障碍、情感性精神病、反应性精神障碍等都属于严重心理疾病。轻度心理疾病和严重心理疾病均有严格的疾病分类和诊断标准,目前医学临床使用的诊断标准有《国际疾病分类(第十一次修订本)》和美国的《精神障碍诊断与统计手册(第5版)》。

严重心理疾病患者缺乏对疾病的自知力,一般不会主动就医,需要他人采取一定措施使患者配合医疗工作。这类患者需要接受系统的精神科治疗,在发病期还应进行必要的监护,以免患者自伤自杀或伤人毁物。严重心理疾病患者如果及时就医,并得到恰当的诊断和治疗,一般可以在不同程度上恢复心理社会功能,但如果不及时就医,不遵从医嘱,不配合治疗,则预后不佳。

总体上看,以上四种类型的心理异常,越是程度轻微的就越是常见。对大多数大学生而言,更可能遭受前两类问题的困扰,但仍有极少数学生的问题可能会达到心理疾病甚至是严重心理疾病的程度,因此特别需要学校师生多加关注,争取尽早发现、及时处置。

二、心理障碍的判别原则

人的心理和行为表现千差万别,该如何判别心理障碍呢?如果我们看到以下这些情形,该怎样去判断呢?

一位男生当众手舞足蹈、披头散发地大喊大叫。

一位女生连续多日拒绝进食。

一位女生独自坐在路边喃喃自语,不知所云。

一位男生在课堂上突然号啕大哭。

也许,人们会说,这些现象可能是异常的,也可能是正常的,需要根据这些现象发生的条件和情境才能作出准确判断。的确,心理异常与否的标准,并不像躯体患病与否那么泾渭分明。根据心理活动发生、发展的规律和特点,要对一个人是否有心理障碍作出准确判断,必须遵循三个原则,即心理反应的合理性原则、心理过程的协调性原则、个性特征的稳定性原则。[①]

1. 心理反应的合理性原则

个体经历多年的成长,都会形成对外界事物的特定反应模式,这种模式的建立,使个体在与周围的人和事的互动中能够保持动态平衡,使人感到自身对外界刺激的反应在形式和内容上都是合理的、必然的。也就是说,一个人在长期的与外界互动过程中形成了自己的反应模式,使得心理活动和行为表现一般能与客观环境相适应,而且也能够被人理解。比如,当我们个人尊严遭到侵犯或践踏时,我们感到愤怒乃至产生攻击性言行的倾向等,一般都会被看作是正常的,符合人之常情。但是,如果这样的反应模式遭到破坏,个体对外界事物的反应不再具有一致性和统一性,就可能是心理障碍了。比如,一个人总是无缘无故地生气、发火,总是无理由地觉得别人在跟他作对、给他"穿小鞋"、在背后使坏,这种反应就不合理了,也就是说,其表现已趋于心理障碍。值得注意的是,心理反应和行为表现的合理性,与个体所在的时代、地域、文化、法律体系等因素有密切关系,个体在某个时期、某些地方、某些文化和某些法律体系之下合理的心理反应或行为表现,放到另一个时期或其他地方、其他文化和其他法律体系下并不一定就是合理的。

2. 心理过程的协调性原则

正常个体的心理过程,无论是某个心理过程的各个心理现象之间,如认知过程的感知觉、记忆、思维、想象等心理现象之间,还是各个心理过程之间,如认知过程、情感过程、意志过程之间,都具有协调一致性。正是这种协调一致性才保证了个体意识在反映客观环

---

① 傅安球.实用心理异常的诊断矫治手册.上海:上海教育出版社,2019.

境时的精确性和有效性。比如,若一个人在学习过程中,效率很高、记忆良好、思维活跃,那么其感知觉也应该是敏锐的;在情绪方面,若一个人在某种情境中认识到某些事物是符合自己的期望或需要的,他就会产生愉悦、满足、开心等积极情绪体验,他的言语表达也会欢快、轻松,这就说明其心理是健康的。在各个心理过程之间,当一个人认识到做某件事情是非常有意义的,就会产生兴奋、期待等情绪情感,随后也会产生跃跃欲试的行为意向(意志过程),这也是心理健康的表现。但是,如果这种协调一致性遭到破坏,如感知觉能力正常却出现记忆衰退、思维迟缓、想象力缺乏,或者微笑着说自己非常痛苦,或者表情痛苦地表达自己有很愉快的情绪感受等,就很可能是心理障碍了。还有的人虽然认识到学习对自己很重要,但在情绪感受上却对学习活动感到毫无兴致、觉得学习枯燥乏味,而且对待学习也磨磨蹭蹭、拖沓不前,甚至南辕北辙地去上网、打游戏,可能就有一定程度的心理障碍了。

3. 个性特征的稳定性原则

个性心理特征是心理活动和心理过程在具体个人身上表现出来的相对稳定的个人风格或独特性。一般而言,个性特征不会轻易改变而且常常明显地表露出来,即所谓"江山易改,禀性难移"。例如,性格积极乐观的人,一般总会给人积极阳光的感觉,遇事不轻易屈服、放弃。当然,若是环境变化巨大,也会使人的个性特征发生一些改变,如一个积极乐观的人,遭遇到持续的重大挫折打击,也可能变得悲观消极。但是,如果环境条件并没有发生大的改变,个性特征却发生人们难以理解的改变,且迁延持续难以恢复,则可能发生了心理障碍。比如,一位同学本来总是乐观热情、嘻嘻哈哈的,突然毫无原因地变得长时间沉默冷淡,或者即使有一定原因,但根据常理看这些原因尚不足以使其发生如此剧烈变化,那么就要考虑他心理方面是否已经发生异常了。

通常,判断个体是否心理障碍需要综合考虑以上三个原则,既要看个体的心理反应在其所属时代的文化及当时所处情境等背景下是人之常情还是怪诞离谱,又要看个体的反应在各心理现象或过程之间是协调统一还是自相矛盾,还要看个体反应是与其性格特征相符还是变化巨大(变化大到无法用其遭遇来解释的程度)。依据这三个原则,我们对于心理障碍与否的判断,就会比较准确了。当然,这三个原则,不仅适用于我们评估判断他人的心理状况,同样也适用于我们对自己心理状态的自评和自查。

三、心理障碍的判断标准

个体是否罹患心理障碍,虽然有规范的诊断标准可用来判别,但它不像躯体健康与否有严格、明确的界限,因而判别难度大。一般而言,判断个体是否存在心理障碍,可以从以下五个方面进行考察。

1. 主观经验标准

主观经验有两种判断标准,第一种是根据个体本人主观上的体验和感受。如个体自己感受到原因不明的焦虑、抑郁、紧张、恐惧,且自己难以控制和摆脱,就可以视为心理异常。第二种是指评判者(一般指专业人员)的主观临床经验。评判者根据自己的专业经验,结合评判对象的心理状态和行为表现来进行判别。主观经验标准的运用特别要注意至少两方面的问题:第一,对于那些严重缺乏自知力的个体,由于他们主观上对自身心理状况缺少准确的认识和感受,因此无法采用第一类主观经验标准进行判别;第二,对于缺乏充分专业训练和临床实践的判别者,若采用第二种主观经验标准来进行判别,则结果的准确性较难保证。

2. 统计分析标准

心理健康与否常常根据普通人心理特征的统计数据来进行划定,因此可以依据个体心理特征偏离平均值与否及偏离程度来确定。许多心理特征的测量结果常为正态分布,居中的多数人属于正常,远离中间的两端被视为心理异常。比如,正常人的兴奋、低落、平静等状态相对协调,而如果长时间处于兴奋状态不能平静下来,或者长时间处于低落状态不能平复,则存在心理障碍的可能性极大。使用这个标准时要注意的是,有的心理特征并不一定都是正态分布的;还有的即使是正态分布,偏离中间的两端也不一定是问题或异常,比如智商测量中处于高分端的人是比多数人智商都高的人,不能被看作是心理问题者。

3. 心理测验标准

心理测验标准的原理与统计分析标准是相同的,但并不是所有的心理测验标准都能囊括于统计分析标准之内。心理测验标准是在标准的情境下,取出被判别者的行为样本来予以数量化或进行质性(范畴)的分析,据此评价存在心理障碍与否,例如对个体进行各种神经心理诊断测验以判别其是否心理异常或确定心理异常属于什么方面。这个标准的使用受心理测量学规范和要求的制约,如标准化样本的选择、常模的代表性、测验的信效度检查等,因而科学性高,但操作难度大,操作者必须经过专门训练,而且还存在量表编制困难,或者量表信度效度不佳等一些问题。

4. 病因症状标准

任何心理障碍都有致病原因和症状表现,此两者在心理正常者身上一般都不存在,因而发现致病原因和症状表现,就可以判别为心理障碍。举个例子,若个体有痴呆的症状表现,且脑部发现梅毒螺旋体,就可确诊为麻痹性痴呆。病因症状标准特别强调生物学病因,强调大脑病变与心理障碍之间的因果联系,即使目前未发现大脑发生病理性改变的,将来也有可能在更精细的技术帮助下发现它的存在。例如,以往被认为纯粹是心理障碍的创伤后应激障碍(PTSD),已有研究发现,患者的大脑海马结构明显萎缩,比常人小26%左右。这也说明即使该病的病因是心理或社会文化方面的,也可能有脑部病理性损害的存在。病因症状标准着眼于可观察的症状及探究生物、心理、社会文化等方面的病因,可以通过各种生物、生理、化学、物理等手段加以判别,因此比较客观、可靠。但是,对于一些病因未明、症状复杂,或者处于临界(边缘)状态的心理异常,较难应用这种标准。

5. 社会适应标准

社会适应是指个体对社会环境的应对与顺应,主要表现在自理、沟通、交往等方面。若个体不能按照社会认可的方式、准则、规范等行事,或其行为悖于社会要求甚至使人难以理解和接受,则有可能被判断为心理障碍。例如,一个大学生极度自傲、骄横,处处以自己为中心,不考虑他人感受,不能和他人恰当交往或相处,周围的人对他感到难以忍受、避之不及,他可被认为有一定的心理障碍。根据社会适应标准,个体明显存在行为怪异、离奇,不为常人理解,行为不符合年龄、地位、身份等要求,不被社会接受,或行为较之前的一贯表现发生显著突变、引人困惑等情况,都可能有心理障碍。社会适应标准易于掌握、适用范围广,但必须考虑到时代、地区、习俗、文化等的影响与制约,避免误判及滥用。

需要强调的是,由于心理健康是一个常态范围,在这个范围内是允许不同程度的差异存在的,因此,判断个体是否有心理障碍,必须结合当时当地的具体情况,如社会文化、风俗习惯、民族地域、时尚风气等,综合当事人多方面因素,如性别、年龄、职业、受教育程度、民族、宗教信仰、处境及其惯常行为方式等进行全面分析,才能作出比较准确的判断。

第二节　大学生心理障碍的成因与预防

当代大学生由于身处人生发展的重要阶段,既面临繁重的发展任务、学业任务,还要适应时代发展变化带来的各种挑战,发生心理障碍的风险较高。为有效地预防心理障碍,维护自身心理健康,需要了解诱发大学生心理障碍的因素都有哪些,学习如何预防和应对可能发生的心理障碍。

一、大学生心理障碍的成因

一般而言,诱发心理障碍的因素可分为生理因素、社会因素和心理因素等。

1. 生理因素

第一,神经系统的先天素质。神经系统先天素质不健全会影响心理健康。如大脑皮质和皮质下组织之间的相互协调作用有某种障碍,大脑皮质兴奋和抑制过程的协调功能有某种障碍等,会导致病态人格等心理异常;而神经类型属于弱型的人更容易受到不良因素影响而引发心理障碍。

第二,遗传因素。大量研究表明,在精神障碍中,有相当比例的发病者是与遗传有关的,比如精神分裂症患者血亲的患病风险远高于普通人。但是,遗传因素只表明患病风险,对个体是否患病一般不具有决定性。

第三,躯体疾病。绝症、重性传染病和给人带来较大痛苦的慢性疾病(如恶性肿瘤、艾滋病、乙肝、非典型肺炎、新型冠状病毒感染等），可能让人产生烦躁、恐惧、抑郁、焦虑、绝望、无助等负面情绪，使人敏感多疑、情绪失控、兴趣丧失，人际关系也可能受到影响，因而也成为心理障碍的重要诱因。

第四，大脑器质性病变。比如，脑肿瘤、脑萎缩、脑炎、脑血管疾病、脑外伤等，可导致各种精神障碍，如意识障碍、智力障碍、失忆、人格异常等。

第五，大脑生化异常。大脑神经系统通过神经递质（如 5-羟色胺、多巴胺、阿片肽等）在神经细胞突触之间传递信息，这也是心理活动的重要物质基础。当脑内神经递质或相关受体的数量、活性等生物化学指标发生改变，可引起心理活动的改变。如 5-羟色胺功能活动降低与抑郁有密切相关，而其功能增强则与躁狂有关。这就是心理障碍药物治疗的生物学基础。

第六，其他生理因素。如长相、体型、身高等，有时也会诱发大学生心理障碍。

2. 社会因素

第一，不良的家庭条件或氛围。家庭是个体成长最为重要的土壤，家庭对个体的影响是持久而深刻的。不良的家庭条件和氛围，如家庭中父母或亲子或其他家庭成员之间存在人际冲突，家庭人际氛围冷漠、紧张，家庭经济状况恶劣等，都不利于大学生心理健康。家庭不良影响严重者甚至会在孩子身上打下负面的烙印（如养成孩子的不良或病态人格），对其未来人生发展构成重大隐患；同时，家庭成员间仍在发生的不良互动模式或家庭负面情感氛围等因素还常常直接诱发大学生的心理障碍。

第二，不良的学校文化氛围。学校是学生最重要的生活环境之一，刚进入大学的约18 岁的大学生有 15 年左右的校园（含幼儿园）生活史，校园对个体的影响无疑是巨大的。学校若有不良文化环境，则会对学生心理健康产生不良影响，如过重的学业压力、恶性的竞争环境、复杂或淡漠的人际关系氛围、单调贫乏的课余生活、消极价值观主导的人文环境（如不以人为本的唯分数论的校园氛围）等情况都可能引发心理障碍。

第三，急剧变化的高压力社会环境。社会是个体无法回避的重要生活环境，它通过学校、家庭、媒体等方式影响着每个社会成员，大学生也不例外。当今社会，变革、转型、更新是主旋律，快节奏、高压力、多竞争的社会生存环境，会经由各种渠道和方式，给身处校园的大学生带来不确定性、不稳定感、不安全感、身心俱疲感以及诸多负面的情绪情感反应。此外，大学生群体活跃、敏感和知识程度高，往往更容易感受到来自社会的变化和冲击，由于他们自身也正处于发展、过渡、待成熟阶段，外来的变化和冲击引起的内在的变化、震荡更加剧烈。许多心理障碍是由于个体对环境不良适应引起的。因此，当前大学生面对来自社会的诸多挑战，若不能有效应对环境的挑战，就可能引发各种心理障碍。

3. 心理因素

第一，自我认同危机。根据埃里克森的个体发展阶段理论，自我认同是青年期重要的心理发展课题,若这个课题不能很好地完成,会造成自我同一性混乱,而自我同一性混乱被认为是造成个体心理障碍或心理疾病的重要原因之一。当前,受诸多原因影响,大学生的自我认同面临挑战,发生心理障碍的可能性较大。

第二,过高的期望。大学生始终是特别受关注的群体,来自外部(国家、社会、家族、家庭)的过高期望,也必然传递给大学生。当大学生对自己的过高期望无法最好地实现时,理想与现实的落差会导致心理失衡,甚至心理疾患。

第三,心理承受力不足。大学生处于从青春期到成人期的重要过渡时期,身心发展尚未成熟。大学是踏入社会工作前最后的学生时代,而当今时代急速变化和激烈竞争带来的压力又对大学生承受力提出了更高的要求,身份的转变是这阶段需要完成的人生课题,大多数大学生尚未完全适应造成了大学生相对于当今时代社会高压力环境而言的心理承受力不足。

第四,人格缺陷。当代大学生的家庭不少是"4-2-1"的结构,平辈间相处的经验相对缺少,还有的存在亲子长年分离、隔代抚养以及家庭教育缺失等情况,这类大学生人格容易形成种种缺陷,如固执偏激、多疑过敏、怯懦依赖、虚荣、自卑、自负等,这些容易给大学生造成人际关系问题、学业问题,进而影响其情绪,严重者则形成心理疾患。

第五,情绪发展不成熟。大学生处于情绪情感最强烈、最复杂和最动荡的时期,情绪体验深刻而强烈,情绪抑制功能发展还不够成熟,情绪波动大、不容易平复,容易冲动或执拗,情绪情感的控制和调节是大学生的一个重要的发展课题。即便相对不严重的问题如情绪波动和负性情绪体验,个体若不能及时调节而受到持久影响亦可能诱发程度更重的心理障碍,如有的大学生遭遇恋爱挫折无法平复伤痛,由爱生恨并冲动性地采取严重报复行为,导致重大伤害。

第六,价值观不稳定。大学阶段是心理从不成熟走向成熟的过渡期,是从相对封闭的环境走向相对开放的社会环境的过程,其间大学生的人生观、价值观开始逐步确立。近年来,我国一些传统的价值观受到冲击,多元文化环境给大学生带来更多价值判断上的困扰、心理上的茫然和选择上的困难,因而更容易产生心理障碍。

第七,心理发展中有内在矛盾与冲突。大学生刚刚告别评价标准相对较为单一的中学阶段走向评价标准多元化的大学阶段,多种选择、多样路径,给没有做好准备的大学生带来更多的挑战,患得患失、犹豫不决、完美主义等让大学生更容易处于消极负面的情绪中难以自拔,心理障碍发生的风险高。

第八,性生理与性心理的不协调。大学生性生理成熟基本完成,而性心理的发展成熟却有所迟滞。因此,大学生在性方面的强烈需求和渴望与来自自身和外部环境的约束控制的要求之间容易形成冲突。而当今大学校园内关于性和爱的价值观和行为模式日益多元化,也易给大学生带来心理上的困扰。

微视频 10 - 1

"尿频"引起的不安

小 W，男，21 岁，大三，来自中部地区农村家庭。父亲性格比较软弱，母亲性格强势且对小 W 要求很高，常常对他评头论足、批评指责，小 W 觉得母亲是个十分苛刻的人。

小 W 说自己读高二的时候突然有一天开始特别在乎自己的呼吸，觉得自己的呼吸特别响，很怕影响旁边的同学学习，于是很苦闷，总是想减轻自己呼吸的响声，但是还是非常担心和不安。奇怪的是，不久以后，这个问题突然消失了，但他很快发现自己又有了新的问题，就是总要频繁地上厕所小便，上课期间要去，去做重要的事情之前更是要去，晚上上床睡觉之前也要反复去好几次厕所才能安心入睡，他对此感到非常烦恼。而且，小 W 还十分害怕别人知道他这种毛病，担心别人知道了会看不起他。为了避免被人知道，他尽量不参加社交或团体活动，因此他常常感到自己很孤独。他努力想办法去克服，但是没有效果。为了减少上厕所的次数，他尽量少喝水，尤其是晚饭以后基本上都不喝水，但即使这样，上床之后还是要起来去好几次厕所以后才能放心睡觉。他觉得这太折磨人了！

读大学以来，他多次到不同医院泌尿科作医学检查，但是，每一次检查都没有发现什么明显的病变。有时候，医生说也许有些炎症，就开些消炎药给他。小 W 吃药期间会觉得好一些，但停药后不久，问题又会出现。于是他就反复去检查，但结果还是一样，问题照旧困扰他。他非常疑惑，既不愿意相信医生的诊断，却又计划着继续找更好的医院去进一步检查。

后来小 W 自己上网查了一些资料，才感到自己可能是有心理问题了，于是尝试到学校心理咨询中心寻求帮助。

应该说，生理、心理和社会三方面因素是相互影响、共同作用的。从系统论的观点来看，以上任何因素发生变化，都会引发系统其他部分的相应变化和调整，促使系统重新达成平衡，否则就造成系统失调或混乱。从心理系统来看，这种失调或混乱就表现为心理障碍。也就是说，心理障碍是个体内外在多方面因素综合影响下的结果。例如，微视频 10 - 1 案例中的小 W，虽然无法确定是否有遗传方面的问题，但是从他母亲的严苛、指责、情绪化的表达习惯等表现来看，一方面可以推测他母亲可能心理上也有不健康的方面，另一方面小 W 母亲的养育方式也是不当的。此外，咨询中我们还发现小 W 对自己在他人眼中的形象缺乏信心，可以知道他存在对自己不接纳、过高期望等问题；而且，小 W 在咨询中还提到，高中的时候，学校老师和同学都十分强调专心学习、全力投入，而他对自己呼吸的在意源于一次偶然的事件：有一次小 W 因为感冒而呼吸加重，身边同学正好同时表现出烦躁、不安的表情，于是他开始小心翼翼地关注起自己的呼吸来，害怕影响到周围的同学，随后发展到在很多方面都过度谨慎,生怕给他人带来不良影响,这也表明学校氛围、班级氛围、同学关系等对他的心理健康有一定的影响。

二、大学生心理障碍的预防

当今时代,发生心理障碍的风险很难绝对避免。但是,目前依然广泛存在的对心理障碍有偏见或"耻感"的讳疾忌医现象,是导致不少心理障碍患者贻误病情、预后不佳的重要原因。其实,大多数心理障碍都可防可治,关键是要端正态度、科学认识、提高自省,积极通过自助调节、社会支持、心理干预和药物治疗等方法,最大限度地减少心理障碍发生的风险,缓解或治愈已经发生的心理障碍。

1. 端正心理保健态度

随着当今世界科学技术的迅猛发展,社会变革日益深入,社会对人们提出的挑战也与日俱增,不少人承受着来自各方面的巨大压力,若没有对自身心理健康持有关注、关照的态度和意识,就很容易遭受伤害。大学生处于人生发展的重要阶段,学习和树立对自身心理健康的维护和促进的保健意识,不仅对在繁重的发展任务、学业任务等压力之下保护自身健康来说非常必要,也为自身将来的健康发展做好准备、奠定基础。

第一,树立心理保健意识。随着人类对健康的认识和理解更加全面、系统和深入,心理健康因素及与心理健康相关的社会文化因素在当代人类全面健康中的重要地位也日益突出。美国国家健康统计中心 2004 年对比了 1955 年之前和之后美国人居前十位的疾病死亡的原因,发现 20 世纪前半叶主要致死疾病为流行感冒、肺炎、结核病、肠胃炎等生理疾病,而后半叶则以恶性肿瘤、心脏疾病、脑血管疾病等主要与心理因素及不良生活方式等有关的疾病为主。[①] 为此,大学生应树立起基本的心理保健意识,把心理健康纳入综合健康观当中,成为自己健康管理的重要组成部分。

第二,学习心理保健知识。心理保健的意识不是空中楼阁,意识的建立和强化有赖于对相关知识的习得与积累。当前,各高校开展的大学生心理健康教育,是大学生获取心理保健知识的重要渠道,大学生应积极参与学习,高效利用知识。此外,还可以主动通过媒体报刊、网络资源、图书阅读、课程选修、参加讲座、参与调研、团体活动、参观访问等各种学习和实践活动;掌握心理健康的相关知识,如心理健康的标准、内容、表现,心理调节的科学方法,提高心理素质的方法,心理障碍的诱因,心理障碍的识别与应对,心理专业服务的相关常识,等等。

第三,开发自我觉知能力。"知人者智,自知者明。"知人和自知,是古人对于"明智"的重要解读,也是自我成长和修身的重要内容。自我觉知是对自己主动的了解和认识,是对自己的肯定与接纳,是自我意识对潜意识的发掘和明了,也是内省。自我觉知可以通过静

---

① 〔美〕布莱恩·L. 西沃德.压力管理策略.许燕,等译.北京:中国轻工业出版社,2008.

坐、内省、冥想、内观、瑜伽等方式或途径进行,还可以通过主动参加心理测验、与人互动、与专业人士晤谈、阅读相关书籍等多种方式来进行。

小贴士 10-1

觉察是改变的开始

除了保健意识和保健知识以外,对自我身心状态的觉知是心理保健的重要条件。只有对自己身心状态有准确、全面的认识和把握,对自己身心状态的变化有敏锐的觉察,才能推动我们在遭遇某些不良境遇而出现心理失衡的第一时间作出自我保健方面的努力,防止问题的扩大或加剧。

自我觉知(如领悟)本身就有一定的治疗功能。例如,有些心理障碍可能以躯体症状的方式表达,或者以患者无法理解的心理症状呈现,而一旦患者自我觉知水平达到一定程度,对症状有了深刻的认识和理解,进而注意到症状反映的患者未满足的渴望、欲求,症状就可能迅速得到缓解甚至祛除。

自我觉知对于自我成长也有很大的促进作用,有助于个人更加充实、圆满地生活。例如,以注重个人内在的改变和成长的萨提亚心理治疗理论就特别强调自我觉察,强调个体与自身内在的期待、渴望乃至自我核心(灵性、生命力、能量等)的紧密联结,是个人内在成长的必由之路。对自己内在的认识和了解,可以让我们的生活更加内外一致,减少引发矛盾和冲突的机会,更多地按照自己的本真去愉快生活。

---

2. 学习自我调节方法

除了少数缺乏自知力的心理障碍患者以外,多数心理障碍往往都是由早期的烦恼、情绪不佳等不那么严重的问题迁延发展而来的。因此,在发现烦恼、情绪不佳等心理波动或困扰的初期,自我心理调节的意识和能力,可以在很大程度上帮助我们延缓、遏制病情的进展。

自我调节的方法有着导向积极心态的作用,不仅可以帮助我们减缓负面心理状态,还可以帮助我们提高解决现实问题的能力,提高心理幸福感(由个人潜能的发掘和实现带来的幸福感)。通常,自我调节方法包括情绪管理、时间管理、压力应对、弹性思维、创新思考、积极心态培养等,这对我们应对困扰、维护健康有着重要意义。此外,那些能帮助我们更好地面对学业、交往、恋爱、事业、休闲生活等的相关知识和技能,不仅可以帮我们在实际学习生活中表现得更好,同时也有助于我们减少心理障碍发生的可能性。

3. 强化社会支持系统

社会支持是影响个体心理健康状况、心理疾患治疗与预后的重要因素。社会支持系统越完善,个体心理健康水平越高,应对挑战的能力越强,幸福感也越高。即使是已经遭遇心理障碍的个体,在良好的社会支持下,也倾向于能更快地复原或治愈。有研究显示,家庭心理健康教育和家庭治疗的开展,能减少精神分裂症的复发。

大学生要主动建立起良好的家庭关系、亲情关系、朋友关系、同学关系和师生关系,不仅有助于预防心理障碍的发生,而且,即使发生了心理障碍,这些良好关系也有助于心理障碍的矫治与预后。同时,作为构成大学生社会支持系统的家人、亲人、朋友、同学、老师,对大学生应主动关心、密切联系、温暖支持、理解接纳,以帮助大学生克服障碍、健康成长。

4. 善于适时主动求助

现实中遇到工作或学习上的困难,求助相对容易,但遇到心理问题或困扰,向他人求助却不那么容易了,尤其是向亲人密友之外的人求助显得特别困难。造成难以求助或就医的原因至少有两方面:一方面,与普遍存在的对心理障碍的"耻感"有关,人们倾向于认为发生心理障碍或患心理疾患是一件可耻的事情,是意志薄弱的结果,是道德品质不佳的结果,因此容易讳疾忌医;另一方面,与人们的求助态度有关,常有人对不寻求帮助找了个"好理由",美其名曰"心理问题都要靠自己"。的确,自己的主动和努力对于心理咨询或心理治疗都是必不可少的,但是这与所谓的"都要靠自己"并非等同。

科学研究和临床实践反复证明,心理障碍或心理疾病有其发生发展变化的客观规律,许多情况确实需要专业人士协助,有的还必须用药物治疗。因此,作为当代大学生,应保持"寻求心理咨询或治疗的帮助是自我负责的行为,是强者的选择"之态度。因为,在自己身处困境无法自拔的时候通过主动求助来解决问题,无疑是对自己的负责。自强者总不断寻求自身的突破和更好的发展,当遇到自己无法解决的困难时主动求助来突破限制,不仅不是可耻的事情,反而是积极进取的表现。

要做到主动求助,除了端正态度之外,还应了解应对心理障碍的常用方法。心理障碍一般可通过自我调适、心理教育、心理咨询、心理治疗、药物治疗、电生理治疗、手术治疗等方法来矫治或康复。

药物治疗是改善心理障碍尤其是重性心理障碍的主要措施。一些心理障碍的生物学基础已经得到证实,为药物治疗奠定了科学基础。用于心理障碍治疗的药物主要包括抗精神病药物、抗抑郁药物、心境稳定剂、抗焦虑药物等。心理疾病,尤其是重性心理疾病,如精神分裂症、抑郁症、躁狂症等,都需要规范的药物治疗,有些心理疾病需要在药物治疗的基础上,配合进行心理治疗或心理咨询以巩固疗效、促进康复。

有些程度极其严重的心理障碍,如重性精神分裂症(尤其是急性期)、顽固性强迫症等,可能需要进行电生理或手术治疗。电生理治疗主要是指无抽搐电休克治疗,是在麻醉剂和肌肉松弛剂的帮助下,以一定量的电流通过大脑来引起意识暂时丧失的治疗方法。手术治疗一般是指,使用手术切断神经联结,或通过射线引发脑内局部高温来破坏神经联结等方式,消除某些顽固症状的治疗方法。由于人们对电生理治疗和手术治疗存在担忧,因此仅在非常紧急或疾病极端严重的情况下使用。

常言道"是药三分毒"。说到心理障碍的治疗,大家总会关心治疗或药物的副作用。

到目前为止,治疗心理障碍的药物确实存在副作用,心理治疗手段也非绝无风险。但是,在副作用或风险尚无法完全避免的情况下,治疗还是不治疗就成为一个利弊权衡后的决策问题。如果说疾患带来的痛苦或不良影响过大、治疗的正向作用又明显大于副作用,那么,选择治疗就是合理的。

第三节 大学生常见心理障碍及其应对

世界卫生组织的报告显示,21 世纪以来,全球心理障碍患者的数量快速增长,全球约有 4.5 亿心理障碍患者,发病率约为 7.5%。我国心理障碍患者约 1 亿人,重性障碍患者有 1 600 万,抑郁症患者达 3 000 万。[①] 截至目前,国内关于大学生心理障碍的研究非常丰富,虽然各相关研究对于大学生中各种心理障碍的发生率统计存在较大差异,但总体上仍反映了一个基本事实:心理障碍已经成为大学生健康受损、发展受阻(休学、退学、亡故)的重要原因之一。因此,学习和掌握大学生中常见的心理障碍及其表现、特点和应对方法等知识,是非常必要的。

一、一般心理问题及其应对

我们知道,现实中真正高水平健康者比例甚少,某些不良心理倾向、轻微或局部心理异常在人群中具有普遍性。大学生中,一般较为轻微的或局部的心理异常或倾向包括忧郁、烦恼、焦虑、空虚、多疑、自卑、急躁、孤独、依赖、怯懦、冲动、敌对、情绪波动等。这些不良心理倾向通常并不单独构成心理障碍或心理疾病,因此其不良影响相对较小、严重程度相对较低,但这类不良状态或倾向中的几个或一部分以持续、集中的方式发生,则可能成为影响较大、程度较重的心理障碍乃至心理疾病,因此也要多加关注和调适,防止小问题迁延加剧成大问题。一般心理问题的克服或改善需要大学生在日常学习和生活中有意识地加以锻炼、纠止或调适,若自我调适效果不佳,则应主动寻求心理咨询老师的帮助。

微视频 10-2

我是否有心理障碍了

小 Q,女,19 岁,大一。入学一个多月后,到学校心理咨询中心寻求咨询帮助。"老师,我是不是有心理障碍了?"进入咨询室坐下后,她就充满担忧地对咨询老师说。"哦,这样啊! 你能不能说一说是什么样的事情或感觉让你有了这样的想法呢?"

---

① 沈德立.大学生心理健康.北京:高等教育出版社,2013.

　　原来,小 Q 高中时期学习一直都非常出色,总是名列前茅。到大学后,才读了一个多月,就觉得自己的记忆力大不如前,精力也不能集中,学习上感到力不从心,老师布置的作业不像以前那样能够按时完成,看书也不知道看了什么,好像头脑一片空白。看到周围同学都开心地学习生活,自己越发心里不踏实,非常担心、整天烦躁、不安、晚上睡眠也开始出问题,难以入睡,又容易惊醒,感到整天晕乎乎的,于是担心自己是不是生病了。

　　咨询老师仔细了解下来,发现小 Q 入学以来,按照高中的习惯严格要求自己,学习很努力,很认真,可是在班上还是表现得不如其他同学好,尤其是英文课,小 Q 觉得压力很大。更有一次在英文课上回答问题时,因为一个小错误,引得旁边的一位同学笑出声来。小 Q 顿时感到非常难堪,无地自容。从此,小 Q 更加注意自己的学习了,但越是重视,结果越是不如人意。小 Q 感到很失望,很伤心。她实在没有办法了,才想到找老师做心理咨询。

　　像微视频 10-2 案例中小 Q 的情况,在大学生中颇为常见。大一新生对新环境的适应包括对气候环境、学习条件、文化差异、学习任务以及周围的人等多方面变化或差异的主动适应。小 Q 在学习任务、人际环境两方面都出现了适应不良,还遭遇了挫折,又不能很快找到有效的解决途径,进而产生了心理上的困扰。一些同学遇到这样的情况,凭借对心理健康的有限认识,很快就给自己贴上"心理障碍""心理毛病"的标签,加剧了自己的担忧和害怕,对问题的解决有害无益。好在小 Q 及时找到心理咨询老师帮助,通过老师的帮助很快调整了对自己学习上的期望和要求,改变了学习上的一些不适应当下的老习惯,改进了学习和时间管理的方法,也开始增加与同学的交流和互动,学习和社交都越来越顺利。

微视频 10-3

不要等到"太晚"

　　小 L,男,24 岁,大学延期一年了,在辅导员老师和家长的坚持要求下到学校心理咨询中心寻求咨询。落座后,小 L 埋头不语。咨询老师问他:"小 L,你看我们今天谈些什么可能会帮到你呢?"小 L 仍不吭声。咨询老师耐心地引导,过了好半天,他终于带着绝望的眼神说"太晚了,来不及了!"

　　原来,小 L 是通过理科竞赛获奖后进入大学的。入学后,他一开始还是非常有雄心壮志的。但是,他很快发现,原来大学里面要学这么多无聊的东西,很多公共课他都觉得实在是太没意思了,觉得"学好自己专业不就行了吗?"可是跟自己专业相关的课能选的又很少,选到的又是自己不感兴趣的基础理论课。"真是太倒霉了!"在郁郁不得志的第一学期结束后,小李"挂"了三门课——政治课、英文课和自己专业的基础理论课。这个"下马威"立刻让小李失去了大学学习的信心和热情,随后的学习生活中,他一直陷在不满、抱怨、挫败的情绪中,他感到自己像斗败的公鸡,又像浑身有劲无处使、无用武之地的落难英雄。于是,他开始沉迷于网络游戏的虚拟世界带给自己的成就感,学习上"挂"几门课他也不再关心了。几年下来,二十多门课都没有通过,眼看同学出国的出国、读研的读研、上班的上班,老师和父母都非常着急。但是,任凭父母、朋友、老师苦口婆心、心急如焚,他却无动于衷……

正所谓"亡羊而补牢,未为迟也"。当问题刚刚出现、还不严重的时候,我们若能够及时觉察,客观对待,寻求有效办法予以缓解或解决,可以防止问题加剧或放大,为自己赢得打翻身仗的机会,重新迎来希望和梦想。

二、严重心理问题及其应对

一般心理问题,若是不能得到有效的控制、缓解或克服,就可能发展成严重影响我们健康和学习生活的大问题。大学生人群中,严重心理问题往往由适应不良而来。它们对大学生的学习、工作、交往和生活品质等都构成了较大的不良影响,值得大家正视并设法去缓解或消除。

通常,大学生中易发的严重心理问题有两大类:一是由于各种变化或应激及困难处境等引起的适应困难;二是主要因自身人格因素并受心理社会(环境)因素影响而发生的心理行为问题等。

1. 适应障碍

适应障碍(adjustment disorder)是指因明显的生活改变或环境变化或长期存在应激源或困难处境,加上当事人可能存在的某些人格或个性上的缺陷,产生的以烦恼、抑郁等情感障碍为主的心理障碍,同时有适应不良的行为障碍或生理功能障碍,并使社会功能受损。适应障碍涉及的典型的生活改变事件(应激源)有居丧、离婚、感情挫折、家庭变故、事业变化、变换岗位、迁居、升学、转学、患重病、经济危机、退休等。

—— 小贴士 10 - 2 ——

大学生常见的心理应激

2005 年,我国有学者采取分层随机抽样方式选取了全国 182 所高校 5 万多名大学生和研究生进行了测试,制作了一份我国大学生心理应激量表。

量表共包括 85 项大学生常见的应激性事件,按来源划分为五大领域:学习方面,是与学习密切相关的各类应激性事件或变化,如学习环境改变、考试失败、学习内容及难度等;生活方面,是同大学生日常生活密切相关的一些应激性事件或变化,如生活习惯改变、失窃、宿舍内的干扰、开始自理生活等;社会交往方面,是指与同学交往和人际关系等相关的事件,或人际关系发生变化,如被迫参加高消费的聚会、没有知心朋友、被人误解或错怪等;个人发展方面,指跟大学生性生理发育成熟有关的事件和跟大学生个人发展相关的事件,前者如单相思、性困惑、恋爱结婚、同性恋等,后者如入党、人生规划、就业困惑、价值观冲突等;家庭方面,是指来自大学生家庭的各种应激性事件,如亲密家庭成员亡故、父母下岗或失业、家庭不和睦等。

研究发现,在大学生人群中,常见的程度居前十位的应激事件有"升入大学或开始读研""自由支配时间增多""学习方式发生变化""操心日常开支""学习内容加深"等,但没有一项在对大学生心理影响程度上进入前十。这说明大学生更容易遭受一些琐事的烦扰,相对重大的冲击性事件很少发生。但是,由于重大事件的影响很大,故特别值得关注。也就是说,作为大学生自己应该具有这样的意识:若有不幸遭遇或重大变故,应特别注意自己的心理保健,主动调节和应对,若有必要及时求助。

资料来源:梁宝勇,郝志红.《中国大学生心理应激量表》的编制.心理与行为研究,2005,3(2):81-87.

从以上测试结果来看,在大学生中容易引发适应障碍的应激源主要集中在学习方面、社会交往方面、个人发展方面、家庭方面和学校生活方面。其中,容易碰到的应激事件往往看起来都是一些鸡毛蒜皮的事情,而意义和影响都十分重大的应激事件发生的机会则很小。但需要注意的是,在某些人眼中的小事,可能在另一些人看来却是大事。因此,不要只关注事情的大小,应该重视事情对心理影响的大小。比如,有个大一男生,入学不久就弄丢了钥匙,不久后又丢失了校园饭卡,没多久又丢失了自行车,倒霉的是后来他又丢了钱包。这些事情放在一起也不算很大损失,可是他在这样的情况下,却做出了一件犯法的事情——积愤之下,他偷了同学价值6 000多元的笔记本电脑。需要指出的是,我国刑法规定,盗窃公私财物数额较大或者多次盗窃的,构成犯罪。而该男生偷窃价值6 000多元的笔记本电脑,已经达到"犯罪数额较大"的标准!由此不难看出,面对生活中防不胜防的意外事件,我们需要及时评估这些事件对我们产生的影响和冲击,及时意识到可能的不良反应,及早缓解和消除,以防患于未然。

那么,应激事件会引发什么样的具体表现呢?通常,适应障碍的临床表现多种多样,包括抑郁心境、焦虑或品行障碍,当事人感到不能应对当前的生活或无从计划未来,有失眠和与应激相关的躯体功能障碍(头疼、腹部不适、胸闷、心慌),社会功能或学业、工作受损,有些患者还可能出现暴力行为等。适应障碍以抑郁为主者,表现为情绪不高,对日常生活丧失兴趣,有自责、无望无助感,伴有睡眠障碍、食欲变化和体重减轻,有激越行为;以焦虑为主者,则表现为焦虑不安、担心害怕、神经过敏、心慌、呼吸急促、窒息感等;以品行障碍为主者,常见于青少年,表现为逃学、斗殴、盗窃、说谎、物质滥用、离家出走、性滥交等。

适应障碍属于相对较轻的心理障碍,但出现相关症状时须排除情感性精神障碍、神经症、应激障碍、躯体形式障碍或品行障碍等。适应障碍一般可以通过自我调适或因刺激性事件消除而缓解,有的需要心理咨询或心理治疗帮助缓解,严重者可能需要药物对症治疗。大学生因面临学业、交往、工作、生活等多方面的变化以及来自各方的要求与期待而容易发生各类适应障碍,如常见的因新课程在设置和要求上的改变而导致学习适应不良,因认识新朋友而出现的交往困难,因恋爱问题而出现的心理失衡或行为失当,因个人评价的参照系发生变化而导致的自身定位不清,产生自卑或盲目自大,因生涯规划不明而导致的迷茫无措、烦恼空虚,等等。

2. 失眠症

失眠症(insomnia)是一种无明显原因的睡眠障碍,是一种由心理因素引发的睡眠问题。睡眠障碍包括失眠、嗜睡、睡行、夜惊、梦魇等多种类型,其患病率在成人人群中可高达 30%,其中以失眠症最为突出,成人患失眠症的比例达 10%—20%。失眠症的症状表现为入睡困难、睡眠浅、睡眠时间少、易惊醒、多梦或醒后不解乏。有失眠症的人通常会伴随焦虑,会担忧失眠对自己身体、心理以及学业、工作产生不利影响等。失眠症的治疗,主要包括消除诱因、减轻睡前焦虑、养成良好睡眠习惯等,必要时可以通过镇静药物帮助睡眠(见小贴士 10-3)。但是,减少睡前的焦虑、因睡眠问题而产生的焦虑和烦躁等负性情绪,是最为重要的。

⎡ 小贴士 10-3 ⎤

帮助睡眠的方法

睡眠是身体作息节律的体现,也是机体休整和调节的重要途径。但是,现实中睡眠出现问题有许多的原因,如过于看重睡眠的时间长度或质量、过分强调或担忧睡眠对于工作效率的影响、纠结睡眠的快慢或好坏、对睡眠环境过高要求,以及某些不良生活习惯、饮食习惯、心理因素的影响等,都可能造成睡眠问题。

下面这些方法有助于改善睡眠:

1. 只要睡到精力恢复即可。把睡觉看作是身体休息和恢复体力的过程,不要刻意要求睡多少时间,睡醒就起床。

2. 保持每天同一时刻起床。尽量固定时间睡觉,固定时间起床。但是,无论什么时候睡,第二天早上都要在自己平时起床的时间起床,以帮助自己建立"生物钟"。

3. 规律锻炼。有规律的锻炼有助于睡眠,但不要在睡觉前 3 小时内锻炼。

4. 尽量创造有助于睡眠的卧室环境,注意调整适宜的光线、温度、通风等环境因素帮助睡眠。

5. 规律进餐,不要在空腹或饥饿时入睡,但也不宜在过量饮食或大量进食油腻食物后入睡。

6. 减少饮水或饮料,避免多次如厕影响睡眠。

7. 减少或避免含有咖啡因的食物或饮品,以免影响入睡。

8. 避免饮酒和吸烟。饮酒可能会帮助入睡,但也易醒;烟草有兴奋作用,不利入睡。

9. 不要把问题带到床上。尽早解决问题或做好计划,不要躺在床上思考。

10. 不要强迫入睡。只要自己不感到困倦,就不要急着上床;不要监控自己什么时候入睡,保持自然放松的心态。

11. 睡眠时,不要在视线里放时钟,最好听不到时钟的嘀嗒声,以免造成对入睡时间长度的关注,引发情绪波动。

12. 避免白天打盹。白天尽量保持清醒状态,有助于夜间入睡。

3. 神经性厌食

饮食问题在大学生中尤其是女生中比较多见。由于受到以瘦为美的错误观念影响,担心进食较多而发胖,许多女生减少食量和进食次数,有的甚至没有足够的维持正常活动的精力。大学生活动量大,能量消耗多,摄入充足的食物是必需的,过度节食不仅不利于健康,甚至可能引发疾病。

神经性厌食(anorexia nervosa),由心理因素引起的一种慢性进食障碍,指个体通过节食等手段,有意造成疾病来维持体重明显低于正常标准为特征的进食障碍。神经性厌食者一般都有因为害怕发胖而有意节食的心理和行为,约有 30％的患者之前有轻度肥胖,在日常生活中刻意减少进食量,体重明显下降,有的利用运动、呕吐、服用泻药等手段减轻体重,有的因饥饿而暴饮暴食,之后又非常懊悔,设法吐出食物。由于较长时间进食量少,营养不足,会出现精力差、失眠、情绪不稳、焦虑、抑郁、强迫观念等异常心理,多数患者存在体像障碍,即便已经十分消瘦却仍认为自己过胖,还会有代谢和内分泌障碍,如月经紊乱及躯体功能紊乱,严重的可能因机体功能衰竭而危及生命。

神经性厌食的病因既有生物学因素,也有心理社会因素。近些年研究发现,瘦素等神经肽及其受体与控制摄取食物有关。自卑、拘谨及完美主义倾向等特点是过分节食者的人格基础,过度关注体重和体形,并以之作为判断自我价值的标准也是厌食的原因之一。学习工作过度紧张、对环境适应不良、人际关系问题等往往也是厌食的社会性诱因。

一般正常节食虽与神经性厌食的目的相同,但节食者食欲正常,无内分泌紊乱,节食能够适可而止。如果达到神经性厌食的程度,则需要去医院通过药物治疗恢复体重,消除焦虑、抑郁等不良情绪,同时还应接受心理治疗,可采用纠正对体重和体像的错误认知,克服自卑心理,训练正常进食行为等方法进行调整。

4. 神经性贪食

神经性贪食(bulimia nervosa)是以反复发作的、不可控制的、冲动性的暴食,继而又采用自我催吐、导泻、禁食或过度运动来抵消体重增加为特征的进食障碍。与厌食一样,贪食在女性大学生中的发生率也较高,国外一项调查显示,有 1％—3％的青少年女性有贪食症状。贪食常与厌食伴随出现,一般先是出现厌食,然后出现贪食,贪食的主要特点是有不可抗拒的进食欲望,有频繁的、反复发作的暴食行为,发作时食欲大增,吃得又快又多,食量甚至数倍于常人,且吃到难受为止。同时,出于对发胖的恐惧,继而采取引吐、导泻等手段消除暴食引起的发胖的可能性。贪食常伴有焦虑和抑郁情绪,对过度进食行为感到担忧、内疚,并引起自我否定,严重者还可能产生自杀观念和行为。

神经性贪食的原因与遗传有一定的相关,但这方面细节尚不清楚。引起厌食的个性特点与贪食也有关,有人从心理动力学角度认为贪食与婴儿期的创伤有关,也有人认为厌食、贪食与青少年自我意识的发展有关,是人要求独立自主的表现。

与神经性厌食一样,许多贪食患者都需要住院治疗,接受营养支持和调节电解质紊乱,并配合抗抑郁治疗。心理治疗是治疗贪食的主要方法,如用认知调节结合行为训练的认知行为治疗、系统家庭治疗等对厌食和贪食有良好效果。

三、轻度心理疾病及其应对

大学生中轻度心理疾病是指那些对大学生学习、生活、交往、健康及个人生活质量造成一定影响的心理疾病,包括人格障碍、性心理障碍、网络成瘾等。这些心理疾病,难以通过患者自我心理调节得到缓解,一般都需要进行系统的心理咨询或心理治疗,针对症状(如抑郁、焦虑等)的药物治疗也是必要的,甚至是首选。

1. 神经症

神经症(neurosis)是一组主要表现为焦虑、抑郁、恐惧、强迫、疑病症状或神经衰弱症状的心理障碍。该障碍有一定的人格基础,起病往往受心理社会(环境)因素的影响。其症状没有可以证实的器质性病变基础,症状表现与患者现实处境不相称,但患者对存在的症状感到痛苦且无能为力,自知力完整或基本完整,病程多迁延。人多数神经症患者能坚持工作和学习,并保持较好或一定的社会适应能力,无精神病性症状。神经症包括恐惧症、焦虑症、强迫症、抑郁症、躯体障碍及其他待分类的神经症亚型。神经症是相对较轻的心理疾病,在大学生中较为常见的有强迫症、恐惧症、焦虑症、疑病症等。神经症通常难以通过患者自己进行心理调节来祛除,一般需要通过心理咨询、心理治疗才能得到缓解或治愈,一些严重症状甚至可能需要优先通过药物来治疗,同时配合心理治疗或心理咨询。

（1）强迫症

强迫症(obsessive-compulsive disorder),是以强迫症状为主的一种神经症。其特点是有意识地自我强迫和反强迫并存,两者强烈冲突使患者感到焦虑和痛苦;患者体验到观念或冲动源于自我,但违反自己意愿,虽极力抵抗,却无法控制;患者也意识到强迫症状的异常性,但无法摆脱;病程迁延者常因仪式动作减轻精神痛苦;社会功能受损。强迫症状包括:强迫思想,如强迫观念、回忆或表象,强迫性对立观念、穷思竭虑,害怕丧失自控能力等;强迫行为(动作),如反复洗涤、核对、检查或询问等。这些强迫症状被认为起源于患者内心,不是被别人或外界影响强加的,且症状反复出现,患者认为没有意义,并感到不快,甚至痛苦,因此尽力抵抗,但无效。我们中大多数人可能都曾有过某些轻微的强迫(包括强迫观念和强迫行为),比如不停地考虑明天要做的重大事件该怎么去面对而短时间里无法停下来,或者重复几次检查自己的物品是否备好,反复检查门窗是否锁好等。那么,我们如何判断自己是否患有强迫症呢?是否有强迫症,关键在于个体主观上是否感到必须加以抵抗这一点。我们反复思考筹划重大事项、反复检查物品或门窗,只要主观上没有感到必须去抵抗它们,就不构成强迫症。

若强迫症疑似症状出现,且症状超过3个月,明显影响日常生活、学习和人际交往等,应及时寻求心理咨询或心理卫生机构的帮助。对确诊为强迫症的患者,临床医生一般都采用药物治疗为主,而一些心理社会取向的治疗者则倾向于用药物作为辅助手段。作用于5-羟色胺(5-HT)的药物如百忧解、帕罗希汀等是治疗强迫症的首选药物,有证据表明50%—80%的患者服药后有改善。但是,药物治疗有一定的副作用,且停药后容易复发。强迫症的心理治疗方法有心理(精神)分析疗法、认知行为疗法和森田疗法等。和药物治疗相比,心理治疗存在起效慢、疗程长等问题。但是,无论如何,现有的许多证据都表明,无论是药物治疗还是心理治疗,都有较高比例(60%—90%)的患者取得了治疗效果。[①] 因此,我们还是建议怀疑自己患有强迫症的人及时寻求专业的诊断和治疗。

(2) 恐惧症

恐惧症(phobia,亦称恐怖症),是以过分和不合理地惧怕外界客体或处境为主的一种神经症。患者明知没有必要,但仍不能防止恐惧发作,恐惧发作时往往伴有显著的焦虑和自主神经症状,患者极力回避自己害怕的客体或情境,或是带着畏惧去忍受。恐惧或害怕的对象包括:社交及社交场合,如害怕在公共场合进食或说话、聚会、开会,或怕自己做出一些难堪的行为以及害怕与人接触,如害怕在公共场合与人接触、怕与他人目光对视,或怕在与人相对时被人审视等;某些特定环境,如广场、闭室(如电梯、更衣间)、黑暗场所、拥挤场所、交通工具(如拥挤的船舱、火车车厢)等,其关键临床特征之一是过分担心处于上述情境时没有即刻能用的出口;其他特定物体或情境,如动物(如昆虫、鼠、蛇等)、高处、黑暗、雷电、鲜血、外伤、打针、手术或尖锐锋利物品等。社交恐惧症在青年大学生中较为常见。

恐惧症的治疗也分药物治疗和心理治疗。药物治疗总体上被认为是辅助性的治疗手段,作用在于缓解患者的焦虑情绪或伴随的抑郁情绪,这些都是为了帮助心理治疗更容易

---

① 钱铭怡.变态心理学.北京:北京大学出版社,2006:226-227.

进行,其本身不能消除恐惧的条件联系。恐惧症的心理治疗主要方法包括行为治疗(系统脱敏法、满灌疗法、模仿疗法等)、认知疗法、认知行为疗法等,森田疗法对于恐惧症也有效果,而且在社交恐惧症患者治疗中效果优于药物治疗。

(3)焦虑症

焦虑症(anxiety neurosis,亦称焦虑性神经症),是以焦虑情绪伴有明显的自主神经功能紊乱、睡眠障碍等症状为主的神经症。焦虑症的焦虑症状必须是原发的,凡继发于各种躯体疾病的焦虑应诊断为焦虑综合征,而与其他精神病理状态如幻觉、妄想、强迫症、疑病症、抑郁症、恐惧症等伴发的焦虑,也不应诊断为焦虑症,而应诊断为伴发焦虑状态。在大学生人群中,因面临考试或重大任务而发生焦虑症状是很常见的,由于这种症状反应具有明显的应激特点,因此不符合焦虑症的诊断标准,若焦虑反应持续时间短、程度低可看作是应激反应,或者焦虑状态持续较长、程度较高则考虑作为适应障碍对待。

焦虑症分为惊恐障碍和广泛性焦虑两种。惊恐障碍是指无明显诱因、无相关的特定情境影响下发生的强烈的恐惧、焦虑及明显的自主神经症状,并常有人格解体、现实解体、濒死恐惧或失控感等痛苦体验症状,且发作突然,迅速达到高峰,发作时意识清晰,事后能回忆。广泛性焦虑是指经常或持续的无明确对象和固定内容的恐惧或提心吊胆,伴有自主神经症状或运动性不安,社会功能受损,患者因难以忍受又无法解脱,而感到痛苦。

如果以上症状持续的时间很长,比如半年甚至更长,患者会因为难以忍受而觉得痛苦,或者会影响到学习和生活,这时最好寻求心理健康或精神卫生专业机构的帮助,进行心理治疗或药物治疗。通常,焦虑症的药物治疗效果显著,抗焦虑和抗抑郁的药物都可以根据具体情况进行选用。心理治疗方面,精神分析疗法、来访者中心疗法、行为疗法(放松训练、系统脱敏法、生物反馈疗法)、认知疗法、认知行为疗法以及正念疗法、冥想疗法等都可以用于焦虑症的治疗。

(4)疑病症

疑病症(hypochondriasis),以疑病症状为主要表现,患者反复求医,症状持续且感到痛苦和影响正常社会活动,但又无产生这种疑病症状的相应疾病存在的神经症。在大学生中,对于身体健康过度关注的学生,或者正在学习病理学的医学专业学生,容易发生疑病症;还有一些学生由于某些不良行为而产生疑病症状,如在未经保护的不洁性行为之后产生的对于性病、艾滋病的疑病症,并反复寻求医学检查或诊断又难以信任其结果。

疑病症患者对于怀疑自己所患疾病的症状主观上高度关注,有时确实有症状,但更多的是症状被夸大化和严重化了,倾向于感觉过敏。一般而言,患者的焦虑、担忧、不安等负面情绪明显,药物治疗可以帮助缓解负面情绪,医学检查可以降低其怀疑,但不能根本解除疑虑。因此,心理治疗对患者很重要,它可以帮助患者了解到自己对于身体疾病的过度关注的心理意义、内在诉求,而且患者通过现实生活的调整或管理,丰富自己的生活,提升自我接纳和自信心等,可以逐步克服或缓解疑病症状。

2. 人格障碍

人格障碍(personality disorder)是指人格特征明显偏离正常,使患者形成一贯的反映个人生活风格和社会关系的异常行为模式。这种模式显著偏离特定文化背景和一般认知方式(尤其在待人接物方面),明显影响患者的社会功能和职业功能,造成对社会环境的适应不良,且难以矫正,仅有少数患者成年后逐步略有改善。通常始于童年或青少年期,并长期持续发展至成年或终身。大学生中相对常见的有强迫型人格障碍、偏执型人格障碍、边缘型人格障碍、自恋型人格障碍等。

(1) 强迫型人格障碍

强迫型人格障碍(compulsive personality disorder),以过分的谨小慎微、严格要求与完美主义,以及内心的不安全感为特征的人格障碍。可表现出的症状或特点包括:优柔寡断,过度怀疑,过分谨慎;不厌其烦地计划或筹划、反复核对、过分关注细节以致忽视全局,过分专注于工作成效而不顾个人消遣及人际关系;刻板和固执,要求别人按其规矩办事;因循守旧、缺乏表达温情的能力等。

强迫型人格障碍通常过分追求完美和秩序性,具有固执、僵硬、异常节俭、谨小慎微、犹豫不决、严肃沉闷等特点(见微视频 10 - 4)。通常,强迫型人格障碍患者伴发强迫症、抑郁症、心身疾病的风险也很高。

微视频 10 - 4

认真追求"完美"的人

小 H,男,19 岁,大学一年级。他是一个认真负责、要求完美、对事情细致入微的人,学习非常认真,几乎所有的时间都安排在学习上,但是他和周围的人关系很疏远,毫无亲密可言。他对于自己学习和生活中任何细微的变化,都会感到非常不安。例如,如果身边的同学不能按照既定的时间关灯睡觉,他就会非常烦躁、不安。他生活中很少感受到乐趣,总是为小事闷闷不乐。他严格的日常安排根本无法实现,经常因此而出现紧张性头痛或胃痛等症状。他总是有很多的抱怨和不满,又事事要求完美,时间又大都用在学习上,计划又不容调整,所以大家都远离他,不愿意和他来往,因此他显得特别孤单。

强迫型人格障碍患者通常不认为自己有什么严重问题,所以一般不会主动求助,即使求助,也很可能是因为伴随的其他症状(如焦虑或抑郁),或者是亲人强烈要求其接受治疗。一般而言,药物治疗只能针对患者的情绪问题,心理治疗通常使用动力学方法或认知治疗方法,帮助他们对真实的情感有更多的认识和体验,克服不安全感等,协助他们必要时有所冒险,接受自身的局限性等,纠正极端化的想法、完美主义和犹豫不决等问题,帮助他们更好地应对其持续的焦虑情绪。

（2）偏执型人格障碍

偏执型人格障碍（paranoid personality disorder），以猜疑和偏执为主要特点的人格障碍。表现出普遍性猜疑，不信任或者怀疑他人忠诚，过分警惕与防卫；强烈地意识到自己的重要性，有将周围发生的事件解释为"阴谋"、不符合现实的先占观念；过分自负，认为自己正确，将挫折和失败归咎于他人；容易产生病理性嫉妒；对挫折和拒绝特别敏感，不能谅解别人，长期耿耿于怀，常与人发生争执或沉湎于诉讼，人际关系不良。

从认知治疗理论来看，偏执型人格障碍患者往往都具有一个核心的歪曲认知观念——"所有的人都是卑鄙的和不可信任的"。因此，偏执型人格障碍患者基本不会主动求助或就医。对于心理治疗师，偏执型人格障碍患者有可能会很危险，因为他们很难相信治疗师是真的想要帮助他们，而且他们很容易产生虚妄的指责，治疗师必须小心翼翼地不让患者产生莫名的羞辱感，又要向患者指出真实的情况究竟是什么样的。因此，心理治疗需要的信任关系很难在偏执型人格障碍患者和心理治疗师之间建立起来，这对患者来说就构成了重大的治疗难题，造成的结果就是他们常常不会得到有效治疗。

（3）边缘型人格障碍

边缘型人格障碍（borderline personality disorder），是以情绪、人际关系、自我形象、行为的不稳定，以及伴随多种冲动行为为特征的人格障碍。边缘型人格障碍的典型特征被描述为"稳定的不稳定"。边缘型人格障碍的情绪极不稳定，非常缺少安全感和恒定性，也导致和别人的关系忽冷忽热，总是在最好和最坏两个极端跳跃，难以和别人形成持久、稳固的人际关系。边缘型人格障碍常游走于危险的边缘，倾向于从事高风险的活动，在情绪陷入极端低落的情况下容易出现自伤行为，对其自身安全有很高的危险性。

微视频 10-5

危险的"边缘型人格"

小 V，女，23 岁，研究生二年级，因极度痛苦的情绪感受而寻求心理咨询师的帮助。她大学期间都很正常，但是研究生阶段开始与室友无法相处，感到周围的人都不是好人。她开始寻求宗教、哲学等的帮助，对"自己是谁""有什么意义"等问题感到困惑，认为"这个世界该毁灭后从头来过"。她无缘无故地感到伤心、痛苦、没有意义和价值。尝试了多种宗教也无法让自己内心宁静，她选择了心理咨询。一开始她把咨询师理想化了，很快她不断地在咨询中表达出心理咨询帮不到她。后来，她开始通过自我伤害行为来寻求咨询师更多的关注，最终被赶到学校的家长紧急送医院治疗。

边缘型人格障碍患者的人际关系、自我形象和情绪的不稳定是其问题的核心特征。由于患者容易同时出现抑郁、酒精或药物滥用等方面的问题，所以他们求医或求助的意向比别的人格障碍患者高很多。边缘型人格障碍患者常常会因为无法承受的痛苦体验、沮

丧悲伤(抑郁)而求助,但是因为关系方面的困难,边缘型人格障碍患者一般难以稳定地从一个咨询师那里得到帮助。比如,微视频10-5中的患者在出院以后近两年时间里,先后寻求学校心理咨询中心多位咨询老师进行个别心理咨询和小组咨询,最终完成学业顺利就业了,一年多以后得到她在工作上"感觉还可以"的反馈,颇让人感到欣慰。

　　从这个案例可以看出,边缘型人格障碍患者往往需要药物帮助缓解情绪上的痛苦,有时候为了确保人身安全甚至需要保护性的住院治疗。心理治疗对边缘型人格障碍患者是必要的,一对一的心理治疗或小组心理治疗都能对边缘型人格障碍患者提供帮助。由莱恩汉(Marsha Linehan)发展出来的辩证行为疗法(dialectical behavior therapy)用于边缘型人格障碍治疗被证实有很好的疗效。同时,研究者还发现,辩证行为疗法对于多种情绪调节障碍的患者有效。

── 小贴士 10-4 ──

边缘型人格障碍

　　边缘型人格障碍(borderline personality disorder),该术语最早出现在20世纪30年代,但直到20世纪70年代才得以明确定义。在美国,边缘型人格障碍是在20世纪80年代才正式列入《精神障碍诊断与统计手册(第三版)》(DSM-Ⅲ)的。自此,边缘型人格障碍这一人格障碍类型得以确认,并有了诊断依据和标准。

　　"边缘型"一词,最初是用来概括那些不能被诊断但又明显处于异常状态的患者的。确实,边缘型人格障碍患者常常同时表现出其他精神障碍症状或与它们共病,如焦虑、抑郁、进食障碍、强迫症、躁狂等,因此不少精神科医生并不同意将它单独区分出来。这或许也是《中国精神障碍分类与诊断标准(第3版)》(CCMD-3)中未纳入这类人格障碍的部分原因。

　　在美国,边缘型人格障碍被认为是最主要的精神问题,大约一千万美国人可能属于边缘型人格障碍,其中15%—25%的患者会寻求精神科治疗。边缘型人格障碍普遍存在,但公众对此却感到陌生,主要是因为这个概念还未被公众广泛知晓。其实,我们身边许多有焦虑、抑郁、酗酒、自我伤害行为、情绪两极化、人际关系总是困难等问题的人,很可能就是边缘型人格障碍患者。

　　研究显示,边缘型人格障碍与遗传、童年经历(忽视、拒绝、暴力、虐待等)、早年的创伤及剧烈的文化变动等因素有密切关联。国外有研究者认为,由于社会文化结构和家庭的急剧变化,以及媒体引导的潮流变化无常、毒品泛滥、缺少共同的社会理想,导致边缘型人格障碍发病率升高。照此来看,考虑到我国最近几十年来的经济、文化、社会诸方面的迅猛发展这一历史事实,边缘型人格障碍的发生率或许将会或者甚至已经在我国民众中悄然增长,值得我们关注。

（4）自恋型人格障碍

自恋型人格障碍（narcissistic personality disorder），以对自我价值感的夸大和缺乏对他人的共情为特征的人格障碍。患者毫无根据地夸大自己的成就和才干，幻想自己很有成就，自己拥有权力、聪明和美貌，稍不如意就体会到自我无价值感，遇到比他们更成功的人就产生强烈嫉妒心；患者过分关心别人的评价，要求别人持续的关注和赞美，对批评感到愤怒和羞辱，但外表以冷淡和无动于衷的反应来掩饰；患者倾向于指使和利用别人，不能理解别人的细微感情，缺乏同情心，人际关系困难；患者常有特权感，期望自己能够得到特殊的待遇。

自恋型人格障碍患者在西方被认为在过分强调"我的地盘我做主"的文化引导下变得非常流行。但是，对于治疗自恋型人格障碍的研究非常有限，成功的报告就更少了。这很大程度上恐怕要"归功"于自恋型人格障碍患者极度的"自恋"，他们从不认为自己有问题，与其说是让他们求助，不如说给他们机会在专业人士面前"秀"自己的知识和才能。如有一位疑似自恋型人格障碍患者，27岁，男，博士研究生。他声称自己什么都是最优秀的，周围的人对他都只有"羡慕—嫉妒—恨"，无论是学术水平、授课效果、阅读量、知识面、人品等，无不是同辈中的佼佼者。然而，事实是他在课堂上被学生轰下台，在博士论文写作上被导师批得一无是处，不让他参加答辩，结果他就跑到导师家把防盗门都给踢坏了。

对自恋型人格障碍的心理治疗一般集中于他们被扭曲的自我（自我夸大感）、对他人评价的病态敏感和对他人缺少同情等方面，治疗的目标是帮助他们从实际生活中获得愉快体验，替代自我夸大的观念。

3. 性心理障碍

性心理障碍（psychosexual disorder）是指性行为明显偏离正常范围的心理障碍。包括变换自身性别的强烈欲望（性身份障碍），采用与常人不同的异常性行为满足性欲（性偏好障碍），以及对常人难以唤起性兴奋的事物产生强烈性兴奋（性指向障碍）等。大学生处于性生理成熟与性心理成熟不同步或不平衡的阶段，性心理问题相对较易发生，其中比较常见的包括恋物癖、露阴癖和窥阴癖。

恋物癖（fetishism），是一种以异性贴身用品作为性唤起或兴奋刺激物，通过收集、盗取和珍藏所恋物品，并以接触或抚弄此类物品（常伴手淫）达到性满足为偏爱的或唯一的性满足方式的性心理障碍。恋物癖患者会花费很多时间去搜寻希望得到的物品，除了购买以外，一般就是偷窃。在大学校园，女生内衣的丢失往往与恋物癖男性患者有关。

恋物癖患者通常不会求助，一般是在偷窃行为被发现遭遇警方强制管制之后才会被发现，进行心理评估才最终为人所知晓。法律制裁或在警方留有案底等情况，对于恋物癖患者的行为具有较强的约束力，尤其是在校大学生。恋物癖的预后取决于正常社交关系和性行为的发展和建立。相比之下，独身男性与女性相处害羞、退缩，没有性伴侣者的恋物癖患者预后不佳。对大学生而言，学习和提高异性交往的技巧，发展健康的两性关系，可以帮助预防或降低患病风险。

露阴癖(exhibitionism),是一种向毫无心理准备的陌生异性暴露裸体或外生殖器以引起性兴奋和达到性满足的性心理障碍。一般没有进一步性活动的企图,但少数伴有反社会人格障碍患者,则可能对受害者发生性攻击行为。患者几乎都为男性,20—40 岁之间高发。患者暴露行为往往会选择偏僻、易于逃跑的地方,而且希望观看者较多。

露阴癖患者一般会持续症状多年,但缺乏改变动机,因此也很少会寻求帮助。对于大学生,建议努力建立健康的两性关系,降低风险。对于女生,建议尽量避免只身前往过于偏僻之所,防止遭遇此类患者,同时,若是不幸碰上,也不要有过度的惊吓反应强化其行为,或者表现出不知所措、胆怯恐惧而引发对方进一步的攻击或不良行为,应该视若无物、镇定冷静地尽快离开现场,若有可能还应通过寻求帮助来制服患者送警方处理。

窥阴癖(voyeurism),是一种反复多次窥视异性裸体(或脱衣、沐浴、如厕等)或他人性活动,并以此作为偏爱的方式而引起性兴奋和达到性满足的性心理障碍。一些青少年会因好奇而发生偷窥行为,但绝大多数都能在成年后由直接的性行为替代。窥阴癖患者则因为与异性相处时的不自信、害羞等而回避正常的性交往,以避免失败,维持自尊,从而持续偷窥行为。因此,偷窥者若是发现自己被发现,反而不能达到性唤起。

同样,偷窥者一般不会主动求助,通常是在偷窥过程中被发现送警方处理后才可能接受心理评估或心理治疗。心理治疗主要目的在于提高患者的自信,发展异性交往能力和建立健康两性关系的能力。

除了以上三类,其他的性心理障碍还有:异装癖(transvestism),通过穿戴或佩戴异性服饰引起性兴奋和达到性满足的性心理障碍;摩擦癖(frotteurism),在拥挤场合或乘对方不备之际,伺机以身体某一部分(常为阴茎)摩擦和触摸异性身体以达到性兴奋或性满足目的的性心理障碍;性别烦躁(gender dysphoria),否认和厌恶自己外生殖器标识的性别,坚信自己属于相反性别,强烈希望改变自己的体形、外貌和外生殖器,心理、言行和装扮上都以异性自居等。

4. 游戏障碍

提到游戏障碍,大家更容易想到的可能是近些年来一直广受关注的"网络成瘾"。网络成瘾(internet addiction disorder),一般是指由重复使用网络导致的一种慢性或周期性着迷状态,并带来难以抗拒的再度使用之欲望;同时还会产生想要增加使用时间的张力与耐受性、克制、退瘾等现象,对于上网带来的快感会一直有心理与生理上的依赖。网络成瘾,尤其是网络游戏成瘾,在青少年及大学生人群中发生比例很高,不良影响也很大,不少学生因此而学业困难、休学甚至退学。在我国及韩国等亚洲国家,网络游戏成瘾受到家庭、学校和社会的关注度极高,而在欧洲及北美国家则相对较低。截至目前,世界各国都未明确将"网络成瘾"纳入精神障碍的分类和诊断系统中。而且,为了避免使用"成瘾"而引起误解,更多研究者采用"网络使用不当"(problematic internet use)或"强迫性网络使用"

(compulsive internet use)，以及"互联网过度使用""电脑使用不当"或"病理性电脑使用"等术语。

但是，游戏障碍(gaming disorder)在 2018 年世界卫生组织发布的《国际疾病分类(第11 版)》(ICD－11)中，则明确被纳入"精神、行为或神经发育障碍"范畴。中国国家卫生健康委在《精神障碍诊疗规范(2020 年版)》中指出，游戏障碍是指一种持续或反复地使用电子或视频游戏的行为模式，临床特征主要表现为游戏行为失控，游戏成为生活中的优先行为，不顾后果继续游戏行为，并持续较长时间。根据游戏的种类分为线上游戏障碍(gaming disorder，predominantly online)和线下游戏障碍(gaming disorder，predominantly offline)。随着全球范围内游戏玩家数量的迅速增长，游戏障碍的发病率逐渐增高。游戏障碍患者以男性、儿童青少年人群为主，亚洲国家患病率可能高于欧美国家。我国多项相关调查研究显示，游戏相关问题患病率为 3.5％—17％之间，综合既往相关研究结果，游戏障碍患病率约为 5％。游戏障碍患者可能的心理学特征及危险因素包括有明显的个性问题，如抑郁、自卑、孤独、社交焦虑、缺乏有效的防御机制、追求即刻满足等，导致回避社会，很容易转向虚拟空间去实现与人交往的满足。

在互联网技术高度发展和日益深入的当今时代，网络游戏障碍更容易发生。一般而言，网络游戏障碍诊断涉及如下 9 条标准，符合其中 5 项的，可诊断为网络游戏障碍。

1) 你是否花大量时间想着游戏？即使你没在玩的时候却在计划什么时候能再玩？

2) 当尝试去减少或停止游戏或当你不能玩时，你是否感到不安、暴躁、易怒、生气、焦虑或悲伤？

3) 为了得到与过去同样的兴奋度，你是否感到需要增加玩游戏的时间、玩更刺激的游戏或使用更强的装备？

4) 你是否觉得应该少玩，但是未能减少你花在玩游戏上的时间？

5) 因为游戏，你是否对其他事物丧失了兴趣或减少了其他娱乐活动(爱好、会见朋友)的参与度？

6) 即使知道负面后果(比如没有得到足够的睡眠、上课/上班迟到、花太多钱、同他人争吵或忽视了重要的职责)，你是否会继续玩游戏？

7) 你是否会向家人、朋友/他人撒谎玩游戏的时间，或尽力不让家人/朋友知道你玩游戏的时间？

8) 你是否用玩游戏来逃避或忘记个人问题或缓解不舒服的感觉比如内疚、焦虑、无助或沮丧？

9) 你是否因为游戏威胁到甚至失去重要关系，或者工作、教育或就业机会？

除了以上 9 条诊断标准之外，在诊断时还要特别注意病程标准，以上行为模式持续存在或反复发作并持续至少 12 个月的，才可被诊断为网络游戏障碍。

对于游戏障碍的应对或处理，首先要强调的是预防为主，尤其要针对儿童、青少年等高发人群进行预防性干预,改善其心理健康水平,优化其家庭亲子等重要人际关系,消除或减少致病因素。其次是要基于证据进行综合干预,将社会心理干预、药物治疗、处理共病等手段结合起来,在医疗卫生机构、学校、家庭、社会多方面共同努力之下为患者提供帮助。心理疗法方面,主要可以采用认知行为治疗、动机晤谈、家庭治疗等手段。有些患者可能还需要药物对症治疗,以处理可能存在的心理或躯体健康问题以及其他共病问题。

四、严重心理疾病及其应对

严重心理疾病在大学生中发生率虽然不高,但由于这类心理疾病对大学生当下的学习、生活、交往及生活品质影响很大,对个体未来发展也有一定的不利影响,有的甚至还对他们自己或他人的人身安全构成威胁,因此特别值得重视。目前,这类问题往往是大学生学业困难、休学甚至退学的重要原因。

大学生中相对常见的严重心理疾病包括心境障碍、精神分裂症、偏执型精神障碍、反应性精神障碍等。患上这类程度严重的心理疾病,不可能仅仅依靠自我调节而得以缓解,必须尽早到专门的精神卫生机构进行诊治,有的甚至要在监护下就医。这些疾患的干预和治疗,应首选药物治疗,同时可以配合心理治疗,有的患者甚至还需要长期住院或在家人监护的条件下接受治疗。

1. 心境障碍

心境障碍(mood disorder),曾称情感障碍(affective disorder),是一种以情绪高涨或抑郁等情绪异常为主要特征的精神障碍,其成因可能与遗传因素、童年期不良经历、应激性生活遭遇和躯体疾病等有关。心境障碍可分为抑郁症、躁狂症和躁郁症。

抑郁症(depressive disorder),其典型症状为"三低":情绪情感低落、思维迟缓、意志活动减少。一些患者还伴有思维内容障碍,如自罪自责观念或妄想,甚至还有厌世轻生倾向,重度抑郁发作期患者的自杀企图和自杀行为倾向特别突出,应当引起所有人的重视。此外,抑郁症患者还常伴有躯体症状,如身体多器官系统不适、疲乏无力、食欲性欲均下降、体重减轻、入睡困难或早醒等。

实际生活中,每个人都曾经或将来会感到哀伤、沮丧、悲观甚至绝望等抑郁情绪,但并不一定构成抑郁症。抑郁情绪和其他负性情绪一样,都是从正常到异常或病态的连续体,而且正常与异常之间也没有绝对界限。只有当抑郁情绪严重到某种程度,影响人的正常生活和社会功能时,我们才可以说它是异常的,需要治疗。

— 小贴士 10 - 5 ——

抑郁症的诊断

世界卫生组织指出,抑郁发作可分为重度、中度和轻度。《国际疾病分类(第 10 版)》(ICD - 10)将抑郁发作的 10 条症状分为典型症状和附加症状,典型症状包括:

几乎整天心境抑郁,几乎天天如此;对日常活动缺乏兴趣或愉快感;精力减退,易疲劳。

附加症状包括:缺乏自信心或自尊;不合理地自责;反复出现自杀或想死的念头;思维能力减退,注意力不集中;精神运行性改变,激越或迟滞;睡眠障碍;食欲改变。

根据患者发生上述两类症状的数量和组合把抑郁发作分为重、中、轻三级:

重度抑郁:3条典型症状+5条及以上附加症状,且整个发作至少持续2周;

中度抑郁:2条典型症状+3至4条附加症状,且整个发作至少持续2周;

轻度抑郁:2条典型症状+2条附加症状,且整个发作至少持续2周。

躁狂症(mania),其典型症状为"三高":情绪情感高涨、思维活动加速、活动增多。一些患者还伴有思维内容障碍,如夸大观念、夸大妄想,过分夸大自己的才智、本领、身份、地位、经济能力等,有的伴有躯体症状如便秘、食欲增加、性欲亢进、睡眠减少,体力过度消耗而体重减轻但仍红光满面、神采奕奕。

躁郁症(manic-depressive disorder),又称双相情感障碍(bipolar affective disorder),即抑郁症状与躁狂症状同时存在于患者身上,或抑郁与躁狂相互转换,抑郁之后迅速转为躁狂,或躁狂之后迅速转为抑郁,高涨与低落交替出现。

心境障碍的干预和治疗,尤其是严重的情感障碍(如重度抑郁或躁狂),首选药物治疗,药物能快速地控制患者症状,但是药物治疗有一些比较突出的副作用,这也是导致很多患者拒绝治疗或中断治疗或过早结束治疗的重要原因。另外,对于一些季节性的心境障碍患者,可采取光疗法,采用人工日光照射来改善因季节改变导致日照不足引起的心境障碍,效果良好。此外,心境障碍患者,尤其是抑郁患者,往往都具有一定的人格基础,存在着对于事物和自身的某些相对稳固的消极看法或情感反应模式,因此需要通过系统的心理治疗来进行矫治。

大学生心境障碍患者,一旦发现,应及时主动就医诊治。经过一段时间的药物治疗后,在情绪水平能保持相对稳定之后,可以同时进行心理咨询或心理治疗,双管齐下,巩固疗效。

2. 精神分裂症

精神分裂症(schizophrenia)是一种精神活动与现实环境相脱离,认知过程、情感过程、意志过程与个性特征等各方面互不协调、彼此分裂的精神病。其病因未明确,多起病于青壮年,临床表现可因急性期或慢性期而有所不同。急性期临床表现以思维障碍(如联想散漫、言语破碎、思维中断、推理奇特等)、情感障碍(如情感淡漠、情感不协调等)和幻觉(幻听、幻视、幻触、幻嗅等)、妄想(如被害妄想、嫉妒妄想、控制妄想、关系妄想等)等阳性症状为主。慢性期临床表现则以缺乏动力、缺乏精力、缺乏兴趣、缺乏情感、缺乏礼仪、缺乏社交等精神功能衰退或缺失的阴性症状为主。

精神分裂症患者通常不会主动求医,需要在家属或法定监护人陪护下到精神卫生机构寻求诊治。大学生精神分裂症患者,也应及时就医,谨遵医嘱,争取好的预后,早日回归学习生活。治愈后回归学校学习生活的大学生,应对自己的心理状态保持关注,学会主动减压,主动寻求长期的心理支持或帮助,如定期到专科医院随访、复查,防止复发,同时还可以定期与心理咨询师交流。

3. 偏执型精神障碍

偏执型精神障碍(paranoid mental disorder),是以持久、系统的原发性妄想偏执状态为主要表现的精神障碍,其妄想偏执状态主要是病理性嫉妒和色情妄想。病理性嫉妒是指总是妄想配偶或伴侣不贞,坚信配偶或伴侣有外遇,并想方设法监视、查证或直接质问对方要求坦白,但常常不追究第三者究竟是何人。患者常常伴有焦虑、痛心、恼怒等强烈情绪,并有惩罚、攻击和伤害行为,危险性高。色情妄想则是患者坚信自己为人所爱,而且只有自己一人被爱,对方有一定的社会地位或知名度,虽已婚,但真正爱的却只有患者,只是无法或不能表达而已,事实上对方毫无此意,患者仍纠缠不休,坚信被爱,示爱不成则可能转为怨愤,造谣惑众,甚至诋毁对方。

偏执型精神障碍患者一般不会主动就医,需要在家属或法定监护人陪护下到精神卫生机构寻求诊治。

4. 反应性精神障碍

反应性精神障碍(reactive mental disorder)是一种由明显的心理、社会刺激引发的精神障碍,患者症状发生、发展和内容与刺激密切相关。主要表现为情绪障碍、意识障碍和幻觉妄想,特点是刺激强度大或持续时间长,起病急骤等。包括急性应激障碍和创伤后应激障碍。

急性应激障碍(acute stress disorder),是指重大刺激性事件发生(如亲友意外亡故,暴力伤害,车祸及意外事故,台风、海啸、地震等自然灾害等)之后立刻(1 小时以内)表现出有强烈恐惧体验,可产生精神运动性兴奋,行为盲目,或精神运动性抑制,甚至木僵,严重者可能有与刺激事件相关的妄想或幻觉产生。3—6 个月后不能有效缓解的患者可转化为创伤后应激障碍。

创伤后应激障碍(post-traumatic stress disorder),是指重大刺激性事件或创伤性事件发生数日或数月后,反复或持续发生闯入性的创伤性体验重现、噩梦,或因面临与刺激相似或有关的情境而感到痛苦不堪,伴心悸、冷汗、面色发白等身体症状,错觉、幻觉,持续的警觉性增高,睡眠障碍,易激惹,难以集中注意,回避相关或类似情境或相关的人,对创伤性经历的选择性遗忘,对未来失去信心,社会功能严重受损,严重者甚至可有人格改变或人格解离。

反应性精神障碍患者,因为存在焦虑和抑郁等严重情绪障碍,以及睡眠障碍等,药物治疗往往是必要的。但是,心理治疗也很重要,对于创伤后应激障碍,眼动脱敏治疗(eye-movement desensitizationand reprocessing）、艺术治疗、游戏治疗等有切实效果。此外,社会支持系统的积极作用也很重要,来自身边人的理解、信任和真诚的关怀,对患者可以发挥很大的治疗作用。

思考题

1. 请回顾自己曾经遭遇过的最严重的一次心理冲突,当时状态如何? 你是以怎样的措施应对的?

2. 如果身边的同学或朋友得了抑郁症,我们该用怎样的态度与其相处?

推荐阅读

1. 桑志芹.*大学生心理健康学*.北京:科学出版社,2007.

2. 傅安球.*实用心理异常诊断矫治手册*.上海:上海教育出版社,2019.

3. 钱铭怡.*变态心理学*.北京:北京大学出版社,2006.

第十一章

大学生心理咨询

　　大学生心理咨询是高校心理健康教育的重要部分,也是大学生校园学习和生活历程中的重要资源和贴心伙伴。随着社会的发展,心理咨询普及面扩大和影响力增加,大众对心理咨询的误解日益减少,接受度逐步增加,大学生对心理咨询服务的需求、接受度和使用度也相应增加。在大学心理健康教育课程中使大学生了解心理咨询的性质及特点,了解心理咨询的工作过程和形式,了解大学心理咨询机构的工作定位和功能等,有助于提升大学生助人自助的主动性、自觉性,提升心理咨询服务的有效性,最终使大学生获益。

第一节　心理咨询的内涵与性质

　　大学生心理咨询聚焦于大学生群体,以大学生为主要服务对象。心理咨询是助人专业之一,了解心理咨询的性质与特点将有助于大学生了解和使用心理咨询。

一、心理咨询的内涵与特点

　　心理咨询在广义上被定义为一种"助人"专业,但在如何助人、帮助何人、助人走向何方等诸多方面,众人看法虽有大同,亦存小异。美国心理学家罗杰斯认为,心理咨询是"通过与个体持续的、直接的接触,向其提供心理援助并力图使其行为、态度发生变化的过程"。另一位心理咨询的代表人物帕特森(Cecil H. Patterson)认为:"咨询是一种人际关系,在这种关系中,咨询人员提供一定的心理气氛或条件,使对象发生变化,作出选择,解决自己的问题,并且形成一种有责任感的独立个性,从而成为更好的人和更好的社会成员。"我国有学者将心理咨询定义为,"咨询是通过人际关系,运用心理学方法,帮助来访者自强自立的过程"。

　　由此可见,心理咨询是咨询师和来访者构建人际关系的过程,是一个助人自助的过程,是一个运用心理学理论和方法以促使来访者的心理和行为有所改变的过程。了解心理咨询的工作对象、工作人员、工作手段、工作目标和工作过程,有利于理解和把握心理咨询的性质。

第一,心理咨询工作聚焦于来访者的心理问题,如焦虑、紧张等情绪障碍,强迫、成瘾等行为障碍,偏执、反社会等人格障碍,抱住认知偏差不放等认知障碍,也包括大学生活常常遭遇到的学习适应、毕业择业、人际关系等发展性问题。尽管来访者的问题有时并不是纯粹属于心理层面的,这些问题经常与现实生活事件紧密关联,可能涉及法律、政治、经济、思想和道德等很多方面,但咨询师主要关注和处理的是心理层面的问题,或者说是帮助来访者进行心理调整和心理适应。

第二,心理咨询是受过心理咨询技术训练并取得相关从业资质的专业人员的工作。尽管亲朋好友的安慰与支持可以温暖人心,去除困惑与烦恼,但不能说他们提供的是心理咨询服务,因为他们一般没有受过心理学,严格地说是心理咨询的专业训练。成熟的心理咨询业对从业人员的专业培训及资格作出了严格的规定,并借此将心理咨询工作纳入专业轨道与专业考量,由此也赢得了求助者的信赖,增强了求助者的主动性和合作性。

第三,心理咨询的工作手段是运用心理学原理和技术来减轻或解决来访者的心理问题。尽管有时运用行政、政治、法律、经济等手段也可能使来访者的心理问题得以减轻或暂时解决,但心病还是需要心药治,咨询师必须运用心理学的原理,采取一定的咨询策略,使用合适的心理学技术与方法,以帮助来访者恰当认识自己和现实情境,恰当评估自己行为的意义和有效性,作出有效抉择,最终达到自助的目标。

第四,心理咨询的根本目标在于自助。心理咨询是一个助人历程,但帮助本身不是目的,可以说通过咨询师的帮助,来访者获得心理成长,即使在以后碰到类似问题时也能够自主抉择才是咨询的根本目标。举例来说,一个大学女生前来咨询,她的问题是男友对她似乎不是很在意,她不知道是不是要与他分手,为此特意征求咨询师的意见。对此,咨询师不能简单地给她出主意,此时无论是分与不分的建议都不能帮助她摆脱迷茫与困惑,而且任何建议都无助于她的心理成长,反而可能增加她对他人的依赖性。比较正确的做法是,接纳她此时此刻的情绪感受,帮助她分析其恋爱动机和择友要求,掂量男女双方在对方心中的分量和价值,最后由来访者理智地作出选择。由此可见,将心理咨询简要地归纳为助人自助的过程,确实是有道理的。

第五,心理咨询是一个助人的过程。作为一个助人过程,通常要经过建立良好的人际关系、通过会谈或心理测验评估来访者的心理问题、与来访者商定咨询目标、选择合适的干预策略和技术、实施干预、评估咨询效果、结束咨询等阶段。鉴于每一次咨询都受到时间的限制(一次咨询通常是50—60分钟),因此心理咨询极少能短时间里一次性解决问题,即使来访者的问题很简单。通常,一个常规个案少则需要2—3次,多则需要10余次咨询。

二、心理咨询与心理治疗的关系

了解了心理咨询的助人专业性质和特点,许多人包括大学生就可以清晰地将心理咨询与家人谈心、居委里弄的苦口婆心以及师长的良苦用心区分开来,从而根据自己所需适时主动地走向心理咨询。但是,也有人担心求助心理咨询就是“有病”,没有“病”何须咨询。这一误区不仅受到文化习俗的影响,亦与心理咨询和心理治疗密不可分有关。与心理咨询一样,心理治疗也存在多种说法。例如,《美国精神病学词汇表》把心理治疗描述为:在心理治疗的过程中,一个人希望消除症状,或解决生活中出现的问题,或因寻求个人发展而进入一种含蓄的或明确的契约关系,以一种规定的方式与心理治疗者相互作用。还有学者提出:“心理治疗是指应用心理学的方法来治疗患者的心理问题,其目的在于通过治疗者与患者建立的关系,善用患者求愈的愿望与潜力,改善患者的心理与适应方式,以解除患者的症状与痛苦,并帮助患者促进其人格的成熟。”“心理治疗是治疗者与来访者之间的一种合作努力的行为,是一种伙伴关系;治疗是关于人格和行为的改变过程。”

从以上对心理治疗的定义可以看出,与心理咨询一样,心理治疗也强调构建良好的治疗关系,强调助人过程,强调治疗者的专业性,强调工作对象及解决问题手段的心理性。正因如此,许多学者认为两者性质相同,几乎是同义词,没有区分的必要。但与此同时,也有学者认为两者在实践中是有一些细微差别的。美国临床心理学家哈恩(Milton Edwin Hahn)的一段话形象地表明了心理咨询与心理治疗之间可分又不可分的怪结:“就我所知,极少有咨询工作者和心理治疗家对已有的心理咨询与心理治疗的明确区分感到满意……意见最一致的几点可能是,心理咨询与心理治疗之间是不能完全区别开的,心理咨询者的实践在心理治疗师看来是心理治疗,心理治疗师的实践又被心理咨询者看作是心理咨询;尽管如此,心理咨询与心理治疗还是不同的。”①

表 11－1 详尽地列举了心理咨询与心理治疗的细致区别,可以帮助大学生对两者作进一步了解和区分,以便更好地选择和合理使用相关资源和服务。

表 11－1　心理咨询与心理治疗的区别

	心理咨询	心理治疗
起　源	源于心理测量运动、职业指导运动、心理卫生运动、非指导心理咨询	19 世纪中叶催眠术的施行,19 世纪末弗洛伊德创立的精神分析
问题涉及的主要领域	正常人遇到的各种问题,主要有日常生活中的人际关系问题、职业选择方面的问题、教育求学过程中的问题、恋爱情感方面的问题、子女教育方面的问题等	某些神经症、性异常、心理障碍、行为障碍、心理生理障碍等
涉及意识的深度	较浅,大多在意识层面进行,找出已经存在于来访者自身的内在因素并处理;或在对现存条件进行分析的基础上提供改进建议	主要针对潜意识层面进行工作,重点在于重建患者的人格
疗程时间	用时较短,一般为一次至几次	较长,往往数十次不等,有的甚至经年累月

① Hahn, M. E. Conceptual trends in counseling. *Personnel and Guidance Journal*, 1953, 31, 231－235.

续　表

	心　理　咨　询	心　理　治　疗
工作方法	主要是应用语言,虽然有时也伴有其他方法	主要是语言治疗,也采用药物治疗,或用其他方法配合
工作模式	教育模式,在意识层面进行工作,突出教育性、支持性和指导性	医学模式,主要是帮助患者解除症状、改变病态行为
工作对象	主要是心理问题较轻的、人格正常的人	症状较重的或有人格障碍的人
工作场所	范围相当广泛,包括学校、社区、企业、司法部门、职业培训部门等	大多在医疗环境或私人诊所内进行

三、大学生心理健康教育与心理咨询

如果说大学生心理咨询与治疗主要是基于学生的问题和求助而采取的一种事后专业干预,那么大学生心理健康教育则是基于积极促进大学生心理健康成长而实施的一系列教育举措。

根据教育部 2018 年 7 月颁布的《高等学校学生心理健康教育指导纲要》、教育部 2021年 7 月颁布的《关于加强学生心理健康管理工作的通知》,以及 2023 年 4 月教育部联合中央宣传部、科技部等十七部门颁布的《全面加强和改进新时代学生心理健康工作专项行动计划(2023—2025 年)》等文件精神,学校心理健康教育旨在培育学生热爱生活、珍视生命、自尊自信、理性平和、乐观向上的心理品质和不懈奋斗、荣辱不惊、百折不挠的意志品质,促进学生思想道德素质、科学文化素质和身心健康素质协调发展。

大学生心理健康教育主要内容为心理健康教育教学、实践活动、咨询服务、危机干预等四个部分。其中,心理健康教育教学,尤其是课堂教学为主渠道,旨在帮助学生掌握心理健康知识和技能,树立自助互助求助意识,学会理性面对挫折和困难。目前,心理健康课程已被列入高校公共必修课,赋予 2 个学分(32—36 学时),有条件的高校也针对学生需求开设心理健康选修课,受到学生欢迎。实践活动主要是以学生为主体,依托"师生健康 中国健康"主题教育、大中学生心理健康活动月(活动日)等开展形式多样的心理健康宣传活动,发挥体育强心、艺术润心、劳动健心的作用,旨在推进心理健康教育普及。

从上可见,作为一个体系的心理健康教育内容丰富,心理咨询是该体系的有效组成部分。其中,心理健康教育教学和实践活动面向全体学生开展,咨询服务和危机干预则针对特定需求的学生开展。我国高校的心理健康教育体系已基本建成,学生可以从学校获得相应的心理健康教育及服务支持。

四、心理咨询的伦理与法律

鉴于心理咨询的特定助人性质,政府及行业通过颁布法律法规和伦理守则来规

范行业发展、约束咨询师的行为、保护来访者的利益,以促使心理咨询有效而安全地开展。法律是由国家制定的,由国家强力实施的行为规范,具有强制性。咨询伦理并不是法律,伦理的本质是实践道德的行为,是人们用以待人接物,可在生活中加以实践的人生哲学。可以说,咨询伦理是咨询师在咨询专业实践中普遍执行的道德规范约束。

1. 精神卫生法

对高校心理咨询影响最大、最直接的法律是《中华人民共和国精神卫生法》(以下简称"《精神卫生法》"),该法律于 2012 年 10 月经中华人民共和国第十一届全国人民代表大会常务委员会第二十九次会议通过,自 2013 年 5 月 1 日起施行,宗旨是发展精神卫生事业,规范精神卫生服务,维护精神障碍患者的合法权益,适用于在中华人民共和国境内开展维护和增进公民心理健康、预防和治疗精神障碍、促进精神障碍患者康复的活动。全文共七章,八十五条。与高校心理健康教育密切相关的内容简要摘取如下。

第一,精神障碍患者权益受法律保护。《精神卫生法》总则强调国家精神卫生工作实行预防为主的方针,预防、治疗和康复相结合;精神障碍患者的人格尊严、人身和财产安全不受侵犯,合法权益受法律保护,全社会应当尊重、理解、关爱精神障碍患者,不得歧视、侮辱、虐待精神障碍患者。精神障碍患者的监护人应当履行监护职责,维护精神障碍患者的合法权益,禁止遗弃或对精神障碍患者实施家庭暴力。

第二,学校要依法开展心理健康教育工作。《精神卫生法》第二章第十六条要求,各级各类学校应当对学生进行精神卫生知识教育,设立心理健康辅导室,配备或者聘请心理健康教育教师、辅导人员对学生进行心理健康教育,还应当与学生父母或者其他监护人、近亲属沟通学生心理健康情况。

第三,心理咨询从业人员应该合法守规。第二十三条规定心理咨询人员应当提高业务素质,尊重接受咨询人员的隐私,遵守执业规范,为社会公众提供专业化的心理咨询服务。心理咨询人员不得从事心理治疗或者精神障碍的诊断、治疗。心理咨询人员发现接受咨询的人员可能患有精神障碍的,应当建议其到合规的医疗机构就诊。第七十六条规定心理咨询人员、专门从事心理治疗的人员在心理咨询与心理治疗活动中造成他人人身、财产或者其他损害的,依法承担民事责任。

第四,治疗、住院治疗意愿与监护。《精神卫生法》第三章第二十八条规定,疑似精神障碍患者发生伤害自身、危害他人安全的行为或存在此类危险的,其近亲属、所在单位、当地公安机关应当立即采取措施予以制止,并将其送往医疗机构进行精神障碍诊断。第三十条规定精神障碍患者的住院治疗实行自愿原则,但经诊断评估表明,已经发生伤人伤己行为或存在此类风险的,经监护人同意,应当对其实施住院治疗。

2. 心理咨询伦理守则

对高校心理咨询影响最大、最直接的伦理守则是中国心理学会临床与咨询心理学工作伦理守则(第二版)①,该守则经中国心理学会通过,2018 年 7 月起实施。

该守则的目的是揭示临床与咨询心理学工作是具有教育性、科学性与专业性的服务工作,促使心理师、寻求专业服务者以及广大民众了解心理治疗与心理咨询工作专业伦理的核心理念和专业责任,借此保证和提升心理治疗与心理咨询专业服务的水准,保障寻求专业服务者和心理师的权益,增进民众的心理健康、幸福和安宁,促进和谐社会的发展。

该伦理守则总则强调"善行、责任、诚信、公正、尊重"五原则,分别就心理咨询中常见的 10 个议题提出了规范要求和告知:专业关系,知情同意,隐私权与保密性,专业胜任力和专业责任,心理测量与评估,教学、培训和督导,研究和发表,远程专业工作(网络/电话咨询),媒体沟通与合作,伦理问题处理。

作为中国心理学会临床与咨询心理学注册心理师的专业伦理规范,该守则亦成为国内心理咨询与治疗从业人员遵照执行的伦理范本。

小贴士 11 - 1

中国心理学会临床与咨询心理学工作伦理守则(第二版)
总则五原则

善行:心理师的工作目的是使寻求专业服务者从其提供的专业服务中获益。心理师应保障寻求专业服务者的权利,努力使其得到适当的服务并避免伤害。

责任:心理师应保持其服务工作的专业水准,认清自己的专业、伦理及法律责任,维护专业信誉,并承担相应的社会责任。

诚信:心理师在工作中应做到诚实守信,在临床实践、研究及发表、教学工作以及各类媒体的宣传推广中保持真实性。

公正:心理师应公平、公正地对待专业相关的工作及人员,采取谨慎的态度防止自己潜在的偏见、能力局限、技术限制等导致的不适当行为。

尊重:心理师应尊重每位寻求专业服务者,尊重其隐私权、保密性和自我决定的权利。

第二节 大学生心理咨询的过程、形式和内容

许多大学生求助者在寻求心理咨询时往往希望一次性解决问题而难以忍受常规咨询每周一次、每次 50 分钟的时间,尤其当咨询意愿很迫切时。而且,随着通信网络的发展与

---
① 中国心理学会临床心理学注册工作委员会伦理修订工作组,中国心理学会临床心理学注册工作委员会标准制定工作组.中国心理学会临床与咨询心理学工作伦理守则.心理学报,2018,50(11):1314 - 1322.

应用,大学生通过网络资源进行咨询的需求也在增加。因此,了解大学生心理咨询的过程、形式和内容,有助于提高心理咨询服务的针对性和使用效率。

一、心理咨询的基本过程

很多人误将心理咨询的过程简单理解为来访者提出问题和咨询师为来访者解决问题,事实上心理咨询是咨询双方互动的一个过程,它包括六个阶段:建立关系、评估问题、商定目标、制定计划、实施计划、结束咨询。大学生心理咨询也是如此。

1. 建立关系

建立咨访关系是大学生心理咨询的第一阶段,咨访关系是寻求心理帮助的人(来访者)与提供这种帮助的人(咨询师)结成的一种独特、动态的人际互动过程。良好的咨访关系是心理咨询技术得以顺利实施、发挥效用的基础,也是使来访者产生变化的不可缺少的条件,良好的咨访关系本身就具有助人自助的功效。

── 小贴士 11-2 ──

同感、真诚和尊重

良好咨访关系的建立可以概括为三大核心要素:同感、真诚和尊重。同感(empathy)是指咨询师设身处地从来访者的参照标准去体会其内心感受,领悟其思想、观念和情感,从而达到对来访者境况的准确理解的一种态度和能力。同感可以帮助咨询师更深入地理解来访者,使来访者感到自己被理解、被接纳,促进来访者自我表达和自我探索等。真诚(genuineness)意味着咨询师要以真实的自我面貌出现,不带伪装,以开放、自由的面貌投入心理咨询。真诚能让来访者产生信任感和安全感,具有榜样示范的作用。尊重(respect)是指咨询师以平等、民主的方式来接纳并关注来访者(包括他们的现状、价值观以及人格特点和合理权益)的一种态度和能力。尊重可为来访者创造一种安全、温暖的氛围,使其最大限度地表露自己。尊重有助于来访者获得自我价值感,认识并发挥自身的潜能。

---

2. 评估问题

评估问题作为整个干预计划的基础,是指咨询师通过诸如观察、访谈、个案调查、问卷测验等方式来收集来访者的信息,并运用分析、推论、假设等手段对其心理问题的基本性质加以判定的过程。大学生的心理咨询以发展性咨询为主,求询问题多为成长与发展过程中的困惑,根据其问题内容和性质通常可分为行为问题、情感问题和认知问题三种。

评估问题的过程一般可以划分为三个步骤:收集资料、综合资料和分析假设当前问题。评估问题的主要方法有会谈法、心理测验法等。会谈法是指咨询师通过与来访者的对话来了解获取来访者的有关信息,包括来访者的背景资料、与问题有关的资料信息,以明晓其心理困扰的情况、性质和产生的原因等,最终达到心理问题评估的目的。心理测验法是指运用心理测量工具来获取有关来访者的认知水平、行为倾向、态度情感、一般心理机能和人格特征等方面的信息,并根据测量的结果解释评定来访者的问题。大学生心理咨询中经常运用的测验包括智力测验、学习适应性测验、人格测验和临床评定测验。心理测验可以描述来访者的认知、情感、意志等心理特点,分析潜在的优势和弱势,并对其学习适应情况和身心发展状况作出一定的评价,进而对来访者的心理问题作出更为确切的评估。

3. 商定目标

咨询目标为咨询活动指明了方向,给咨询师提供了一些基本参照准则,以便他们能够选择和使用特定的咨询策略和干预方法。咨询目标在咨询结果的评价中具有重要价值,它可以用来检验咨询的效果。

咨询目标的确立需要咨询师和来访者的共同参与。咨询师和来访者共同商定咨询目标,强调了来访者的主动性,能使咨询过程形成一定的结构性,更利于咨询目标的达成。咨询目标可分为三个层次:终极目标、中间目标和直接目标。咨询目标的确立是一个过程,具有具体性、可行性、积极性、顺序性、修正性和心理学性质,它会随着咨询的不断深入而有所调整。

4. 制定计划

咨询师和来访者共同商定咨询目标后,咨询师要协助来访者制定实现目标的策略,并形成行动计划,同时为每个关键步骤的实现确定时间框架。制定具体的行动计划有助于协助来访者发展出必要的约束,给来访者一种希望感,协助来访者找到实现目标的更实用的途径,为评估目标的现实性和适当性提供机会,使来访者觉察到为实行某些策略所需要的资源,协助来访者发现原先不曾料到的前进路上的障碍。行动计划应该具有有效性、可行性、简洁性、灵活性,一个有效的行动计划需要在实践过程中不断修正。

— 小贴士 11-3 —

手册化行动计划

手册化行动计划目前方兴未艾,手册概述了循序渐进的过程和方案,能够协助当事人达到某个具体目标。某些手册是为专业人员写的,另外一些则为来访者的自助提供指导。手册涉及的问题非常广泛,包括情绪情感、职业规划等发展性问题和焦虑症、恐惧症、抑郁症等障碍性问题,如詹姆斯(John W. James)和弗里德曼(Russell Friedman)编写的《哀伤平复自助手册》,帮助人们在哀伤中释怀,带领读者走出往日的阴影,重新找回生命的活力,发现人生新的希望。

---

5. 实施计划

实施计划是指落实原先制定的行动计划。在这一阶段,咨询师需要协助来访者将任务或行动落到实处,避免鲁莽的行为,克服拖延,确定落实计划时可能遇到的障碍和所需资源,为持续的行动找到激励因素和报偿,形成聚焦行动的契约和协议。

6. 结束咨询

结束咨询是心理咨询中不可避免的一个阶段。结束咨询,一般是指原定计划目标达成之时即顺利结束。但是,在有些情况下,比如来访者不愿完成咨询或认为已达到目标而不想继续,咨询师本人感到自己的助人能力有限,来访者对咨询师有偏见,来访者和咨询师不匹配等特殊情况,也应考虑结束咨询。

在咨询的结束阶段,咨询师应安慰并支持来访者,总结主题和内容,适当将话题控制权转移给来访者,寻求来访者的照管者的参与,安排具体可行的步骤,避免来访者产生被抛弃的感觉。

二、心理咨询的主要形式

常见的大学生心理咨询有以下四种形式。

1. 面谈咨询

面谈咨询是心理咨询的基本形式和手段,是指在心理咨询这种职业性的人际关系中,咨询师和来访者之间通过言语和非言语方式进行沟通并相互影响的过程。心理咨询面谈中,咨询师和来访者的沟通不限于语言内容,还包含语音语调、目光交流、肢体语言等,是一种更丰富、更真实的交流方式。

2. 电话咨询

严格地讲,电话咨询是指对有情绪危机的人进行心理帮助或干预的一种电话服务形式,有时也称为"心理救援电话"。电话咨询与面谈咨询有共同之处,具体表现在:一是两者遵循的理论基本一致,重要的理论基础有精神分析理论、行为主义理论、理性情绪疗法以及人本主义理论等;二是咨询技巧一致,即强调咨访关系、倾听、理解等技巧的重要性。电话咨询具有便捷性、主动性、匿名性、经济有效性和特殊性。但电话咨询比面谈咨询更难操作,更少非语言信息,因此电话咨询对心理咨询师的要求更高。

3. 网络咨询

当代大学生和网络有着不解之缘,网络咨询也应运而生。网络咨询泛指那些具有专业资格的,或有一定心理学知识的,或从属于某些特定社会性服务机构的相关人员,通过电子邮件、通信软件,借助文本、语音和视频等网络通信工具,与来访者在实时或延时的交流中建立起一种自然、亲密的关系,并在此基础上提供具有心理咨询性质的各种心理服务,使来访者在认识、情感和态度上有所变化,解决其在学习、工作、生活、疾病康复等方面出现的心理问题,从而更好地适应环境、保持身心健康的过程。

网络咨询具有匿名性、虚拟性、无限性、开放性、互动性、方便快捷和成本低廉等特点,尤其在三年疫情防控期间发挥了巨大作用。但网络咨询也受到网络稳定性、咨询场所稳定性、仿真而非现实真实、非言语线索缺失等影响,因此目前依然作为现场咨询的补充和替代使用。

4. 团体咨询

团体咨询是在团体情境下进行的一种心理咨询形式,它是通过团体内人际交互作用,促使个体在交往中通过观察、学习、体验、认识自我、探讨自我、接纳自我,调整改善与他人的关系,学习新的态度与行为方式,以发展良好适应的助人过程。①

团体咨询和个体咨询是心理咨询的两大支柱,两者各具独特的功能,为不同需要的人在不同情况和层面上提供帮助。团体咨询和个体咨询在目标、原则、技术、对象、伦理上具有相似性,但在互动程度、助人氛围、问题类型、咨询技术、工作场所上具有差异性。

团体咨询具有独特的优势,其感染力强、影响广泛,效率高、省时省力,效果容易巩固,特别适用于需要改善人际关系的人。团体咨询也有其局限性,如团体咨询并不适合每一类型的人,在团体情境中个体差异难以照顾周全,有的成员可能会受到伤害,团体咨询对领导者要求较高。

三、大学生心理咨询的主要内容

大学生心理咨询从内容而言可分为发展性心理咨询和障碍性心理咨询两大类。高校大学生的主要问题集中在发展性问题上,障碍性问题的学生偏少数,且后者矫治的最终目的也是发展。此外,心理危机干预是大学生心理咨询不可或缺的内容。

1. 发展性心理咨询

发展性心理咨询是一种以全体学生为对象,在人本主义心理学理论的引领下,以发展心理学观等为理论基础,采用小组、个体咨询等形式,并通过支持、保障等网络系统,提供一些对学生成长必要的经验,以发挥学生的自我潜能,完善个体人格之目标的助人过程。

发展性心理咨询实质上是一种助人自助的活动,即"他助—互助—自助"的过程。发展性心理咨询可分成四个阶段:第一阶段,帮助来访者稳定情绪,认识自身的内部冲突;第二阶段,引导来访者积极应对面临的现实问题;第三阶段,深化来访者的认识,建立新的建设性的关系;第四阶段,增加来访者的心理自由度,纠正认知偏差,即最终达到自助。

2. 障碍性心理咨询

障碍性心理咨询面向少数特定学生,他们在心理、学习、社会适应方面产生重大问题或出现不正常状态,需要心理指导和矫治。障碍性心理咨询侧重于心理障碍层面的矫治,以消除或减缓学生的心理障碍为工作目标;侧重于当前的心理障碍和引起障碍的情境因素;涉及的障碍问题往往具有较明显的个体性,与个体的具体生活情境有关,有些还与个

---

① 樊富珉.*团体心理咨询*.北京:高等教育出版社,2005.

体儿时的心理发展障碍有关。工作人员一般多为专业人员,有处理心理障碍的专门技术和方法,多采用个体咨询的方式,强调一对一解决咨询对象的具体障碍问题。

3. 心理危机干预

心理危机干预就是在发生严重突发事件或创伤性事件后采取的迅速、及时的心理干预。它旨在帮助个体化解危机,运用合适的方法处理应激事件,并采取支持性治疗措施帮助个体度过危机期,恢复正常的适应水平,防止或减轻心理创伤的影响。危机干预作为一种急性的心理处理,具有及时性、简短性、目的性和接近性等特点。

第三节　大学心理咨询机构与求询

了解了心理咨询的性质、内容、过程和形式以及心理咨询体系背后的理论基础,大学生对心理咨询就有了基本合理的把握,但真正寻求心理咨询服务时,往往还需要进一步充分了解大学心理咨询机构及其人员运作,充分探究咨询效应,以此才能做到主动、大胆、合理、高效地使用心理咨询服务,助己成长。

一、大学心理咨询机构

1. 机构定位

大学心理咨询机构就是为大学生提供心理咨询服务的学校内部的教育机构。我国大学心理咨询机构的名称有大学生心理咨询与发展中心、大学生心理咨询中心、大学生心理健康教育中心等。咨询机构一般有独立的工作场所,配有接待室、咨询室、心理测量室、宣泄室、音乐治疗室、沙盘室等适合开展专业工作的场地。机构场地一般设在校内所有学生(包括心身障碍学生)都容易到达的地方。

大学心理咨询机构一般设主任、专职心理咨询师、兼职心理咨询师,并根据需要外聘有关心理和精神科专家参与心理咨询与治疗工作。上海市教育行政部门考核高校心理咨询机构的达标标准是按 1∶3 000 师生比配备心理教师,专职教师不少于 2 名。

大学心理咨询工作现行体制呈现出多元化的发展态势,主要有四种模式:党政机关模式、基层工作模式、服务工作模式和直属工作模式。[①] 党政机关模式是当前的主流工作体制,这种体制占所有体制类型的 80% 左右。凡心理咨询机构挂靠党委学工部、宣传部和校团委的,当属这种模式。这一模式基于心理咨询和心理健康教育是大学生思想政治教育工作延伸的设想,将心理咨询工作直接纳入大学生的思想政治教育工作系统。基层工作模式是指心理咨询机构挂靠相关学院,属于此种工作体制的学校不多,占 10% 左右。

---

① 陈增堂,张艳丽.关于我国高校心理咨询工作体制的思考.思想·理论·教育,2006(1):59-62.

这一工作模式基于心理咨询和心理健康教育是与教学、科研相近的业务工作的认定。服务工作模式就是大学生服务中心联合体模式,这一工作模式基于心理咨询在高校主要是一种服务性工作的认定。直属工作模式是将大学心理咨询机构作为学校的一个相对独立的工作机构,直接隶属于分管的学校领导。这一工作模式是基于对心理咨询工作特殊性的认定,即心理咨询是一种有别于一般学生工作和一般服务工作的特殊性工作。

大学心理咨询机构的定位及设置应坚持以下原则:有利于全校心理咨询工作的开展及其与学生思想政治教育和日常行政管理工作的互相配合,有利于心理咨询工作队伍的稳定,有利于心理咨询工作的专业化与职业化,有利于教学与科研。

2. 机构职能

大学心理咨询机构面向全体学生开展多种形式的心理教育与咨询活动,普及心理健康知识,帮助大学生解决身心发展过程中的各种心理行为问题,预防心理疾病,矫正一般心理障碍,提高心理素质,促进大学生德、智、体、美、劳全面发展。大学心理咨询机构的职能具体如下。[①]

（1）心理咨询

大学生心理咨询以发展性咨询为主,包括环境适应、自我管理、学习成才、人格发展、人际交往、恋爱心理、情绪调节、求职择业、发展规划等方面的咨询,对于少数心理问题较严重的学生,需要转介到专科医院接受治疗。心理咨询的主要形式有个体咨询、团体咨询、成长小组、电话咨询、家庭咨询、信件咨询和网络咨询等。

（2）教育培训

培训对象包括提供心理服务者和服务对象。对提供心理服务者如专职心理咨询师、兼职心理咨询师、心理辅导员定期开展培训,其目的是提供学习的时间与空间,提高专业工作的能力,培训的主要形式有讲座、督导、示范、工作坊等。对服务对象开展的培训及教育主要通过各种途径,如讲座报告、文化活动、网页资源、刊物等,面向全体学生。

（3）心理普测

心理普测对于了解和把握大学生的心理健康状况和特点具有重大意义。大学心理咨询机构开展学生心理健康普查,建立学生心理健康档案,并对重点学生进行回访和跟踪辅导。高校使用较多的量表主要有:人格测验,如《卡特尔16种人格因素问卷》(16PF)、《明尼苏达多相人格调查表》(MMPI)、《艾森克人格问卷》(EPQ)等;心理健康测验,如《90项症状自评量表》(SCL-90)、《抑郁自评量表》(SDS)、《焦虑自评量表》(SAS),以及教育部制定的《中国大学生心理健康量表》等。

（4）危机干预

危机干预是咨询机构工作的重要组成部分,心理工作者在危机干预过程中的主要职

① 沈德立.大学生心理健康.北京:高等教育出版社,2013.

能是帮助患者正视危机,寻找应对策略,获得新的信息或知识,必要时也在日常生活中给患者提供帮助,帮助患者回避一些应激性境遇,但也要注意避免给予不恰当的保证,敦促患者接受帮助。

(5)学术研究

咨询机构的心理工作者为了对服务对象的属性、心理需求有所了解,以便更好地为来访者服务,在工作过程中会开展研究,调查学生心理健康状况,分析研究不同特征学生的心理特点,撰写研究报告,研究成果应用到实际咨询与辅导过程中,形成良性循环。

二、大学心理咨询师的资质

如前所述,大学提供心理咨询服务的人员应该是专业助人者,他们必须在专业、道德伦理方面经过严格的训练和考核,取得合格的咨询师资质,以此为心理咨询的服务质量提供保障,也是对来访者负责的具体体现。

正因如此,以美国为代表的西方国家严格规定了咨询师的资格认定标准,我国劳动部和中国心理学会于 21 世纪初分别发布相关职业标准和专业注册标准,两者相比较具有一定的差异。我国台湾和香港地区基本参照和效仿国际资格认证办法,根据地区的实际情况作相应调整。例如,台湾地区 2002 年 11 月颁布的有关心理师的规定,统称为心理师的临床心理师和咨商心理师必须具备临床心理学或咨商心理学硕士或以上学位,经训练至少 1 年并成绩及格,参加并通过相应考试后方可获颁资格证书。

1. 西方发达国家心理咨询师的任职资格

以美国为例,心理咨询师的资格认证制度分为两个层次:一是对咨询师资质即培养机构和课程的认证;二是对咨询师专业素质和能力的资格认证。资格认证依据法定强制性程度依次分为注册、认可和执照,开业执照的颁发由官方和行业(美国心理学会、美国心理咨询协会)两方负责。[①]

美国从事心理咨询与治疗的人员大体分为三种:精神科医生(psychiatrist)、临床心理学者(clinical psychologist)和认证咨询师(licensed counselor)。因精神科医生与学校心理咨询关系不大,所以此处着重介绍临床心理学者和认证咨询师的任职资格。

一般而言,从事心理咨询工作的心理学者或临床心理学者一般要具备临床心理学、咨询心理学、学校心理学的博士学位,经过 2 年以上的心理临床训练和实习,或者 3 000 小时督导下的咨询经验和实习,资格考试合格,由各州根据美国心理学会或美国心理咨询协会的要求及各州实际情况给予认定并发放执照。临床心理学者一般在高等院校或其他部门的心理咨询机构中任职,也可单独开业。认证咨询师一般要求有心理学、教育学、社会学等专业的硕士学位,1—4 年的心理咨询临床训练和实习(各州要求有别),参加资格考试

---

① 江光荣,夏勉.美国心理咨询的资格认证制度.中国临床心理学杂志,2005,13(1):114-117+121.

合格,获颁认定证书。认证咨询师通常在规模较大的中学担任专职咨询师。

2. 我国心理咨询师的任职资格

根据我国劳动部于 2001 年 8 月颁布的《心理咨询师国家职业标准》,从事心理咨询的专业人员分为三个等级,分别是心理咨询师(国家职业资格三级)、心理咨询师(国家职业资格二级)、高级心理咨询师(国家职业资格一级),每一等级各有不同的任职要求和考核标准。分述如下:

(1) 心理咨询师(国家职业资格三级;具备以下条件之一者)

取得本专业或相关专业中专以上毕业证书,经心理咨询师正规培训达规定标准学时数,并获得毕(结)业证书者;连续从事心理咨询工作满 5 年并能出具可靠证明者。

(2) 心理咨询师(国家职业资格二级;具备以下条件之一者)

取得心理咨询师职业资格证书后,连续从事本职业工作 5 年以上,经心理咨询师正规培训达规定标准学时数,并获毕(结)业证书者;心理学、教育学、医学大专毕业或其他专业本科毕业,经心理咨询师正规培训达规定标准学时数,并获得毕(结)业证书者;具有心理学、教育学、医学专业的中级职称,经心理咨询师正规培训达规定标准学时数,并获得毕(结)业证书者。

(3) 高级心理咨询师(国家职业资格一级;具备以下条件之一者)

具有本科学历并取得心理咨询师职业资格证书后连续从事本职业工作 5 年以上,经高级心理咨询师正规培训达规定标准学时数,并获得毕(结)业证书,在国家核心学术期刊发表论文两篇以上者;获心理学、教育学、医学硕士学位,见习本职业工作半年以上,经高级心理咨询师正规培训达规定标准学时数,并获得毕(结)业证书,在国家核心学术期刊发表论文一篇以上者;获心理学、教育学、医学博士学位,经高级心理咨询师正规培训达规定标准学时数,并获毕(结)业证书者;具有心理学、教育学、医学专业副高职称以上,经高级心理咨询师正规培训达规定标准学时数,并获得毕(结)业证书者。

2007 年 2 月,中国心理学会推出的《临床与咨询心理学专业机构和专业人员注册标准》规定,获得专业注册的心理咨询师必须具有临床或咨询心理学专业博士学位,或者具有临床或咨询心理学专业硕士学位,后者还需要在获得硕士学位后 2 年内,在有效注册督导师督导下与寻求专业帮助者直接接触的时间不少于 150 小时;接受有效注册督导师的规律的、正式的、面对面的案例督导时间不少于 50 小时、团体案例督导时间不少于 50 小时,或两者累计不少于 100 小时。对在中国境内接受非本标准认可的心理学、医学、教育学等专业学位者,必须在有效注册临床心理督导师的督导下与寻求专业帮助者直接接触的临床实践不少于 250 小时,接受有效注册临床心理督导师的(个体和团体)案例督导累计不少于 200 小时。

综合国内高校心理咨询机构的人员配备情况,高校心理咨询师在相关专业学历、咨询经验标准上日渐提高,相当一部分人员达到中国心理学会的注册标准。大部分高校相当重视心理咨询师的继续教育和专业提升,加大投入,以使专业人员更好地服务于大学生。

三、大学心理咨询的设置

心理咨询通常有严格的设置,以确保助人活动的专业性和有效性。这种设置通常由专业人员依例主导和推动,由咨访双方达成共识并予以确认,并同遵守。了解这些设置有助于大学生求询者"心中有数",降低疑虑,增强动机,提高效率。

1. 时间设置

一个常规心理咨询的时间设置通常为 50 分钟左右,咨询频率为每周一次。通常一次咨询不能达成目标,双方可根据需要商定咨询周期。无特殊情况,咨访双方都需要遵循时间设置,不得随意变更处理。

当然,是否首次咨询、咨询内容是否涉及危机、咨询师的训练背景及咨询流派,甚至距离远近等都可能影响时间设置。例如,首次咨询且来访者的问题较复杂、动机强烈,咨询时间可能超过 1 个小时;危机咨询及干预则很可能打破常规的咨询时间设置,持续时间更长,次数也不限于一周一次,也可能是一天一次等;精神动力学背景的治疗师则可能安排隔天一次、每次 20 分钟的访谈和分析;外地来访的学生和家长因停留时间有限,咨询的频次会相应增加,每次咨询的时间也稍长。总之,关于咨询的时间设置虽然明确,但也可以根据实际情况有所调整。

2. 场所设置

心理咨询是专业咨询师的正式工作,所以咨询场所就是咨询师工作的正式场合,属于办公场所的性质。只不过相对于通常意义上的办公室,咨询场所要特别满足温馨、舒适、安全、放松等要求。为此,各大学心理咨询机构不仅在咨询中心的选址上尽可能追求方便易识,有安静而相对独立的空间,同时在咨询中心的装修、布置上,会特别请设计师把关,从墙壁的颜色、咨询室的分隔、茶几沙发的质地样式、家具的摆放朝向、空调配备,以及窗帘、壁画、时钟、纸巾、茶水、点心等细节,无一不仔细斟酌,目的只有一个:让咨访双方专心专注,放松放心,不受打扰。

有些学生和家长来访者在假期或非咨询工作时间段约见咨询师,往往提议将咨询放在茶室或咖啡室,或者有些咨询师图方便考虑以上地方或一方的家里,其实非常不妥。它有使咨询滑向社交、私人关系等非专业和非工作轨道的风险。

3. 费用设置

一个正式的心理咨询必须有收费标准,即来访者必须为接受咨询服务按标价付费,因为"免费咨询或治疗无助于巩固咨询或治疗关系,无助于强化患者的治疗动机"。[①] 除了咨询费用的明确约定,咨询师和来访者不得因咨询服务发生吃饭、送礼等行为。

---

① 傅安球.心理咨询师培训教程.上海:华东师范大学出版社,2006.

不过,在大学、公司等特定机构内,常见其学生和员工不用为咨询服务个人付费,而是由单位统一划拨或支付费用。在美国纽约大学,学生必须每年为自己的医学和心理咨询服务购买保险,借此可以享受 10 次免费的校内心理咨询服务,超出 10 次学生必须去校外执业诊所或机构付费咨询。国外其他高校,大致都有类似的安排。不过在国内,大学生接受校内的心理咨询服务基本上都是免费,即使个别学校对咨询学生有 1—5 元的"挂号"费用要求,也基本出于强化学生来访动机的初衷。

4. 咨询契约

通常在正式接受咨询服务之前,来访者应向相关咨询机构及其咨询师提出预约申请,咨询机构根据来访者问题的大致性质及状况、咨询意向、对咨询过程和咨询师有无特定要求、对咨询时间和费用的承担情况等进行初步评估,以便匹配处理,且双方对此达成一定共识,签字同意安排或达成口头协议。协议一经达成,咨访双方应尽可能遵守约定。

预约方式有电话和面谈两种,随着互联网的发展与普及,网上预约系统逐步推广,亦成为一个重要的通道。

大学心理咨询机构通常积极推动学生的预约行为,提高学生的预约意识,并为此利用网站宣传、讲座讲课、学生心协团体自助活动、大学生心理健康活动月等机会推介心理咨询机构服务、咨询中心专业咨询师的特点特长、预约心理咨询的方式路径、心理咨询的性质流程等,以提高学生对心理咨询的了解度、接受度、使用度以及恰当使用咨询服务的有效度。

小贴士 11 - 4

大学生心理求助状况小调查

有人以问卷调查的方式考察大学生在处理心理问题时的求助倾向及妨碍其寻求专业帮助的原因。调查结果表明,大学生遇到问题时的求助方式有以下特点:

1. 倾向于先求诸己,后求诸人;

2. 在寻求他人帮助时,更倾向于向关系密切的人求助,只有面临严重的心理困扰时,才倾向于向专业咨询求助;

3. 男生较女生更倾向于自己解决问题;

4. 来自农村的学生较来自城市的学生更倾向于自己解决问题。

妨碍大学生寻求专业帮助的原因有以下九种:

1. 相信自己能够解决;

2. 个人隐私不愿表露;

3. 学校有关组织的宣传不够;

4. 问题不严重,未影响学习与生活;

5. 有其他解决方法;

6. 日常生活中,接受心理咨询并不是一种常见的减压方式;

7. 接受心理咨询容易在周围的人群中引起议论;

8. 不信任咨询师的能力;

9. 学习负担重,没有时间。

资料来源:江光荣,王铭.大学生心理求助行为研究.中国临床心理学杂志,2003,11(3):180-184.

四、心理咨询的求询

高校心理咨询要走近大学生,大学生也要走近和使用心理咨询,双方的良性互动至关重要。其中,高校心理咨询机构的专业和效率,以及大学生的求询需要和求助行为分别起到重要作用。对咨询有效性和心理求助行为的研究,为高校心理咨询机构和大学生的良性互动提供了有意义的启示。

心理咨询机构和来访者都非常关注心理咨询是不是有效。对咨询效果的评估和研究不仅可以促使从业人员改善治疗方法,提高临床实践的科学性,继而促进咨询职业的发展,而且可以有效地保护当事人的利益。

专业人员对咨询有效性的研究始自 20 世纪 50 年代,目前依然是国际上对心理咨询与治疗研究的一个重点和热点问题,集中在以下几个方面:一是心理咨询在总体上是否有效;二是治疗效果体现在哪些方面;三是哪些因素对治疗起作用;四是如果咨询已经有效,那么哪些因素可以继续增强其效果等。

1. 心理咨询是否有效

尽管不同的研究者得出的研究结论各有差异,但研究者目前比较统一的看法是心理咨询对几乎所有的心理困扰都有相当积极的效果,而且咨询后的效果可以保持。尽管经验告诉我们,当事人即使没有接受咨询,"心伤"似乎也会随着时间的流逝而逐渐改善或自愈。与此同时,研究还证实,不同的咨询和治疗方法也都有大致相同的积极治疗效果。[①]如果不考虑治疗取向或诊断类别,治愈率与改善率分别约为 60% 和 65%,复发或恶化率约为 5%—10%。

以德国为例,早在 20 世纪 60 年代初,一项研究结果证明了心理动力学治疗的有效性,因而心理治疗指南得以进入德国政府制定的健康治疗体系。又因为心理动力学治疗、认知行为治疗等的治疗效果因科学实验研究证据确凿可信(至少三项研究以真实的患者进行随机对照研究,有清楚的治疗过程,有干预后 1—5 年的随访结果),通过了德国联邦科学顾问委员会下设的心理科学委员会的严格审查,因而其治疗费用已经纳入医疗

---

① 夏勉,江光荣.心理咨询效果的研究进展.中国心理卫生杂志,2005,19(3):217-218.

保险。[①]

2. 咨询疗效何处可见

有学者认为,心理咨询能够为来访者提供全新的人生经验和体验,帮助其认识自己和社会,改变不良应对方式,发挥个人潜能等,并将心理咨询的积极功能归纳为以下八个方面:体验良好的人际关系,认识自我内部冲突,促进自我反思,深化自我认识,获得心理自由,学会面对现实,付诸有效行动,发现人生意义。[②]

也有学者对抑郁女性进行认知治疗后发现,咨询最为有用的方面体现在帮助来访者更能掌控自己的行为、情绪和想法;减少自我责备,增加自尊。另有学者提出咨询可引起和促进来访者在认知、行为、情感上的稳定改变,体现在:认知和感受的觉察力提高;利用两次咨询的空隙促进领悟,尝试矫正性的体验;与重要他人一起,在现实生活中进行尝试;保持希望,相信会改变;快速建立关系,但这并不会一直成为来访者的核心;形成咨询中如何发生改变的图式。

综合相关研究,可以说正规咨询和治疗的疗效持久,专业性咨询的效果优于一般人际关系,可以帮助来访者缓解症状、疏泄情绪、激起希望、轻松应对,增加对问题的控制感和治愈信心,学习应对问题的新策略、经验和方法。当然,由于咨询师和来访者的情况千差万别,心理咨询并非对每个人有效,对不同来访者的效应也各不相同。

3. 咨询何以起效

咨询何以起效?这是咨询师和来访者都想一窥究竟的问题。学者们的共识是,咨询中起助人自助作用的因素大体包括当事人因素、咨询中的共同要素和特殊干预等方面。当事人因素包括心理问题的性质和严重程度、求助动机、自我的强度和过去经历、对自身问题的鉴别能力等。咨询中的共同要素如何影响咨询疗效是研究者最感兴趣的一个话题。在共同要素的研究结果中,诺克罗斯(John C. Norcross)和兰伯特(Michael J. Lambert)分析指出,除去由测量误差、错误方法以及人类行为的复杂性等因素造成的无法解释的方差,当事人自身的贡献(如治疗动机、障碍的严重程度等)约占治疗结果总变异的30%,治疗关系占15%,具体咨询与治疗方法占10%,治疗师因素占7%(见图11-1)。可见,当事人因素的重要性甚至超出咨

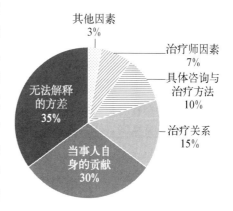

图 11-1　心理治疗结果的方差回归[③]

①　钱铭怡.心理咨询和心理治疗研究:国外发展及国内研究现状.*中国心理卫生杂志*,2011,25(12):881-883.
②　沈德立.大学生心理健康.北京:高等教育出版社,2013.
③　转引自:樊富珉.咨询心理学.上海:华东师范大学出版社,2022:97.

询师技术的重要性。

此外,特殊干预也是多数研究者公认的有疗效的因素。特殊干预指的是各不相同的咨询流派的指导思想及其相应的治疗技术。尽管对于某些心理问题,某些特定的疗法有特殊的效果,但是总体来说,不同咨询流派产生的治疗效果没有显著差异。

4. 如何增强咨询效果

在以上当事人因素、咨询中的共同要素和特殊干预恒定的情况下,如何增强咨询效果？研究者发现,咨询剂量是一个重要因素,所谓剂量指的是咨询会谈的数量。相关研究证实,剂量与当事人进步和正常化的可能性成正比,而且在较高剂量水平情况下,问题复发的可能性降低。因此,会谈的次数对咨询的效果具有增强作用。具体而言,会谈初期咨询效果进展迅速,会谈后期则进展缓慢。对于大多数心理困扰,8 个会谈期至少有 50% 的当事人有显著进步,26—28 个会谈期 75% 的当事人有显著进步,52 个会谈期有 85% 的当事人有显著进步或恢复常态。[①] 在我国高校的心理咨询实际工作中,咨询会谈规定次数并不那么严格,大多视来访者的需要而保持灵活性,学生使用咨询资源大多 1 次或多次,少数来访者会长达几十次。国外有些高校为确保咨询资源均等,对学生免费使用学校心理咨询中心服务的次数给予限定。

小贴士 11-5

你愿意寻求帮助吗

以下量表可用来评估一个人看心理医生的意愿。请认真阅读每个陈述并表明你同意的程度。请完全坦率地作出反应。

0＝不同意　　1＝可能不同意　　2＝可能同意　　3＝同意

1. 虽然有为具有心理困扰的人服务的诊所,但是我不太相信它们。

2. 如果一位好友向我征询对一个心理健康问题的建议,我可能建议他去看心理医生。

3. 由于某些人有看法,我可能对去看一位心理医生感到不安。

4. 一个性格坚强的人能自己克服心理冲突,几乎不需要借助专业心理咨询师。

5. 很多次我感觉彻底迷失了,很想得到针对个人或情绪问题的专业建议。

6. 考虑到心理治疗包含的时间和花费,它的价值对像我这样的人来说值得怀疑。

7. 如果能帮助我或我的家人,我很愿意向一个合适的人倾诉隐私。

8. 我宁愿忍受某些心理挣扎,也不愿经受专业治疗的折磨。

9. 像许多事情一样,情绪方面的困难往往自己能解决。

---

① 夏勉,江光荣.心理咨询效果的研究进展.中国心理卫生杂志,2005,19(3)：217-218.

10. 有些问题不应该在直系亲属之外讨论。

11. 具有严重情绪困扰的人在好的心理医院里可能感到最安全。

12. 如果我认为我有了心理问题,我的第一反应就是去获得专业人士的帮助。

13. 为避免个人的担心和忧虑,将注意力放在工作上是一个好的解决方法。

14. 患过精神病是一个人一生的污点。

15. 即使对于一个情绪问题,我也宁愿一个亲密的朋友而不是一位心理学家给我提供建议。

16. 一个有情绪问题的人是不可能独自解决自己的问题的,但在专业人员的帮助下他有可能解决该问题。

17. 我怨恨想知道我的个人困难的人,不管他有没有受过专业培训。

18. 如果我长期感到焦虑或沮丧,我可能想得到精神病学方面的帮助。

19. 与一位心理专家谈论问题的想法使我认为这是去除情绪冲突的糟糕途径。

20. 患心理疾病给人带来一种羞愧感。

21. 对于生活中的有些经历,我不想和任何人谈论。

22. 一个人不知道自己的一切可能是最好的。

23. 如果我在生活中的某一时刻正经历一次严重的情绪危机,我确信我会通过心理治疗而得到缓解。

24. 一个人愿意不求助于专业帮助而应付自己的问题,这种态度中的某些东西值得钦佩。

25. 在将来的某个时间我可能想去接受心理咨询。

26. 一个人应该处理他自己的问题,获得心理咨询将是最后的手段。

27. 如果我在一所心理医院接受治疗,我不会觉得这个事情应该被"掩盖"。

28. 如果我认为我需要精神病学的帮助,不管谁知道这件事,我都将去做。

29. 与受过高等教育的人如医生、教师等谈论私人问题是困难的。

计分方法:以下题项反向计分,1、3、4、6、8、9、10、13、14、15、17、19、20、21、22、24、26 和 29,也就是说,选 0 得 3 分,选 1 得 2 分,选 2 得 1 分,选 3 得 0 分。在对这些题项进行反向计分后,计算所有 29 个项目的总分。

分数解释:29~49 分,表明对寻求专业帮助态度消极,不大愿意求助。50~63 分,表明你认为专业帮助可能有用,但有点不确定是否会真正寻求专业帮助。64~87 分,表明你对寻求心理咨询师或心理治疗师的帮助具有积极的态度。

资料来源:[美] 莱斯·帕罗特.咨询与心理治疗.郭本禹,等译.北京:高等教育出版社,2009:9-10.

思考题

1. 心理咨询的性质是什么?

2. 了解心理咨询的特点对你有何帮助?

3. 试着阅读《精神卫生法》,你的深刻感受是什么?

4.《中国心理学会临床与咨询心理学工作伦理守则(第二版)》总则五原则带给你的思考是什么?

5. 怎样有效使用心理咨询?

推荐阅读

1. [爱尔兰] 阿伦·卡尔.儿童和青少年临床心理学.张建新,等译.上海:华东师范大学出版社,2005.

2. 杨凤池.咨询心理学.北京:人民卫生出版社,2007.

3. [美] 莱斯·帕罗特.咨询与心理治疗.郭本禹,等译.北京:高等教育出版社,2009.

4. 李正云.破茧化蝶——来自大学心理咨询的案例报告.上海:上海教育出版社,2010.

5. 樊富珉,费俊峰.大学生心理健康十六讲.北京:高等教育出版社,2020.

第十二章

大学生心理危机应对与生命教育

人生难免会遇到各种各样的危机,它考验着我们对人生的态度和生命价值感。有些人在危机面前悄然倒下,有些人运用自己的智慧,巧妙地化险为夷,度过了危机期,用自己的行动使生命意义获得完整美好的表达。

近年来,大学生极端心理危机事件频频发生,引起了社会各界的重视与关注,全面客观分析大学生心理危机产生的原因,研究和制定防患于未然的危机预防与应对措施,化"危机"为"转机",有助于大学生提升心理承受能力,更健康地投入生活和学习,同时也维护了家庭、学校和社会的稳定与和谐发展。

第一节　大学生心理危机概述

"月有阴晴圆缺,人有旦夕祸福。"大自然中的地震、海啸、山崩、洪灾、雾霾等灾害的出现,人类社会中诸如战争、瘟疫、恐怖行动的发生,都会在一定程度上给人们造成生命的威胁、生活的损伤等,都会使个体陷入生存或生活的危机。因此,危机是指个体运用惯常模式不能应对遭遇到的内外困扰时的一种失衡状态。

有些危机,虽然没有给生命、身体和财产造成直接的损失,但是扰乱了正常的生活秩序,使人失去安全感,引起个体心理上的极度不安,甚至使人丧失自主性和控制性,严重时也会危及生命安全,这就是我们要重点探讨的心理危机。

一、心理危机的"危"与"机"

"心理危机"(psychological crisis)这个概念于 1964 年由美国心理学家卡普兰(Gerald Caplan)首次提出。他认为,每个人都会努力保持内心稳定的状态,使自身能够适应外部环境的变化。当个体遇到对自己而言具有重大意义且难以解决的问题,正常的生活受到干扰,自己既不能回避,尝试了许多方法谋求解决却也以失败告终时,心理上就会进入失衡状态。因此,可以说,心理危机就是一个人不能处理外部事件时产生的内心矛盾和冲突,即外部事件的刺激程度已超过其自身应对能力而导致的一种心理失衡状态。

1. 心理危机的含义和类型

心理危机产生后,人会无所适从、痛苦无助、情绪低落、焦虑疲惫、内心困惑,找不到释放的出口和化解的办法。严重的心理危机,会促使人产生自杀或他杀等极端行为。美国心理学家卡内尔(Kristi Kanel)将心理危机分成三个基本组成部分:危机事件(应激源)的发生;当事人因感知到危机事件而产生的主观痛苦;惯常处理应激的方法或机制失效,使得个体心理、情感和行为等方面的一般功能水平与危机事件发生前相比有所降低。[①]

心理危机不是一种疾病,其本质上是伴随着危机事件发生而出现的一种心理失衡状态。因此,心理危机不是个体经历的事件本身,而是对自己经历的困难情境的情绪反应状态。心理危机一般分为发展性危机、境遇性危机和存在性危机三类。

发展性危机(developmental crisis)可界定为"一个内在形成的情境,它可能源于生理的或心理的变化,再加上个体发展、生物性转变与角色变迁等因素的影响"。[②] 发展性危机也可以称为成长危机,这是正常成长过程中急剧的变化或转变导致的心理方面的异常反应。比如,出生、入学、离开父母、毕业、结婚、生子、退休等。这是每个人一生中都会面临的危机,是可预见的,因而也被认为是正常的危机。对大学生而言,发展性危机有入学心理危机、学业心理危机、人际关系心理危机、恋爱与性心理危机、就业心理危机等。发展性危机是大学生成长中必要和重大的转折点,每一次发展性危机的成功解决都是大学生走向成熟和完善的阶梯。

境遇性危机(situational crisis)主要指个体面临无法预测和控制的重大事件时出现的心理危机状态。这类危机往往具有随机性、突发性、震撼性或灾难性。比如,遭遇自然灾害、严重交通事故、亲友离世、身患重病、性侵、校园暴力、学业失败等,都可能构成个人或群体的境遇性危机。区别境遇性危机与其他危机的关键在于,境遇性危机是随机发生的、事出突然的、令人震惊的、情绪激动的、变动激烈的。对遇到境遇性危机的大学生来说,情绪上容易崩溃,靠自己个人的已有能力是难以解决的,需要一些支持才能顺利度过危机期。

存在性危机(existential crisis)则是指伴随着重要的人生问题,如伴随人生目的、责任、独立性、自由和承诺等出现的内部冲突和焦虑导致的危机。存在性危机可能是基于主观感觉的,也可能是真实存在的。存在性危机常常是一种内在的深层的危机状况,不像境遇性危机具有突发性,但贯穿人生存发展的始终,易于形成反社会及颓废、消极的心理应对模式。存在性危机严重影响大学生个体的心理健康,能成功应对和解决它对大学生确立正确的人生观、价值观和世界观有着深远的影响。

---

① Kanel, K. *A guide to crisis intervention*. California: Marcus Boggs, 2003.
② 孙宏伟,等.*心理危机干预*.北京:人民卫生出版社,2018:6.

有学者认为,除了发展性危机、境遇性危机和存在性危机,心理危机还包括障碍性危机。障碍性危机又称病理性心理危机,是个体因为认识的存在性问题而产生的心理危机。在这类危机中,病理心理是个体的主要特征。个体的抑郁、焦虑等某些心理障碍或心理疾病本身可能就是一种心理危机。[①]

2. 心理危机的特征

(1) 危险与机遇并存

"危机",既包括"危"(危险),也包括"机"(机遇)。心理危机具有危险性。危机可能导致个体严重的病态或过激行为,但同时危机中也潜伏着机会,它带来的痛苦和焦虑迫使当事人积极进行改变,寻求帮助,这就有可能打破个体原有的定势和习惯,增强适应环境的能力,带给个体成长和自我实现的机遇。正如美国心理学家埃里克森(Erik H. Erikson)所说:"危机不再意味着是迫在眉睫的大灾难……而是生命中一个必要的转折点,即生命发展中面临的二选一的决定性时刻,它汇集了成长、复原与更进一步分化时所需的资源。"

(2) 普遍性与特殊性

危机的普遍性是指在特定情况下,没有人能够幸免。个体成长过程中总是伴随着各种意外和失衡,没有人能幸免。危机又是特殊的,由于个体在人格、所处环境等方面存在差异,会出现不同的危机反应,产生的结果也有不同。

(3) 复杂性并缺少万能的方法

心理危机是复杂的。一方面,造成危机的原因可能是生理的,也可能是心理的和社会性的;另一方面,心理危机的症状就像一张网,个体、环境的各个方面都交融在一起,不是单纯某一项或某一方面的问题。危机的复杂性决定着处理危机的难度,对于复杂性较高的危机,可能需要相关人员对整个个体的生态系统进行干预。因此,大多数心理危机缺乏万能的或快速的解决方法。

3. 心理危机的历程

尽管心理危机的发生具有突发性和不可预料性,但实际上任何危机的产生都有一定的过程,具有一定的隐蔽性和或然性。某大学生轻生后,他的一位室友回忆说,大三以前他的学习成绩还可以,获得过学习进步奖学金,从大三开始有些变化,经常不去上课,出现"挂科",问过他为什么,他也不说。种种迹象表明,大三时可能发生了对他有很大影响的事情,具体什么事别人不清楚。

美国心理学家卡普兰从 1954 年开始系统研究心理危机。他认为,心理危机是一个过程,处于危机中的个体一般会经历如下四个阶段。[②]

第一阶段,当一个人感受到自己的生活突然发生变化或即将发生变化时,其内心的基

---

① 段鑫星,程婧.大学生心理危机干预.北京:科学出版社,2006.

② 张继明,王东升.大学生心理危机干预辅导员手册.北京:北京师范大学出版社,2018:5.

本平衡被打破了,表现为警觉性提高,开始体验到紧张感。为了重新获得平衡,个体试图用其惯常的方法或策略作出反应,来减少或消除焦虑所致的应激和不适,以恢复原有的心理平衡。这一阶段的个体一般不会向他人求助。

第二阶段,经过一段时间的努力,当事人发现惯常的方法或策略不能解决目前存在的问题,个体开始尝试采取其他各种办法解决问题,但是逐渐增加的紧张情绪会妨碍当事人冷静思考,于是生理上的不适和焦虑表现加重并恶化,社会适应功能明显受损或减退。

第三阶段,如果经过尝试各种方法未能有效地解决问题,当事人的焦虑、抑郁等不适反应进一步加重,促使他想方设法地寻求和尝试新的解决办法,力图减轻心理危机和情绪困扰,当事人求助的动机增强,常常会竭尽全力地发出求助信号,其中也包括寻求社会支持和危机干预等。此时,当事人最容易受到别人的暗示和影响。

第四阶段,当事人处于危机状态。由于缺乏内在的力量和社会支持,个人的问题未得到解决,紧张和焦虑上升到一种无法忍受的程度,会对自己失去信心和希望,产生习惯性无助,甚至会把问题泛化,对自己整个生命意义产生怀疑和动摇,出现明显的人格解体、行为退缩、自杀或精神障碍。同时,强大的心理压力有可能触发以前未能完全解决的、被各种方式掩盖的内心深层冲突。这个阶段当事人特别需要外援性的帮助,才有可能度过危机期。

卡普兰对心理危机四个阶段的研究分析,非常明晰地揭示了心理危机发生的过程,也清楚地告诉我们,如果危机发现及时,或许可以避免不幸事件的发生。一些自杀事件在发生前已经有迹象表明,如当事人出现"不去上课、挂科"的不适行为以及"上课没意思"的不良情绪。但是,由于大家对心理危机的认识不够,没有及时上报学校有关部门进行心理干预,以找出更好地应对困难的办法,最终导致悲剧的发生。危机干预成功的结果证明,没有任何人是一定要自杀的,即使有强烈死亡愿望的人自杀前也会非常矛盾、茫然,想要抓住生命。有研究表明,52%—60%的自杀者在自杀前1—8周曾发出过求助信号。80%的自杀者曾向外界表达过自杀意图,如果及时干预,很多心理危机是可以避免的。

微视频 12-1

不容小觑的失眠

小 Y 是个 22 岁的女大学生,刚结交了男朋友。她抱怨近 2 个多月以来,每天晚上难以入睡,睡着后又容易惊醒,而且每晚都会做一些与死亡有关的噩梦。第二天醒来精神不振,疲惫不堪,无法学习,心情烦躁,感到头痛,食欲下降,因而体重减轻,经常与男友吵架。对此,她感到非常痛苦,不知道发生了什么,自己从一个快乐的女孩变成一个整天与烦恼和忧伤做伴的人、一个对生活失去信心的人。渐渐地,她不愿意去上课,不愿意出宿舍门。经常想如何才能结束这样的状况,有时想到以死来解脱。

二、大学生心理危机发生的原因

人们的物质生活越来越丰富,对精神生活的追求也不断提升,但是人们的心理出现越来越多的问题,世界各地抑郁症患者的比例逐年升高。有人归纳了当代人面临的九大心理问题:离婚人士,心灵创伤;贫困家庭,生活压力;商界精英,事业受挫;莘莘学子,考试重负;青少年,网络成瘾;独生子女,适应障碍;投资人士,心理失衡;弱势群体,失去信心;中老年人,缺少关爱。

当代大学生心理危机发生的原因可以从主观和客观两个方面来分析。

1. 客观原因

（1）学习和就业压力

一方面,来自学习的压力。有些学生虽然考上了大学,但所学专业并不是自己喜欢的,不愿意主动学习,以致考试不及格又不能面对家长和自己,最终应激引发精神疾病、产生危机;有些学生是因为过去的基础知识薄弱,自学能力较差,较难跟上大学的正常教学进度而影响学业,为此对自己失去信心,自暴自弃;有些学生在中学时期学习很好,可进入大学后,在相当一段时间不适应大学的学习方式和学习内容,学习成绩下降,不能原谅自己,表现出强迫、焦虑的心态。另一方面,学生为了将来能够更好地就业,除了完成必修的学业之外,还要为参加各种形式的等级考试和资格考试而奋斗,以致身心疲惫。一位已毕业两年的大学生,一直没有找到自己认为满意的工作,最后回到母校寻短见,走上绝路。一位大学博士生脱产读了三年,可是论文发表不了,没有资格答辩;新的工作没找到,看不到生活的目标所在,觉得自己这么大了还要父母辛苦支持,一时想不开寻了短见。

（2）重大的财产损失

大学生遭遇重大的财产损失,尤其遭遇诈骗等情况,会背上沉重的心理包袱。比如,电信诈骗受害者中,大学生占比达 68%,[①]已成为主要受害群体。遭受电信诈骗会给大学生造成不同程度的财产损失和精神压力,他们又十分关注社会和他人对自身的评价,容易出现精神崩溃。

（3）关系受挫或破裂

大学生正处于寻求亲密关系的心理发展阶段。如果爱情或友情等关系遭遇挫折和冲突,甚至丧失一段爱情或友谊,对大学生的内心世界有极大的冲击。这些亲密关系本身是大学生重要的支持系统,这些关系的受挫或破裂让其更容易陷入孤立无援、自我怀疑等境地,如果缺少自我调节的技巧和方法,轻者陷入情感的漩涡难以自拔,重者则会痛不欲生,甚至导致精神失常、轻生或攻击他人。

---

① 许倩.强教育与弱感知:高校安全教育中正式和非正式制度对大学生风险感知的影响——基于电信诈骗的多案例研究.广州大学学报(社会科学版),2022(2):32-43.

（4）原生家庭因素

家庭教育和家庭结构的完善程度以及家庭成员之间的关系，对大学生的生活具有重大的影响。家庭关系不和谐，个人内心缺乏安全感，家庭对孩子提出过分的期望等，是导致大学生出现严重心理危机的重要原因之一。另外，亲人离世或突遭大病、家庭遇灾、家庭经济困难、自身安全受侵犯等也会成为　些大学生心理危机产生的外部诱因。还有一些大学生因自己始终无法摆脱父母的"干涉"去独立生活，心理上产生严重的冲突和焦虑。

（5）长期疾病的折磨

长期患病，接受多次治疗后症状未控制，或有病情反复发作的情况，常常会产生"无法治愈"的怀疑，逐渐丧失治疗信心。治疗费用的高昂，持久的身心痛苦，对未来的无望感等，使长期患病的大学生身心煎熬，容易陷入绝望之境。

2. 主观原因

（1）认知偏差

认知发展是大学生心理健康成长的重要方面，但部分大学生在认知方面存在一些偏差。任意夸大对于某些问题的认知，如一次考试失利，就认为自己没有能力，不如他人而自卑并陷入无限度担忧中；和同学意见不合，就觉得所有的人都不接受自己，无法与人正常交往；被异性拒绝以后，就觉得天下人都不喜欢自己，陷入焦虑、抑郁、自卑等消极情绪中，痛苦不堪；等等。

（2）情绪不稳定

情绪不稳定，是一个人的情感或情绪快速而强烈地发生变化，这种变化通常与外部环境不匹配。比如，某大学生因为室友偶然说话音量大就开始破口大骂，这种快速爆发式的情绪与对方说话声音大的引发原因是不匹配的。同时，情绪不稳定的人一旦出现这种快速爆发式的不恰当的情绪，也很难自我控制。情绪不稳定的人可能几乎无法控制自己的情绪，比如"我无法停止生气，我必须说出来"。情绪不稳定的大学生，会因外界的刺激，突然爆发非常强烈的愤怒冲动或者难过哭泣，自己完全不能克制，并出现语言攻击和行为攻击。这种突变的情绪和行为，和平时判若两人。情绪不稳定的人表现出的激情或能量，要么与事件不成比例，要么与环境不相称。情绪不稳定也是双相情感障碍、创伤性应激障碍的一个心理症状，突出表现为在躁狂和抑郁情绪中摇摆。

（3）人际关系失调

人际关系失调是指大学生与同寝室同学的关系不和、与老师关系紧张、不知道如何与人交往、与好朋友关系恶化等的行为反映。由于大学同学来自不同地方，同学之间的生活习惯差异不可避免地导致摩擦或冲突。有的大学生不能正确处理这种冲突，导致心理失衡，表现为自卑、抑郁、悲观、怨恨等负性情绪，从而引发心理危机。有的大学生性格内向、孤僻、以自我为中心，难以与他人建立正常的人际关系，尤其是大学一年级的新生，难以适应生活变化，孤独感、无助感时常袭上心头，心理危机便可能由此引发。还有一些大学生心理闭锁,当缺乏家庭的温暖与呵护、朋友师长的支持与鼓励时,即使有心理问题也不愿向周围的人倾诉,更不愿意求助心理咨询专业人员,最后变得越来越孤独,长期积累,一旦超越心理承受能力,也会引发心理危机。

（4）应对方式消极

应对方式是个体面临压力时为了减轻其负面影响、保持心理平衡而采取的特定行为模式。有些大学生受自身人格特质影响,加上生活经验尚浅,在面对压力时会形成消极应对方式,这既不利于自己身心健康发展,也可能对他人或社会产生危害。

大学生应对压力以问题解决、忍耐、转移和求助为主,但也存在压抑、逃避、攻击等消极应对方式,易引起极端心理危机。有些大学生出于自我保护意识,常常将痛苦的经历、糟糕的感受压抑在潜意识里,刻意不去触碰。但是,由于这些痛苦的经历和感受并没有遗忘或消失,而是在不自觉地影响个体的心理变化和行为方式,一旦出现相似或相同的情境,这些负性的感受就会被唤起,对个体造成更严重的危害。

（5）心理承受能力差

心理承受能力差也是心理危机产生的因素之一。心理承受能力是个体对逆境引起的心理压力和负性情绪的承受与调节的能力,是个体良好心理素质的重要组成部分。研究表明,在同样的压力挫折面前,心理承受能力差的大学生,往往容易产生脱离现实的虚幻想法,产生消极的心理反应,导致情绪恶化或厌世。

（6）人格不完善

心理学研究表明,人格可以影响个体对环境事件的评价,并影响评价之后的应对行为的选择。自卑者往往容易低估自己的能力和应对效果,而高傲自大者则倾向于高估,由此产生的应激反应也会不同。另外,人格还可以影响个体对事件的应对方式,一个乐观豁达、开朗豪爽的人即使遭遇较为严重的生活事件,也不会把问题看得过于严重而产生强烈的应激反应。具有责任心的个体在面对应激情境时通常会采取积极主动的态度,选择自律的行为来解决问题。人际关系和谐和具有乐观态度的人,遇到应激事件会主动寻求支持和积极的应对方式。具有坚韧品质的人,即使遇到很大的困难,也会坚定执着地前进,因而更容易解决问题,取得成功。情绪不稳定、过分内向、多愁善感、缺乏耐力、看问题比较消极、自信心低、做事瞻前顾后、犹豫不决的人容易产生心理危机。

三、大学生心理危机的表现

心理危机总是会表现在日常生活中。可是,由于人们不懂得识别一些心理危机者的危险信号,常常错过了救助的机会。例如,某大学生在放弃生命之前,在网上发了四条动态,最后一条称:"走得仓促。再见,地球人。"可是,当时没有人意识到这位学生已经在生命危机的边缘。因此,了解大学生心理危机的表现十分重要。

大学生在心理危机状态下,通常会有一系列情绪、行为、生理反应和认知等方面的表现,这是识别大学生心理危机的重要指标。

1. 躯体表现

心理危机状态下的大学生当心理陷入困境不能自拔时,就会失去对所有事情的关注,包括对自己的关注。因此,饮食、休息没有了规律,其神经系统、内分泌系统以及免疫系统的活动会出现明显的不良变化,产生连锁生理反应,如饮食或体重明显增减,过度疲劳,体质或个人卫生状况急剧下降,失眠或睡眠过多,慢性头痛或胃痛,月经紊乱;心慌、血压升高、出汗、胸闷、四肢发冷、头晕、食欲不振、过敏等;心理危机严重者情绪与行为紊乱,会感到被议论或被害、被支配、被洞悉,出现怪异行为。

2. 认知表现

大学生在心理危机状态下,认知会发生严重歪曲,片面极端;记忆力下降,注意力不集中;思维迟钝,出现幻想,语言不畅;在谈话、日记中流露出一些对生命的消极认识,如"人生意义何在""人活着真没意思""人是不是真的有来世"等话语;或在信件、QQ群、微博、微信、电子邮箱、日记、乱涂乱画的只言片语中流露出死亡念头;或以探讨阅读有关死亡的书籍为主题,谈论自杀工具或自杀方式,直接或间接地表达自己对世界的无牵挂心态,或抑郁、无望、无价值感;或感慨"没有人能帮我""没有我别人会过得更好";等等。

3. 情绪表现

大学生在心理危机状态下,会有特定的情绪反应,主要表现为高度的焦虑、恐惧、抑郁、愤怒、沮丧、紧张;易悲伤或焦虑,常常流泪;易激惹,无缘无故地生气或与人敌对;忽悲忽喜,或平时乐观开朗,突然郁郁寡欢,平时寡言少语,突然爱说爱笑等。如有位大学生在喜欢的男生拒绝她的爱情表白后,先是哈哈大笑,之后号啕大哭。从那以后,该女生有时在宿舍里,有时在上课的教室里,情绪失控,不能自已。

4. 行为表现

大学生在心理危机状态下,往往会表现出否认、攻击、放纵、逃避、退缩等消极行为反应,如人际交往明显减少,睡眠黑白颠倒,生活无节律,过度饮酒或吸烟,使用或增量使用可成瘾物质(如咖啡、药品等),突然整理自己的物品,不明原因地将自己珍贵的东西送给同学、朋友或家人,出现自伤行为,出现高危险性的活动或夜不归宿等;有条理地安排后事,如对亲朋好友说"感谢你们的养育之恩""感谢你们一直以来对我的帮助""今后一定要注意身体"等等;无故赔礼道歉,无端致以祝福,述说告别的话"我会离开很长时间……"等等;放纵自己,无视组织纪律,注意力不集中,学习成绩下降,经常缺勤,等等。

四、心理危机易感人群

1. 患有严重心理疾病者

严重心理疾病者指的是严重的抑郁症、躁郁症患者,焦虑症、睡眠障碍患者,药物依赖、病理性赌博者,有被害妄想或其他精神病症状及尚在治疗者,网络成瘾者,人格偏执者,情绪长期低落不与他人往来者等。另外,强迫症严重的人,有时也会陷入心理危机,采取过激行为。

2. 遇重大生活变故者

任何心理危机的发生总会有诱因。突然发生的重大挫折性生活事件,常常会使心理素质脆弱的人近乎崩溃。遭受重大挫折性生活事件的人一般是指家庭关系不良者,近期失恋而痛苦者,意外怀孕或近期堕胎者等;突然遭受意外伤害者,如被抢劫或被强奸者,近期丧失亲朋好友者,发生重大家庭变故而感到痛苦者;学习困难、不能毕业者;与室友或其他人发生严重人际交往矛盾者;或其他可能对自身、他人、社会造成危害者;等等。

3. 消极应对生活者

有些人在遇到挫折或困惑,或者有明显生理缺陷或身体长期患病、极度贫困时,立刻出现消极思维,觉得自己努力也是徒劳的,过度引申、贬低自己,如担心学习成绩不良、害怕失败等。这些消极想法,会促使个体厌恶自己、惩罚自己,极度自卑。为了逃避无法战胜的困难,就会出现自我虐待、自伤或自杀的行为。

4. 过度要求完美者

在适度范围内的完美主义,它能成为我们的驱动力,成为我们超越自我的源泉。2003年,美国心理学家赖斯(Kenneth G. Rice)将对自我有着超高标准的人(即完美主义者)划分为适应性的完美主义者和适应不良的完美主义者。适应性的完美主义者能够更好地融入环境,有着积极良好的心态,虽然他们有着高标准,但对于不完美有更高的包容性,没有出现高焦虑或强迫等情绪困扰。适应不良的完美主义者则恰恰相反,过度追求完美,他们无法接受失败,时常处于精神紧绷中,一部分适应不良的完美主义者还有着"全或无"的功能性失调思维,同时多数会伴随着高焦虑或强迫等情绪困扰。

加拿大心理学家休伊特(Pual Hewitt)指出,过度追求完美会增加人们的心理健康危机,例如厌食症、抑郁症以及自杀风险。有些大学生决不允许自己有哪怕一丁点的不足,做任何事情都必须成功、不许失败,因此往往为了达到十全十美而苦恼。当目的难以达到时,就彻底放弃所追求的目标,如对学习失去兴趣,对交往失去兴趣,以致对人生失去兴趣而发生危机行为。

5. 人际关系紧张者

身处密切融洽的人际关系中,心情舒畅,有益于身心健康。容易产生摩擦和冲突的人际关系,可干扰人的情绪,使人产生焦虑、不安和抑郁。大学生在人际交往中,可能出现认知的、情感的、性格的和交往技能与方法上的各种心理障碍,如以自我为中心的人际交往,就可能因人际关系紧张而诱发大学生的心理危机。

当然,心理危机不仅仅在以上所述的几类人群中发生,我们每个人遇到挫折后都有可能发生心理危机。只不过有以上原因的人群对挫折的感受更敏感一些,因此更易引发心理危机。

第二节　大学生心理危机的预防与应对

　　中国医学宝典《黄帝内经》对病的预防与治疗实质提出了非常精辟的观点:"不治已病治未病,不治已乱治未乱,此之谓也。夫病已成后药之,乱已成而后治之,譬犹渴而穿井,斗而铸锥,不亦晚乎。"意思是说,未病先防,已病防变。《尚书·周官》中说:"若昔大猷:制治于未乱,保邦于未危。"《尚书正义》说:"制其治于未乱之始,安其国于未危之前。"无论是治病还是治国,在中国文化思想里都主张"防患于未然",预防才是最为重要之事。

　　心理危机也是如此,应治"未危之乱",预防是最有效的危机管理。平时未雨绸缪,养心护心,防微杜渐,积极采取措施,消除导致危机发生的潜在可能,从源头上防止危机的形成与发生,就可以将危机造成的损失和影响降低到最低程度和最小范围。

一、大学生心理危机预防工作

　　大学生的心理健康状况,既关系到大学生的个人成长,也关系到整个民族素质的提高,以及国家的前途和命运。近年来,国家教育、卫生等行政管理部门颁发多个关于加强和改进大学生心理健康教育工作的意见,要求高校根据学生心理健康状况和需要,组织实施相应的教育教学活动,保证学生在校期间普遍接受心理健康课程教育。可见,维护和增进大学生心理健康、预防心理危机是高等教育工作的重要内容。

1. 学校心理危机预防工作体系

　　学校认真开展心理危机预防的各项活动。很多学校在全校范围内开展生命教育,增强师生认识生命、尊重生命、欣赏生命、珍爱生命的意识。可开设心理健康教育必修及选修课,开辟心理健康网络专栏,网络平台增设相关知识链接,开展主题性讲座,组织演出心理情景剧,举办心理健康征文、心理知识竞赛、心理健康电影观后讨论等活动,以及增加心理健康相关的广播、橱窗、校报、手册等一系列资源,普及心理健康知识,提高学生心理素质。教授应对挫折的技能,传授识别危机、评估危机、干预危机的知识与方法,目的就是尽最大可能做到对心理危机早发现、早汇报、早干预,将心理危机消灭在初起状态。

2. 学校心理健康档案制度

　　为了全面了解学生心理健康发展状况,高校普遍在大学新生入校后进行心理测试,建立心理档案,给予在常模对照和工作跟进中检出的学生更多关怀关注。辅导员、教师主动与这些大学生建立良好的沟通关系,了解他们遇到的挫折,帮助学生客观认识自己,调整心理状态,适应新的环境,尽快走出心理困扰。当然,心理健康是一种状态,不是一种结果。心理测试只是一种自我主观评价,不可能绝对地反映每一个学生的具体心理状况,心理测试的结果只能是在特定时间了解心理危机的参考依据。

3. 多方协同联动

这里包括纵向管理与横向管理。

纵向管理是指学校成立心理危机预防与干预领导小组。领导小组由主管学生工作的校领导任组长,成员一般包括校(党)办、学生工作部(处)、团委、宣传部、保卫处、教务处、心理咨询中心、校医院、后勤服务机构、院系及校内其他相关部门或单位的主要负责人。全面领导、部署和协调学生心理危机干预工作,督促有关部门、学院和个人认真履行危机干预工作职责,对重大危机事件的处置进行决策,并为危机干预工作的开展提供必要的条件保障。他们具有各自的具体职责。

学生工作部(处)是学生心理危机干预工作的常设工作机构,在学校领导小组的领导下,具体负责危机干预工作的开展,组织和协调各院系及相关部门实施危机干预。

各院系分管学生工作的负责人组织学生辅导员、班主任等相关人员,具体负责落实本院系危机干预工作,对学生心理危机事件进行预防、处理、监控和信息上报;院系其他教职员工协助、配合做好学生心理危机干预工作。学校宣传部门负责有关信息监控与对外发布;保卫部门负责配合学生处、相关学院做好心理问题学生监护、转介过程中的安全保障,以及对事发现场的勘查和保护,防止事态扩大和对其他学生的不良刺激,协调配合有关方面对事件进行调查处理等;教务部门负责学生学业问题相关危机信息的及时通报、预警,处理涉及心理危机学生的学习和考试等相关事项;后勤及学生生活园区管理部门负责对具有潜在危险的地点或地域的预防性管理,落实危机学生的相关生活保障;学校其他相关部门应各司其职,相互配合,共同维护学生的身心健康与生命安全。

学生层面,应成立由心理委员、班干部、寝室长等组成的学生骨干队伍,在学生工作教师的指导下协助参与危机干预,实施朋辈互助。

横向管理是指设立"教学—管理—后勤"三重预防机制,通过教学工作、管理工作和后勤服务工作,形成不同形式、不同角度的预防模式。发挥"教学—管理—后勤"三重预防作用,明确预防的内容与方式,提高人员的预防意识与能力。

建立以学校为基础,以家庭、社会为辅助,以医疗机构为保证的"社会—学校—医院"相结合的社会协同预防联动机制。有条件的高校医院可设立精神科门诊,或聘请精神专科执业医师到校医院坐诊。对有较严重精神心理障碍的学生,给予及时指导和及时就诊。

4. 危机援助热线

学校设置心理危机热线电话,告知所有在校师生心理危机热线电话号码,并鼓励他们在发现问题的时候及时拨打热线或向有关方面报告。热线电话有助于缓解有心理困惑的同学的心理压力,也给他们一个倾诉的机会,能起到及时发现和及时干预的作用。学校也可以开放校保卫处值班电话、校医院值班电话及心理危机援助社会资源电话,以便师生及时有效地获得危机干预帮助(上海市 24 小时心理援助热线电话为 962525)。

二、大学生心理危机自我应对

心理危机具有普遍性,在特定条件刺激下,很少有人能够完全幸免于心理危机。但是,心理危机又具有特殊性,面对同样事件的刺激,有人能够战胜心理危机,有人可能会被心理危机战胜。另外,心理危机并不一定只给人们带来身心方面的损害,引发危险结果,因为危机是危险与机遇的并存,危机中包含机会,如果处理得当,不但避免了危机,还可能在危机中成长,将危机升华为促使自己发展的动力。因此,要正确认识心理危机。

1. 端正对心理危机的认识

有些同学得知某同学已经有危机现象存在,但是由于对危机后果认识不清,对心理问题存在偏见,同时当事人交代不允许将自己的危险心理或行为告诉他人,为了表示对朋友的真诚,这些同学不敢将了解到的情况告知给有关人员进行及时处理,因而延误了干预的最佳时机。

实际上这恰恰害了朋友。因为危机中的当事人可能处于自知力不完整的状态中,并不能清楚地意识到自己的言行后果,更无法为自己的言行负责,所以完全听从当事人的嘱咐保密,实际上可能会给当事人造成更大的伤害。我们要确立"生命安全第一"的思想,及时将同学的异常情况有策略地上报辅导员,这既是对心理危机学生的负责、关爱与保护,有助于其及时获得辅导与治疗,也是分散和转移自己难以背负的责任压力。

还有一些同学错误理解心理疾病,觉得有心理问题是不光彩的事情,担心当事人受到歧视,不及时汇报已知的问题和心理危险情况。实际上,每个人在压力之下都有可能产生心理问题,有心理问题并不是耻辱的事,相反需要更多的关爱。只要我们端正对心理问题和精神疾病的态度,且上报后对当事人的情况加以保密,不要在同学中扩散信息,也不要有麻痹大意的思想,认为心理危机事件不会发生在自己身边,认为当事人只是随意说说,不会真的自杀。每一个平日和我们生活在一起的同学都有可能发生心理危机,切不可抱有侥幸心理。

2. 寻求朋辈支持

对大学生而言,同伴关系占据了个体生活的很大一部分,他们强烈渴望被同伴群体喜欢或接纳。朋辈支持可以理解为,由拥有相似经历的人提供帮助的一种支持形式,而这种相似的经历可以是实际生活中的(如拥有相似的成长、学习或工作环境)或者是情感上的(如有过相似的社交情形或亲密关系),这对处于心理危机中的大学生具有重要的心理帮助和支持作用。

当大学生陷入心理困境,朋辈支持是一种重要的支持力量。朋辈支持可以提供陪伴与共情,在需要的时候给予同伴更多的力量与支持;可以协助建立更好的生活方式,帮助者根据自己的经验帮助有心理困境的大学生合理地规划他们的生活,养成更好的生活习惯,帮助他们更快地适应环境;可以给予社交与情感支持,通过倾听与鼓励,帮助他人更好地应对可能存在的社会与情感障碍；通过持续的沟通，帮助者可以更多地掌握求助者的情况，并在他人需要帮助的时候迅速完成转介，对接专业的临床资源。同辈支持周期可以很长，比如出现心理危机的大学生在家调整，回归大学生活时，朋辈支持可以一直发挥作用。

班级心理委员是朋辈支持的重要力量。班级心理委员的担任者应该是心理相对健康、主动热情、愿意帮助同学的人。心理委员通过学习大学生心理健康基础知识，熟知大学生心理危机管理的主要内容，掌握了必要的心理咨询专业知识；对于自己或其他人出现的各种心理问题的征兆有敏锐的观察和了解力，并能够及时帮助自己或他人寻求正确缓解情绪的途径。因此，身处无法解决的心理困境，除了依靠自己，还可以求助同辈群体，获得心理援助和支持，帮助自己渡过难关。

3. 积极参加心理教育活动

积极参加学校开设的心理健康教育的必修课、选修课，以及根据学生心理发展特点组织的形式多样的专题教育活动、团体辅导活动。比如，大一新生有关适应的讲座可帮助大学生在新环境中学会适应，消除新生间的陌生感，消除新生心理上的隔阂，增强新生处理人际交往问题的能力；大学生挫折应对讲座可让大学生学会认识问题，用正确的方式解决冲突，并勇敢地面对问题；人际关系讲座可帮助大学生积极建设友好寝室关系，学会面对和处理寝室生活中出现的矛盾冲突，营造和谐美好、相互关爱、相互支持的集体生活氛围；大学生生涯规划讲座可帮助大学生认识自己、确定目标、规划人生、缓解压力，以及维护身心健康并发挥潜能；大学生心理危机识别讲座可让大学生了解心理危机的问题、现象、表现及求助方式。这些活动在一定程度上都会帮助大学生调整自己的心理状态、摆脱危机的困扰。

4. 主动寻求心理咨询

目前，每所高校几乎都有专门的心理咨询机构。心理咨询中心教师由具有心理学或相关专业背景并接受了相关职业能力培训的人员组成，他们会运用专业的心理干预方法对学生的心理危机进行评估和判断，协助进行专业干预，开展危机管理，帮助大学生摆脱心理危机、客观认识自己、平衡心理状态、提高心理素质，以积极应对挫折困难。

5. 学习自我支持技术

处于危机中的当事人，注意力狭窄，会忽略一些明显的事实，包括忽略自身可利用的资源。自我支持技术的目的在于，从自身的角度出发来调整情绪、解决危机，使自身的功能水平恢复到危机前。

在心理危机发生的初期，当事人会通过一定程度的抑制、分散等行为来回避痛苦，譬如提醒自己"别想它了，想点别的吧"来抑制不良情绪或表现，不断地做事，集中注意力于当前的工作而不去关注痛苦感受，但其实最终还是要回到接纳情绪、调整情绪上。因此，可以通过向信任的人倾诉或者"自我对话"来面对情绪、调整情绪。当事人可以通过寻求滋养性的环境,特别是从过去有类似经历的人那里得到帮助,学习、培养承受痛苦的能力。即便在危机期间和危机过后,个体都需要与周围的人保持这种良好的人际关系,不一定是要求他们提供强烈的情感支持,而是与他们保持日常的联系,共同分享经验,共同面对事物。这有助于遭受危机的个体重新适应社会,还可以分散自己的注意力,使得自己不再为消极紧张情绪所困扰。这种良好的关系可以表现为与朋友一起散步、一起吃饭、听音乐或是静静地坐一会儿。在危机中后期,当个体积极应对危机的策略失效,感到绝望的时候,他们就会消极地逃避现实,采取退缩的策略来应对危机,这时会不愿意承认现实情境,常常歪曲现实情境,以此来避免危机带来的损失。面对现实、正视危机,是一种重要的自我支持,有利于个体激发自身潜在的力量,动员一切资源来寻求危机的解决办法。处于危机中的个体处理问题的能力比平时要低,由于个体受到问题和情感的双重困扰,搜集信息和处理信息的能力受到一定的限制,因此在危机时期避免作重大的决定,有利于个体自我保护,以免再次受到伤害。

表 12-1　大学生心理危机严重程度与危机干预对象分类

危　机　级　别	危　机　对　象
一级危机: 存在右栏所列因素之一的学生,具有较大的潜在心理危机	1. 近两周内情绪低落抑郁者 2. 有自杀史,但已经回归正常生活者 3. 存在诸如失恋、学业严重受挫、躯体疾病、家庭变故、人际冲突明显或突遭重挫者 4. 家庭亲友中有自杀或自杀倾向者 5. 性格有明显缺陷,如孤僻内向、与别人缺乏正常的情感交流者 6. 有强烈的罪恶感、缺陷感或不安全感者 7. 感到社会支持系统长期缺乏或丧失者,如父母离异、家庭破裂、亲子关系恶化等 8. 精神障碍者 9. 过度关注个人的外在条件者,如形象、成绩、地位等
二级危机: 发出右栏所列警示信号之一的学生,已出现显著的心理危机,极易采取极端行为	1. 谈论过自杀并考虑过自杀方法,包括在信件、日记、网络媒体、图画等载体中流露死亡念头 2. 近期突然与周围的人探讨人生的终极意义和解脱方式等 3. 行为突然发生明显改变,如生活习惯从邋遢、混乱无序突然变得整洁、井井有条,并将个人物品打包整理;生活态度或行为模式从消极、悲观突然变得非常主动、积极乐观;不明原因地突然给同学、朋友或家人送礼物、请客、赔礼道歉、述说告别的话等 4. 情绪突然明显异常,如特别烦躁,高度焦虑、恐惧,感情易冲动,或情绪异常低落,情绪突然从低落变为平静、轻松,饮食睡眠受到严重影响等 5. 出现幻觉、妄想等异常心理,并伴随精神障碍(抑郁症、癔症、恐惧症、强迫症、焦虑症、精神分裂症、边缘型人格等)的临床表现 6. 存在明显的攻击性或反社会行为倾向,或其他可能对自身、他人、社会造成危害的行为

危　机　级　别	危　机　对　象
三级危机： 出现右栏所列状况之一的学生，已经实施极端行为，并造成较大的影响	1. 自杀身亡 2. 自杀未遂 3. 出现严重的精神分裂症状，完全不能进行正常的学习和生活 4. 出现严重的攻击性或反社会行为，对他人构成严重威胁或伤害，对社会秩序构成严重威胁或破坏

资料来源：马喜亭,卫华.大学生心理危机的研判与干预模型构建.思想教育研究,2011(1)：103–107.

三、大学生心理危机干预过程

1. 认识心理危机干预

从心理学的角度来看，心理危机干预（crisis intervention）是通过调动处于危机之中的个体的自身潜能，重新建立或恢复危机爆发前的心理平衡状态的心理咨询和治疗的技术，是临床心理服务的一个重要分支。

心理危机干预通过对当事人的危机进行减轻、化解、消除或中断的一系列行动，帮助处于困境和挫折中或将发生极端行为的人恢复心理平衡。大学生心理危机干预是指学校对处于心理危机状态下的学生采取有效措施，避免因心理危机引起伤害行为或将伤害行为造成的损失降到最低程度，确保生命安全，使之恢复心理平衡，进而提高大学生应对危机的能力，重新适应大学学习和生活的过程。

心理危机干预具有及时性、目的性、简短性和接近性等特点。其中，危机干预的目的性非常强，就是降低急性、剧烈的心理危机和创伤的风险，减少危机或创伤情境带来的直接严重后果，促进个体从危机和创伤事件中复原或康复。危机干预的接近性是指从事危机干预的人员需要积极、主动地向遭受危机的人群提供帮助，让他们知道哪里可以获取所需的资源。

2. 心理危机干预的原则

心理危机干预的基本原则是，将危机事件的心理干预放在人与自然义化生态系统框架下来思考，它不同于常态下的心理咨询与治疗，而是处理面临生命和生存环境的毁灭性灾难时的心理救援。心理危机干预既遵循心理咨询与治疗的基本原则，也有一些特殊的原则。

（1）保障安全

在危机干预过程中，危机干预工作者应将保证来访者安全作为首要目标，这也是心理危机干预贯穿始终的首要原则。简单来说，就是把求助者对自我和他人的生理和心理危险性降到最低。例如，对有自杀倾向的个案，要对其进行 24 小时监护，使其远离可能造成伤害的物品、器械、地点。

（2）问题聚焦

危机干预聚焦于个案的情绪冲突和情绪调节问题。个案的人格问题和其他深层问题不是干预的主要目标。也就是说,危机干预主要是对症干预而非对因干预,因而在危机干预后,很多来访者后续还需要系统心理咨询。

（3）激活资源

人在危机中的基本思维障碍是一种病理性的思维狭窄,这使得个案只能看到两种选择：要么持续痛苦,生活不尽如人意；要么陷入崩溃,结局悲惨甚至终止生命。危机干预的主要途径是发掘和激活个案的内在资源,以应对生命中突如其来的危机和困境,激发个体内在的复原力——生命最原始的、天然的能力。比如,在自杀心理危机干预中,援助者与当事人一起制定安全计划书,写下让当事人安心/放松下来的事物、给谁打电话求助(亲友、紧急联络人)等激活当事人的资源,帮助其渡过难关。

3. 心理危机干预的流程

（1）学会发现

大学生要做好教师的得力助手,学会发现危机的存在,帮助学校通畅学生心理危机信息反馈机制,第一时间掌握学生心理危机动态,密切关注其发展变化。当然,这一切一定要在严格保密的前提下进行。

（2）及时报告

一旦发现危机情况,学生应及时向辅导员报告,也可以同时向学院、学生工作处、心理健康教育中心报告。在情况知晓的前提下,报告内容包括：当事人基本信息,如当事人姓名、所在学院、学号,报告人及当事人的联络方式等。

（3）实时护控

大学生要配合教师做好相关的看护措施,对可能发生危险的学生采取紧急保护措施,如高楼层宿舍调整至底层宿舍,避免其独自到楼顶、窗口、平台等处,远离利器、绳索、有毒药品等,保护学生的生命安全。

（4）做好保密

任何危机事件的发生,都不是我们愿意看到的。因此,大学生应该配合学校,用宽容的心、理解的心感同身受地去理解危机当事人,维护当事人的尊严,正当保护当事人的隐私。对于尚未确定的信息,不随意在学生中传播,不随意接受媒体采访,不对外渲染事件,防止不恰当报道引发负面影响。不歧视自杀未遂者,积极交往。如果遇到了无法挽回的危机后果,带着对逝者的尊敬态度,不散布有损当事人尊严的消息,不去品头论足、说三道四等。

（5）危机知情人员的危机干预

危机过后,学校根据情况,使用支持性干预及团体辅导策略,通过班级辅导等方法,对知情人员和其他相关人员进行干预,协助经历危机的大学生及相关人员正确处理危机引发的心理问题,尽快恢复心理平衡,尽量减少由危机造成的负面影响。

── 小贴士 12 - 1 ──

心理干预的七步模型

心理干预的七步模型由罗伯特(Albert R. Robert)提出,用于帮助处于急性心理危机、急性情境性危机和急性应激障碍的人群,包括以下七个步骤。

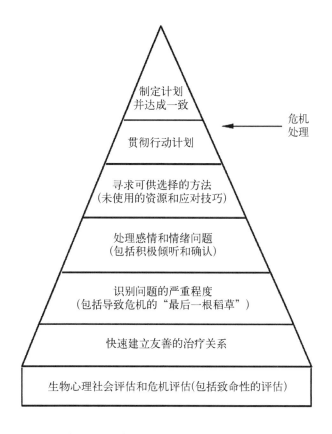

第一步,生物心理社会评估和危机评估。涉及关于危险性的迅速评估,包括自杀、杀人或暴力的危险性,药物治疗的需要,毒品和酒精滥用等情况的评估。

第二步,快速建立友善的治疗关系。向对方表示互相尊重和接纳是关键。要极力去顺应当事人的话题,并保持中立而不作评判,尽量确保不要表露个人观点。保持冷静,并使局面处在掌控之中。

第三步,识别问题的严重程度。通过开放性问题让当事人用自己的语言解释和描述他(她)遇到的问题,这样便于危机干预工作者了解问题真相。可以感受到危机干预工作者的关注与理解,对当事人来讲很重要,而且有利于建立友善且信任的关系。第二步、第三步采用问题解决中心的疗法,识别当事人的能动性和应对资源,包括辨别其以往的有效应对策略。

第四步,处理感情和情绪问题。利用鼓励性语言,让当事人感到危机干预工作者在仔细聆听,这些口头反馈在电话干预中尤为重要。除此之外,反应、解释、情绪定性等都是可使用的技巧。反应包括重复当事人所说的话、所表达的感情和想法;解释包括用危机干预工作者本人的语言来重复当事人的话;情绪定性包括归纳出隐含在当事人话语中的情感,如"你听起来非常难过"。

第五步,通过识别当事人的能动性和以前成功的应对机制,寻求可供选择的方法。危机干预工作者和当事人的合作能使潜在的应对资源更为丰富,供选择的方法范围更为广阔。因此,危机干预工作者的创造性、灵活性和应变能力是成功干预的关键。

第六步,贯彻行动计划。危机干预工作者应在限制性最小的模式下帮助当事人体验到自主性。这一步骤的重要环节包括识别可供联系的人和转介资源,以及提供应急机制。

第七步,制定计划并达成一致。第一次会面后,危机干预工作者应与当事人达成一致,共同确定能使危机得到解决的计划。这可以通过电话和面对面交流来完成。

资料来源:黄小梅.大学生心理健康教育.北京:人民邮电出版社,2017.

第三节　人生意义与生命价值

海明威和杰克·伦敦是两位著名的美国作家。海明威的《老人与海》和杰克·伦敦的《热爱生命》使多少人重新扬起生命的风帆,但是这两位作家都选择自杀作为生命的终点。为什么热爱生命的人会选择自杀这种极端的行为呢?人活着的意义是什么,怎样活才有价值?生命本身是没有等价物的,因此生命是无价的。每个人都拥有无限的潜能和多样的可能性,尊重和接受这种价值的多样性,并努力去发现存在于多样性中的共有的生命价值,会帮助我们走出认识人生意义的困惑之地。

一、人生有意义

"人活着的意义是什么?"或许在你我心中拥有无数种答案。为了我们的亲人,为了让我们以后有更好的生活,为了获得更高的社会地位,为了获得更多的金钱,为了自己的爱情或友谊,为了实现自己的奋斗理想,为了实现自己的价值,等等。如果把大家的答案整理一下,就会发现,我们活在追求中,在为某个目标而奋斗,这个目标对我们个人来说一定是有意义、有价值的。

人生意义感是指个体赋予自己生命的独特理解与感受,它包含着个体对生活的态度、对生涯的规划以及对生命价值的看法。人生意义感是在动态的实践过程中,在感悟生命历程、适应生活、改造生活的过程中逐渐彰显出来的，人生意义感来自生活体验。只有把人生意义置于更大的生活结构之中，才能找到以某种方式生存的理由并理解死亡的意义。

1. 生活状态对人生意义感的影响

人只有在生活体验中才能获知人生的意义，感悟生命存在的幸福。不同的生活状态会引发不同的人生意义感。

生活状态包含物质层面和精神层面。物质层面是指物质经济状况等，经济状况固然会影响人们对人生意义的理解，但精神层面的生活状态更加影响人们对人生意义的看法。人们一般不会因为家庭贫穷而自杀，可是如果个体觉得自己的生活状态很糟糕，就有可能结束自己的人生旅程。

积极的生活状态，可以促使个体不断地拓展生命的存在空间，不断地获取滋养生命、丰富生命的内涵，促进个体健康成长，从而实现自身成长的目的。具有积极生活状态的人，会立足当下，展望未来；会在当下的生活体验中认识人生的意义，以今日的努力去赢得明日的生命价值。即使今日物质匮乏，也决不会将贫穷当作包袱而自卑；相反，贫穷的现实状态会成为改变现状的奋斗动力。即使在生命发展中遇到挫折，也会采取积极的态度去应对，决不会以逃避的方式面对挫折。他们更容易树立正确的人生价值取向，对社会更有正义感、责任感和独立性。既关注自身的工作、学习、爱情、家庭、事业发展，也关注社会发展、公共利益、法律规范。具有积极生活状态的人，更能体验到人生意义的伟大，更能体验到生活的愉悦和幸福，更愿意创造生命的辉煌。

消极的生活状态，会消磨人追求人生意义的意志，颓废无聊、虚度光阴。具有消极生活状态的人，生活是盲目的，生命内容是空虚的，容易随波逐流，无法体验到人生的意义和愉快，尤其是遇到挫折时，更容易出现逃避现实、抱怨生活、愤慨社会、推卸责任、敌对他人的情绪和行为，对人生产生失落、无奈和迷惘，甚至以放弃生命的方式逃避困难。

微视频 12－2

搁浅的小船

辅导员老师领着一位面容姣好但眼神忧郁的大三学生走进心理咨询室。辅导员老师介绍说："她一直纠结于一个问题——人活着没有什么意义，自己想做的事做不了，不希望的事总发生；自己学习了那么多知识，没觉得有什么用处，既然无能为力，还不如了却了性命……对于这个问题，我与她讨论了多次，可是我好像说服不了她放弃'生命无聊'这一想法。她现在越来越觉得活着没意思，如同行尸走肉，也不愿意主动学习，不想参加任何活动。所以，我征得她的同意带她来与您谈谈。"

从咨询中获知，该同学的父母离异，妈妈无法原谅爸爸的赌博和酗酒行为，感到忍无可忍；爸爸无法忍受妈妈的严格管束与唠叨，屡教不改。可她认为：爸爸很善良，可以改变；妈妈很负责，应该给爸爸时间改正。父母离异意味着家的解体，她成了一个无家可归的孩子。为了这个家的存在,她一定要通过自己的努力,促使父母和好团圆。她行使补位原则,努力奔波在父母之间做劝说工作,在妈妈面前为爸爸做工作,在爸爸面前为妈妈做工作。可是,父母仍然按照自己的意愿办理了离婚手续。

她一直以为自己有能力解决父母的这件事情,可现在自己的努力没有成功,没有人理解她的感受,生活顿时失去了意义。

这位同学虽然为挽救父母的婚姻作出了不懈努力,然而,她只是站在自己的角度认识父母的婚姻关系,却没有站在父母的角度理解他们在婚姻中的感受。她只看到家庭解体给自己带来的负面影响,却看不到维持名存实亡的婚姻对父母产生的影响。父母在家经常用逃避或压抑解决矛盾的消极态度与方法,也给她提供了不良示范。因此,当她解决问题遇到挫折时,不是积极寻求有效帮助,而是自怨自艾,以至于想到用结束生命来逃避遇到的困境。实际上,如果该同学有积极生活的信念,感恩父母给予自己生命,感谢父母养育自己,那她就能换位思考,理解父母,用自己的成就回报父母,用自己热爱生活的态度感染父母,用自己勇于承担责任的行为影响父母,让父母看到优秀成长的自己,这才是对父母真正的帮助与安慰。

生活状态与人生意义感紧密相关。从某种意义上说,生活状态就是一个人人生观和价值观的体现。人生意义感越高的人,自我效能感越强,生活满意度越高,其生活状态越积极;反之亦然。

2. 心理健康与人生意义的关系

健康是生命体得以发展的基本保障。根据世界卫生组织对"健康"的定义,生命健康不仅仅是躯体的健康存在,还包括影响生理健康的心理状态和社会适应能力以及道德健康。心理健康是正确了解自己、立足于现在,并且相对持续稳定向上、有效发挥个人潜能以及良好调节自己适应环境的心理状态,能按照社会认可的道德规范来约束自己和支配自己的思维和行动。

心理健康的人,对自己、他人和环境的要求相对适中,不求全责备,不过分放松;能体验到生活的和谐性、幸福感,能挖掘自己的潜力;具有积极的人生态度,珍视生命,理解生命,体验生命,丰富生命内涵,实现生命价值的提升与人生意义的超越。

心理健康状态会直接影响个人的生命存在和精神成长。人活着就需要有一种健康、积极、乐观、向上的人生态度和人生追求,需要精神来支撑我们的生命,这种支撑会鼓励人们不断去追寻新的生活目标。有了幸福感,人生便有了意义。

有研究也证实心理健康与人生意义的关系。如果人们没有找到"存在"的理由或人生的意义,就会感到存在的空虚,这种空虚感是对"没有意义"的一种填补,容易让人感到孤独。一旦人们认识到人生的意义,便通过创造、工作、体验这三种获得人生意义的途径去发现生命的意义。① 德国哲学家叔本华曾说过："人没有希望时就会拥抱死亡。"某些精神疾病的发生与人生意义的缺失高度相关,如抑郁、低自尊、自我认同危机甚至慢性酒精中毒等的表现之一就是无意义感。个体对自己人生价值的肯定感越高,越不会倾向于将死亡视为通往快乐来生的道路,不会将死亡视为逃离痛苦人生的方法。有学者研究发现,影响大学生自杀态度的因素是多方面的,其中生命意义感和孤独感的影响作用较大。② 选择自杀的大学生对人生意义和生活目的理解模糊,对生命普遍存在着一种漠视态度,缺乏人生责任感。③

3. 人生意义与幸福的关系

什么是幸福? 或许有多种答案,因为幸福是一种主观体验。古希腊哲学家亚里士多德曾指出,生命意义在于追求幸福,幸福是人类的终极目标。人有了幸福感,生命便有了意义。

幸福的产生不仅有赖于需要满足与否,而且需要认知过程参与。积极的认知与评估是幸福产生的基础,另外幸福的产生还有赖于人们的行为活动。只有通过具体的行为活动,我们才能认知幸福的事物,满足自己的各种需要,进而产生幸福的情感。因此,行为活动也是幸福产生的重要条件。人并不是快乐与幸福的被动感受者,而是快乐与幸福的主动创造者。通过主动的和有意义的行为活动,人可以创造自己的幸福生活。

在积极心理学看来,幸福生活不只是愉悦,而且要有意义。愉悦生活带来的幸福感短暂易逝,充实而有意义的生活带来的幸福感则恒久绵长。从这个意义上说,生命意义是人生总体幸福感的基础。有的学者研究发现,生命意义与心理幸福感有极显著正相关。研究还揭示,生命意义不仅能增进人的希望,而且青少年的生命意义越高,越可能选择积极的应对方式。"积极心理学之父"塞利格曼把"幸福"划分为三个维度——积极情绪、投入、意义,有较高的生命意义是实现幸福的重要内容。

幸福的第一个维度为积极情绪,也就是我们的感受:愉悦、狂喜、入迷、温暖、舒适等。在此基础上的人生称为愉悦的人生。当我们的需求得到满足的时候,我们的情绪是积极的。当我们感受到愉悦、快乐、温暖、安静时,我们是幸福的。当然,生活不可能永远都是积极的。积极心理学提出一个比例,即积极情绪与消极情绪的比例如果是 3 比 1,则这个人是积极的、蓬勃发展的。

有意义的人生,意味着你追求某些超越自身的东西,并为之奋斗。当我们的人生找到目的和意义,并为此不懈努力,就能拥有幸福。比如,当你完全投入一项吸引人的活动,时

---

① 杨雅琴.追寻生命的意义——弗兰克尔意义疗法述评.黑龙江教育学院学报,2008(1):77-79.
② 郭晓坤.大学生孤独感,生命意义感与自杀态度的关系研究.曲阜:曲阜师范大学硕士学位论文,2011.
③ 王地.我国大学生自杀原因综述.中国青年研究,2009(11):82-85.

间好像停止,自我意识消失。这种境界是一种很安详的境界,也是积极心理学所称的心流(flow),心在流动,感觉停止,是特别专注于自己熟悉和喜爱的工作时达到的幸福酣畅的状态。一个时间做一件事,专心致志地做此事,就能体味幸福。抑郁症患者最大的感受就是觉得生命没有意义。意义带来的幸福感能对抗很多消极情绪,包括抑郁。

找寻人生意义应当到现实生活中去,而不是在封闭的个体内心世界。也就是说,人生意义是具体的、鲜活的,而不是抽象的、空洞的。人生意义没有标准答案,最可行的途径就是自己对自己负责,认真地投入生活,在实践中找寻人生的意义。当个体在现实的工作、学习及生活中因从事各种具体实践活动而感受到存在的价值时,生命的存在就有了实质的意义。

二、生命有价值

西汉时期的史学家司马迁曾说过:"人固有一死,或重于泰山,或轻于鸿毛。"他用"死"的结局来推论人活着时的价值。司马迁的一生,对个人而言是屈辱的一生,对时代而言是伟大的一生。为了完成《史记》,司马迁将个人的屈辱置之度外,并忍受了肉体和精神的巨大痛苦,用整个生命完成了一部永远闪耀光辉的伟大著作,其生命的价值重于泰山。

活着,是生命体的存在,但如何活着才是生命价值的存在。

1. 生命的形态

《现代汉语词典》(第7版)中对"生命"的解释是,生物体所具有的活动能力,生命是蛋白质存在的一种形式。生命首先是一个自然的物质的存在,是人存在的物质基础,但人又不只有肉身,还有思想与价值取向。具体来说,生命具有丰富的内涵,它有三种形态:物质生命、精神生命和价值生命。

(1)物质生命

物质生命是指个体的物质存在,如身体、组织、器官等身心系统。人具有生物性,生物性是生命最根本的表现形式,是精神性和社会性的前提。生命的存在需要遵循自然的法则,这种自然法则包括人的生老病死、吃穿住行等,这是每个人都必须面对的,是无法逃避的。

(2)精神生命

人之所以为人,就是因为我们除了要满足基本的物质需要,也要满足精神需要。精神生命是对物质生命的超越。正如马斯洛的需要层次理论指出的那样,人还有安全需要、归属和爱的需要、尊重需要和自我实现需要。这些更高层次需要的满足,正是人的生命的独特之处,也正是这些需要丰富着人的精神世界。人不但要思考如何活下来,还要思考如何更好地生活。只要人在世界上存在一天,大脑就不会停止思考,人类就要创造、超越,就要更好地认识世界、改造世界。

（3）价值生命

每个人要想生存下去，就必须参与和融入社会活动中，在与人的沟通、交往和互动中维持自己的生命，追求自己生命的意义，实现自己生命的价值。每个人在一生中都要思考"为何活着"的问题，这就是人对于生命意义发自内心的追问，是人对价值生命的一种诉求。价值生命为人的生存夯实了根基，加足了动力。

2. 生命的价值

生命的价值是一种内在的精神支柱与需求，是我们生存的动力，寻求生命价值的过程就是我们探寻为什么而活着的过程。积极的价值取向会促使我们更加重视生命的意义，维护生命的发展，也是个体心理健康的前提和基础。消极的价值取向会影响我们表现出损害生命发展的态度和行为，也是不良心理状态发展的主要因素。因此，如何树立正确的人生价值取向至关重要。

人的生命价值具体表现为生命存在与延续的价值、超越生命的价值，概括而言包括自我价值与社会价值。

（1）自我价值

自我价值是指个体的实践带来的社会对个体的肯定。有人认为，生命的价值体现在事业有成、物质生活富裕、有相当的社会地位、受到别人羡慕等。但是，有的人事业有成、星光环绕，却找不到自己存在的价值；有的人高车驷马，富可敌国，却觉得穷得只剩下钞票；有些人对自己的生命弃若敝屣、屡屡想放弃，而另一些人对他人生命视如草芥。实际上，这些价值意义是渺小的。

美国人本主义心理学家马斯洛的需要层次理论告诉我们：生理需要是最低需要，当人的物质需要达到一定程度满足时，精神需要凸显。为了爱与被爱，为了接纳他人和被接纳，为了实现理想，为了尊重他人和被尊重，为了自我实现，当这些高层次的精神需要缺失时，即使金钱万贯、生活奢华，仍然会对生命价值的理解如浮萍于水。

（2）社会价值

社会价值是指个体对社会需要的满足和对社会进步的贡献。真正的生命价值不能缺失社会价值，也就是作为社会人的生命价值。它体现在不仅为自己着想，更能为他人着想。比如，大学生毕业之后到祖国最需要人才的西部地区工作，将个人生命价值的实现与对社会的贡献相统一；科学家将喜欢发明创造的兴趣与揭示科学真理、为人民群众造福的社会价值相统一；当自己的一番话挽救了一个试图自杀的人，或者自己帮助他人的行为感染带动了更多的人加入助人行列；在平凡的生活中，与人为善、与己方便，既能帮助自己，又能服务别人与社会，将自己的行为与社会需要相联系等，都是生命价值的真正体现。

奥地利心理学家、个体心理学创始人阿德勒认为，当个体只追求个人的优越感而忽视了他人和社会需要时，这种追求的结果只能形成一种骄傲的、专横的、虚荣的、自高自大的人格特征，还可能会导致对社会、对世界有敌对态度。阿德勒认为，人活着的动力就是追求优越，但是有一些人把自己和世界关联起来去追求，有一些人只是为了满足自己的需要去追求个人的优越。正确的人生追求应该是什么呢？阿德勒说是把自己的兴趣建立在社会兴趣基础之上，也就是说建立在和别人合作或者奉献的基础之上，才能够让个人的人格得到完善发展。

纵观古今被后辈崇敬的伟人人物，他们并不一定物质生活富裕，并不一定有显赫的社会地位，但依然被历史铭记，因为这些人将自我的生命价值与社会的生命价值融为一体。正如匈牙利诗人裴多菲所说："生命的长短以时间来计算，生命的价值以贡献来计算。"生命价值是人生所有价值的基础，也是自我价值与社会价值的辩证统一。人生不是一段静止的存在，而是活生生的生存历程。在有限的生存过程中，以某种方式表达着、展示着、提升着和体验着自身的生命价值。在生活的实践中，在现实的创造中，在真实可感的世界中，人需要永不停步地追寻着生命的意义，超越人生的主客观制约，去谋求有意义的生活。

人活着不仅仅为自己活着，个体的发展与社会的发展相互联系、相互促进。作为社会高文化群体的大学生，从个体的角度看，学习是为了自己的发展；从社会的角度看，个体的学习也是为了民族的发展、社会的进步。社会肯定个体的价值，最终实现人的自由而全面发展，进而促进社会的发展与进步。在这一过程中，个人将体验到由工作成就带来的价值感，这就是发展自我与奉献社会的辩证统一带来的生命价值。

三、健康的生命观

1. 认识生命、尊重生命

我们通过一些个案或事件来看看认识生命、尊重生命的重要性。

某城市曾经发生了一起骇人听闻的伤害儿童的恶性案件。伤害者是一位 12 岁的少女，被伤害者是一个 18 个月大的男童。他们互不相识，更谈不上之间有不愉快的冲突。一次偶然的电梯遇见，小男童就成了这位女孩的伤害对象。在小女孩恶魔般的伤害下，幼童血肉模糊地躺在 25 楼下的草丛里，不省人事。

这个女孩怎么了？这样的举动实在无法让正常人接受，谁能想到该女孩是一位小学生，没有任何迹象表明她有精神疾病或者脑残。当幼童的奶奶找到这个女孩时，该女孩镇定自若地撒谎说幼童被别人抱走了，这些举动说明女孩智力正常，具有自我保护能力，她应该知道幼童是一个生命体。然而，她的所作所为让我们觉得在她的眼里，幼童只是一个可以让她发泄不满情绪的无生命特征的玩具。这种无视他人生命存在的现象是多么可怕！可憎！可恨！

某大学曾经发生了一起"伤熊事件"，引起了社会对认识和珍重生命的强烈反响。一位成绩优秀的大学生准备了一些硫酸，到动物园里，泼向黑熊，伤害了黑熊，他也因此触犯了法律。这位大学生在接受采访时说道："我从小喜欢生物，小鸡、小鸭等动物我都很喜欢，常看的书也是生物方面的。我有许多兴趣，想做实验，验证一下熊的嗅觉到底是不是那么灵敏,别的就没有想那么多……"我们要知道,黑熊的生命和人的生命同样重要,它同样有生存的权利。

一位研究生只是觉得与舍友合不来,互相有些看不惯,就想"治治"舍友。于是,他将给小老鼠做实验的毒药投在舍友的喝水容器里,导致舍友不治身亡。在大家全力想办法抢救舍友时,他也假惺惺地看望他,却不说出解救的办法。出了医院后,不仅毫无愧意,还很得意地谈论着自己的科研作品发表情况。警察在调查时他说:"我就想治治他,也不会要他的命。即使他死了,或许你们也破不了案。"

从一个小学生到一个大学生和研究生,以上几个案例都反映出犯罪者对生命的态度。这几位犯罪者都在接受文化知识教育,都是具有认知判断能力的人,但是他们却表现出共同的缺陷:他们漠视他人生命的存在,把他人的生命视为满足自己需要的工具。12岁的小女孩将幼童当玩具,发泄自己的情绪,却不理会幼童遭受了生命伤害,感到痛苦。她的父亲反思:发生了那么大的事件,她却那样平静,为什么既没有害怕的感觉,也没有羞愧的感觉?她父亲回想她成长的经历,意识到自己作为家长除了关心学习外,对女孩成长的其他方面都没有关注,情感教育、生命教育更是空白。那位大学生只想做自己感兴趣的实验,满足自己的好奇心,却无视动物受到的伤害以及生命的完整性。他说喜欢小动物,却伤害着动物的生命。喜欢是什么?喜欢是不去伤害对方的高尚情感和行为反应,是既要考虑到对方的存在给自己带来愉悦的享受,又要有考虑对方给自身提供了积极情感而不忍伤害的保护态度与责任。因此,他对动物所谓的喜欢,实质是满足自己需要的,不考虑对象生命体健康存在的虚假的喜欢。那位研究生因生活琐事与舍友合不来,就不愿意面对他,就想着采用让小老鼠不能健康存在的方式对付舍友,以舍友在痛苦中的挣扎甚至失去生命来满足自己的报复心理。为什么会这样?由于他们人格存在缺陷,无法感同身受地理解他人生命,没有将心比心、以己之痛推及别人之痛,以自我为中心,只知道自己生命存在的重要性,却忽略他人生命存在的重要性。人不仅要有"独亲其亲、独子其子"的思考,如同孟子说的还要有"老吾老,以及人之老;幼吾幼,以及人之幼"的行为。对生命的理解和认识要放置在人与人的关系中,才会显示出自我生命的价值,才会发现他人生命存在的意义,才会对生命负责。孔子和孟子在几千年以前对人类品行规范劝化的观念至今仍显示着伟大的现实意义。

心理学者曾做过一些实验,研究父母不同教育方式对幼儿道德成熟发展的影响(见小实验12-1)。

--- 小实验 12-1 ---

幼儿早期教育方式的实验

当幼儿向小狗身上点火时,父母对幼儿的教育方式不同,引起幼儿的内心体验与道德发展行为结果也不同。

实验结果发现：采用权威压制型，即运用长辈的权威控制儿童的行为，包括强制要求、人身约束、殴打以及取消特权等；采用关爱缺失型，即当儿童做出不良行为后，停止对儿童的关注、关爱和支持。这两种做法都会让儿童害怕、生气、怨恨和焦虑，助长了儿童的逆反、恐拒心理，使儿童更加怨恨引起受惩罚的初始对象，变得更加不懂得关心他人，不利于道德成熟发展。

而采用说服引导型，即向儿童解释某种不恰当行为对他人造成的影响，如父母说："你看小狗多害怕，它会被烧伤的，它会疼痛哭泣的，就像你受伤一样疼痛，我们都会很伤心。"这种教育方法能有效阻止儿童对小狗的伤害，而且为儿童提供了评价自我行为的认知标准，通过对儿童不恰当行为引起的后果说明，促使儿童产生同情心、内疚感或责任感，能使儿童学会弥补自己过失行为的方法，也使儿童从小学会尊重生命，热爱生命。

因此，大学生应将自己的兴趣建立在社会兴趣的基础上发展自我，将自己对生活、对生命的感受与他人的生命意义结合起来思考，完善自己的人格，认识到自己生命的珍贵性、脆弱性和价值性，树立推己及人、将心比心的理念，尊重自己的生命也尊重他人的生命，真正理解生命的本质含义。

2. 悦纳生命、珍爱生命

生命意义并不是一个抽象的概念，相反它是具体的、实在的，它体现在每个人身上时又是独特的。个体在人生每个阶段，都要完成与生命联结的许多任务。在完成这些任务时，个体由于自身的独特性，使其生命的价值体现出独一无二性。世界正是因为拥有这些多样的生命存在而精彩。

心理学研究告诉我们，人们对事情态度的强度越高，其行为就越坚定。态度影响人们对事物的判断，影响行为效果，影响人们的忍耐力。当一个人对所属群体有认同感、荣辱感和责任感时，往往会表现出巨大的能量和耐挫折力。

澳大利亚墨尔本市的青年尼克·武伊契克(Nick Vujicic)，天生患一种罕见的短肢畸胎症，没有双手和双腿，只在身体左下方长出了一只只有两个脚指头的小脚。上学时，由于模样古怪，尼克在学校中经常被别人嘲笑。他曾经在绝望中考虑过自杀。13岁以后，尼克以其他残疾人的与痛苦不懈抗争成功的故事勉励自己，不向命运屈服，开始笑对人生，克服了常人难以想象的困难，学会了刷牙、写字等生活技能，甚至学会了游泳、冲浪和打高尔夫球。在世界各国发表了数千场演讲，用他自强不息的精神鼓舞了世界各地成千上万的人。他说："人生有起伏，有阳光灿烂的好日子，也有灰暗的日子。我不是超级英雄，我也会恐惧，也会哭泣。""8岁的时候我告诉妈妈我要自杀，10岁的时候我真的想在浴缸淹死自己。但最后我坚持下来了，我不想我的妈妈在我坟前哭泣。有时候我会庆幸，如果我那时候死掉了,我将错过多么美好的东西。""我希望大家在生命中懂得有所取舍,在拥有的基础上感恩,而不是在没有东西的时候去抱怨,感恩是快乐的源头。""我没有手脚,但我很感激还有这只'小鸡腿'……"尼克诙谐幽默地笑着说:"叫它小鸡腿,是因为有一次我家小狗曾误以为它是鸡腿差点吃了它。"正是这个事情让他明白要珍惜拥有的,感激拥有的,而不要去抱怨、去愤怒于还未拥有的。

对四肢健全的人来说,尼克的生命存在是一种艰难的存在,然而却是乐观的存在,因为他明白了生命的含义,"即使是我生命中最糟糕的事情,对于别人依然有着非凡的意义"。尼克认为,他的生命存在不仅仅属于自己,对于别人(亲人)或许有更重大的意义。他说:"在生命中,我们不能选择什么,却可以改变什么。""人生最可悲的并不是失去四肢,而是没有生存希望及目标。人们经常埋怨什么也做不来,但如果我们只记挂着想拥有或缺少的东西,而不去珍惜所拥有的,那根本改变不了问题。真正改变命运的,并不是我们的机遇,而是我们的态度。"当尼克将自己的生命与家庭、社会连接起来时,激发了他的荣辱感、责任感以及对自我的认同感,所以他是那样地悦纳生命、珍惜生命。

3. 提升自我生命价值感

提升生命价值感离不开体验,体验离不开真实生活。体验是一种经验,也是一种体会。有丰富生活体验的人,才能有丰富的生命情感,才能真正认识生命、理解生命、珍视生命。

(1) 在为他人服务中体现价值

美国社会学家霍曼斯(Geerge Casper Homans)认为,人与人之间的交往在本质上是一个社会交换的过程,虽然这种交换与市场上在买卖关系中发生的交换不完全一样,人与人之间的交换不仅包括物质方面的交换,还包括精神方面的交换,如情感、信息、服务等,但无论内容是什么,交换者都有一种"得"大于或等于"失"的心理期盼,不值得的交换是没有理由去实施的,所以人们的一切交往行动和人际关系的建立与维持,都是人们依据一定的价值观进行选择的结果。依据这个原理,我们可能就会明白雷锋精神为什么能超越时代,因为雷锋的行为体现着奉献的精神。在平凡的岗位上,在具体的小事上体现着不计个人得失、为他人着想的态度,而这种态度和行为恰恰是人际交换中满足人们"得"大于"失"的心理期盼。因此,主动帮助他人既可赢得良好的人际关系,还可体现个人价值。

(2) 在创造性学习工作中发掘价值

美国心理学家弗兰克尔认为,实现生命意义的第一种途径是提供创造性价值。创造性价值贯穿人的工作活动过程尤其是创造性活动中,创造性活动是一个有目的、有趋向性的活动,它不仅立足当前,更重要的是着眼未来,勇于开拓。任何具有创造性的人才在思维品格上,都具有勤奋刻苦与预见性。他们丰富的想象力总是在寻觅需要解决的更大问题,从不害怕寻求独特的解决办法。当代社会面临着许多重大问题,诸如城市问题、人才问题、生态问题、环境问题等,大学生在专业课程学习的过程中,带着这些问题学习,积极参加社团组织工作、社会实践、志愿者活动等创造性学习活动,能获得成就感,在成就感作用下进一步投身于学习工作之中,实现自我发展,并为社会作出贡献。在这个创新的过程中体验生命的意义,体验个人存在的价值。

(3)在满足自我需要中提升价值

伟人导师马克思认为,人的价值在于人的超越性。人在改造自然的同时,促进了自身的发展与完善,进而实现了生命的意义与价值。在这个过程中,开始有可能是为了满足自己的需要,但是我们在满足个体的主观意愿的同时,客观现实也得了有效的回应,间接地为他人作出了奉献,这是一种有价值的扩展和提升。当我们为这样的理想而创造、奋斗时,我们就获得并感觉到人生在世的意义。对我们来说,这种生命模式是自然而然的,这种价值扩展是富有意义的。

心理学研究表明,自治(自我定向)、责任(仁爱)和公平待人(普遍性)是健康的价值观,而服从、传统和争夺权力等价值观通常被认为是不健康的价值观。人不但有物质需要,更重要的还有精神需要,心理健康的人富有向上的精神,能在满足个体需要的过程中增强自我价值感。看重自我定向价值的人能更好地应对各种问题,更能体验到积极的幸福感,进而产生和维持良好的健康状态。追求内在目标(自知、责任、公平待人)的程度超过追求外在目标的人,很可能会更多体验积极的幸福感,产生和维持良好的心理健康状况,反之追求外在目标(如金钱、名声、公众形象、掌控他人等)最多只能快乐一时,甚至还有可能干扰内在需要的实效性,个体自身经常会有焦虑、紧张感和压抑感。因此,树立健康的价值观念,在追求健康价值观的引导下,体验个人的幸福感或生活意义感,可以进一步提升自我价值。

(4)在追求生命意义中体验价值

美国心理学家弗兰克尔认为,命运的抉择在于自我的态度,命运无常,命运多变,面对无法掌控的世事,人唯一可以掌控的是自己以及自己的态度和立场。在困境中仍坚持积极的态度和立场,就可以为自己开辟一种新的生命体验。生命的真正意义应当是在生活的经验中通过体验价值,更进一步创造价值。

因此,对大学生而言,要认识到任何事物均有两面性,负性事件也具有积极的意义。学会发现负性事件的积极意义,进行积极归因,以乐观的态度面对生活中发生的一切,提升自己的主观幸福感,积极地体验生命的意义。

4. 主动维护自我心理健康

从生命意义的角度来说,生命成长过程不仅是一种物质存在的形式,更是精神气质存在的过程。生命不仅在于生物体的"活着",更重要的在于活出意义和价值,心理健康尤为重要。心理健康的人积极乐观,敢于直面生命;心理健康的人有着积极的人生追求,通过体验生活、体验生命、体验成长中的生命力量,实现人生的真正价值。

心理健康的人能够适度地表达和控制自己的情绪,不骄傲自满,不妄自菲薄;对于自己能得到的一切感到满意,心情开朗、乐观。既能接受别人,又能悦纳自己;能够面对现实、接受现实,并能能动地适应现实,进一步改造现实,而不是逃避现实;能对周围事物和环境作出客观的评价,能与现实环境保持良好的接触;既有高于现实的理想,又不会沉湎于不切实际的幻想与奢望;能和社会保持良好的接触,对社会现状有清醒的认识;有责任心、爱心,有独立自主的观点,不盲目随从,对自己的一言一行负责,不过分依赖他人。在与人相处时,同情、友善、信任、尊敬之态度总是多于猜疑、嫉妒、畏惧、敌视等态度。既乐于帮助别人,又能接受别人的帮助,因而在社会生活中有较强的适应能力和较充足的安全感。而所有这些良好的心理品质,恰好又是促进生理健康、生命健康的必要条件,也是推动和实现生命价值的内在动力。只有心理健康的人才能实现人生的真正价值,才能体验到人的生存意义。心理健康与生命成长有着息息相关的联系,是生命成长的自在内容,是生命成长本身具有的内涵。

只有心理健康的人,才能保证其精神生命的健康,而健康的精神生命是实现人的整体生命价值的前提和保障。

小练习 12-1

我的人生五样

1. 目的:以游戏的形式,让同学们作假设性的取舍,探索自己的价值观,尝试对生命中最重要的五样东西作出选择,促使个体思考人生,思考未来,促进个体成熟;同时使个体体会自己拥有的东西的可贵,珍惜所有,在人生道路上作出正确的选择。

2. 准备:两张白纸、一支签字笔、轻柔的音乐。

3. 活动程序:

(1) 围圈准备。让同小组的成员围坐成一个圈。

(2) 准备纸笔。

(3) 标题。在白纸顶端,一笔一画写下"×××最珍贵的五样东西"。这个×××就是你的名字。

(4) 写出自己最珍贵的五样东西。用黑色的笔在雪白的纸上,飞快地写下自己生命中最重要的五样东西。(这五样东西,可以是实在的物体,如食物、水或钱;也可以是人和动物,如父母、朋友、爱人、猫;可以是精神的追求,如理想,也可以是爱好或习惯,如旅游、音乐或吃素;可以是抽象的事物,如祖国或哲学,也可以是具体的物品,如一个瓷瓶或一组邮票。尽可天马行空地想象,把内心最珍贵的五样东西写出来。脑海里涌现出什么念头,就可以提笔把它写下。最先涌出的想法,必有它出现的深刻理由,如实记载即可。不必考虑顺序,排名不分先后。)

（5）小组分享。写完后，小组成员之间读出自己的纸条，说说自己最珍贵的五样东西是什么；看看别人的五样东西和自己的有什么不同；分享自己的五样东西对自己来说最珍贵的理由。

（6）教师带领同学们假想生活逼迫的情形，不得已需要划去五样东西中的一样，又一样。依次涂掉第一样到第四样，最终只能留下一样，其余全部放弃。

（7）小组分享心情感悟。让小组成员分享各自的感悟和收获。自己在游戏过程中失去每一样东西时的心情是怎样的，最后只剩下一样东西时又是什么心情。请每一位同学在另一张纸上写下自己的感悟和收获。

（8）集体分享。请同学们重新围成一个大圈坐好，请几位同学分享自己的感悟和收获，说说自己的五样东西是什么，最后剩下的一样是什么，心情是怎样的。

思考题

1. 结合你身边的实际情况，谈一谈"危机是成长的机会"这一话题。

2. 大学生如何预防和应对可能出现的心理危机？

3. 结合自身谈谈人生的意义及生命的价值，以及如何树立健康的生命观。

推荐阅读

1. 张旭东,车文博.挫折应对与大学生心理健康.北京：科学出版社,2005.

2. [美]理查德·K.詹姆斯,伯尔·E.吉利兰.危机干预策略.高申春,等译.北京：高等教育出版社,2009.

参 考 文 献

Amsterdam，B. Mirror self-image reactions before age two. *Developmental Psychobiology*，1972，5(4)，297-305.

Anderson，N. H. Likableness ratings of 555 personality-trait words. *Journal of Personality and Social Psychology*，1968，9(3)，272-279.

Berkman，L. F.，& Syme，S. L. Social networks，host resistance，and mortality：A nine-year follow-up study of Alameda County residents. *American Journal of Epidemiology*，1979，109(2)，186-204.

Braunstein，J. J. & Toister，R. P. *Medical applications of the behavioral sciences*. Chicago：Year Book Medical Publisher Inc.，1981.

Hahn，M. E. Conceptual trends in counseling. *Personnel and Guidance Journal*，1953，31，231-235.

Harlow，H. F. The nature of love. *American Psychologist*，1958，13(12)，673-685.

House，J. S. *Work stress and social support*. Reading，MA：Addison-Wesley，1981.

Kanel，K. *A guide to crisis intervention*. California：Marcus Boggs，2003.

Labott，S. M. & Martin，R. B. Emotional coping，age，and physical disorder. *Behavioral Medicine*，1990，16(2)，53-61.

Newman，R. APA's resilience initiative. *Professional Psychology: Research and Practice*，2005，36(3)，227-229.

Pryor，R. G. L.，Amundson，N. E.，& Bright，J. E. H. Probabilities and possibilities：The strategic counseling implications of the chaos theory of careers.(cover story). *Career Development Quarterly*，2008，56(4)，309-318.

Ye，J. Y.，Liang，E. Y.，Cheng，Y. S.，Chan，G. C.，Ding，Y.，Meng，F.，Ng，M. H. L.，Chong，B. H.，Lian，Q.，& Yang，M. Serotonin enhances megakaryopoiesis and proplatelet formation via p-Erk1/2 and F-actin reorganization. *Stem Cells Journal*，2014，32(11)，2973-2982.

[爱尔兰] 阿伦·卡尔.儿童和青少年临床心理学.张建新，等译.上海：华东师范大学出版社,2005.

[美] 埃略特·阿伦森,等.社会心理学.侯玉波,等译.北京：人民邮电出版社,2023.

[美] 埃利奥特·阿伦森,蒂莫西·D. 威尔逊,罗宾·M. 埃克特.社会心理学. 侯玉波,等译. 北京：中国轻工业出版社,2005.

[美] 埃谢里克.青少年压力应对指南.李大玲,译.北京：电子工业出版社,2011.

白环环,沐守宽,林伟琳.尽责性人格与中学生抑郁的关系：特质正念的中介作用和性别的调节作用.心理月刊,2023,18(5)：66-68.

[美] 鲍勃·斯塔尔,以利沙·戈德斯坦.正念生活,减压之道.祝卓宏,张妍,译.南京：江苏美术出版社,2012.

[美] 比尔·柏奈特,戴夫·伊万斯.斯坦福大学人生设计课.周芳芳,译.北京：中信出版社,2017.

[美] 布莱恩·L. 西华德.压力管理策略.许燕,等译.北京：中国轻工业出版社,2008.

车文博,张林,黄冬梅,张旭东.大学生心理压力感基本特点的调查研究.应用心理学,2003(3)：3-9.

陈增堂,张艳丽.关于我国高校心理咨询工作体制的思考.思想·理论·教育,2006(1)：59-62.

崔红,王登峰.中国人的人格与心理健康.心理科学进展,2007,15(2)：234-240.

[美] 大卫·范德.人格心理学.许燕,邹丹,等译.北京：世界图书出版有限公司北京分公司,2018.

[美]丹尼斯·库恩.心理学导论——思想与行为的认识之路.郑钢,等译.北京:中国轻工业出版社, 2014.

段鑫星,程婧.大学生心理危机干预.北京:科学出版社,2006.

樊富珉.咨询心理学.上海:华东师范大学出版社,2022.

樊富珉,费俊峰.大学生心理健康十六讲.北京:高等教育出版社,2020.

方蕾,庞丽娟.别让压力毁了你:别让情绪左右你.北京:中国华侨出版社,2013.

傅安球.实用心理异常诊断矫治手册.上海:上海教育出版社,2010.

傅安球.心理咨询师培训教程.上海:华东师范大学出版社,2006.

盖笑松.积极心理学.上海:上海教育出版社,2020.

[新西兰]戈登·德莱顿,[美]珍妮特·沃斯.学习的革命.顾瑞荣,等译.上海:上海三联书店,1997.

葛静,丁莹.关于师范类大学生健康状况调查研究——以江苏某师范院校在校大学生为例.江苏教育学 院学报(社会科学版),2013,29(6):30－33.

桂世权.贫困大学生自我意识误区与完善.宜宾学院学报,2005(11):83－85.

郭晋武,余双好.大学生生活压力感的初步研究.心理科学,1996,19(2):123－124.

郭念锋.临床心理学.北京:科学出版社,1995.

郭佩佩,高金敏,叶俊,程德琴.上海某高校大学生感恩在生命意义感与新型冠状病毒肺炎疫情下心理应 激反应之间的中介作用.医学与社会,2020,33(5):111－114.

郭晓坤.大学生孤独感,生命意义感与自杀态度的关系研究.曲阜:曲阜师范大学硕士学位论文,2011.

郭永玉.人格心理学:人性及其差异的研究.北京:中国社会科学出版社,2005.

胡谊,张亚,朱虹.大学生心理健康教育.上海:华东师范大学出版社,2019.

黄希庭,等.健全人格与心理和谐.重庆:重庆出版社,2010.

[美]吉姆·兰德尔.时间管理——如何充分利用你的 24 小时.舒建广,译.上海:上海交通大学出版社, 2012.

[美]简·M. 腾格,W. 基斯·坎贝尔.人格心理学.蔡贺,译.北京:人民邮电出版社,2022.

江光荣,王铭.大学生心理求助行为研究.中国临床心理学杂志,2003,11(3):180－184.

江光荣,夏勉.美国心理咨询的资格认证制度.中国临床心理学杂志,2005,13(1):114－117＋121.

教育部高等教育司.学会学习.北京:教育科学出版社,1999.

[美]杰瑞·M. 伯格.人格心理学.陈会昌,等译.北京:中国轻工业出版社,2014.

金盛华.社会心理学.北京:高等教育出版社,2020.

[英]克里斯托夫·彼得森.积极心理学.徐红,译.北京:群言出版社,2010.

[美]莱斯·帕罗特.咨询与心理治疗.郭本禹,等译.北京:高等教育出版社,2009.

[美]劳拉·E. 伯克.伯克毕生发展心理学.陈会昌,译.北京:中国人民大学出版社,2022.

李飞,肖水源,黄志平,师建国,程灶火,罗ести凤,杨放如,周亮.中国三城市精神健康素养调查.中国心理 卫生杂志,2009,23(12):883－887.

李虹,梅锦荣.大学生压力量表的编制.应用心理学,2002,8(1):27－32.

李艳飞.当代大学生人生观的现状分析与教育对策.思想理论教育,2021(12):96－101.

李正云.破茧化蝶——来自大学心理咨询的案例报告.上海:上海教育出版社,2010.

李子悦,丁雅琼,白丽萍.广州市本科生"内卷化"竞争现状调查.大学,2022(20):25－28.

[美]理查德·K. 詹姆斯,伯尔·E. 吉利兰.危机干预策略.高申春,等译.北京:高等教育出版社,2009.

[美]理查德·格里格.心理学与生活.王垒,等译.北京:人民邮电出版社,2023.

梁宝勇,等.精神压力、应对与健康——应激与应对的临床心理学研究.北京:教育科学出版社,2006.

教育部《大学生心理健康测评系统》课题组,梁宝勇,郝志红.《中国大学生心理应激量表》的编制.心理与行为研究,2005,3(2):81-87.

梁宁建.心理学导论.上海:上海教育出版社,2011.

林崇德,杨治良,黄希庭.心理学大辞典.上海:上海教育出版社,2003.

[美]罗杰·霍克.改变心理学的40项研究.白学军,等译.北京:人民邮电出版社,2018.

[美]罗杰·霍克.改变心理学的40项研究.白学军,等译.北京:人民邮电出版社,2020.

[美]罗兰·米勒,丹尼尔·珀尔曼.亲密关系.王伟平,译.北京:人民邮电出版社,2011.

马莹,黄晞建.大学生心理健康.北京:高等教育出版社,2014.

马莹,黄晞建.大学生心理卫生与咨询.北京:人民卫生出版社,2013.

[美]美国希尔编写组.妙趣横生的心理学.北京:人民邮电出版社,2013.

彭聃龄.普通心理学.北京:北京师范大学出版社,2018.

彭均,于涛.当代大学生"躺平"现象的多维论析——基于对全国23所高校大学生的调研分析.北京航空航天大学学报(社会科学版),2023,36(2):174-181.

钱铭怡.变态心理学.北京:北京大学出版社,2006.

钱铭怡.心理咨询和心理治疗研究:国外发展及国内研究现状.中国心理卫生杂志,2011,25(12):881-883.

[美]乔纳森·布朗.自我.陈浩莺,等译.北京:人民邮电出版社,2004.

邱美华,董华欣.生涯发展与辅导.台北:心理出版社,1997.

[美]塞缪尔·巴伦德斯.人格解码.陶红梅,译.北京:商务印书馆,2013.

赛俊彦,闫翠娟."躺平"与"内卷":青年心态的二重困境与超越.山东青年政治学院学报,2022,38(6):30-36.

[加]桑德拉·切卡莱丽,诺兰·怀特.心理学最佳入门.周仁来,等译.北京:中国纺织出版社,2021.

桑志芹.大学生心理健康学.北京:科学出版社,2007.

沈德立.大学生心理健康.北京:高等教育出版社,2013.

[英]史蒂夫·亨利.你真的很富有,只是你不知道.卢相如,译.上海:上海文艺出版社,2013.

[美]斯蒂夫·钱德勒.改善人际关系的50种方法.王承教,译.海口:海南出版社,2002.

孙宏伟,等.心理危机干预.北京:人民卫生出版社,2018.

[美]泰勒·本沙哈尔.幸福的方法.汪冰,刘骏杰,译.北京:当代中国出版社,2009.

[美]托马斯·A.哈里斯.我行——你也行.杨菁,等译.北京:文化艺术出版社,1988.

王地.我国大学生自杀原因综述.中国青年研究,2009(11):82-85.

王树青.大学生自我同一性形成的个体因素与家庭因素.北京:北京师范大学博士学位论文,2007.

卫玎,王宇."内卷"vs"躺平":当代青年的话语表征与行为表现——基于扎根理论的研究.青少年学刊,2023(1):51-56+64.

[美]文森特·赖安·拉吉罗.思考的艺术.金盛华,等译.北京:机械工业出版社,2013.

吴利梅.特殊教育教师专业发展及与职业认同、大五人格的关系.长沙:湖南师范大学硕士学位论文,2021.

夏勉,江光荣.心理咨询效果的研究进展.中国心理卫生杂志,2005,19(3):217-218.

[美]谢弗,等.发展心理学.邹泓,等译.北京:中国轻工业出版社,2023.

徐川.大学生学涯规划及其影响因素研究.南京:南京大学硕士学位论文,2016.

徐雪萍,刘群英,张进辅.大学生人格与父母教养方式的相关研究.洛阳师范学院学报,2010,29(2):183-185.

徐雨朦."慢就业"现象的成因、影响及对策研究——以南昌市高校为例.南昌:江西财经大学硕士学位论文,2018.

许倩.强教育与弱感知:高校安全教育中正式和非正式制度对大学生风险感知的影响——基于电信诈骗的多案例研究.广州大学学报(社会科学版),2022,21(2):32-43.

晏涵文.生命与心理的结合.台北:张老师文化事业股份有限公司,1997.

杨凤池.咨询心理学.北京:人民卫生出版社,2007.

杨福义.内隐自尊的理论与实验研究.上海:华东师范大学博士学位论文,2006.

杨微华.大学生父母教养方式和人格五因素的相关研究.社会心理科学,2012,27(8):49-52.

杨心德,蔡李平,张莉.大学生日常生活事件压力指数的研究.心理科学,2005,28(6):125-127+124.

杨雅琴.追寻生命的意义——弗兰克尔意义疗法述评.黑龙江教育学院学报,2008(1):77-79.

杨治良,郝兴昌.心理学辞典.上海:上海辞书出版社,2016.

于国庆.大学生自我控制研究.上海:华东师范大学博士学位论文,2004.

张斌,王叶飞,邱致燕,谢程晋扬.护理本科生大五人格与专业认同的关系研究.中国高等医学教育,2016(7):9-10.

张旭东,车文博.挫折应对与大学生心理健康.北京:科学出版社,2005.

章锦升,缪群芳,邢冰玉,乐宇超,舒婉,张婧.大学生心理健康素养现况调查及影响因素分析.健康研究,2022,42(4):399-404.

赵小云,郭成.国外生涯适应力研究述评.心理科学进展,2010,18(9):1503-1510.

郑旺,黄泰安,张颖书,谭祖印,郭庆科.大五人格与中国人的主观幸福感:对近20余年本研究的元分析,中国临床心理学杂志,2023,31(3):714-722.

朱建军.你有几个灵魂.合肥:安徽人民出版社,2009.

邹婉玲.大学的学习方法.广州:暨南大学出版社,2008.

后　记

本教材是在 2014 年出版的《大学生心理健康》基础上修订的。修订工作于 2022 年正式启动，上海市教育科学研究院桑标主编带领副主编张海燕、李正云，邀请各作者参加修订启动会议，明确修订目标、修订分工和工作进度，达成修订共识，之后各章作者按照分工和进度分别提交修订提纲，三位主编审阅修改。其间克服疫情影响，于 2023 年 7 月主编召开修订工作研讨会，反馈并细化修订意见，加快修订工作。当年 10 月各章完成修订初稿，主编审阅修改定稿交出版社。2024 年初根据出版社意见，再加修改至终稿。

原作者继续参与修订，在征询原作者意愿的基础上新增补三位修订者，他们均来自上海 10 余所高校和研究机构，是资深的一线心理健康教育与咨询专家。本教材第一章至第十二章的作者分工依次如下：

第一章　华东师范大学张麒；

第二章　上海学生心理健康教育发展中心赵岩；

第三章　东华大学曹宁宁；

第四章　上海交通大学陈进；

第五章　上海外国语大学唐筱蓉；

第六章　上海中医药大学沈漫；

第七章　上海立信会计金融学院刘纯姣；

第八章　上海建桥学院张海燕；

第九章　华东理工大学徐玉兰；

第十章　上海学生心理健康教育发展中心刘明波；

第十一章　上海学生心理健康教育发展中心李正云；

第十二章　上海海洋大学秦向荣。

李正云负责组织修订，张海燕负责统稿，桑标负责全书的最终审核定稿。

本教材的整个修订编写是在上海市教育委员会德育处指导推进、上海学生心理健康教育发展中心管理组织、复旦大学心理健康教育中心协助支持下完成的，同时得到上海教育出版社的全力支持，复旦大学钱捷和上海学生心理健康教育发展中心赵岩协助组织，在此一并表示感谢！

这本教材是开放性的，欢迎广大学生、教师和有关学者在使用过程中发现并指出教材中的不当或疏漏，供编写者修改完善，不断提高本教材质量。

2024 年 5 月

图书在版编目（CIP）数据

大学生心理健康 / 桑标主编. — 2版. — 上海：上海教育出版社，2024.8. —（上教心理学教材系列）.

ISBN 978-7-5720-3024-6

Ⅰ. G444

中国国家版本馆CIP数据核字第2024QW6070号

策划编辑　谢冬华

责任编辑　金亚静　徐凤娇　王佳悦　林　婷

封面设计　郑　艺

上教心理学教材系列

大学生心理健康（第二版）

桑　标　主编

出版发行　上海教育出版社有限公司

官　　网　www.seph.com.cn

地　　址　上海市闵行区号景路159弄C座

邮　　编　201101

印　　刷　浙江临安曙光印务有限公司

开　　本　787×1092　1/16　印张 23.5　插页 1

字　　数　492 千字

版　　次　2024年8月第1版

印　　次　2024年8月第1次印刷

书　　号　ISBN 978-7-5720-3024-6/B·0074

定　　价　68.00 元

如发现质量问题，读者可向本社调换　电话：021-64373213